सिद्धान्त और अध्ययन

सिद्धान्त और अध्ययन

बाबू गुलाबराय

वाणी प्रकाशन

प्रकाशन के उत्कृष्टतम 61 वर्ष

सजिल्द पहला संस्करण : 2024

vaniprakashan.com

वाणी प्रकाशन

4695, 21-ए, दरियागंज, नयी दिल्ली-110 002

फ़ोन : + 91 11 23273167, 23275710

शाखाएँ

अशोक राजपथ, पटना-800 004, बिहार

कॉफ़ी हाउस कैम्पस, महात्मा गांधी मार्ग, प्रयागराज-211 001, उत्तर प्रदेश

महात्मा गांधी अन्तरराष्ट्रीय हिन्दी विश्वविद्यालय, वर्धा-442 001, महाराष्ट्र

36/ए, शेक्सपियर सरणी, रानी बिरला गर्ल्स कॉलेज के पास, कोलकाता-700 017, प. बंगाल

sales@vaniprakashan.in
vaniprakashan@gmail.com

Siddhant aur Adhyayan
by Babu Gulab Rai

ISBN : 978-93-6287-545-7

Criticism

मूल्य : ₹ 495

जी.एस. ऑफ़सेट, दिल्ली-110 095 में मुद्रित

वाणी प्रकाशन का लोगो मक़बूल फ़िदा हुसेन की कूची से

छठे संस्करण की भूमिका

बाबू गुलाबराय साहित्य के कई अंगों के मूर्धन्य रचनाकारों में से एक थे। वे दार्शनिक लेखक तथा निबन्धकार के अतिरिक्त कुशल समीक्षक भी थे। 'सिद्धान्त और अध्ययन' जिसका यह सर्वांगपूर्ण छठा संस्करण है, उनकी पुस्तक 'काव्य के रूप का' प्रथम भाग है। ये दोनों ही पुस्तकें एक-दूसरे की पूरक हैं। 'काव्य के रूप' में जहाँ साहित्य के तत्त्वों की विवेचना के साथ हिन्दी-साहित्य के विकास का सम्यक् प्रतिपादन है, वहाँ 'सिद्धान्त और अध्ययन' में भारतीय साहित्य-सिद्धान्तों के दिग्दर्शन के साथ पाश्चात्य विद्वानों के मतों का यथेष्ट निरूपण है। 'सिद्धान्त और अध्ययन' वास्तव में बाबूजी के संस्कृत, हिन्दी और अंग्रेजी साहित्य-सिद्धान्तों के गम्भीर अध्ययन का सुपरिणाम है। बाबूजी की भारतीय साहित्य-चिन्तना पर श्रद्धा थी, गर्व था किन्तु पाश्चात्य मत-सिद्धान्तों की महत्ता एवं प्रेरणा को भी वे अस्वीकार नहीं कर सके; इनकी ओर उनका सजग अनुराग था। इसी कारण इस पुस्तक में प्राचीन सिद्धान्तों पर नवीन आलोक डालने तथा नवीन सिद्धान्तों का भी समावेश करने की उनकी समन्वयवादी प्रवृत्ति रही। यह पुस्तक जहाँ लेखकों, कवियों तथा उच्च श्रेणी के विद्यार्थियों के लिए विशेष उपयोगी है वहाँ आलोचना-साहित्य के अध्येता और मर्मज्ञ भी इससे यथोचित लाभ प्राप्त कर सकेंगे। पुस्तक की अनुदिन माँग इसकी लोकप्रियता का विशेष प्रमाण है। 'सिद्धान्त और अध्ययन' तथा 'काव्य के रूप' ये दोनों ही पुस्तकें कई विश्वविद्यालयों में पाठ्य पुस्तक के रूप में या विशेष अध्ययन के रूप में स्वीकृत हैं। विज्ञ-समाज तथा विद्यार्थीगण ने इन्हें विशेष रूप से अपनाया है। आशा है, बाबूजी के निधन के पश्चात् पुस्तक में साहित्य के जटिल-से-जटिल और गम्भीर-से-गम्भीर तत्वों की मीमांसा अत्यन्त सरल विवेचना-पद्धति और प्रसन्न तथा मनोरंजक भाषा-शैली द्वारा सारी बातें सामान्य-से-सामान्य पाठक तक को बोधगम्य कराने के कारण, इसकी लोकप्रियता केवल बनी ही नहीं रहेगी वरन् निरन्तर वृद्धि को प्राप्त होगी।

जनवरी '65 —प्रकाशक

पाँचवें संस्करण की भूमिका

यह इस पुस्तक का पाँचवाँ संस्करण है। इसमें आवश्यक संशोधन कर दिए गए हैं। साहित्य के विद्यार्थियों ने जिस रुचि के साथ इस पुस्तक को अपनाया है उसके लिए मैं उनका आभारी हूँ। आशा है कि वे इस पुस्तक को इसी रूप में अपनाने की कृपा करते रहेंगे।

चैत्र शुक्ला 2017 **गुलाबराय**

विषय-सूची

प्रस्तावना 11
- साहित्य-शास्त्र की आधारशिलाएँ 11
- रीति और वक्रोक्ति के बीज 16
- रीति-सम्प्रदाय 17
- ध्वनि-सम्प्रदाय 17
- वक्रोक्ति और कुन्तल 20
- राजशेखर और क्षेमेन्द्र 21
- विशद विवेचन के अभाव के कारण 22
- केशव पूर्व रीति-साहित्य 22
- आचार्य केशवदास 24
- चिन्तामणि त्रिपाठी 24
- तोषकवि 25
- महाराज जसवन्तसिंह 25
- मतिराम 26
- भूषण 26
- कुलपति मिश्र 27
- देव 27
- भिखारीदास 29
- दूलह 31
- पद्माकर 31
- नवीन युग 32
- डॉक्टर श्यामसुन्दरदासजी 34
- आचार्य शुक्लजी 35
- प्रस्तुत संस्करण 36

1. काव्य की आत्मा 41
- शरीर और आत्मा 41
- विभिन्न सम्प्रदाय 41
- समन्वय 50

2. काव्य की परिभाषा 55
- भाव-पक्ष और कला-पक्ष 55
- काव्य के तत्त्व 56
- द्विवेदीजी और शुक्लजी 59
- चमत्कारवाद 60
- समन्वय 62
- काव्य और साहित्य 63

3. काव्य और कला 64
- दृष्टिकोण-भेद 64
- कला और प्रकृति 67
- कला की परिभाषा 68
- उपयोगी और कलाएँ 70
- कलाओं का वर्गीकरण 71
- विशेष 75

4. साहित्य की मूल प्रेरणाएँ 76
- साहित्य और जीवन 76
- जीवन की प्रेरणाएँ 77
- भारतीय दृष्टिकोण 79

काव्य के प्रयोजन 80
कला के प्रयोजन 85
विशेष 90
5. **काव्य के हेतु** **92**
काव्योद्भव के हेतु 92
प्रतिभा का महत्त्व और रूप 93
व्युत्पत्ति और अभ्यास 95
काव्य के स्वरूप पर प्रकाश 95
मौलिकता का प्रश्न 95
साहित्यिक चोरी 96
प्रतिभा और रुचि 97
6. **सत्यं शिवं सुन्दरम्** **100**
प्राचीन आदर्श 100
विज्ञान, धर्म और काव्य 101
समन्वय 101
कवि का सत्य 102
शिव का आदर्श 105
सौन्दर्य का मान 105
सौन्दर्य और सात्विकता 107
आन्तरिक पक्ष 107
आचार्य शुक्ल 108
कविवर शेली 108
उपयोगितावादी व्याख्या 108
सामञ्जस्य में समन्वय 109
7. **कविता और स्वप्न** **111**
आत्मप्रसंग 111
स्वप्न और तत्त्व 111
कल्पना 113
प्रतिभा 114
तुलना 114
कुछ कवियों के स्वप्न 116
8. **काव्य के वर्ण्य** **120**
भाव-पक्ष और कला-पक्ष 120
रस 120
विभाव 122
चरित्र-चित्रण 124
प्राकृतिक दृश्य 126
भाव और विचार 132
हास्य 145
करुण 148
रौद्र 149
वीर 150
भयानक 150
वीभत्स 153
अद्भुत 154
शान्त 155
विशेष 158
वात्सल्य और भक्ति 159
भाव 163
रस-दोष 167
रस-विरोध 171
विरोध-परिहार 172
सारांश 175
9. **रस और मनोविज्ञान** **177**
विवेचना का आधार 177
भाव और मनोवेग 177
साधारणीकरण द्वारा दुःख में सुख 178
रस और स्वरूप 179
मनोवेग और विभिन्न मत 180
रस और मनोवेग 182
रस और सहज प्रवृत्तियाँ 187
संचारी भाव 188

रस की मैत्री और शत्रुता 189

मुख्य और गौण रस 190

10. रस-निष्पत्ति **192**

रससूत्र की व्यवस्था 192

भट्टलोल्लट का उत्पत्तिवाद 192

श्री शंकुक का अनुमितिवाद 194

श्री शंकुक के मत की समीक्षा 196

भट्टनायक का भुक्तिवाद 197

अभिनवगुप्त का अभिव्यक्तिवाद 198

मतों की तुलना और देन 200

11. साधारणीकरण **203**

मूल प्रवृत्ति 203

साधारणीकरण और व्यक्ति वैचित्र्यवाद 204

विशेष 205

आवश्यक समाधान 208

कवि की देन 212

पाश्चात्य समीक्षक और साधारणीकरण 214

सारांश 216

साधारणीकरण क्या होता है? 217

उपयोगिता 217

12. कवि और पाठक के त्र्यात्मक व्यक्तित्व **218**

कवि के हृदयगत रस 218

कवि के दो व्यक्तित्व 219

उपसंहार 220

पाश्चात्य परम्परा 222

भारतीय परम्परा 223

गद्य और पद्य 224

गद्य के रूप 225

14. काव्य का कलापक्ष **227**

अभिव्यक्ति की आवश्यकता 227

भाव-प्रेषण की समस्या 228

वस्तु और आकार 229

सापेक्ष महत्त्व 229

व्युत्पत्ति 229

शैली में व्यक्तित्व और सामान्यता 231

रस से सम्बन्ध 232

शैली का व्यापक गुण 233

शास्त्रीय आधार 233

गुण 234

शैलियों के विभिन्न रूप 237

दोष और शैली की आवश्यकताएँ 237

अलंकार 238

वक्रोक्ति (अलंकार नहीं) 239

छन्द 240

वृत्तियों और रीतियों का विभाजन 240

अभिधा, लक्षणा और व्यंजना 242

पाश्चात्य आचार्यों के मत 242

तत्त्वों के अनुकूल गुण 243

15. शब्द-शक्ति **244**

शक्ति की व्याख्या 244

अभिधा 245

लक्षणा 248

व्यंजना की व्याख्या 254
व्यंजना के भेद 254
तात्पर्य वृत्ति 257

16. ध्वनि और उसके मुख्य भेद 260
ध्वनि का अर्थ 260
स्फोट से सादृश्य 261
ध्वनि के भेद 262
गुणीभूत व्यंग्य 265

17. अभिव्यंजनावाद एवं कलावाद 267
अभिव्यंजनावाद 267
क्रोचे और सौन्दर्य-बोध 268
आकार और वस्तु 269
मतभेद का स्पष्टीकरण 270
क्रोचे और अलंकारवाद 272
अभिव्यंजनावाद और वक्रोक्तिवाद 273
क्रोचे के सिद्धान्तों का सार 274
आक्षेपों का आधार 276
क्रोचे और साधारणीकरण 276
कलावाद 277
कला और रीति 277
कलावाद की व्याख्या और अन्य मत 278
उपसंहार 282

18. समालोचना के मान 284
व्युत्पत्ति और उद्देश्य 284
समालोचक के आवश्यक गुण 285
समालोचना के प्रकार 286
आत्म-प्रधान आलोचना 287
सैद्धान्तिक आलोचना 289
निर्णयात्मक आलोचना 289
व्याख्यात्मक आलोचना 290
मूल्य-सम्बन्धी आलोचना 297

अध्ययन-सामग्री 302

प्रस्तावना

(काव्य-शास्त्र का संक्षिप्त इतिहास)

साहित्यशास्त्र की आधार शिलाएँ

जिस प्रकार भाषा के पश्चात् व्याकरण का उदय होता है, उसी प्रकार वेदों, उपनिषदों, 'रामायण', महाभारत, 'रघुवंश' आदि लक्ष्य-ग्रन्थों के पश्चात् साहित्य या काव्यशास्त्र के लक्षण-ग्रन्थों का आविर्भाव हुआ। साहित्यशास्त्र के विधिवत् गन्थों के पूर्व उनके मूल तत्त्वों का उल्लेख बीजरूप से मनीषियों, कवियों और दार्शनिक की वाणी में हुआ। भाषा का साहित्य से घनिष्ठ सम्बन्ध रहा है और वैदिक साहित्य की धार्मिक महत्ता के कारण भाषा का विवेचन, शिक्षा, निरुक्तशास्त्र, व्याकरण, छन्द आदि वेदांगों में तथा न्याय, मीमांसा आदि दर्शनों में होने लगा था। उसी प्रकार के विवेचनों में क्रमशः साहित्यशास्त्र की नींव पड़ी होगी।

वैदिक साहित्य–'रस' शब्द का तो उल्लेख वैदिक साहित्य में भी हुआ है, सोमरस के अर्थ में–**'दधानः कलशे रसम्'** (ऋग्वेद,9।63।13)–**और 'आनन्द' के अर्थ में भी–'रसो वै सः, रसं ह्येवायं लब्ध्वानन्दी भवति'** ('तैत्तिरेय उपनिषद्' **11।7।1)। 'रस' शब्द** ही नहीं वैदिक साहित्य में 'उपमा' शब्द का भी प्रयोग हुआ है–**'ईयुषी रागमुपमा शाश्वतीनाम्'** (ऋग्वेद 1।113।15), **'तदप्युमास्ति'** (शतपथ ब्राह्मण, 12।5।15)–निरुक्ताकार यास्काचार्य ने अपने एक पूर्ववर्ती आचार्य गार्ग्य की दी उपमा की परिभाषा उद्धृत की है–**'अर्थात् उपमा यद्नतत् तत्सदृशमिति गार्ग्यः'** (3।13)। **इसके अतिरिक्त** उन्होंने कई प्रकार की उपमाओं का उल्लेख किया है, जैसे कर्मोपमा–**'यथा वातो यथा वनं यथा समुद्रं सजति** (निरुक्त, 3।13।2)। पाणिनि की 'अष्टाध्यायी' (**2।1।55।56**) में उपमान, उपमेय आदि उपमा के अंगों का उल्लेख है।

वैदिक साहित्य में रसादि का उल्लेख तो अवश्य है किन्तु साहित्यिक सम्प्रदाय के रूप में इसकी रूपरेखा निशिचित करने का सर्वप्रथम श्रेय 'नाट्यशास्त्र' के कर्त्ता भरतमुनि को ही दिया जाता है। राजशेखर के मत से नन्दिकेश्वर ने ब्रह्माजी से

उपदेश प्राप्त कर रस सिद्धान्त का निरूपण किया था किन्तु उनके मत का अन्यत्र कहीं अता-पता नहीं मिलता।

वाल्मीकीय रामायण—भरतमुनि से पूर्व भी वाल्मीकीय रामायण (प्रो. जेकोबी ने इसे छठी शती ईसा पूर्व का माना है) में आठ रसों का उल्लेख हुआ है—**'रसैः शृङ्गार-करुण-हास्य-रौद्र-भयानकैः.........'**(बालकाण्ड, 2।9)—किन्तु कुछ विद्वान् वाल्मीकीय रामायण के प्रारम्भिक सर्गों को प्रक्षिप्त मानते हैं। सम्भव है कि वे प्रामाणिक न हों किन्तु क्रौञ्चवध से उत्थित शोक में उसके उदय होने की बात बहुत प्राचीन काल से चली आती है। उसका उल्लेख कालिदास के 'रघुवंश'[1], भवभूति के 'उत्तररामचरित'[2], ध्वनिकार के 'ध्वन्यालोक'[3] आदि ग्रन्थों में भी है। यदि वाल्मीकीय रामायण की **'शोकःश्लोकत्वमागतः'** (बालकाण्ड, 2।40) की बात ठीक है तो हमारे आदिकाव्य का उदय ही करुण रस में हुआ

वाल्मीकीय रामायण की बात को संदिग्ध होने के कारण चाहे छोड़ दें किन्तु उससे रस-परम्परा की प्राचीनता में अन्तर नहीं पड़ता। स्वयं भरतमुनि ने अपने पूर्व के आचार्यों की ओर संकेत किया है—**'एते ह्यष्टौ रसाः प्रोक्ता द्रुहिणेन महात्मना'** (नाट्यशास्त्र, 6।16)—इसमें द्रुहिण नाम के किसी पूर्व के आचार्य की ओर संकेत हुआ है। इस परम्परा का उल्लेख **'अथानुवंश्ये आर्य भवतः'** अथवा **'श्लोकौ भवतः'** लिखकर हुआ है।

भरतमुनि और रस—भरतमुनि ने इन रसों का विवेचन रूपकों या नाटकों के ही सम्बन्ध में किया था क्योंकि उस समय काव्य अधिकांश में नाटकों तक ही सीमित था। **'नाट्यशास्त्र'** के प्रसिद्ध टीकाकार 'अभिनवभारती' के कर्त्ता अभिनवगुप्ताचार्य ने इस बात को स्वीकार किया है—**'काव्य तावन्दशरूपकात्मकमेव'**—फिर भी भरतमुनि की व्याख्या इतनी विशद थी कि पीछे के आचार्य भी उनके मुखापेक्षी रहे हैं। आज तक उनका मान है।

यद्यपि भरतमुनि का आविर्भावकाल निश्चित नहीं है तथापि वे ईसा पूर्व पहली शताब्दी के निकटवर्ती रहे होंगे। कालिदास ने अपने 'विक्रमोर्वशी' नाटक में भरतमुनि का उल्लेख किया है—**'मुनिना भरतेन यः प्रयोगो भवतीष्वष्टरसाश्रयो नियुक्तः'** (**विक्रमोर्वशी,** 2।17)—इसलिए तथा अन्य कारणों से विद्वान लोग भरतमुनि का समय ईसा की पहली शताब्दी के पूर्व ही मानते हैं।

नाटक जनसमुदाय की वस्तु थी। इसमें श्रवणसुख के साथ नेत्रसुख भी मिलता था। और मनोरंजन के साथ-साथ बिना अधिक प्रयास के जीवन के तथ्य भी हाथ लग जाते थे। कालिदास ने 'मालविकाग्निमित्र' में आचार्य गणदास से कहलाया है—

'त्रैगुण्योद्भवमत्र लोकचरितं नानारसं दृश्यते
नाट्यं भिन्नरुचेर्जनस्य बहुधाप्येकं समाराधकम्।।'

—'मालविकाग्निमित्र' (1।4)

–अर्थात् सत, रज, तम तीनों गुणों से उत्पन्न सब प्रकार के रसों से लोक चरित दिखाए जाते हैं, इसलिए नाटक भिन्न-भिन्न रुचि रखने वाले लोगों के मनोरंजन का एकमात्र साधन है।

उपर्युक्त करणों से उसे (नाट्यशास्त्र को) सब वर्णों के अधिकार का पाँचवाँ वेद कहा है, इसमें शूद्रों अर्थात् अल्प बुद्धिवालों की भी गति समझी गई है। शूद्रों का अधिकार वेद में नहीं था–

'न वेदव्यवहारोऽयं संश्राव्यः शूद्रजातिषु।
तस्मात् सृजापरं वेदं पञ्चमं सार्ववर्णिकम्।।'–'नाट्यशास्त्र' (1।12)

भरतमुनि की काव्य की परिभाषा में जो विशेषण आए हैं उनमें रस के साथ नाटक और जनपद के लिए सुबोधता का ही अधिक ध्यान रखा गया है–

'मृदुललितपदाढ्य गूढ़शब्दार्थहीनं
जनपदसुखबोध्यं युक्तिमन्नृतययोज्यम्
बहुकृतरसमार्ग संधिसंधानयुक्तं,
स भवति शुभकाव्यं नाटकं प्रेक्षकाणाम्।।'[4]

'नाट्यशास्त्र' (16।118)

इस परिभाषा में चारों बातों का प्राधान्य है–

1. कोमलता और श्रवणसुखदता
2. सरलता
3. युक्तमत्ता के साथ रसपूर्ण होना और
4. नृत्यादि से नाटकीयता।

'अग्निपुराण'–भरतमुनि के 'नाट्यशास्त्र' के पश्चात् दूसरा उल्लेखनीय नाम भगवान् वेदव्यास के 'अग्निपुराण' का है। इसमें सभी काव्यांगों का वर्णन है। यद्यपि 'अग्निपुराण का समय निश्चित नहीं है तथापि वह 'नाट्यशास्त्र' के बाद का ग्रन्थ प्रतीत होता है।

संस्कृत के प्रारम्भिक काव्य तो सरल रहे किन्तु पीछे के लोगों का ध्यान पाण्डित्य की ओर अधिक गया। नाटकों में भी पाण्डित्य आया (जैसे भवभूति के नाटकों में) और पाण्डित्यपूर्ण श्रव्यकाव्य की ओर भी लोगों की रुचि अधिक बढ़ी। श्रव्यकाव्य में नाटक की अपेक्षा व्यापकता अधिक रहती है। वे सभी जगह पढ़े जा सकते हैं ओर उनमें मञ्चादिक बाहरी उपकरणों का अधिक झंझट नहीं रहता। ऐसे काव्यों में अलंकारों का प्राधान्य रहा। ('भट्टिकाव्य', जो पाँचवीं शती के आसपास रचा गया था, इसी प्रवृत्ति का फल है)। कालिदास के पश्चात् जो महाकाव्य आए उनमें अलंकारों और चमत्कारों का प्राधान्य रहा। इन कवियों के सम्बन्ध में श्री चन्द्रशेखर शास्त्री अपनी 'संस्कृत साहित्य की रूप-रेखा' नाम की पुस्तक में लिखते हैं–

'इन उत्तरकालीन कवियों ने काव्य का उद्देश्य बाह्य शोभा, अलंकार श्लेष-योजना एवं शब्द-विन्यास-चातुरी तक ही सीमित कर दिया। अलंकार-कौशल का प्रदर्शन करना तथा व्याकरण आदि के नियमों के पालन में अपनी निपुणता सिद्ध करना उनका प्रधान लक्ष्य हो गया। काव्य का विषय गौण हो गया तथा भाषा और शैली को अलंकृत करने की कला प्रधान हो गई।'

काव्य की प्रवृत्तियों के साथ काव्यशास्त्र की भी प्रवृत्तियाँ बदलती रही हैं। अलंकार की प्रवृत्ति बढ़ने पर काव्यशास्त्र-सम्बन्धी ग्रन्थों में भी अलंकारों को ही महत्ता मिली। काव्यशास्त्र के इतिहास में भी बाहर की ओर से भीतर की ओर की प्रवृत्ति पाते हैं—पहले शरीर फिर आत्मा। नाटकों की भांति अलंकारों में भी बाह्य आकर्षण का आधिक्य रहता है। यद्यपि रूपकादि अलंकारों का व्यावहारिक रूप से वैदिक साहित्य में प्रयोग हुआ है[5], निरुक्त आदि में उनका नामोल्लेख भी हुआ है और इसके अतिरिक्त 'वेदान्त-सूत्र' में उपमा (**'अतएव चोपमसूर्यकादिवत्'** **3।2।18) और रूपक ('शरीररूपकविन्यस्तगृहीतेर्दर्शयति च', 1।4।1) शब्द आए हैं, तथापि उनका विधिवत् निरूपण** पहले-पहल भरतमुनि के 'नाट्यशास्त्र' में ही मिलता है। उन्होंने वाचिक अभिनय के सहारे चार अलंकारों (उपमा, रूपक, दीपक और यमक) वर्णन किया है—

> **'उपमा रूपकं चैव दीपकं यमक तथा।**
> **अलङ्कारास्तु विज्ञेयाश्चत्वारो नाटकाश्रयः।।'**
>
> —'नाट्यशास्त्र' (17।43)

इन अलंकारों का प्रयोग रस के आश्रित बताया गया है। भरतमुनि के पश्चात् हमारे आचार्यों का भी ध्यान अलंकारों की ओर गया (स्वयं 'अग्नि-पुराण' की प्रवृत्ति भी अलंकारों की ओर है) किन्तु यह ध्यान रखने की बात है कि पूर्वाचार्यों ने अलंकारों को व्यापक रूप में लिया था। काव्य में सौन्दर्योत्पादन के सारे उपकरणों को उन्होंने अलंकार माना है—**'सौन्दर्यमलङ्कारः'** (वामन 'काव्यालंकार सूत्रवृत्तिः' 1।1।2।)

भामह—अलंकार को प्रधानता देनेवालों में पहले आचार्य भामह का नाम आता है। उनसे पूर्व बहुत-से-आचार्य रहे होंगे क्योंकि स्वयं भामह ने रामशर्मा (काव्यालङ्कार 2।40), मेधावी (2।19) आदि का उल्लेख किया है, किन्तु उनका या तो कोई बड़ा ग्रन्थ न रहा होगा और यदि रहा होगा तो विनष्ट हो गया होगा। अब वे नाम मात्र ही शेष हैं।

भामह (पाँचवीं या छठी शताब्दी) पहले आचार्य हैं जिन्होंने विधिवत् 'साहित्यशास्त्र' की रचना की। अलंकारों को प्रधानता देते हुए—**'न कान्तमपि निर्भूषं विभाति वनितामुखम'**, ('काव्यालङ्कार,'1।13)—भामह ने 38 अलंकार माने हैं। भट्टिकाव्य (पाँचवीं शताब्दी) के दशम सर्ग (प्रसन्नकाण्ड) में भी इतने ही अलंकार माने हैं। आचार्य भामह ने सब अलंकारों में वक्रोक्ति को प्रधानता दी है—**कोऽलङ्कारोऽलयाविना**

('काव्यालङ्कार', 2 ।85)। उसका (वक्रोक्ति का) रूप भी उन्होंने विस्तृत कर दिया है जिससे कि सब अलंकार और काव्य का सारा सौन्दर्य उनके सूत्र में बंध जाय। वक्रोक्ति को भामह ने शब्द और अर्थ की विभिन्नता कहा है—**'वक्राऽभिधेयशब्दोक्तिरिष्टा वाचामलङ्.कृतिः।'** ('काव्यालङ्कार' 1 ।36)। 'काव्यालंकार' में रीति, गुण, दोष, वक्रोक्ति और रसवत् अलंकार ('काव्यालङ्कार',3 ।6) के आश्रय रस का विवेचन हुआ है— 'रसवद् दर्शित-स्पष्ट शृंङ्गाररादिरसं यथा'। भामह ने महाकाव्यों में भी अन्य बातों के साथ रस का होना आवश्यक माना है—**'युक्तंलोकस्वभावेन रसैश्च सकलैः पृथक्'** ('काव्यालङ्कार,'1 ।21)। यह सब बात होते हुए भी भामह की दृष्टि काव्य के शरीर पर ही अधिक रही है। यद्यपि भामह ने काव्य के लिए पूर्ण निर्दोषता—**'विलक्ष्मणा हि काव्येन दुस्सुतेनेव निन्द्यते'**, काव्यालङ्कार, 1 ।11) अर्थात् एक पद भी ऐसा नहीं होना चाहिए जो कहने के अयोग्य हो, श्रीहीन काव्य से ऐसी ही निन्दा होती है जैसे कुपुत्र से—और सालंकारता—**'नकान्तमपि निर्भूषं विभाति वनिता मुखम्'** ('काव्यालङ्कार,'1 ।13)—को आवश्यक गुण माना है तथापि उनके काव्य की परिभाषा में केवल **'शब्दार्थौ'** ही दिया गया है—**'शब्दार्थौ सहितौ काव्यम्'** ('काव्यलाङ्कार',1 ।16)—इसीलिए भामह ने छठाँ परिच्छेद शब्द की व्याख्या में लगाया है। भामह ने अपनी पुस्तक 'काव्यालङ्कार' के नामकरण में अलंकारों की प्रधानता रखी है।

दण्डी—अलंकार-सम्प्रदाय के दूसरे आचार्य हैं 'काव्यादर्श' के लेखक दण्डी, (ये भी भामह के समान पाँचवीं या छठी शताब्दी के थे)। दण्डी ने अपने ग्रन्थ का 'काव्यादर्श' नाम रखकर भामह की अपेक्षा कुछ अधिक उदारता दिखाई। उसने अलंकारों को काव्य-शोभा के उत्पादक मानते हुए भी—**'काव्यशोभाकरनूधर्मानलङ्कारानूप्रचक्षते'** ('काव्यादर्श'2 ।1)—गुणों को विशेष महत्ता दी (गुणों को भामह ने भी माना है किन्तु उन पर इतना बल नहीं दिया है जितना कि दण्डी ने) और रीति-सिद्धान्त के लिए द्वार खोला। दण्डी ने रीति को मार्ग कहा है और भामह की भाँति ही उदार दृष्टिकोण रखा है। भामह की उदारता कुछ उपेक्षापूर्ण है क्योंकि उन्होंने वैदर्भी और गौडीय के विभाजन को थोड़ी बुद्धि वाले लोगों का गतानुगतिक न्याय (भेड़ियाधसान) कहा है ('काव्यालङ्कार'1 ।32)[6] किन्तु दण्डी ने ही पहले-पहल वैदर्भी और गौडीय रीतियों का सम्बन्ध दश गुणों से जोड़ा है। दण्डी ने वैदर्भी में दश गुण माने हैं। गौडी में अग्राम्यता, अर्थव्यक्ति, औदार्य और समाधि को छोड़कर शेष गुणों का वैपरीत्य रहता है, जैसे श्लेष का वैपरीत्य शैथिल्य और प्रसाद का व्युत्पन्न इत्यादि है[7]।

अन्य अलंकारवादी—संस्कृत समीक्षा-शास्त्र में अलंकारवादियों की पर्याप्त प्रधानता रही है। रस को माना तो सभी आचार्यों ने है किन्तु अलंकारों के अन्तर्गत किया है। इसी प्रकार ध्वनिवादियों ने असंलक्ष्यक्रमव्यङ्ग्यध्वनि के अन्तर्गत रस का वर्णन किया है। भामह ने अपने 'काव्यालङ्कार' (3 ।6) में **'रसवद्दर्शितस्पष्ट शङ्गारादि रसं यथा'** कहा है। भामह और दण्डी के पश्चात् उद्भट (आठवीं शताब्दी) ने भी

अपने 'काव्यालङ्कार-सार-संग्रह' में रस को रसवदालंकार के अन्तर्गत रखा और रसों की संख्या 9 मानी और 41 अलंकारों का वर्णन किया है। उद्भट के 'काव्यालंकार-सार-संग्रह' पर प्रतिहारेन्दुराज की टीका बहुत महत्त्वपूर्ण है। रुद्रट (नवीं शताब्दी) के ग्रन्थ का भी नाम 'काव्यालंङ्कार' है, उन्होंने भी रसों को आवश्यक मानते हुए अलंकारों को महत्ता दी है। अलंकार और गुणों के बाहरी-भीतरी भेद को—अर्थात् अलंकार केयूरकुण्डल्लादि की भाँति बाहरी है और गुण शौर्यादि की भाँति भीतरी है—गंड्डुलिका प्रवाह (भेड़ियाधसान) कहा है। उन्होंने अलंकारों के मूल तत्त्वों का (वास्तव, औदार्य, अतिशय और श्लेष) विवेचन कर उनमें तारतम्य और वर्गीकरण का नया प्रयास किया है। रुद्रट ने नौ रसों के अतिरिक्त प्रेयस (वात्सल्य) नाम का दसवाँ रस माना है।

अलंकार-सम्प्रदाय का विकास तो रुद्रट के बाद भी होता रहा है, किन्तु उन आचार्यों का प्रयास अलंकारों की संख्या बढ़ाने या परिभाषाओं में हेर-फेर करने तक ही सीमित रहा। कुछ प्रयास वर्गीकरण की ओर भी बढ़ा। अलंकार-सम्प्रदाय के अन्तर्गत रुय्यक (12वीं शताब्दी) के 'अलंकार-सर्वस्व', हेमचन्द के 'काव्यानुशासन' और वाग्भट्ट के 'वाग्भटालङ्कार' (दोनों ही 12वीं शताब्दी के हैं और दोनों ही जैन हैं) के अतिरिक्त जयदेव पीयूषवर्ष (13वीं शताब्दी) का 'चन्द्रालोक' तथा उसके पंचम मयूख पर अप्पयदीक्षित (16वीं और 17वीं शताब्दी) की 'कुवलयानन्द' नाम की टीका विशेष रूप से उल्लेखनीय है (अप्पयदीक्षित तक पहुँचते-पहुँचते अलंकारों की संख्या 120 हो गई)। जयदेव ने तो अलंकारों को प्रधानता न देनेवालों को खुली चुनौती दी थी कि जो काव्य को अलंकाररहित कहता है वह आग को **'अनुष्ण'** क्यों नहीं कहता है। 'चन्द्रालोक' में एक ही श्लोक में लक्षण और उदाहरण दोनों ही दिये गए हैं। 'चन्द्रालोक' का हिन्दी वालों पर विशेष प्रभाव पड़ा है।

रीति और वक्रोक्ति के बीज

भामह ने यद्यपि अलंकारों को प्रधानता दी तथापि उनके ग्रन्थ में बीज तो रस, वक्रोक्ति और रीति-सम्प्रदाय के भी थे। रीति को गुणों से सम्बन्धित कर दण्डी ने दशों गुणों को वैदर्भी के प्राण कहा है—**'इतिवैदर्भमार्गस्य प्राणादशगुणाःस्मृताः'** (काव्यादर्श, 1।42) उसे कुछ आगे बढ़ाया। वक्रोक्ति को भामह ने विशेष प्रधानता दी है। उसने उसको व्यापक रूप देकर काव्य के लिए आवश्यक बतलाया है—**'युक्तं वक्र स्वभावोक्तया सर्वमेवैतदिष्यते'** ('काव्यालङ्कार,' 1।30)—और यही कुन्तल के 'वक्रोतिक्तजीवित' की आधारशिला बनी। दण्डी ने वक्रोक्ति को स्वाभावोक्ति के विरोध में रखकर एक प्रकार से अलंकारों के वर्गीकरण का सूत्रपात किया है अर्थात् उसने अलंकार दो प्रकार के माने हैं—(1) स्वभावोक्ति-प्रधान और (2) वक्रोक्ति-प्रधान। वास्तव में भामह का ही विचार कुन्तल के विचार का अंकुर बना और दण्डी के सूत्र को लेकर वामन आगे बढ़े।

रीति-सम्प्रदाय

वामन (8वीं शताब्दी) ने इसी रीति के सूत्र को प्रधानता देकर 'रीतिरात्मा काव्यस्य' ('काव्यालङ्कार,' 1 ।2 ।6) की घोषणा कर दी। उसने वैदर्भी-गौडीय के अतिरिक्त एक और रीति (पाञ्चाली) को माना। वामन की गौडीय रीति दण्डी की गौडीय रीति की भाँति कोई 'हीन' रीति नहीं है वरन् वह एक स्वतन्त्र रीति है जिसमें ओज का प्राधान्य रहता है–**'ओजःकान्तिमती गौडीया'** (काव्यालङ्कारसूत्र, 1 ।2 ।13)–और रौद्र, वीर आदि उग्र रसों के अधिक अनुकूल होती है। दण्डी की भाँति वामन ने वैदर्भी को सर्वगुणसम्पन्न रीति माना है–**'समग्रगुण वैदर्भी'** (काव्यालङ्कारसूत्र, 1 ।1 ।12)–और माधुर्य तथा सौकुमार्य गुणों से सम्पन्न रीति को पाञ्चाली कहा है–**'माधुर्यसौकुमार्योपपन्ना पाञ्चाली'** (काव्यालङ्कारसूत्र, 1 ।2 ।13)। गुणों के सम्बन्ध में भी वामन और दण्डी के दृष्टिकोण में थोड़ा भेद है। जहाँ दण्डी ने दश गुणों के भीतर ही शब्द और अर्थ के गुण माने हैं वहाँ वामन ने शब्द और अर्थ के अलग-अलग दश-दश गुण माने हैं।

वामन की देन–वामन का (8वीं शताब्दी के अन्त में) आन्तरिकता की ओर दृढ़ प्रयास था। उसने गुणों को मुख्यता देते हुए अलंकारों को गौण बतलाया। गुणों को काव्य की शोभा के उत्पन्न करने वाले और अलंकारों को शोभा बढ़ाने वाले धर्म कहा है–

'काव्यशोभायाः कर्त्तारो धर्मा गुणाः।'
'तददतिशयहेतवस्त्वलंकाराः।' –'काव्यालङ्कारसूत्र' (3 ।1 ।1,2)

आन्तरिकता को महत्ता देने के सम्बन्ध भी वामन को दूसरा श्रेय इस बात का है कि उसने काव्य की परिभाषा में आत्मा में को मुख्यता दी है–**'रीतिरात्मा काव्यस्य'**–'काव्यालङ्कारसूत्र (1 ।2 ।6)। उसी के बाद ध्वनिकार और आचार्य विश्वनाथ ने क्रमशः ध्वनि **'काव्यस्यात्मा ध्वनिरिति'** ('ध्वन्यालोक,'1 ।1) और रस को काव्य की आत्मा कहा किन्तु वामन ने भी रस को मुख्यता न दी वरन् उसको कान्ति गुण के ही अन्तर्गत रखा–**'दीप्तिरसत्वं कान्तिः**–'काव्यालङ्कारसूत्र,' (3 ।2 ।15)। वामन द्वारा अलंकारों को पिछड़ा देने पर भी अलंकार-सम्प्रदाय स्वतन्त्र रूप से चलता रहा।

ध्वनि-सम्प्रदाय

यद्यपि शब्द और अर्थ दोनों ही काव्य के शरीर माने गए हैं तथापि उनमें शब्द की अपेक्षा अर्थ की प्रधानता रही। अलंकारों में भी शब्दालंकारों को विशेष महत्त्व नहीं मिला। उपमा, श्लेष, वक्रोक्ति आदि अर्थालंकार ही अलंकारों के मूल में माने गए। अर्थ के विवेचन में निरुक्त, न्याय मीमांसा, व्याकरण आदि ने भी योग दिया। शब्दशक्तियों का भी अध्ययन हुआ, उनमें व्यञ्जना को प्रधानता मिली। आनन्दवर्धन

(नवीं शताब्दी के मध्य में) के समय तक मुक्तक काव्यों (जैसे 'अमरुकशतक', 'आर्यासप्तशती' आदि) का चलन बढ़ चला था। प्रबन्धकाव्य में जितना अच्छा रस का परिपाक हो सकता है उतना मुक्तक काव्यों में नहीं। मुक्तक काव्यों में व्यञ्जना की प्रधानता के साथ अपनी एक विशेष श्री होती है–**'अमरुक कवेरेकः श्लोकः प्रबन्धशतायते' अर्थात् अमरुक का** एक-एक श्लोक सौ-सौ प्रबन्ध-काव्यों के बराबर माना गया है–(आनन्दवर्धन ने भी 'अमरुक' का उल्लेख किया है)। ऐसी काव्य-रचनाओं के साथ ध्वनि का भी विवेचन आवश्यक था। ध्वनिकार या आनन्दवर्धन (कुछ लोग इनको दो व्यक्ति मानते हैं और कुछ लोग एक ही) इसके प्रवर्त्तक नहीं हैं। इनसे पहले भी ध्वनि के माननेवाले और विरोधी थे। कुछ लोग इसका अभाव मानते हैं, कुछ लोग इनको लक्षण (शक्ति) के अन्तर्गत मानते थे–**'केचिद्वाचां स्थितमविषये'** ('ध्वन्यालोक,' 1।1)। आनन्दवर्धन ने इन तीनों मतों[8] का खण्डन कर ध्वनि की स्थापना की। ध्वनि शब्द व्याकरण से उधार लिया हुआ है। आनन्दवर्धन भी आत्मा की ओर झुके। उन्होंने काव्य की आत्मा को ध्वनि बताया–**'काव्यस्यात्मा ध्वनिरिति'** ('ध्वन्यालोक,' 1।1)। आनन्दवर्धन के विरोधी भी रहे और समर्थक भी। एक विरोध तो वक्रोक्तिजीवितकार कुन्तल का था जिन्होंने ध्वनि को भी वक्रोक्ति के ही अन्तर्गत माना है और दूसरे विरोधी थे महिम भट्ट जिन्होंने अपने 'व्यक्ति-विवेक' नामक ग्रन्थ में ध्वनि को अनुमान के अन्तर्गत सिद्ध करने का प्रयत्न किया है। तीसरे विरोधी हैं **'दशरूपककार' धनञ्जय,** वे रसवादी थे। ध्वनिकार के समर्थकों में सबसे शक्तिशाली समर्थक हैं ध्वन्यालोक की 'लोचन' ('लोचन' का पूरा नाम है 'काव्यालोक-लोचन') नाम की टीका के कर्त्ता अभिनवगुप्तपादाचार्य (नवीं शताब्दी के मध्य में), जिन्होंने भरतमुनि के 'नाट्यशास्त्र' की 'अभिनवभारती' नाम की टीका लिखी थी। उसमें उन्होंने भरतमुनि के रस-निष्पत्ति-सम्बन्धी सूत्र की व्याख्या में पूर्वाचार्यों की विवेचना कर और अपना अभिव्यक्ति-सम्बन्धी नवीन और मौलिक मत देकर रस-शास्त्र की बहुत-सी गुत्थियाँ सुलझाईं। 'ध्वन्यालोक' की टीका में भी रस-निष्पत्ति का प्रसंग भली प्रकार पल्लवित किया गया है। ध्वनिकार ने यद्यपि रस को ध्वनि के अन्तर्गत माना तथापि रसध्वनि को प्रधानता दी। इस प्रकार ध्वनि-सम्प्रदाय ने भी दबे हुए स्वर में रस-सम्प्रदाय को अलंकारवाद के भार से मुक्त कर रस-सिद्धान्त के उद्धार में योग दिया।

आचार्य मम्मट–ध्वनि-मार्ग के अनुयायियों में सबसे लोकप्रिय आचार्य मम्मट (11वीं शताब्दी) हैं। उन्होंने भामह के **'शब्दार्थौ सहितौ काव्यं'** में 'अग्नि-पुराण' (337।7) का **'काव्यंच स्फुरदलङ्कारं गुणवद्दोषवर्जितम्'** को मिलाकर अपनी एक नई परिभाषा तैयार कर ली और अलंकारवाद का बोझ हल्का करने के लिए **'अनलङ्.कृती पुनः क्वापि** (अर्थात् काव्य कभी-कभी बिना अलंकारवाद के भी होता है) कह दिया। **'तददोषौ शब्दार्थौ सगुणवनलङ्.कृती पुनः क्वापि'** (काव्यप्रकाश 1।4)।

मम्मट ने दोषों और गुणों की व्याख्या इसके उत्कर्ष और अपकर्ष-हेतुओं के रूप में ही की। उन्होंने भी रस का विवेचन ध्वनि के अन्तर्गत किया किन्तु उनका विवेचन बहुत विशद और साङ्गोपाङ्ग हुआ। उसमें एक विशेष मौलिकता के साथ पूर्ववर्ती आचार्यों के विचारों का सार है।

आचार्य विश्वनाथ—रस-सिद्धान्त को किसी-न-किसी रूप में माना तो सभी आचार्यों ने है और हमारे कवि-गण भी समय-समय पर इस सिद्धान्त का पोषण करते रहे हैं (जैसे भवभूति ने करुण रस को प्रधानता देते हुए कहा है—**'एको रसः करुण एव'** (उत्तररामचरित)—लेकिन उसको काव्य की आत्मा के गौरवान्वित पद पर प्रतिष्ठित करने का श्रेय आचार्य विश्वनाथ (14वीं शताब्दी के मध्य) को है। उन्होंने अपने 'साहित्यदर्पण' में मुक्त कण्ठ से रस को काव्य की आत्मा कहा। यद्यपि विश्वनाथ ने बहुत-कुछ मम्मट से लिया है तथापि रस के सिद्धान्त को प्रधानता देने में वे सबसे आगे हैं। रस को अंगी न मानकर भी मम्मट ने गुण-दोषों की व्याख्या में रस को अङ्गी माना है—**'ये रसस्यांगिनो धर्माः शौर्यादिवात्मनः'** (काव्यप्रकाश, 8।66)। विश्वनाथ ने सबको रस के आधीन रखकर **'वाक्यं रसात्मक काव्यं'** (साहित्यदर्पण, 1।3) की उक्ति से सामञ्जस्य कर दिया है। ध्वनि को भी विश्वनाथ ने मुख्यता दी है। ध्वनिकाव्य को उत्तम काव्य कहा है—**'वाच्यतिशयिनी व्यंग्ये ध्वनिस्तत्काव्यमुत्तम्** (साहित्यदर्पण, 4।1) असंलक्ष्यक्रमव्यङ्ग्यध्वनि के उदाहरणों में रस और भाव ही बतलाए हैं किन्तु ध्वनि के अन्तर्गत उनका सविस्तार वर्णन नहीं हुआ है (जैसा मम्मट ने किया है)। 'साहित्यदर्पण' में रस का वर्णन तृतीय परिच्छेद में हुआ है।

भारतीय तत्त्वज्ञान के अधिक मान्य होने के कारण रस-सिद्धान्त विशेष रूप से लोकप्रिय हुआ। हमारे यहाँ आत्मानन्द या ब्रह्मानन्द की प्राप्ति को जीवन का चरम लक्ष्य माना गया है। इसमें सतोगुण की प्रधानता रहती है। काव्यानन्द को **'ब्रह्मानन्दसहोदर'** कहा गया है इसमें मन तमोगुण और रजोगुण से अस्पृष्ट रहता है। यही बात काव्यानन्द में भी दिखाई गई है—

'सत्वोद्रेकादखण्डस्वप्रकाशानन्दचिन्मयः।
वेद्यान्तरस्पर्शशून्यो ब्रह्मास्वादसहोदरः।।
लोकोत्तरचमत्कारप्राणः कैश्चित्प्रमातृभिः।
स्वाकारवदभिन्नत्वेनायमास्वाद्यते रसः।।
रजस्तमोभ्यामस्पृष्टं मनः सत्वमिहोच्यते।'

—साहित्यदर्पण (1।2,3,4)

अर्थात् सतोगुण की प्रधानता वा अधिक्य के कारण रस अखण्ड और स्वयं प्रकाशित होनवाली आनन्द की चेतना से पूर्ण रहता है। इसमें दूसरे किसी ज्ञान का स्पर्श भी नहीं रहता है और यह ब्रह्मानन्द का सहोदर भ्राता होता है। संसार

में पर का (वह होता तो इसी लोक का है किन्तु साधारण लौकिक अनुभव से कुछ ऊपर का उठा हुआ होता है चमत्कार इसका जीवन-प्राण है। किन्हीं-किन्हीं सहृदयों, रसिकों द्वारा अपने से अभिन्न रूप में (अर्थात् आस्वादकर्ता आस्वाद्य में कोई भेद नहीं रहता है) इसका आस्वाद किया जाता है। मन की सात्त्विक अवस्था वह होती है जिसमें रजोगुण और तमोगुण का स्पर्श नहीं रहता है। दशरूपककार धनंजय ने भी काव्यानन्द को ब्रह्मानन्द का आत्मज कहा है–**'स्वादः काव्यार्थसंभेदादात्मानन्दसमुद्भवः'** (दशरूपकम्, 4।43)। रस की इस व्याख्या के आगे उसको केवल सुखवाद (Hedonism) मानना उसके साथ अन्याय करना होगा। सुख और आनन्द में भेद है। आनन्द अतीन्द्रिय और स्थायी होता है–**'सुखमात्यन्तिकं यत्तद्बुद्धिग्राह्यमतीन्द्रियम्,** (श्रीमद्भगवद्गीता, 6।21)।

रस का आनन्द लौकिक इन्द्रियजन्य सुख से ऊँचा पदार्थ होता है। ब्रह्मानन्द का यह सहोदर अवश्य है किन्तु छोटा भाई या पुत्र ही है। ब्रह्मानन्द का ही यह लोक में अवतरित रूप है। जिसमें विकास, विस्तार, क्षोभ और विक्षेप की मनोदशाएँ अवश्य रहती हैं किन्तु रस के अखण्ड, चिन्मय आनन्द की प्राप्ति की मार्गरूपा हैं। प्रत्येक मनुष्य के जीवन में ऐसे क्षण आते हैं जब वह क्षुद्र स्वार्थों से ऊँचा उठकर आनन्द की दशा में पहुँच जाता है। उसका हृदय लोक-हृदय से साम्य प्राप्त कर लेता है। विश्वात्मा से उसका तादात्म्य हो जाता है। यही रसदशा है। इसको आचार्य शुक्लजी ने **'हृदय की मुक्तावस्था'** कहा है।

वक्रोक्ति और कुन्तल

यों तो अलंकार-शास्त्र के बहुत-से आचार्य हुए हैं किन्तु उपरिवर्णित आचार्यों के अतिरिक्त तीन आचार्यों का नाम विशेष रूप से उल्लेखनीय है–(1) कुन्तल, (2) राजशेखर और (3) क्षेमेन्द्र। वक्रोक्ति का उल्लेख हम पहले भामह के सम्बन्ध में कर चुके हैं। कुन्तल ने वक्रोक्ति को काव्य का व्यापक गुण माना है। कवि का मार्ग साधारण लोगों के मार्ग से कुछ भिन्न होता है। उसकी शब्दावली में कल्पना का पुट लगा रहता है। वह कमल को 'कमल' न कहकर 'सरसी के नेत्र' कहेगा। 'उषा' को 'उषा' न कहकर 'भगवान के चरणों की लाली' कहेगा। इसीलिए उसने वक्रता को **'वैचित्र्य'** तथा **वैदग्ध्य भङ्गीभणिति'** अर्थात विदग्ध (cultured) लोगों के कहने का विशेष ढंग भी कहा है। ब्राउनिङ्ग (Browing) ने भी एक जगह कहा है–'Art may tell a truth obliquely.

वक्रोक्ति को व्यापक ब..ने के लिए कुन्तल ने 6 प्रकार की वक्रोक्ति मानी ह–(1) वर्णविन्यास-वक्रता, (2) पदपूर्वार्द्ध-वक्रता, (3) परार्द्ध-वक्रता, (4) वाक्य-वक्रता (वाक्य-वक्रता के अन्तर्गत उसने अलंकारों को माना है[9]) और प्रेयस तथा उर्जस्विन् अलंकारों के अन्तर्गत रस को मानना है। किन्तु रस को प्रधानता न देते हुए भी

रस को नितान्त गौण नहीं माना है। रसवत् को अलंकार की अपेक्षा अलंकार्य अधिक माना है। (5) प्रकरण वक्रता, (6) प्रबन्ध-वक्रता। कवि लोग जो अपनी कल्पना से इतिवृत्त में हेर-फेर कर उसे सरसता प्रदान करते हैं। वे कविकर्म (5) और (6) के अन्तर्गत आते हैं।

राजशेखर और क्षेमेन्द्र

राजशेखर (10वीं शताब्दी के पूर्वार्द्ध में) ने अपनी 'काव्य-मीमांसा' में कवि-शिक्षा को अपनी विवेचना का मुख्य विषय बनाया है। डॉक्टर गंगानाथ झा का 'कवि-रहस्य' नाम का ग्रन्थ उसी के आधार पर लिखा गया है। उसमें कवि और भावुक, दोनों के अच्छे वर्गीकरण किये गए हैं और कवियों के लिए बहुत-सी ज्ञातव्य बातें बतलाई हैं।

आचार्य क्षेमेन्द्र (11वीं शताब्दी) ने औचित्य को प्रधानता दी है और इस सिद्धान्त को पद, वाक्य, प्रबन्धार्थ, गुण, अलंकार, रस, क्रिया आदि पर लागू कर उसको व्यापक बनाया है। 'औचित्य-विचार-चर्चा' इनका प्रमुख ग्रन्थ है।

पण्डितराज जगन्नाथ–'रसगंगाधरकार' पण्डितराज जगन्नाथ (17वीं शताब्दी) आचार्य और कवि दोनों ही थे। इन्होंने काव्य को **'रमणीयार्थप्रतिपादकः शब्दः'** (रस गंगाधर काव्यमाला, सीरीज, पृष्ठ 4) कहा है। ये आह्लाद के साथ-साथ चमत्कार को भी महत्त्व देते हैं और लौकिक वर्णन में (जैसे तुम्हारे पुत्र हुआ है या पेड़ पर पक्षी बैठा है) कोई चमत्कार नहीं मानते परन्तु जब वही बात किसी चमत्कार के साथ कही जाती है तब वह काव्य होती है। पण्डितराज ने काव्य के चार विभाग किए हैं (मम्मट आदि ने तीन ही विभाग किए हैं)–उत्तमोत्तम, उत्तम, मध्यम और अधम–

'तच्चोत्तमोत्तमोत्तम-मध्यमाधमभेदाच्चतुर्धा' –रसगङ्गाधर (पृष्ठ 4)

चित्रकाव्य के भी उन्होंने दो भेद कर दिए हैं। जिसमें बिना व्यंजना के अर्थ के चमत्कार की प्रधानता हो वह मध्यम और जिससे केवल शब्द का ही चमत्कार हो उसे अधम माना है। पण्डितराज ने हिन्दी कवियों की भाँति अपने ही बनाये हुए उदाहरण दिए हैं। उन्होंने बड़े गर्व के साथ कहा है कि उन्होंने किसी दूसरे के उदाहरण नहीं लिये। जिस मृग के पास कस्तूरी है। वह फूलों की ओर मनसा से भी नहीं ध्यान देता–

'निर्माय नूतनमुदाहरणनुरूपं,
काव्यं मयाऽत्र निहितं न परस्य किञ्चत्।
किं सेव्यते सुमनसां मनसापि गन्धः
कस्तूरिकाजननशक्तिभृता मृगेण।।'

–'रसगङ्गाधर' (पृष्ठ 3)

वैसे वे (रसगङ्गाधरकार पण्डितराज जगन्नाथ) अक्खड़ स्वभाव के तो थे ही किन्तु स्यात् उनको अपने उदाहरण रचने की प्रेरणा **'चन्द्रालोककार'** जयदेव, केशव, चिन्तामणि आदि से मिली हो। उस समय हिन्दी भी अपने पैरों पर खड़ी हो चली थी। इसके पश्चात् हम हिन्दी में काव्यशास्त्र-विकास का संक्षिप्त वितरण देंगे।

विशद विवेचन के अभाव के कारण

हिन्दी को संस्कृत-साहित्य का उत्तराधिकार मिला था किन्तु खेद है कि उत्तराधिकार का पूरा-पूरा उपयोग नहीं हुआ। इसके कई कारण थे। आचार्यत्व का भार ऐसे लोगों पर पड़ा जो प्रायः राज्याश्रित थे। हिन्दी के रीति-ग्रन्थ राजदरबारों के लिए लिखे गए थे, 'जैसी देवी तैसे गीत' की बात रही। वे लोग पण्डित की-सी बाल की खाल निकालने वाले तर्कपूर्ण विवादों में आनन्द नहीं ले सकते थे। विलासी लोगों को सौन्दर्य-वर्णन ही रुचिकर होता है; इसीलिए हिन्दी के रीति-ग्रन्थों में श्रृंगार और नायिका-भेद का प्राधान्य रहा।

हिन्दी में गूढ़ विवेचना न होने का एक कारण यह भी था कि संस्कृत के आचार्य तो कारिकाओं के साथ गद्य में वृत्ति लिखते थे और उन पर टीकाएँ भी लिखी जाती थीं। उन टीकाओं में नए-नए सिद्धान्तों का जन्म हुआ। बाल की खाल निकालने के गद्य का माध्यम ही उपयुक्त रहता है, उसका रीतिकाल में अभाव-सा रहा। रस-निष्पत्ति का प्रश्न किसी भी रीतिकालीन ग्रन्थकार ने नहीं उठाया है। मैंने केवल 'रसिक-प्रिया' पर जो सरदार कवि की टीका में देखा है उसका नमूना 'रसिक-प्रिया' के दूसरे छन्द की सरदार कवि की टीका से दिया जाता है—

भुजक्षेपन अनुवाद अरु निर्वेदादि संचारी रति स्थायी ते रस उत्पत्ति होत है तब संकूकही कै उत्पति तौ देखबे में आबत, इहाँ कहाँ राम देखवे में आबत। अनुभाव कहौ कै ऐसे राम रहै अथवा वे राम सदृश है। यह रीति अनुभाव की है।। अरु भट्ट नायक कहत हैं कै अनुभाव नाही है। याको कहौ काहे माया अवरण रहित जो चैतन्य परमात्मा जो रस ताको विशिष्ट भोग जो भोग सो लीला राम ते होत है और अभिनवगुप्त पाद कहे हैं।। आलम्बन कारण सत्य है और उद्दीपन भी सत्य है अरु संचारी भी सत्य है, स्थायी भी अनुभव ते सत्य होत है।। परन्तु जे सबके कारण हैं पर कारज में नहीं जान पड़त है....'

—'रसिक-प्रिया' पर सरदार कवि की टीका

रीतिकाल में नाटयशास्त्र पर भी विचार नहीं हुआ क्योंकि उस काल में नाटक रचना का भी अभाव-सा ही रहा।

केशव पूर्व रीति साहित्य

केशवदास जी कुछ विवाद के साथ रीतिकाल के प्रवर्तक माने जाते हैं किन्तु रीतिकालीन

प्रवृत्तियों के बीज हमको भक्तिकाल में भी मिल जाते हैं। वैसे तो कहा जाता है कि हिन्दी के आदि कवि पुष्य ने संवत् 770 में कोई अलंकार-ग्रन्थ लिखा था (देखिये आचार्य शुक्लजी का इतिहास, पृष्ठ 2) किन्तु उसका कोई पता नहीं है। हिन्दी में सबसे पहला रीतिग्रन्थ श्रीकृपारामजी की 'हिततरंगिणी' है। इनका निर्माण संवत् 1598 में हुआ था जैसे कि नीचे के दोहे से प्रकट है–

'सिधि निधि शिवमुख चन्द्र लखि शुद्ध तृतीयासु।
हिततरंगिणी हौं रची, कवि हित परम प्रकासु।।'

–डॉक्टर भागीरथ मिश्र रचित हिन्दी काव्यशास्त्र में उद्धृत (पृष्ठ 51)

'अंकानां वामतो गतिः के अनुसार अंक दाईं ओर से बाईं ओर को पढ़े जाते हैं। डॉक्टर भागीरथ मिश्र द्वारा उल्लिखित इस ग्रन्थ में नायिका-भेद का ही प्रधान्य है और यह भरतमुनि के 'नाटयशास्त्र' और भानुदत्त की 'रस-मंजरी' से भी प्रभावित है।

सूरदासजी की 'साहित्य-लहरी' में (यद्यपि उसकी प्रामाणिकता में सन्देह है) रीतिकालीन प्रवृतियों के बीज मिलते हैं। उनके कूटों में अलंकारों के भी उदाहरण हैं–

''प्राननाथ तुम बिन ब्रजवाला है गई सबै अनाथ

× × ×

कुंज पुंज लखि नयन हमारे भंजन चाहत प्रान
'सूरदास' प्रभु परिकर अंकुर दीजै जीवन दान।।'

–'सूरदास' पंचरत्न (भ्रमर गीत, पृष्ठ 45)

इसमें नयन(नय+न अर्थात् नीति और न्याय का अभाव) विशेष्य सार्थक होने से परिकरांकुर अलंकार है।

अष्टछाप के दूसरे **सुप्रसिद्ध कवि नन्ददासजी** ने अपने एक मित्र के हित के लिए नायिका-भेद लिखा था–**'एक मीत हम सौ अस गुम्यौ, मैं नाइका भेद नहिं सुन्यौ'** (उमाशंकर शुक्ल द्वारा सम्पादित 'नन्ददास'–रसमंजरी पृष्ठ 39) उसमें नायिका भेद तो है किन्तु उसकी प्रस्तावना भक्तिपूर्ण है। उसमें थोड़ी क्षमा-याचना की-सी भावना है जिससे प्रतीत होता है कि भक्त होने के नाते उनको नायिका-भेद लिखने का संकोच था–

'रूप प्रेम आनन्द रस, जो कुछ जग में आहि।
सो सब गिरिधरि देव को, निधरक बरनौ ताहि।।'

–उमाशंकर शुक्ल द्वारा सम्पादित 'नन्द दास' से उद्धृत (रसमंजरी, पृष्ठ 39)

इसमें हाव-भाव भी है। इसका उद्देश्य प्रेम-तत्त्व का प्रकाशन है–**'बिन जाने यह भेद सब, प्रेम न परिचै होय'**। तुलसीदासजी की 'बरवै रामायण' में यद्यपि लक्षण नहीं है तथापि उसमें भी अलंकारों के उदाहरण उपस्थित करने की प्रवृत्ति है।

आचार्य केशवदास

यद्यपि आचार्य शुक्लजी के केशवदासजी को रीतिकाल का प्रवर्तक नहीं माना है क्योंकि उनका कहना है कि केशव के पश्चात् 50 वर्ष तक रीति-काल की परम्परा नहीं चली तथापि केशव में रीतिकाल की प्रवृतियाँ (लक्षण देकर उदाहरण उपस्थित करना) प्रस्फुटित हो चुकी थीं। आचार्य शुक्लजी लिखते हैं कि केशव ने संस्कृत काव्य-शास्त्र के विकास-क्रम को आगे नहीं बढ़ाया वरन् पीछे के आचार्यों भामह, दण्डी उद्भट आदि का अनुकरण किया। ऐसी पुनरावृत्ति तो संस्कृत-साहित्य में भी होती रही है। ध्वनिकार आनन्दवर्धन और उनके टीकाकार अभिनवगुप्त तथा रसवादी धनंजय के पश्चात् अलंकारवादी जयदेवपीयूवर्ष और उनके टीकाकार अप्पय दीक्षित तेरहवीं शताब्दी में हुए। वे लोग जो पीछे लौटे (आर्यसमाजी तो मोक्ष से भी पुनरावृत्ति मानते हैं) यदि केशव ने भी इतिहास की पुनरावृत्ति—'History repeats itself'.—की तो कौन-से आश्चर्य की बात है?

केशवदासजी ने रीति-सम्बन्धी दो ग्रन्थ लिखे—(1) 'रसिक-प्रिया'(संवत् 1642) और (1) 'कविप्रिया' (संवत् 1652)। केशवदास अलंकारवादी थे। उनका कथन था कि **'भूषण बिन न बिराजई कविता बनिता मित्र'** (कवि-प्रिया पंचम प्रकाश 1) किन्तु उन्होंने कविता के लिए दोनों से रहित होना भी अत्यन्त आवश्यक माना है—

'रंजत रंच न दोषयुत,कविता बनिता मित्र।
बूंदक हाला होत ज्यों, गंगा तट अपवित्र।।'

—कवि-प्रिया (तृतीय प्रकाश 4)

'कवि-प्रिया'में अलंकारों का क्षेत्र व्यापक माना है। उन्होंने दो प्रकार के अलंकार माने हैं—(1) साधारण, जिसमें दुनिया के सारे वर्ण्य पदार्थ आ गए हैं और (1) विशिष्ट, जिसमें कविता के अलंकार आ गए हैं, यह 37 माने हैं।

'रसिक-प्रिया' में रसों का वर्णन है किन्तु उसमें श्रंगार को ही महत्ता दी गई है। औरों का तो नामोल्लेख-मात्र ही है। शृंगार के उन्होंने प्रच्छन्न और प्रकाश नाम के दो भेद किए हैं। यह एक प्रकार से नई उद्भावना थी यद्यपि इसकी आवश्यकता में लोगों को सन्देह है। देव ने इसको पीछे से अपनाया था।

चिन्तामणि त्रिपाठी

आचार्य शुक्लजी ने कविवर भूषण के भाई चिन्तामणि को रीतिकाल के प्रर्वतक होने का श्रेय दिया है। इसका रचना-काल संवत् 1700 माना जाता है। इन्होंने पीछे के आचार्यों (रसवादी) के मार्ग का अनुकरण किया है। इनके दो ग्रन्थ—(1) 'कवि-कुल-कल्पतरु' (2) तथा 'शृंगार-मजरी' उपलब्ध हैं। चिन्तामणि आचार्य विश्वनाथ और मम्मट दोनों से ही प्रभावित हैं। उन्होंने दोनों की ही परिभाषाओं

को मान्य समझा है। चिन्तामणि द्वारा किया हुआ गुणों का वर्णन भी 'काव्य-प्रकाश' से भी प्रभावित है। दोनों आवार्यों से प्रभावित उनकी काव्य की परिभाषा देखिए—

विश्वनाथ से प्रभावित—

(क) **बतकहाउ रसमै जु है कवित्त कहावै सोइ'**। विश्वनाथ की परिभाषा इस प्रकार है—**'वाक्यं रसात्मकं काव्यं' (साहित्यदर्पण, 1।3)**।

मम्मट से प्रभावित—

(ख) **'सगुन श्रलंकारन सहित, दोषरहित, दोषरहित जो होइ।**
शब्द अर्थ वारौ कवित्त, विबुध कहत सब कोइ।।'

मम्मट की परिभाषा इस प्रकार है—

'तददोषौ सगुणावनलङ्कृती पुनः क्वापि'—काव्यप्रकाश (1।4)

(चिन्तामणि की ये दोनों परिभाषाएँ श्री भागीरथ मिश्र के 'हिन्दी काव्यशास्त्र' क्रमशः—75और 76—के उद्धरणों से उद्धृत की गई हैं)।

वास्तव में हिन्दी के आचार्य सारग्राही थे जो कविता द्वारा काव्य-सिद्धान्तों का प्रचार कर उदाहरणों की सृष्टि में थोड़ी वाह-वाह पा लेते थे। उदाहरण उनके अवश्य फड़कते हुए होते थे।

तोषकवि

तोषकवि (रचनाकाल संवत् 1691) ने रस को प्रधानता दी। उनके ग्रन्थ 'सुधानिधि' के नामकरण से भी यह व्यक्त होता है कि वे रस को प्रधानता देते थे। इसमें रस, भाव, नायिका-भेद आदि रस से सम्बन्धित विषय लिये गए हैं। लक्षण दोहों में दिए हैं और उदाहरण कवित्त, सवैया, छप्पयों और दोहों आदि में दिए हैं।

महाराज जसवन्तसिंह

महाराज जसवन्तसिंह (जन्म-संवत् 1623) का 'भाषा-भूषण' बड़ा लोकप्रिय ग्रन्थ है। यद्यपि इस ग्रन्थ का नाम भूषण (अलंकार) पर है तथापि इसमें सभी काव्यांगों का संक्षेप में वर्णन है। इन्होंने ग्रन्थ के विषयों के सम्बन्ध में इस प्रकार लिखा है—

'लच्छन तिय अरु पुरुष के हाव-भाव रस धाम।
अलंकार संयोग ते, भाषा भूषन नाम।।'

—भाषा-भूषण (दोहा 213)

इसमें संस्कृत के 'चन्द्रालोक' की भाँति एक ही दोहे में लक्षण और उदाहरण दिए गए हैं। एक उदाहरण लीजिए—

'परिसंख्या इक थल बरजि दूजे थल ठहराइ।
नेह हानि हिय में भई दीप में जाइ।।'

—भाषा-भूषण (दोहा 145)

'भाषा-भूषन' 'चन्द्रालोक' के किसी मयूख का अनुवाद नहीं है, कहीं-कहीं छाया अवश्य आ गई है। बहुत-सी जगह यह स्वतन्त्र है। 'चन्द्रालोक' में रसों का वर्णन कुछ विस्तार के साथ अलंकारों के बाद में किया गया है किन्तु 'भाषा-भूषन' प्रारम्भ में ही किया गया है। अलंकारों के वर्णन में कहीं 'चन्द्रालोक' की छाया है और कहीं नहीं है। सहोक्ति के उदाहरण में छाया है, 'भाषा-भूषन' का उदाहरण इस प्रकार है—**'कीरति अरिकुल संग ही जलनिधि पहुँची जाइ'**(भाषा-भूषन, दोहा 92)—तथा 'चन्द्रालोक' का उदाहरण इस प्रकार है—**'दिगन्तमगमद्यस्यकीर्तिः प्रत्यर्थिभिःसह'** (चन्द्रालोक, 5। 60)। भाषा-भूषन में 'जलनिधि' है और 'चन्द्रालोक' में **'दिगन्त'** है। यथासंख्या का उदाहरण लीजिए—

'करि अरि, मित्र विपत्ति को गंजन, रंजन, भंग'

—भाषा-भूषण (दोहा 141)

'शत्रुं मित्र द्वित्वत्पक्षं जयरञ्जयभञ्जय'

—चन्द्रालोक (92)

'भाषा-भूषन' में बहुत-से उदाहरण स्वतन्त्र हैं जिनकी संख्या अधिक है।

मतिराम

मतिराम (जन्म संवत् 1674) के दो मुख्य ग्रन्थ हैं—(1) 'रसराज' और (2) 'ललित ललाम'। 'रसराज' रस और नायिका-भेद का ग्रन्थ है और 'ललित-ललाम' अलंकार का। इनकी भाषा की सरसता ने इनके उदाहरणों को सजीव बना दिया है। इनका किया हुआ नायिका का वर्णन बड़ा प्रसिद्ध है—

'कुन्दन को रंग फीको लगै, झलकै अपि अंगनि चारु गोराई।
आँखिन में अलसानि, चितौन में मंजु विलासन की सरसाई।।
को बिन मोल विकात नहीं 'मतिराम' लहै मुसकानि मिठाई।
ज्यों-ज्यों निहारिये नेरे ह्वै नैननि त्यों-त्यों खरी निकरै सो निकाई।।'

—मतिराम-ग्रन्थावली (रसराज 6)

'ललित ललाम' का एक उदाहरण लीजिए—

'और ठौर ते मेटि कछु, बात एक ही ठौर।
बरनत परिसंख्या कहत, कवि कोविद सिरमौर।।'

—मतिराम-ग्रन्थावली (ललित ललाम 273)

मतिराम ने कुछ उदाहरण दोहों में और कुछ सवैये आदि बड़े छन्दों में दिए हैं।

भूषण

भूषण (जन्म-संवत् 1670) ने लिखा तो अलंकार-ग्रन्थ ही किन्तु इनकी विशेषता

यही है इन्होंने उदाहरण शिवाजी से सम्बन्धित वीर रस के दिये हैं। इनके दिए हुए लक्षण अशुद्ध बतलाए जाते हैं। कुछ लोग इस स्वतन्त्रता को विचार-स्वातन्त्र्य का द्योतक मानते हैं किन्तु जहाँ उदाहरण लक्षण के अनुकूल नहीं हैं। (जैसे परिणाम, लुप्तोपमा, भम्र, सम, विभावना, अर्थान्तरन्यास में) वहाँ हमको यह स्वीकार करना पड़ेगा कि कवित्व ने आचार्यत्व को दबा लिया है। विभावना के लक्षण में तो यह कहा जाता है कि–

'भयो काज बिनु हेतु ही, बरनत जिहि ठौर।
तहँ विभावना होति है, कवि भूषन सिरमौर।।'

–'भूषण-ग्रन्थावली' के (दोहा 185)

किन्तु जो उदाहरण दिया गया है उसमें असंगति की झलक अधिक है–**'दीन्हो कुज्वाब दिलीपति को अरु कीन्हों बजीरनु मुँह कारों** (भूषण-ग्रन्थावली, दोहा 186)। असंगति का लक्षण इस प्रकार है–

'हेतु अनत ही होय जहँ काज अनत ही होय'

–'भूषण-ग्रन्थावली' (दोहा 199)

कुलपति मिश्र

आचार्य कुलपति मिश्र (रचना-काल संवत् 1727) का मुख्य ग्रन्थ'रस-रहस्य' है जो थोड़े-बहुत अन्तर के साथ (उदाहरणों में इन्होंने अपने आश्रयदाता महाराज रामसिंह की प्रशंसा के छन्द रखे हैं) 'काव्य-प्रकाश' का छायानुवाद है। इसका विवेचन अपेक्षाकृत कुछ गम्भीर है और इसलिए कही-कहीं गद्य की वृत्ति भी हैं–(1) रस-प्रधान और (2) 'काव्यप्रकाश' से प्रभावित निर्दोष और सगुणता पर बल देने वाला। इनमें आचार्यों के मत की आलोचना की भी प्रवृत्ति दिखाई देती है।

देव

आचार्य देव (जन्म-संवत् 1730) ने प्रायः 52 ग्रन्थ लिखे हैं। उनमें 'रस-विलास', 'भवानीविलास', 'शब्दरसायन' आदि ग्रन्थ हैं जिनमें प्रायः सभी काव्यांगों का वर्णन किया गया है। उसमें रस के साथ शब्दशक्तियों और रीतियों का भी वर्णन है। देव ने 'शब्द-रसायन' में शब्द की सार्थकता इस प्रकार बतलाई है–**'शब्दरसायन नाम यह, शब्द अर्थ रस-सार।'** देव ने सब रसों में शृङ्गार को प्रधानता दी है। उन्होंने नौ रसों का सम्बन्ध शृङ्गार के संयोग और वियोग-पक्षों से दिखाया है। संयोग का सम्बन्ध हास्य, वीर और अद्भुत से है; वियोग का करुण, रौद्र और भयानक से तथा वीभत्स और शान्त रस का दोनों से। वैसे भी इन्होंने तीन-तीन रसों की तिकड़ी बनाकर शृङ्गार को सर्वोपरि ठहराया है–

'तीनि मुख्य नवही रसनि, द्वै-द्वै प्रथमनि लीन,
प्रथम मुख्य तिनहून में, दोऊ तेहि आधीन।
हास अरु भय, सिंगार रस, रुद्र, करुन रस वीर,
अद्‌भुत अरु वीभत्स सँग, सातौ बरनत धीर।'

—'शब्दरसायन' (तृतीय प्रकाश)

अर्थात् नौ में तीन मुख्य हैं—शृङ्गार, वीर और शान्त। इनमें दो-दो विलीन हो जाते हैं जैसा आगे दिखाया गया है। तीनों मुख्य रसों में शृङ्गार में वीर और शान्त विलीन हो जाते हैं—

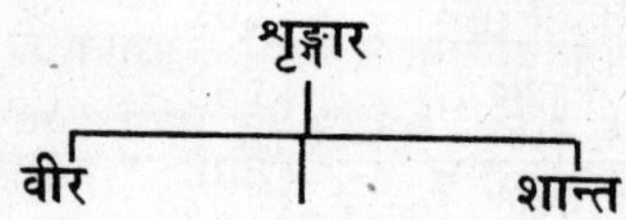

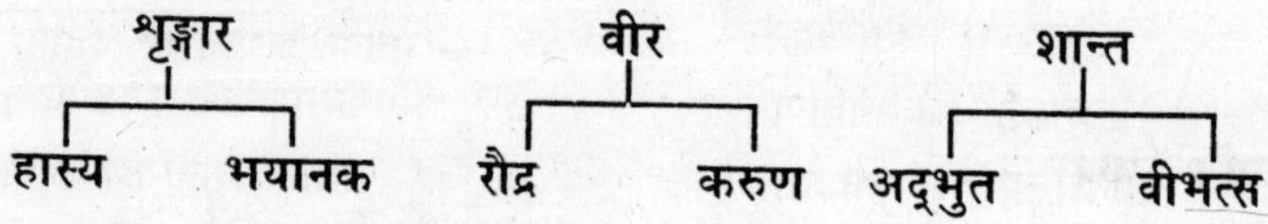

यदि इसमें थोड़ा परिवर्तन हो जाता तो अधिक व्यवस्थापूर्ण बन जाता। शृङ्गार के साथ हास्य और करुण रख दिये जाते तो संयोग और वियोग में एक-एक बँट जाते और वीर के साथ रौद्र तथा भयानक रख दिए जाते तो आश्रय में रौद्र आ जाता और आलम्बन में भयानक। शान्त में वीभत्स और अद्‌भुत का योग ठीक ही है। शान्त रस में संसार के प्रति घृणा का भाव रहता है और भगवान् की लीला के प्रति बिस्मय का भाव होता है।

केशव की भाँति देव ने भी शृङ्गार के प्रच्छन और प्रकाश दो भेद किए हैं। भानुदत्त की 'रस-तरंगिणी' के अनुसार देव ने रसों के लौकिक और अलौकिक के रूप में भी भेद किए हैं। अलौकिक के भी तीन भेद किए हैं—(1) स्वापनिक, (2) मानोरथिक और (3) औपनायिक। देव ने रस की स्थिति को दम्पती, विशेषकर राधाकृष्ण जैसे दिव्य दम्पतियों में माना है। सम्भव है यह भक्ति-भावना का फल हो। यहाँ वे भट्टलोल्लट से प्रभावित दिखाई पड़ते हैं—**'दम्पति उर कुरखेत बिधि बीज भीज रस-भाव'** (प्रेमचन्द्रिका)।[10]

देव ने संचारियों के वर्गीकरण में परम्परा से भेद प्रदर्शित किया है। उन्होंने संचारियों के दो भेद किए हैं—(1) तन-संचारी और (2) मन-संचारी (शारीरिक और आन्तरिक)। तन-संचारियों में साहित्य-शास्त्र के सात्त्विक भाव रखे हैं और मन-संचारियों में साधारण संचारी। सात्त्विक भावों को अनुभावों में नहीं रखा है।

देव ने 'भाव-विलास' में तो केवल 19 अलंकार माने हैं किन्तु 'शब्दरसायन' में 40 मुख्य और 30गौण, कुल मिलाकर 70 अलंकार माने हैं। देव ने शब्द-शक्तियों पर भी विचार किया है और अभिधा को मुख्यता दी है। उसकी तुलना स्वकीया से की है और व्यंजना की परकीया से। देव ने दोषों का वर्णन नहीं किया वरन् स्त्रियों और नायिका आदि के वर्गीकरण में विशेष रुचि दिखाई है। केशव ने दोषों का वर्णन किया है। इस प्रकार हम देखते हैं कि हिन्दी के आचार्यों में केशव के पश्चात् देव ने कुछ मौलिकता दिखाने और गम्भीर विवेचन का प्रयास किया है।

भिखारीदास

देव के पश्चात् आचार्य कवि तो बहुत से हुए (जैसे सूरति मिश्र, श्रीपति, सोमनाथ, ग्वाल कवि, लछिराम आदि) किन्तु इन कवियों में जो ख्याति भिखारीदास, दूलह कवि और पद्माकर को मिली वह और किसी को नहीं। भिखारीदास का 'काव्यनिर्णय' (रचनाकाल संवत्1803) रीतिशास्त्र का सर्वांगपूण ग्रन्थ है।[11] यद्यपि इसका दृष्टिकोण 'काव्यप्रकाश' का ही है तथापि इसमें कुछ बातों की मौलिकता है। इसमें भाषा के ऊपर भी थोड़ा विवेचन है। यद्यपि 'काव्यनिर्णय' का दृष्टिकोण प्रारम्भ में अलंकार गुण आदि के सम्बन्ध में तो 'साहित्यदर्पण'-का-सा ही है—क्योंकि रस को कविता का शरीर या मुख्य अंग माना है तथा अलंकारों को आभूषण, गुणों को रूप और रंग तथा दूषणों को कुरूपता का उत्पादक माना है—तथापि साहित्यदर्पणकर की भाँति रस को आत्मा नहीं कहा गया है। यह कमी दासजी ने आगे चलकर गुणों के सम्बन्ध में पूरी कर दी है—

'ज्यों जीवात्मा में रहै, धर्म सूरता आदि।
त्यों रस ही में होत गुण, बरनै गनै सवादि।।
रस ही के उत्कर्ष को, अचल स्थिति गुण होय।
अंगी धरम सुरूपता, अंग धरम नहिं कोय।।'

—भिखारीदासकृत काव्यनिर्णय (श्लेषालंकारादि-वर्णन 62 तथा 63)

'काव्यनिर्णय' में रस का वर्णन ध्वनि के अन्तर्गत नहीं किया जैसा कि 'काव्यप्रकाश' में है वरन् वर्णन स्वतन्त्र हुआ है। दासजी ने रस को रसवत् अलंकार के अन्तर्गत नहीं माना है, जैसा कि दण्डी केशव ने माना है वरन् 'साहित्यदर्पण' की भाँति रसवत् अलंकारा वहाँ माना है जहाँ कोई रस या भाव का अंग होता है। रसवदादि को रस का अपरांग भी कहा है—

'रस भावादिक होत जहँ, युगल परस्पर अंग।
तहँ अपरांग कहैं कोऊ, कोउ भूषन इहि ढंग।।

रसवत प्रेया उर्जशी, समाहितालंकार।
भावोदैवत सन्धिवत, और सबलवत सार।।'

—भिखारीदासकृत 'काव्यनिर्णय' (अपरांग-वर्णन, 1 तथा 2)

ये पंक्तियाँ 'साहित्यदर्पण की निम्नलिखित कारिकाओं का अनुवाद प्रतीत होती हैं—

'रसभावौ तदाभासौ भावस्य प्रशमस्तथां।।
गुणीभूतत्वमाभान्ति यदालंकृतयस्तदा।
रसवत्प्रेय ऊर्जस्वि समाहितमिति क्रमात।।
भावस्य चोदये सन्धौ मिश्रत्वे तदास्यका।।'

—साहित्यदर्पण (10 ।74,76)

जहाँ (1)रस, (2) भाव,(3) उनके आभास तथा (4) भावशान्ति दूसरे रस के साथ गौण होकर अंग बनते हैं वहाँ वे अलंकार हो जाते हैं और उनका नाम क्रमशः रसवत्, प्रेय, ऊर्जस्व और समाहित होता है। (काव्य-प्रकाशकार का भी प्रायः ऐसा ही मत है)।

'काव्यनिर्णय' में अलंकारों का स्वतन्त्र रूप से महत्ता नहीं दी गई है। जहाँ पर केवल अलंकार होते हैं वहाँ काव्य अपर काव्य कहलाता है, जहाँ वे गुणों के साथ किन्तु व्यंग्य के बिना होते हैं वहाँ वह मध्यम काव्य होता है और जहाँ व्यंजना के साथ रस, अलंकार आदि आते हैं वहाँ उत्तम काव्य होता है। इस प्रकार व्यंजना को पर्याप्त प्रधानता मिल जाती है।

दासजी ने अलंकारों के वर्गीकरण का भी एक मौलिक प्रयास किया है। उन्होंने समता, विरोध, शृंखला वा तर्क के आधार पर वर्गीकरण नहीं किया है वरन् हर एक वर्ग के प्रतिनिधि अलंकार के नाम पर अलंकारों का वर्गीकरण किया है। लेकिन सब जगह एक सा नहीं है। कुछ तो वर्ग के प्रतिनिधि में आदि लगाकर वर्गबद्ध है (जैसे उपमादि, उत्प्रेक्षादि), कुछ स्वयं एक ही वर्ग हैं (जैसे अतिशयोक्ति, विरुद्ध आदि) और कुछ स्फुट हैं। चतुर्दश उल्लास में ऐसे बहुत-से अलंकार हैं। वे चतुर्दश उल्लास के प्रारम्भ में लिखते हैं—

'उचित अनुचितौ बात में, चमतकार लखि दास।
अरु कछु मुक्तक रीति लखि, कहत एक उल्लास।।'

—भिखारीदासकृत 'काव्यनिर्णय' (समालंकारादि-वर्णन, 1)

गुणों के सम्बन्ध में दासजी ने मम्मट का अनुकरण किया है। दशों गुणों का वर्णन कर सबको तीन में (माधुर्य, ओज और प्रसाद में) अन्तर्भुक्त बतलाया है—

माधुर्योज प्रसाद के, सब गुण हैं आधीन।
ताते इनहीं कों गन्यो, मम्मट कबि सुप्रबीन।।'

—भिखारीदासकृत 'काव्यनिर्णय'(गुणनिर्णय-वर्णन,30)

इस प्रकार हम देखते हैं कि दासजी ने बड़े कौशल के साथ 'काव्यप्रकाश'

और 'साहित्यदर्पण' का समन्वय किया है और अलंकारों में **'चन्द्रालोक'** का भी सहारा लिया है—

'बूझि सुचन्द्रालोक अरु, काव्यप्रकासहु ग्रन्थ।
समुझि सुरुचि भाषा कियो, लै औरौ कबिपन्थ।।'

—भिखारीदासकृत 'काव्यनिर्णय' (मंगलाचरण-वर्णन, 5)

दूलह

दूलह (रचना-काल संवत् 1800 से 1825 तक) का 'भाषा-भूषन' की भाँति 'कवि-कुल-कण्ठाभरण' बड़ा प्रामाणिक और लोकप्रिय ग्रन्थ है। इसमें कवित्त-सवैयों में लक्षण और उदाहरण दिए गए हैं, किन्तु यह नियम नहीं है कि एक छन्द में एक ही अलंकार का वर्णन हो। इसमें 117 अलंकारों का वर्णन है और अधिकांश में उदाहरण शृंगार से अथवा राधा-कृष्ण के यश-वर्णन से सम्बन्धित हैं। यह प्रवृत्ति सर्वथा रीतिकालीन प्रकृति के अनुकूल है। 'भाषा-भूषन' की ही भाँति 'कवि-कुल-कण्ठाभरण' में भी समास गुण अधिक हैं—

'अभिप्राय सहित विशेषण जहाँई होय,
तहाँ परिकर कवि दूलह गनाई है।
वृन्दावन चंद नन्द-नन्द घनश्याम देखौ,
आनि इन आँखिन की तपन बुझाई है।।'

—कवि-कुल-कण्ठाभरण' (छन्द 29)

आधे में परिकरांकुर का लक्षण और उदाहरण है। कहीं-कहीं 'चन्द्रलोक' की भी छाया है किन्तु बहुत कम, जैसे तद्गुण के उदाहरण में—

'ओंठन में ओप आली बेसरि के मूंगा भए,'

—'कवि-कुल-कण्ठाभरण' (छन्द 69)

'पद्मरागारुणं नासामौक्तिकं तेऽधराश्रितम्'

—'चन्द्रालोक' (5।102)

पद्माकर

पद्माकर(जन्म-संवत्1810) की विशेषता यह है कि इनके आचार्यत्व ने इनके कवित्व को दबाया नहीं है। इनके उदाहरण एक से एक सरस हैं। इनका 'जगद्विनोद' रसशास्त्र के प्रारम्भिक विद्यार्थियों का कण्ठहार है। इसमें यद्यपि शृंगार के अन्तर्गत हाव-भाव और नायिका-भेद की ही प्रधानता है तथापि और रसों का भी, जैसा हिन्दी के सब कवियों ने किया है, चलता हुआ वर्णन है। **'पद्माभरण'** इनका अलंकार-ग्रन्थ है। यह ग्रन्थ भी **'चन्द्रालोक'** से प्रभावित है। उदाहरणस्वरूप'जगद्विनोद' की स्थायीभाव और रस की परिभाषाएँ देखिए—

'रस अनुकूल विचार जो, उर उपजात हैं आय।
थाई भाव बखानहीं, तिनहीं को कवि राय।।
है सब भावन में सिरे, टरति न कोटि उपाव।
है परिपूरन होत रस, तेई थाई भाव।।'

—पद्माकर पंचामृत (जगद्विनोद, छन्द 572 तथा 573)

अलंकार का उदाहरण—

सुद्धापन्हुति जहँ थपै, सुद्ध वस्तु छपि जात।
यह न सीस तो है कहा? नभगंगा जलजात।।'

—'पद्माकर पंचामृत' (पद्माभरण,छन्द 45)

नवीन युग

छापे की कलों के प्रचार के लिए गद्य की प्रतिष्ठा बढ़ी और हिन्दी में भी अलंकार-शास्त्र के गम्भीर विवेचन का सूत्रपात हुआ। भारतेन्दुजी ने नाट्य-साहित्य पर 'नाटक' नाम की छोटी-सी पुस्तक लिखी। यह सन् 1883 में लिखाई गई थी। इनमें शास्त्रीय विवेचन और इतिहास दोनों ही हैं। कविराज मुरारीदास का 'जसवन्त यशोभूषण' (संवत् 1950) विवेचन की ओर एक नया प्रयास था। उसमें सब अलंकारों के लक्षण व्युत्पत्ति देकर उसके नाम से ही निकाले गए हैं। इसमें पद्यमय लक्षण और उदाहरण भी हैं। गद्य में रस-सम्बन्धी सबसे पहला प्रयास अयोध्या-नरेश महाराज प्रतापनारायणसिंह का 'रसकुसुमाकर' है। यह संवत् 1951 में इण्डियन प्रेस से प्रकाशित हुआ था। इसमें विवेचन गद्य में है और उदाहरण दूसरे के बनाये हुए छन्दों में हैं। इसके पश्चात् संवत् 1983 में श्री कन्हैयालाल जी पोद्दार की 'अलंकार-मंजरी' का पूर्वरूप 'अलंकार-प्रकाश' प्रकाश में आया। उसका 'काव्य-कल्पद्रुम' पहले नागरी प्रचारिणी-सभा, आगरा से संवत् 1953 में निकला था। पीछे से इसके दो भाग हो गए— (1) अलंकार-मंजरी और (2) रस-मंजरी। 'रस-मंजरी' वास्तव में 'काव्य प्रकाश' के आधार पर लिखा गया है। 'रस-मंजरी' नाम होते हुए भी उसे 'काव्य प्रकाश' के अनुकरण में असंलक्ष्यक्रमव्यंग्यध्वनि के अन्तर्गत रखा गया है। इन पंक्तियों के लेखक का 'नवरस' भी प्रायः उसी समय (संवत् 1986) का लिखा हुआ है। उसका छोटा संस्करण तो और पहले का (अर्थात् संवत् 1977 का) था। बड़े और वर्तमान संस्करण का उल्लेख 'रस-मंजरी' में आलोचनात्मक रूप से आया हुआ है। शास्त्रीय ज्ञान का जहाँ तक सम्बन्ध है वहाँ तक 'रस-मंजरी' परम उत्कृष्ट ग्रन्थ है। उसका विवेचन भी शास्त्रीय ढंग का है और उदाहरण भी शास्त्रीय हैं जो अधिक सरस नहीं कहे जा सकते हैं। 'रस-मंजरी' में जो 'नवरस' की भूलें दिखाई गई हैं लेखक को उनकी खेदपूर्ण चेतना स्वयं भी उसके ('रस-मंजरी' के) छपने से पूर्व ही हो चुकी थी वह किन्तु विवश था। 'नवरस' के दूसरे संस्करण होने की अभी तक नौबत नहीं आई।

मालूम नहीं उन्होंने उसके पहले संस्करण में कितनी प्रतियाँ छाप डालीं जो खूब बिक्री होने पर भी अभी तक निःशेष नहीं हुईं। उसकी कुछ भूलें मेरे अज्ञानवश हुईं और अधिकांश भूलें पाण्डुलिपि की अव्यवस्था, प्रकाशक-लेखक के असहयोग और मेरे प्रूफ न देखने के कारण हुईं। अस्तु, उन्हीं भूलों के संशोधन के उद्देश्य से मेरे मन में अकेले रस पर ही नहीं, पूरे काव्य-सिद्धान्त पर एक छोटी-सी पुस्तक लिखने का विचार आया। वह विचार बहुत दिनों तक आलसियों के मनसूबों की भाँति निर्जीव रहा किन्तु श्री चिरंजीलाल 'एकाकी' के उत्साह ने उसे सजीव बना दिया और 'सिद्धान्त और अध्ययन' का पहला संस्करण प्रकाश में आया।

'नवरस' में भूलें अवश्य हैं लेकिन उसमें गुण भी हैं। वह सबसे पहली पुस्तक है जिसमें शास्त्र की पीटी हुई लकीर से हटकर नए दृष्टिकोण से रस के सिद्धान्त पर विचार किया गया है। वह पहली पुस्तक है जिसमें 'काव्यप्रकाश' और 'साहित्यदर्पण' के उदाहरणों को छोड़ हिन्दी के प्राचीन और नवीन कवियों के उदाहरणों को मान दिया गया है (उसमें कुछ उदाहरण अनुपयुक्त भी हैं) और उसमें ही पहली बार रस के मनोवैज्ञानिक पक्ष को प्रकाश में लाने का प्रयत्न किया गया तथा स्थायी भावों का मौलिक सहजवृत्तियों (primary instincts) से सम्बन्ध जोड़ा गया है। शास्त्र से स्वतन्त्र होकर लिखने का यह अर्थ नहीं कि शास्त्र की बातों का मन चाहे जैसा उल्लेख किया जाए। यदि कहीं मुझसे अज्ञानवश ऐसा हुआ तो उसके लिए मैं क्षमाप्रार्थी हूँ और सुधार करने के लिए तैयार हूँ। मैं अपनी सफाई देने में प्रसंग से हट गया किन्तु यह वर्तमान पुस्तक के जन्म का इतिहास बतलाने के लिए आवश्यक है। पाठक इसे क्षमा करेंगे।

अपने उल्लेख के पूर्व मुझे आचार्य महावीरप्रसाद द्विवेदी के 'रसज्ञ-रञ्जन' का उल्लेख पहले कर देना चाहिए था। उसका पहला प्रकाशन सन्1920 में हुआ था। उसमें कविता की परिभाषा के साथ (जो अंग्रेजी भाषा के कवि मिल्टन की परिभाषा से प्रभावित है) कवि-शिक्षा की बहुत-सी यादें दी गई हैं। उस पुस्तक पर राजशेखर, क्षेमेन्द्र और मौलाना हाली का सम्मिलित प्रभाव है, फिर भी द्विवेदीजी के विचारों में स्वतन्त्रता और मौलिकता है। उनके काव्य-सम्बन्धी विचारों में नीचे की बातें बड़ी स्पष्टता से हमारे सामने आती हैं–

'1. कविता में साधारण लोगों की अवस्था विचार और मनोविकारों का वर्णन हो।

2. उसमें धीरज, साहस प्रेम और दया आदि गुणों के उदाहरण रहें।

3. कल्पना सूक्ष्म और उपमादिक अलंकार गूढ़ न हों।

4. भाष सहज, स्वाभाविक और मनोहर हो।

5. छन्द सीधा, सुहावना और वर्णन के अनुकूल हो।'

–'रसज्ञ-रञ्जन'

द्विवेदीजी कविता में मिल्टन के बतलाये हुए गुण चाहते थे–**'कविता सादी हो, जोश से भरी हो और असलियत से गिरी न हो'** (रसज्ञ-रञ्जन, पृष्ठ 47) इससे प्रकट होता है कि आचार्य द्विवेदीजी का दृष्टिकोण व्यावहारिक और उपदेशात्मक था। वे कविता को जनता की वस्तु बनाना चाहते थे फिर भी वे रस और चमत्कार के पक्षपाती थे–

'शिक्षित कवि की उक्तियों में चमत्कार का होना परमावश्यक है यदि कविता में चमत्कार नहीं–कोई विलक्षणता नहीं–तो उससे आनन्द की प्राप्ति नहीं हो सकती।'

–'रसज्ञ-रञ्जन'

डॉक्टर श्यामसुन्दरदासजी

आलोचना-शास्त्र पर सबसे पहला क्रमबद्ध ग्रन्थ डॉक्टर श्यामसुन्दरदासजी (सम्वत् 1932-2002) का 'साहित्यालोचन' है (उसका पहला संस्करण संवत् 1979 में हुआ था)। यद्यपि उसमें मौलिक अंश बहुत कम है तथापि वह एक प्रकार से सर्वांगपूर्ण है। इसमें भारतीय तथा विदेशी काव्य-शास्त्र-सम्बन्धी विचारों में न तो सामञ्जस्य-स्थापन करने का प्रयत्न है और न उसका मूल्यांकन हुआ है। पाश्चात्य पद्धति के अनुसार काव्य का कलाओं के अन्तर्गत ही विवेचन हुआ है (इस प्रकार के विवेचन के औचित्य या अनौचित्य पर विचार नहीं किया गया है)। बाबूजी ने यद्यपि हेगिल का नाम नहीं दिया है तथापि उनका वर्गीकरण हेगिल का ही वर्गीकरण है। इलाहाबाद के 'विद्यार्थी' के प्रारम्भिक अंकों में इन पंक्तियों के लेखक ने एक लेख 'हेगिल के कला-विभाजन' पर छपाया था। यह 'साहित्यालोचन' से पहले निकला था। बाबूजी ने कविता की परिभाषाओं में आचार्य मम्मट की परिभाषा को महत्ता दी है किन्तु रस का विवेचन स्वतन्त्र रूप से किया है (असंलक्ष्यक्रमव्यंग्यध्वनि के अन्तर्गत नहीं)। वास्तव में बाबूजी ने ध्वनि को कोई महत्ता नहीं दी। व्यंजना का वर्णन भी परिशिष्ट रूप से नागरी-प्रचारिणी पत्रिका से उद्धृत किया गया है, वह पुस्तक अंग नहीं है और नवीनतम् संस्करण में वह भी निकाल दिया गया है। बाबूजी ने यद्यपि भारतीय समीक्षा-शास्त्र की यत्र-तत्र श्रेष्ठता दिखाने का प्रयत्न किया है तथापि उन पर व्यापक प्रभाव अंग्रेजी समीक्षा-शास्त्र का ही है। उन्होंने काव्य का बाह्य विषयक और भावात्मक के रूप में जो विभाजन किया है वह भी पाश्चात्य प्रणाली से ही प्रभावित है। जिस समय बाबूजी ने लिखा था उस समय भारतीय समीक्षा-शास्त्र का इतना अध्ययन नहीं हुआ था जितना कि अब हो रहा है। पहले संस्करण की अपेक्षा बाद में परिवर्द्धित संस्करणों में बहुत-कुछ भारतीयता का पुट आ गया है, किन्तु मूल ढाँचा वैसा ही रहा। फिर भी बाबूजी हम सब लोगों के पथ-प्रदर्शक रहे। उनका प्रयत्न भगीरथ प्रयत्न होने के कारण सर्वथा स्तुत्य है।

आचार्य शुक्लजी

आचार्य महावीरप्रसाद और बाबू श्यामसुन्दरदासजी के अतिरिक्त हिन्दी में साहित्य-शास्त्र उपस्थित करने के बहुत-से प्रयत्न हुए। कुछ प्राचीन परिपाटी के अनुसार पद्य में (जैसे श्री जगन्नाथप्रसाद भानु का 'काव्य-प्रभाकर' और पं. अयोध्यासिंह उपाध्याय का 'रस-कलश' जिसकी गद्य में लिखी हुई भूमिका पद्य से अधिक मार्मिक है) और कुछ गद्य में भी प्रयत्न हुए (जैसे डॉक्टर सूर्यकान्त शास्त्री की 'साहित्य-मीमांसा' आदि)। अलंकारों पर भी इस युग में कुछ अच्छे ग्रन्थ निकले हैं, उनमें प्रमुख हैं—ला. भगवानदीन की 'अलंकार-मंजूषा', श्री अर्जुनदास केडिया का 'भारती-भूषण', सेठ कन्हैयालाल पोद्दार की 'अलंकार-मंजरी' और रसालजी का 'अलंकार पीयूष' आदि। रसों पर पण्डित हरिशंकर शर्मा का 'रस-रत्नाकर' बड़ा सरल और सुबोध है। उसमें जो संस्कृत के उदाहरणों का अनुवाद है वह बहुत ही सुन्दर है।

इन सब प्रयत्नों के होते हुए भी जितनी ख्याति आचार्य शुक्लजी को मिली उतनी और किसी को नहीं। वे ख्याति के योग्य भी थे क्योंकि उनका एक निश्चित दृष्टिकोण था और उसी दृष्टिकोण से उन्होंने सारे काव्य-क्षेत्र की जाँच-पड़ताल की। उनमें सबसे बड़ा गुण सगति और विचारों की दृढ़ता का था जो कहीं-कहीं ऊब दिलानेवाली पुनरुक्ति के दोष का तटस्पर्शी बन जाता है। शुक्लजी की प्रतिभा विषय-प्रधान थी, इसी कारण वे भावपक्ष की अपेक्षा विभावपक्ष को अधिक महत्ता देते हैं और रहस्यवाद को उसके विभावपक्ष की अस्पष्टता के कारण निन्ध ठहराते हैं। जो चीज लौकिक अनुभव के बाहर है (वे लौकिक को बिल्कुल सीमित अर्थ में नहीं लेते हैं। हृदय की मुक्तावस्था में अलौकिकता आ जाती है किन्तु आधार पृथ्वी का ही रहता है) वह कविता का विषय नहीं बन सकती। इसी विषय-प्रधानता के ही कारण वे प्रकृति के आलम्बनरूप के चित्रण के पक्ष में हैं और इसी के कारण उन्होंने आलोचना में सामूहिक मूल्यों और लोकपक्ष को महत्त्व दिया। उनकी कविता की व्याख्या में भी विशेष सृष्टि पर विशेष बल है। वे अभिव्यंजना की शैली की अपेक्षा काव्यवस्तु को अधक महत्त्व देते हैं। इसी नाते उन्होंने गोस्वामी तुलसीदासजी को कवियों में शीर्ष स्थान दिया है।

हिन्दी में व्याख्यात्मक आलोचना का सूत्रपात शुक्लजी ने ही किया और वे इस प्रकार के आलोचकों में अग्रगण्य हैं। शुक्लजी (संवत् 1941-1948) ने यद्यपि 'साहित्यलोचन'-का-सा कोई क्रमबद्ध साहित्य-शास्त्र नहीं लिखा तथापि उनके स्फुट विचार भी बड़े महत्त्व के हैं, वे 'चिन्तामणि' के दोनों भागों और 'रस-मीमांसा' में आई हुई स्फुट टिप्पणियों में सग्रहीत हैं।

डॉक्टर सूर्यकान्त शास्त्री की 'साहित्य-मीमांसा' छोटा-सा-ग्रन्थ है। उसमें पाश्चात्य का प्रभाव 'साहित्यालोचन' से भी कुछ अधिक है। उसमें उदाहरण अधिकांश में विदेशी साहित्य के आए हैं। भारतीय पद्धति को अंग्रेजी पद्धति के साथ समन्वित

करनेवाले ग्रन्थों में स्वर्गीय पंडित रातदहिन मिश्र का 'काव्यालोक' विशेष रूप से उल्लेखनीय है। पंडित बलदेव उपाध्याय ने 'भारतीय साहित्य-शास्त्र का इतिहास' उपस्थित किया है। डॉक्टर भगीरथ मिश्र ने हिन्दी के काव्य-शास्त्र का इतिहास लिखा है। डॉक्टर नगेन्द्र ने अपनी 'रीतिकाल की भूमिका' में रस-सिद्धान्त का कुछ शास्त्रीय ढंग से और कुछ स्वतन्त्र रूप से विवेचन किया है। साहित्य-शास्त्र के विशेष प्रकरणों को लेकर जो प्रयत्न हुए हैं उनमें सुधांशुजी का'काव्य में अभिव्यंजनावाद' और श्री पुरुषोत्तमजी का 'आदर्श और यथार्थ' विशेष महत्त्व के हैं। नाटकों और कहानियों तथा नाटकों के टेकनीक पर भी पुस्तकें निकली हैं। इनके लेखकों में श्री विनोदशंकरव्यास, सेठ गोविन्ददास, श्री ब्रजरत्नदास, डॉक्टर सत्येन्द्र प्रभृति के नाम विशेष रूप से उल्लेखनीय हैं।

हमारे कवियों ने भी आलोचनात्मक साहित्य की श्रीवृद्धि की है। कविवर 'प्रसाद' के 'काव्य और कला तथा अन्य निबन्ध' और 'महादेवीजी का विवेचनात्मक गद्य' (गंगाप्रसाद पाण्डेय द्वारा सम्पादित) इसके अच्छे उदाहरण हैं। पन्तजी की 'पल्लव' तथा 'आधुनिक कवि' की भूमिका, निरालाजी की 'प्रबन्धप्रतिमा', दिनकर की 'रेणुका' और 'रसवन्ती' की भूमिकाएँ आदि भी इस दृष्टि से पठनीय हैं। पन्तजी की भूमिकाएँ 'गद्य-पद्य' के नाम से प्रकाशित हो गई हैं।

हाल में और भी कई प्रयत्न हुए हैं, उन सबका नामोल्लेख भी करना कठिन है। उनमें से कुछ ये हैं—'साहित्य' (शिवनारायण शर्मा); 'साहित्यलोचन के सिद्धान्त' (शिवनन्दन प्रसाद) आदि।

प्रस्तुत संस्करण

यह मैं पहले ही निवेदन कर चुका हूँ कि मेरे 'नवरस' में अन्य अन्य काव्यांङ्गों का वर्णन केवल प्रसंग वश ही हुआ है। यह पुस्तक और इसका दूसरा भाग—'काव्य के रूप' इस दृष्टि से लिखे गए हैं कि विद्यार्थियों को काव्याङ्गों, रस रीति, लक्षणा, व्यञ्जना, अलंकारों आदि का सामान्य परिचय हो जाए और उनका काव्य में स्थान समझ में आ जाए। उसी के साथ वे वर्तमान साहित्यिक समस्याओं और वादों से भी अवगत हो जाएँ। इनमें पूर्व और पश्चिम के मतों का तुलनात्मक अध्ययन किया गया है। किन्तु इनमें वर्णित सिद्धान्तों का (कम-से-कम पहले भाग का) मूल स्रोत भारतीय साहित्य-शास्त्र है। समालोचना के प्रकार और सिद्धान्त अवश्य विदेशी परम्परा से प्रभावित हैं। पहले भाग में काव्य के सिद्धान्त हैं और उन सिद्धान्तों का भारतीय साहित्य के अध्ययन से उदाहरण देकर पुष्ट किया गया है। दूसरे भाग में काव्य के विभिन्न रूपों का वर्णन है। इसमें उनके सैद्धान्तिक विवेचन के साथ उनका हिन्दी भाषा में विकास भी दिखाया गया है। ये दोनों भाग मिलकर साहित्यालोचन का पूरा क्षेत्र व्याप्त कर लेते हैं।

पाठकों का गुण-ग्राहकता के कारण इस ग्रन्थ का चौथा संस्करण हो रहा है। इस ग्रन्थ में आवश्यक परिवर्द्धन और संशोधन के साथ एक बात पर विशेष रूप से ध्यान दिया गया है कि जितने उद्धरण दिए गए हैं उनका यथासम्भव पूरा अता-पता भी दे दिया गया है जिससे कि पाठकगण उद्धरणों और अवतरित प्रसंगों के सम्बन्ध में निजी जानकारी प्राप्त करें और उस सम्बन्ध में अपने अध्ययन को अग्रसर कर सकें। इस सम्बन्ध में मेरे शिष्य और स्वजन श्री चिरंजीलाल 'एकाकी' ने जितना परिश्रम किया है वह कथन से बाहर है। इस ग्रन्थ के सुन्दर सम्पादन का पूर्ण श्रेय 'एकाकी' जी को है। यदि मुझे कुछ श्रेय है तो इतना ही कि जहाँ जो बात पूछी उसके बताने में अधिक आनाकानी नहीं की। 'एकाकी' जी का मैं धन्यवाद नहीं देता, क्योंकि उनकी श्रद्धा का मूल्य धन्यवाद देकर घटाना होगा। जिन महानुभावों के ग्रन्थों से इस पुस्तक में सहायता ली गई है उनके प्रति मैं हृदय से आभारी हूँ। ऐसी पुस्तकों की सूची मैंने अन्त में दे दी है। पाठकगण विशेष अध्ययन के लिए उनसे लाभ उठा सकते हैं।

दीपावली, सं 2011 **विनीत**
गोमती-निवास **गुलाबराय**
दिल्ली दरवाजा, आगरा

संदर्भ

1. 'निषाद विद्धाण्डजदर्शनोत्थः श्लोकत्वमापद्यत यस्य शोकः'— —रघुवंश' (14।70)
2. 'अथ स ब्रह्मर्षिरेकदा माध्यन्दिनसवनाय नदीं तमसामनुप्रपन्नः। तत्र युग्मचारिणोः क्रौञ्चयोरेकं व्याधेन विध्यमानं ददर्श। आकस्मिक प्रत्यवभासां च देवी वाचमानुष्टमेन छन्दसा परिणतामभ्यु दैरयत्।' —उत्तररामचरित' (2।4 के पश्चात् गद्य)
   अर्थात् एक बार वे वाल्मीकि ऋषि माध्याह्न में स्नान के लिए तमसा नदी के किनारे पहुँचे। वहाँ क्रौञ्च के जोड़े में से एक को बहेलिया द्वारा तीर से बेधे जाते हुए देख अकस्मात् वाणी देवी अनुष्टुप छन्द (मां निषाद प्रतिष्ठा......') में परिणत हो गई।
3. 'काव्यस्यात्मा स एवार्थस्तथा चादिकवेः पुरा।
   क्रौञ्चद्वन्द्वदियोगोत्थःशोकः इलोकत्वमागतः।।' —ध्वन्यालोक (1/5)
4. 'नाट्यशास्त्र' की मेरी जो प्रति (हरिदास ग्रन्थभाला की) है उसमें यह श्लोक सेठ कन्हैयालाल पोद्दार के 'संस्कृत साहित्य का इतिहास' (द्वितीय भाग) पृष्ठ 22 से उद्धृत किया गया है। उस श्लोक की संख्या 17।32 है। उसमें पाठ-भेठ भी है, जैसे 'जनपदसुखबोध्यं' का पाठ है 'बुधजनसुख योग्यं।' 'नाट्यशास्त्र' की मेरी प्रति में अन्तिम पंक्ति इस प्रकार है—'भवति जगति योग्यं नाटकं प्रेक्षकाणाम्'—इसमें 'काव्य' शब्द नहीं आता।
5. जैसे 'वृहदारण्यक' उपनिषद् में कहा गया है—जैसे प्रिय स्त्री के साथ आलिङ्गन में पुरुप को न बाह्य का और न अन्तर का ध्यान रहता है वैसे ही आत्मा के परमात्मा के साथ सम्पर्क में आने पर पुरुष को भीतर और बाहर का ज्ञान नहीं रहता—'तद्यथा प्रियया स्त्रिया संपरिष्वक्तो न वाह्यं

किचन वेदनान्तरम्,..........' एवमेवार्थ पुरुषः प्राज्ञैनान्मना संषरिष्वक्तोन बाह्यं किंचन वेदमान्तरम्' एवमेवार्थ पुरुषः प्राज्ञैनान्मना संषरिवक्तोन वाह्यं किंचन वेदमान्तरन्,.....' (वृहदारणयक, 4 ।3 ।21)। कठोपनिषद् में आत्मा को रथी और शरीर को रथ बनाकर पूरा सांगरूपक बनाया है–'आत्मानं रथिनं विद्धि शरीरं रथमेवतु। बुद्धिं तु सारथिं विद्धि मनः प्रग्रहमेव च।' (कठोपनिषद 1 ।3 ।3)। मुडकोपनिषद् में बताया गया है कि जिस प्रकार रथ के पहिए की नाभि (नाय) से आरे सम्बन्धित रहते हैं उसी प्रकार हृदय से नाड़ियाँ सम्बन्धित रहती हैं–अरा इव रथनाभौ संहता यत्र नाडयः' (मुण्डकोपनिषद्, 2 ।6) यह उपमा का बहुत सुन्दर उदाहरण है।

6. गौडीयमिदमेतत्तु बैदर्भमिति किं पृथक्।
   गतानुगतिकन्यायान्नानाख्येयममेधसान्।।
7. भामह और दण्डी में कौन पूर्व का है और कौन पश्चात् का, इस सम्बन्ध में विद्वानों में मतभेद है।
8. ये तीनों मत नीचे के श्लोक में उल्लिखित हैं–

   'काव्यस्यात्मा ध्वनिरिति बुधैर्यः समाम्नातपूर्व–
   स्तस्यभावं जगदुरपरे भाक्तमाहुस्तमन्ये।।'
   'केचिद् वाचां स्थितिमविषये तत्वमूचुस्तदीयं।।'
   तेन ब्रमः सहृदयमनः प्रीतये तत्स्वरूपम्।।'

   –ध्वन्यालोक (1/1)
9. 'वाक्यस्य वक्रभावोऽसन्यो भिद्यते यः सहस्रधा।
   यत्रालङ्कारवर्गोऽस। सर्वो ऽप्यन्तर्भविष्यति ।।' –वक्रोक्तिजीवित (1 ।20)
10. डॉक्टर नगेन्द्र की 'देव और उनकी कविता' से उद्धृत।
11. 'अट्ठारह सै तीनि हो, सम्वत् आरिवन मास।
    ग्रन्थ काव्यनिरनय रच्यो, विजै दसैं दिन दास।।'

    –भिखारीदास कृत 'काव्यनिर्णय' (मंगलाचरण-वर्णन 4)

सिद्धान्त और अध्ययन

1. काव्य की आत्मा

शरीर और आत्मा

शब्द और अर्थ को काव्य का शरीर कहा गया है, ये दोनों ही अभिन्न-से हैं। अर्थ के बिना शब्द का कुछ मूल्य नहीं—वह डमरू के डिम-डिम से भी कम मूल्य रखता है (डमरू के डिम-डिम से महर्षि पाणिनि द्वारा प्रतिपादित माहेश्वर सूत्रों का जन्म हुआ था)—और शब्द के बिना अर्थ का मानव-मस्तिष्क में भी कठिनाई से निर्वाह होता है, इसीलिए तो शब्द और अर्थ की एकता को पार्वती-परमेश्वर की एकता का उपमान बताकर कवि-कुल-गुरु कालिदास ने अपने अमर काव्य **'रघुवंश'** के प्रथम श्लोक[1] द्वारा इस अटूट सम्बन्ध को महत्ता प्रदान की थी। शब्द के साथ अर्थ का लगाव है और अर्थ के साथ शब्द का। एक के बिना दूसरे की पूर्णता नहीं, इसीलिए दोनों मिलकर ही काव्य का शरीरत्व सम्पादित करते हैं।

यद्यपि बिना शरीर के आत्मा का अस्तित्व प्रमाणित करना दर्शनशास्त्रियों की बुद्धि-परीक्षा का विषय बन जाता है तथापि आत्मा के बिना शृंगार की आलम्बनस्वरूपा ललित लावण्यमयी अंगनाओं के कोमल-कान्त-कमनीय कलेवर भी हेय, त्याज्य और वीभत्स के स्थायी भाप घृणा के विषय बन जाते हैं। अतः हमारे यहाँ के आचार्यों ने काव्य की आत्मा को विशेष रूप से अपनी मनीषा और समीक्षा का विषय बनाया है।

विभिन्न सम्प्रदाय

इसी आत्मा-सम्बन्धी प्रश्न के उत्तर पर काव्य का स्वरूप और उसकी परिभाषा निर्भर है और काव्य की आलोचना भी इससे बहुत अंशों में प्रभावित होती है, क्योंकि आलोचना के मान भी काव्य के आदर्श पर ही निर्भर रहते हैं। इस सम्बन्ध में प्रायः पाँच सम्प्रदायों का उल्लेख होता है। काव्य के विभिन्न अंगों में से किसी एक पर बल देने और महत्त्व प्रदान करने के आधार पर ही वे सम्प्रदाय अस्तित्व में आए हैं किन्तु इसका यह अभिप्राय नहीं कि कोई भी सम्प्रदाय काव्य के इतर

अंगों की नितान्त उपेक्षा करता है। इन सम्प्रदायों और इनके प्रवर्तक तथा पोषक आचार्यों के नाम इस प्रकार हैं–

सम्प्रदाय	आचार्य
1. अलंकार-सम्प्रदाय	भामह, दण्डी उद्भट आदि।
2. वक्रोक्ति-सम्प्रदाय	कुन्तल या कुन्तक।
3. रीति-सम्प्रदाय	वामन।
4. ध्वनि-सम्प्रदाय	ध्वनिकार और आनन्दवर्धन।
5. रस-सम्प्रदाय	भरतमुनि, विश्वनाथ।

अब इन सम्प्रदायों का पृथक्-पृथक् वर्णन किया जाएगा। यह विवेचन रस को ही काव्य की आत्मा मानकर चलेगा और इसके ही आलोक में इनका मूल्यांकन किया जाएगा। इन मतों के अतिरिक्त आचार्य क्षेमेन्द्र ने औचित्य को काव्य की कसौटी माना है।

1. **अलंकार-सम्प्रदाय**–अलंकार शोभा को अलं अर्थात् पूर्ण वा पर्याप्त करने के कारण अलंकार कहलाते हैं। अलंकरण की प्रवृत्ति मनुष्य में स्वाभाविक है। इसके द्वारा उसके आत्मभाव और गौरव की वृद्धि होती है, इसीलिए अलंकार बाहरी साधन होते हैं तथापि उनके पीछे अलंकृतिकार की आत्मा का उत्साह और ओज छिपा रहता है। बाहरी होने के कारण अलंकारों पर ही पहले दृष्टि जाती है, इसीलिए अलंकारशास्त्र के इतिहास के प्रारम्भिक काल में अलंकारों का कुछ अधिक महत्त्व रहा है। इस शास्त्र का अलांकर शास्त्र के नाम से अभिहित होना ही अलंकारों की महता का द्योतक है। बहुत-से नामों का ऐतिहासिक महत्त्व होता है। यह नाम प्राचीन काल में अलंकार की महत्ता का अवश्य द्योतक है। पीछे से चाहे अलंकारों की वह महत्ता न रही हो। उत्तर काल में 'साहित्य विद्या' आदि नामों का प्रयोग होने लगा था–**'पञ्चमी साहित्यविद्याधर इति यायावरीयः'** (राजशेखरकृत 'काव्यमीमांसा', पृष्ठ 4)। रुय्यक की 'साहित्य मीमांसा' और विश्वनाथ के 'साहित्य-दर्पण' में साहित्य शब्द को ही प्रधानता मिली फिर भी 'अलंकार-शास्त्र' शब्द बहुत प्रचलित है। कुछ आचार्यों ने इनको काव्य के लिए अनिवार्य माना है। दण्डी (छठी शताब्दी) ने इन अलंकारों को शोभा का कारण बताया है–

'काव्यशोभाकरन्धर्मानलङ्कारान्प्रचक्षते।' –'काव्यादर्श (2।1)

चन्द्रालोककार जयदेव पीयूषवर्ष (13वीं शताब्दी) ने तो यहाँ तक कह डाला कि यदि कोई काव्य को अलंकाररहित मानता है तो अपने को पण्डित माननेवाला वह व्यक्ति अग्नि को उष्णताहीन क्यों नहीं कहता–

'अंगीकरोति य. काव्यं शब्दार्थावनलङ्कृती।
असौ न मन्यते कस्मादनुष्णमनलङ्कृती।।'

–'चन्द्रालोक' (1।8)

यहाँ पर **'अनलंकृती'** में सभंग यमक का चमत्कार है। पहली पंक्ति में **'अनलंकृती'** का अर्थ है अलंकार-रहित और दूसरी पंक्ति में **'अनलं'** और **'कृती'** अलग-अलग हैं। **'अनल'** का अर्थ अग्नि है और **'कृती'** का अर्थ है कार्यशील विद्वान। इसमें मम्मटाचार्य (12वीं शताब्दी) की दी हुई काव्य की परिभाषा में आए हुए **'अनलङ्.कृती पुनः क्वापि** वाक्यांश पर करारा व्यंग्य है। भामह (छठी अथवा सातवीं शताब्दी) ने कहा है–

'न कान्तमपि निर्भूष विभाति वनितामुखम्' –'काव्यालङ्कार' (1।13)

अर्थात् सुन्दर होते हुए भी आभूषणों के बिना वनिता का मुख शोभा नहीं देता। इसी स्वर में स्वर मिलाते हुए हमारे केशवरदासजी (17वीं शताब्दी) ने भी कहा है–

'जदपि सुजाति सुलक्षणी, सुबरन सरस सुवृत्त।
भूषण बिन न बिराजईं, कविता बनिता मित्त।।'

–'कविप्रिया' (कविता-अलंकार-वर्णन 1)

इसमें **'कविता'**, **'बनिता'** और **'मित्र'** के लिए ऐसे विशेषण दिए गए हैं जो श्लेष द्वारा तीनों के सम्बन्ध में लागू हो सकते हैं। **'सुबरन'** का अर्थ **'कविता'** के पक्ष में सुन्दर अक्षर वाला और **'बनिता'** तथा **'मित्र'** के पक्ष में अच्छे वर्ण (रंग) वाले और इसी प्रकार **'सुवृत्त'** का 'कविता' के पक्ष में अच्छे छंद वाली और **'बनिता'** तथा **'मित्र'** के पक्ष में अच्छे चरित्र वाले होगा।

ऐसे आचार्यों ने, विशेषकर केशव ने 'अलंकार' शब्द का अर्थ बहुत विस्तृत कर दिया है। केशव ने अलंकारों में वर्ण्य-विषय भी शामिल कर लिए हैं। आचार्य वामन (9वीं शताब्दी) ने 'गुणों को शोभा के कारण' माना है और 'अलंकारों को शोभा को अतिशयता देनेवाला या बढ़ानेवाला' कहा है। यह बात नीचे के अवतरणों से स्पष्ट हो जाएगी–

'काव्यशोभायाः कर्त्तारो धर्माः गुणाः।'
'तदतिशयहेतवस्त्वलंकाराः।'

–'काव्यालङ्कारसूत्रवृतिः' (3।1।1,2)

साहित्यदर्पणकार आचार्य विश्वनाथ (14वीं शताब्दी) ने भी 'अलंकारों को शब्द और अर्थ के अस्थिर धर्म' कहा है और उनको 'कवच आदि की भाँति शोभा का बढ़ाने-वाले' तथा 'रस के उपकारक' माना है–

'शब्दार्थयोरस्थिरा ये धर्माः शोभातिशायिनः।
रसादीनुपकुर्वन्तोऽलंकारास्तेऽङ्.दादिवत्।।'

–'साहित्यदर्पण' (10।1)

जब गाँठ की शोभा होती है तभी अलंकार उसे बढ़ा सकते हैं अथवा यों कहिए कि शोभावान् वस्तुओं के साथ ही अलंकार सार्थक होते हैं। दण्डी ने इनको

'शोभा का कर्त्ता' माना है।

जब तक अलंकार भीतरी उत्साह के द्योतक होते हैं तब तक तो वे शोभा के उत्पन्न करनेवाले या बढ़ानेवाले कहे जा सकते हैं किन्तु जब वे रूढ़ि या परम्परा मात्र रह जाते हैं, तभी वे भार रूप दिखाई देने लगते हैं। अलंकारों का महत्त्व अवश्य है किन्तु वे मूल पदार्थ का स्थान नहीं ले सकते हैं। 'अग्निपुराण' में रस को काव्य का जीवन लिखा है–

'वाग्वैदग्ध्यप्रधानेऽपि रसएवात्रजीवितम्' –'अग्निपुराण' (337।33)

किन्तु उसी ग्रंथ में अर्थालंकार-प्रसंग में यह भी कहा है कि–

'अर्थलंकाररहिता विधवेव सरस्वती' –'अग्निपुराण' (345/2)

इस बात को स्वीकार करते हुए भी हमको यह कहना पड़ेगा कि निर्जीव से विधवा होकर भी जीवित रहना श्रेयस्कर है (प्राचीन आदर्शों के अनुकूल ऐसा नहीं है)। स्वाभाविक शोभा के होते हुए रूपवान् के लिए कोई भी वस्तु अलंकार बन जाती है–

'सरसिज लगत सुहावनो जदपि लियो ढपि पंक।
कारी रेख कलंक हूँ लसति कलाधर अंक।।
पहरे बल्कल बसन यह लागति नीकी बाल।
कहा न भूषन होइ जो रूप लिख्यो बिधि भाल।।'[2]

–'शकुन्तला' नाटक (1।19)

इसीलिए तो बिहारी ने अलंकारों का तिरस्कार करते हुए उन्हें 'दर्पण-के-से मोर्चे' कहा है फिर भी अलंकार नितान्त बाहरी नहीं हैं, जो जब चाहे पहन लिए जाएँ या उतारकर रख दिए जाएँ। वे कवि या लेखक के हृदय के उत्साह के साथ बँधे हुए हैं। हमारी भाषा की बहुत-कुछ सम्पन्नता अलंकारों पर ही निर्भर है। वे महात्मा कर्ण के कवच और कुण्डलों की भाँति सहज होकर ही शक्ति के द्योतक बनते हैं।

अलंकार और अलंकार्य–अब प्रश्न यह होता है कि क्या अलंकार और अलंकार्य में भेद नहीं है। इटली के अभिव्यञ्जनावादी समालोचक क्रोचे (Croce) अलंकार्य और अलंकार्य का भेद स्वीकार नहीं करते। वे अलंकारों को ऊपर से आरोपित नहीं मानते। **'यह चादर सफेद है'** यह एक वाक्य है। जब हम यह कहते हैं कि **'वह चादर दुग्ध-फेन-सम श्वेत है'** तब हम पहले वाक्य पर कोई नया आरोप नहीं करते वरन् एक नया वाक्य ही रचते हैं। नया वाक्य एक नए प्रकार की अभिव्यक्ति का द्योतक होता है। हमारे यहाँ आचार्यों ने अलंकार और अलंकार्य का भेद माना है किन्तु यह भेद ऐसा ही है जैसे कि अंगी और अंग का होता है। तरंगें समुद्र की होती हैं, समुद्र तरंग का नहीं होता। कुन्तल ने स्वाभावोक्ति को अलंकार नहीं माना है क्योंकि यह अलंकार्य है। अलंकार्य और अलंकार का भेद मानते हुए भी हमें

उसको बिलकुल ऊपरी न मानना चाहिए। वस्तु के भीतर की चीज भी उसका अलंकार हो सकती है, जैसे फूल वृक्ष के अलंकार कहे जा सकते हैं' कविता का सौन्दर्य अलंकार और अलंकार्य की पूर्णता में है। **'पयसा कमलं कमलेन पयः पयसा कमलेनविभाति सरः'**—का-सा अलंकार-अलंकार्य और पूरे वाक्य का सम्बन्ध है, इसीलिए कुन्तल के शब्दों में कहा जाए तो वह किसी दूसरी वस्तु का अलंकरण कैसे करेगा क्योंकि वह तो अलंकार्य हैं क्या कोई स्वयं अपने कंधे पर चढ़ सकता है—

'शरीरंचेदलङ्कारः किमलङ्.कुरुतेऽपरम्।
आत्मैवनात्मनः का स्कन्धं क्वचिदप्यधिरोहति।।

—'वक्रोक्तिजीवित' (1।14)

दोनों का भेद सुविधा के लिए व्यावहारिक रूप से मानना पड़ेगा। किन्तु वास्तव में अलंकार-सहित पूर्ण रचना को ही काव्य कहेंगे। कुन्तल (10वीं शताब्दी) के अनुकूल काव्य के भीतर ही अलंकारों को पृथक् किया जाएगा—

'अलङ्.कृतिरलङ्कार्यमपोद्धृत्य विवेच्यते।
तदुपायतया तत्त्वं सालंकारस्य काव्यता।।'

—'वक्रोक्तिजीवित' (1।7)

अलंकार कृत्रिम या आरोपित हो सकते हैं और होते भी हैं किन्तु महत्त्व कवि के हृद्गत उत्साह से प्रेरित सहज अलंकारों का ही है। वे ही रस के उत्कर्ष के हेतु बन सकते हैं।

ध्वनिकार ने अलंकारों का रस से सम्बन्ध बतलाते हुए कहा है कि वे ही अलंकार काव्य में स्थान पाने योग्य हैं जो रस-परिपाक में बिना प्रयास के सहायक हों। ध्वनिकार के मत से रसिक और सहृदय प्रतिभावान् पुरुष के लिए अलंकार अपने आप दौड़े हुए आते हैं और प्रथम स्थान पाने के लिए प्रतिस्पर्द्धा करते हैं। उनके मत से अलंकारों की सार्थकता इसी हे कि वे रस और भाव का आश्रय लेकर चलें—

'रसभावादितात्पर्यमाश्रित्य विनिवेशनम्।
अलङ्.कृतीनां सर्वासामलङ्कारत्वासाधनम्।'

—'ध्वन्यालोक' (2।6)

वैसे भी रस और अलंकार दोनों एक-दूसरे की पुष्टि करते आए हैं। हमारे यहाँ अलंकारों में जो वर्ण्य विषय मिले हुए हैं वे रस के ही किसी-न-किसी रूप से सम्बन्ध रखते हैं। रसवत् अलंकार तो इस संज्ञा में आएगा ही; कभी-कभी सूक्ष्म और पिहित आदि अलंकार केवल क्रिया-चातुर्य के द्योतक न होकर रस के किसी अंग से ही सम्बन्धित रहते हैं। सूक्ष्मालंकार प्रायः शृंगार का ही विषय बनता है। उसका प्रयोग प्रायः वचन-विदग्धा वा क्रिया-विग्दधा नायिकाओं द्वारा ही होता है।

वक्रोक्ति प्रायः हास्यरस में सहायक होती है। अभिसारिका नायिकाओं की गतिविधि में मीलित और उन्मीलित अलंकारों के उदाहरण मिल जाते हैं। नीचे के उदाहरण में शुक्लाभिसारिका द्वारा मीलित अलंकार चरितार्थ हो रहा है–

'जुवति जोन्ह में मिलि गई, नैकु न होति लखाइ।
सौंधे कै डौरे लगी, अली चली संग जाइ।।'

–'बिहारी-रत्नाकर' (दोहा 7)

अतिशयोक्ति, विभावना, प्रतीप, उत्प्रेक्षा आदि सभी अलंकार कवि के हृदय में उपस्थित उपमेय को प्रधानता देने की भावना के द्योतक हैं। अनुप्रास अपनी-अपनी वृत्तियों में अनुकूल रसों में सहायक होते हैं। अलंकार अर्थ-व्यक्ति में भी सहायक होकर रस का उत्कर्ष बढ़ाते हैं।

अलंकारवादी रस की नितांत अवहेलना नहीं करते। वे रसवत् और प्रेयस अलंकारों द्वारा रस और भाव के अस्तित्व को स्वीकार करते हैं। रस को रस के लिए वहीं वरन् चमत्कार बढ़ाने में सहायक होने के कारण अलंकार के रूप में ग्रहण करते हैं। सारांश यह है कि अलंकार नितांत बाहरी न होते हुए भी अंगी का स्थान नहीं ले सकते हैं। रसों को रसवत् अलंकार के अन्तर्गत करना अपने मनोराज्य के मोदकों से भूख बुझाना-मात्र है। चमत्कार-मात्र स्वयं साध्य नहीं हो सकता है।

2. **वक्रोक्ति-सम्प्रदाय**–इसके प्रधान आचार्य कुन्तल हैं। वक्रोक्ति शब्द दो अर्थों में व्यवहृत होता है–एक अलंकार-विशेष के रूप में और दूसरा उक्ति की वक्रता था असाधारणता के रूप में। वक्रोक्ति अलंकार वहाँ होता है जहाँ पर कि श्रोता श्लेष या काकु (कण्ठ-ध्वनि) के आधार पर वक्ता के अर्थ से कुछ भिन्न अर्थ लगाकर उसका उत्तर देने का चमत्कार दिखाता है। जैसे–

'अयि गौरवशालिनि! मानिनि! आज
सुधास्मिति क्यों बरसाती नहीं?
निज कामिनि को प्रिय! गौ अवशा
अलिनी भी कभी कहि जाती कहीं?'

–पोद्दार कृत 'अलंकारमंजरी' (पृष्ठ 67 तथा 68)

यहाँ पर महादेवजी ने तो सम्मान देने के लिए पार्वतीजी को **'गौरवशालिनी' कहा** था किन्तु उन्होंने इस पद को भंग करके (गौः+अवशा+अलिनि) इसका यह दूसरा ही अर्थ लगाया और महादेवजी को उलाहना दिया कि वे अपनी प्रिया को 'गौ, शक्तिहीन और भौंरी' कहकर अपमानित करते हैं।[4]

कुन्तल ने वक्रोक्ति को व्यापक अर्थ में लिया है। उस अर्थ में वह सब अलंकारों की माता बन जाती है। भामह ने कहा है–**'कोऽलङ्कारोऽनया बिना'** (काव्यालङ्कार, 2।85) कुन्तल ने वक्रोक्ति को कवि-कौशल द्वारा प्रयुक्त विचित्रता कहा है–**'वक्रोक्ति**

रेव वैदग्ध्यभंगी भणितिरुच्यते' (वक्रोक्ति जीवित, 1।11)—विचित्रता के लिए **'विच्छित्ति'** शब्द का प्रयोग किया गया है। कवि कुछ आसाधारण बात कहता है, वह वायु को वायु न कहकर स्वर्ग का उच्छ्वास कहेगा। कमल को कमल कहकर उसको सन्तोष न होगा वरन् वह ऐसी कल्पना करेगा कि जलज मानो सहस्र नेत्र होकर आकाश की शोभा को देख रहा है। कथा-प्रसंग आदि को कल्पना द्वारा बदलकर मनोरम बना लेने को भी वक्रता के अन्तर्गत माना है; इसको उन्होंने प्रकरण-वक्रता कहा है। महाभारत की शकुन्तला की कथा को कालिदास ने बदल दिया है, यह प्रकरण-वक्रता का अच्छा उदाहरण है। अलंकार वाक्य-वक्रता में आते हैं। ध्वनि को भी पर्याय और उपचार-वक्रता के भीतर लाया गया है। इस सम्बन्ध में रुय्यक का कथन है—**'उपचारवक्रतादिभिः समस्तो ध्वनिप्रपंचः स्वीकृत एव'**। आचार्य शुक्लजी ने वाल्मीकीय रामायण से वक्रोक्ति का जो उदाहरण दिया है **'न स संकुचितः पन्था येन बाली हतो गतः'**[5] अर्थात् वह रास्ता संकुचित नहीं है जिससे बालि मर कर गया है (अर्थात् सुग्रीव भी मृत्युपथ पर जा सकता है) यह है उक्ति का वैचित्र्य। यह वक्रता अवश्य है, किन्तु इसे केवल-मात्र उदाहरण न समझना चाहिए। वक्रता अनेक प्रकार की होती है। कुन्तल द्वारा दी हुई काव्य की परिभाषा इस प्रकार है—

'शब्दार्थौ सहितौ वक्रकविव्यापारशालिनि।
बन्धे व्यवस्थितौ काव्यं तद्विदाल्हादकारिणि।।'

—'वक्रोक्तिजीवित' (1।8)

इनके मत से कविता में शब्द और अर्थ दोनों का महत्त्व है। दोनों में कवि का वक्रता-सम्बन्धी कौशल अपेक्षित है। शब्द और अर्थ दोनों को सुगठित और सुसम्बद्ध होना आवश्यक है। कुन्तल ने काव्य में तद्विद अर्थात् सहृदयों को आह्लाद देने का गुण भी स्वीकार किया है, इस परिभाषा में रस, रीति एवं गुण (**'बन्धे व्यवस्थितौ'**) और अलंकार तीनों को स्थान मिल जाता है, किन्तु कुन्तल के विवेचन में मुख्यता अलंकारों की है, फिर भी वक्रोक्तिवाद का अभिव्यंजनावाद से तादात्म्य करना ठीक नहीं है।[6]

वक्रोक्तिकार ने यद्यपि अपनी परिभाषा को व्यापक बनाया है तथापि उनका झुकाव अलंकारों को ही मुख्यता देने की ओर दिखाई देता है, पुस्तक में अलंकार शब्द अवश्य व्यापक अर्थ में आया है। रस को भी कुन्तल ने वक्रोक्ति के साधक के रूप में स्वीकार करते हुए दण्डी आदि की भाँति रसवत् अलंकार के अन्तर्गत रखा है, फिर भी कुन्तल ने रस की मुख्यता स्वीकार की है। जादू वही है जो सिर पर चढ़ कर बोले। देखिए—

'निरन्तरसोद्गारगर्भसौन्दर्यनिर्भराः।
गिरः कवीनां जीवन्ति न कथामात्रमाश्रिताः।।'

—'वक्रोक्तिजीवित' (उन्मेष 4)

कुन्तल ने काव्य में कथा को मुख्यता न देकर रस को ही मुख्यता दी है। उसी के कारण कवियों की वाणी जीवित रहती है। चमत्कार-वैचित्र्य और अलंकार सब में ही यह प्रश्न रहता है कि ये किसलिए? उत्तर यही होता है—सहृदयों की प्रसन्नता के अर्थ।

3. रीति-सम्प्रदाय—वामन ने रीति को काव्य की आत्मा माना है—**'रीतिरात्मा काव्यस्य'** (काव्यालङ्कार सूत्र 1।2।6)—और 'विशिष्ट पद रचना' को रीति कहा है—**'विशिष्टपदरचना रीतिः'**[7] (काव्यालङ्कार सूत्र 1।2।7)। यह विशिष्टता गुणों में है और काव्य-शोभा के उत्पन्न करनेवाले धर्मों को गुण कहा गया है—**'काव्य शोभायाः कर्त्तारो धर्मा गुणाः** (काव्यालङ्कार सूत्र 3।1।1) गुण और रीति दोनों ही अन्त में साध्य नहीं रहते वरन् शोभा के साधन बन जाते हैं। वामन ने अलंकारों के कारण काव्य की ग्राहकता बतलाई है—**'काव्यं ग्राह्यमलंकारात्'** (काव्यालङ्कर सूत्र 1।1।1)—किन्तु उन्होंने अलंकार को सौन्दर्य के व्यापक अर्थ माना है—**'सौन्दर्यमलङ्कारः'** (काव्यालङ्कार सूत्र 1।1।2) रीति का सम्बन्ध गुणों से है और गुणों का सम्बन्ध काव्य की आत्मा रस से है। माधुर्य और प्रसाद गुणों का सम्बन्ध कोमल और कठोर वर्ण (टवर्ग के वर्ण; तीसरे-चौथे वर्णों के मीलित रूप—जैसे क्रुद्ध, युद्ध, बग्घी; द्वित्व वर्ण) से लगाया जाता है किन्तु ये वर्ण गुणों से द्योतित मानसिक स्थिति-विशेष के अनुकूल होते हैं। जैसे हृष्ट-पुष्ट शरीर में ही वीरता के भाव शोभा देते हैं (यह नहीं कि सब हृष्ट-पुष्ट वीर होते हैं) वैसे ही गुण मानसिक दशा के ही द्योतक होते हैं—माधुर्य में चित्त की द्रुति का पिघलना या नीचे की ओर झुकना होता है, ओज में अग्नि की भाँति ऊँचे उठने की मनोदशा होती है और प्रसाद में चारों ओर फैलने या विस्तार की ओर झुकाव रहता है।

वामन ने भी रसों को माना है, किन्तु दण्डी आदि की भाँति रसवत् अलंकार के अन्तर्गत नहीं वरन् कान्ति गुण के सम्बन्ध में उनका उल्लेख किया है—**'दीप्तरसत्व कान्ति'** (काव्यालङ्कार सूत्र 3।2।15)—रस के प्रभाव से वामन भी नहीं बचे हैं।

4. ध्वनि-सम्प्रदाय—ध्वनि-सम्प्रदाय के आचार्य ध्वनिकार माने गए हैं और उनकी व्याख्या करनेवाले आनन्दवर्धन (नवीं शताब्दी) को भी उतना ही महत्त्व दिया गया है, यहाँ तक कि कुछ लोग दोनों को एक ही मानते हैं। प्रोफेसर ए. शंकरन ने अपनी पुस्तक 'Some Aspects of Literary Criticism in sanskrit' में इसी पक्ष का समर्थन किया है। ध्वनिकार के पूर्व भी ध्वनि-सम्प्रदाय के सिद्धान्त स्वीकृत थे और कहीं उनका विरोध भी हुआ है, ऐसा ध्वनिकार ने ही कहा है—

'काव्यस्यात्मा ध्वनिरिति बुधैर्यः समाम्नातपूर्व-
स्तस्याभावं जगदुरपरे भाक्तमाहस्तमन्ये।।'

—'ध्वन्यालोक' (1।1)

अर्थात् काव्य की आत्मा को पूर्व के आचार्यों ने ध्वनि कहा है। किसी ने

उसका अभाव बतलाया है, उसका अस्तित्व स्वीकार नहीं किया है और किसी ने इसे लक्षणा (गुणवृत्ति) के अन्तर्भुक्त रखा है।

ध्वनि क्या है? अभिधा और लक्षणा के अतिरिक्त व्यंजना नाम की एक तीसरी शब्द शक्ति मानी गई है, 'व्यंजना' शब्द 'वि' पूर्वक 'अंज' (प्रकाशने) से 'ल्युट' प्रत्यय लगाकर बना है, इसका अर्थ है–विशेष रूप से प्रकाशन करने वाली वृत्ति। 'अंजन' में भी यही धातु है। व्यंजना को हम आलंकारिक भाषा में एक रूप से प्रभावशाली अंजन कह सकते हैं जिसके कारण एक नया अर्थ प्रकाशित होने लगता है। गोस्वामी तुलसीदासजी ने भी अंजन की महत्ता स्वीकार की है–

'यथा सुअंजन अंजि दृग, साधक, सिद्ध, सुजान।
कौतुक देखहिं सैल वल, भूतल, भूरि निधान।।'

–'रामचरितमानस' (बालकाण्ड 6)

व्यंजना के अंजन से भूतल का ही गुप्त खजाना नहीं वरन् हृदय-तल की निधि प्रकाशित हो जाती है।

लक्ष्यार्थ और व्यंग्यार्थ में भी यही भेद है कि मुख्यार्थ के बाधा होने पर लक्षणा का व्यापार चलता है, किन्तु व्यंजना-व्यापार में मुख्यार्थ के बाधा की आवश्यकता नहीं होती। वह अर्थ ऊपरी तह पर नहीं होता है परन्तु उसमें झलकता दिखाई देता है। जहाँ पर अभिधा का अर्थ व्यंजना से दब जाता है, वही रचना ध्वनि कही जाती है–

'यत्रार्थः शब्दो वा तमर्थमुपसर्जनीकृतस्वार्थौ।
व्यंकूतः काव्यविशेषः स ध्वनिरिति सूरिभिः कथितः।।'

–'ध्वन्यालोक' (1।13)

इसी ध्वनि के चमत्कार के आधार पर काव्य की तीन श्रेणियाँ की गई हैं–पहली **'ध्वनिकाव्य'**[8] जिसमें अभिधार्थ की अपेक्षा व्यंग्यार्थ की प्रधानता हो दूसरी **गुणीभूत व्यंग्य'**[9] जिसमें व्यंग्यार्थ गौण हो गया हो अर्थात् वाच्यार्थ के बराबर या उससे कम महत्त्व रखता हो, तीसरी **'चित्रकाव्य'**[10] जिसमें बिना व्यंजना के भी शब्दचित्रों (शब्दोलंकारों) और वाच्यचित्रों (अर्थालंकारों) का चमत्कार होता है। यह ध्वनि-सम्प्रदाय की उदारता है कि जिन काव्यों में व्यंग्यार्थ की प्रधानता न हो उनको भी काव्य की श्रेणी में रखा है; चाहे वह निम्न श्रेणी ही क्यों न हो। ध्वनि में व्यंग्यार्थ की प्रधानता रहती है। वास्तव में यह अर्थ का भी अर्थ है, उसमें थोड़े में बहुत का अथवा एकता में अनेकता का चमत्कार रहता है। क्षण-क्षण में नवीनता धारण करनेवाला सौन्दर्य व रमणीयता का जो लक्षण है वही ध्वनि में भी घटता है। केवल हाथ-पैर, नाक-कान से पूर्ण होना ही सौन्दर्य नहीं है, सौन्दर्य उससे ऊपर की चीज है–

'प्रतीयमानं पुनरन्यदेव वस्त्वस्ति वाणीषु महाकवीनाम्।
यत् यत् प्रसिद्धावयवातिरिक्तं विभाति लावण्यमिवांगनासु।।'

–ध्वन्यालोक' (1।4)

ध्वनि उसी अवर्णनीय **'और कछु'** में आती है। ध्वनि को ही प्रतीयमान अर्थ भी कहते हैं। यह विभिन्न अवयवों के परे रहनेवाले स्त्रियों के सौन्दर्य की भाँति महाकवियों की वाणी में रहती है।

ध्वनि में काव्य के सौन्दर्य के एक विशेष एवं अनिर्वचनीय उपादन की ओर ध्यान आकर्षित किया गया है। यह सम्प्रदाय करीब-करीब रस-सम्प्रदाय के बराबर ही लोकप्रिय हुआ है। मुक्तक काव्य के मूल्यांकन में इसको विशेष मान मिला, क्योंकि स्फुट पद्यों में प्रायः ऐसा रस-परिपाक नहीं होता जैसा कि प्रबन्धान्तर्गत पद्यों में अथवा नाटकों में।

ध्वनि-सम्प्रदाय के सम्बन्ध में भी यह कहा जा सकता है कि सौन्दर्योत्पादन और रस-सृष्टि में प्रधानतम साधन है किन्तु रस का स्थान नहीं ले सकता। अलंकार, वक्रोक्ति, रीति और ध्वनि सब ही सौन्दर्य के साधन हैं। रमणीयता व सौन्दर्य भी तो स्वयं अपने में कोई अर्थ नहीं रखता, वह किसी सचेतन के लिए होता है और उसकी सार्थकता उसी को प्रसन्नता देने में है–'जंगल में मोर नाचा किसने जाना' सौन्दर्य सौन्दर्यास्वादक की अपेक्षा रखता है। सौन्दर्यास्वादन का अन्तिम फल है आनन्द; वही रस है–**'रसो वैः सः'। रसंह्येदायं लब्ध्वाऽऽनन्दी भवति'** ('तैत्तिरीय उपनिषद्' 11 ।7 ।1)–आनन्द एक ऐसी संज्ञा है जिस पर रुक जाना पड़ता है, वह स्वयं ही साध्य है।

5. रस-सम्प्रदाय–इसका साहित्य में व्यापक प्रभाव रहा है। इस सम्प्रदाय के मूल प्रवर्त्तक हैं 'नाट्यशास्त्र' के कर्त्ता भरतमुनि (ईसा पूर्व पहली शताब्दी से पूर्व) उनके पश्चात् कुछ दिनों अर्थात् नवीं शती तक अलंकार-सम्प्रदाय का प्राधान्य रहा। वे लोग यद्यपि रस का अस्तित्व स्वीकार करते थे तथापि महत्ता अलंकारों को ही देते थे। आनन्दवर्धन ने रसध्वनि को प्रधानता देकर अलंकारों को पीछे हटा दिया। अभिनवगुप्त (10वीं शताब्दी) ने 'ध्वन्यालोक' की टीकालोचन तथा 'नाट्यशास्त्र' की टीका 'अभिनवभारती' लिखकर, बहुत-सी रस-सम्बन्धी समस्याओं को सुलझाकर और अन्त में विश्वनाथ ने रस को काव्य की आत्मा घोषित कर रस को पूरा-पूरा महत्त्व दिया। हिन्दी के आचार्यगण देव, मतिराम, कुलपति मिश्र आदि रस-सम्प्रदाय से ही प्रभावित हैं। प्रस्तुत ग्रन्थ में भी रस को ही प्रधानता दी गई है।

समन्वय

काव्य के लिए भाव और अभिव्यक्ति दोनों ही अपेक्षित हैं। अलंकार, वक्रोक्ति, रीति और ध्वनि भी अभिव्यक्ति के सौन्दर्य से अधिक सम्बन्धित हैं। अलंकार शोभा को बढ़ाते हैं, रीति शोभा का अंग है किन्तु पूर्ण शोभा नहीं। वक्रोक्ति में काव्य का साधारण वाणी से पृथक् करने वाली विलक्षणता पर अधिक बल दिया गया है, किन्तु स्वाभाविकता और सरसता की उपेक्षा की गई है। कुन्तल ने स्वाभावोक्ति

को अलंकार नहीं माना है। **'मैया कबहिं बढ़ैगी चोटी'** अथवा **'मैया मोहि दाऊ बहुत खिजावत'** की स्वाभाविकता पर सौ-सौ अलंकार न्यौछावर किए जा सकते हैं।

ध्वनि और रस-सम्प्रदाय की प्रतिद्वन्द्विता अवश्य है किन्तु उनकी प्रतिद्वन्द्विता इतनी बढ़ी हुई है कि समन्वय न हो सके। आचार्यों ने स्वयं ही उसका समन्वय कर लिया है। ध्वनि का विभाजन करते हुए तीन प्रकार की ध्वनियाँ मानी गई हैं—वस्तुध्वनि अलंकारध्वनि और रसध्वनि।

इन तीनों भेदों में रसध्वनि को, जो असंलक्ष्यक्रमव्यंग्य ध्वनि के अन्तर्गत है, अधिक महत्त्व दिया गया है। रस में ध्वनि की तात्कालिक सिद्धि है। उसमें व्यंग्यार्थ ध्वनित होने की गति इतनी तीव्र होती है कि हनुमानजी की पूँछ की आग और लंका-दहन की भाँति पूर्वापर क्रम दिखाई नहीं देता है। रसध्वनि को विशिष्टता देना रस-सिद्धान्त की स्वीकृति है। ध्वनिकार ने कहा है कि व्यंग्य-व्यंजक-भाव के विविध रूप हो सकते हैं किन्तु उनमें जो रसमय रूप हैं, उस एक-मात्र रूप में कवि को अवधानवान् होना चाहिए अर्थात् सावधानी के साथ प्रयत्नशील होना वांछनीय है—

'व्यंग्यव्यञ्जकभावेऽस्मिन्विविधे सम्भवत्यपि।
रसादिमय एकस्मिन्कविः स्यादवधानवान्।।'

—'ध्वन्यालोक' (4।5)

ध्वनिकार ने और भी कहा है कि जैसे वसन्त में वृक्ष नये हरे-भरे दिखलाई देते हैं वैसे ही रस का आश्रय ले लेने से पहले देखे हुए अर्थ भी नया रूप धारण कर लेते हैं—

'दृष्टपूर्वा अपि ह्यर्थाः काव्ये रसपरिग्रहात्।
सर्वे नवा इवाभान्ति मधुमास इव द्रुमा।।'

—'ध्वन्यालोक' (4।4)

मम्मटाचार्य ने भी, जिन्होंने कि ध्वनि के सिद्धान्त को मानकर रस का वर्णन ध्वनि के अन्तर्गत किया है, कवि की भारती की वन्दना करते हुए उसे **'ह्लादैकमयीं'** और **'नव रसरुचिरां'** कहा है। इतना ही नहीं उन्होंने तो दोष, गुण और अलंकारों की परिभाषा भी रस का ही आश्रय लेकर दी है। जिस प्रकार आत्मा के शौर्यादि गुण हैं उसी प्रकार काव्य के अंगी रस में हमेशा रहनेवाले धर्म गुण कहलाते हैं—

'ये रसस्यङ्गिनो धर्माः शौर्यादय इवात्मनः।
उत्कर्षहेतवस्ते स्युरचलस्तियो गुणाः।।''

—'काव्य-प्रकाश' (8।66)

मम्मटाचार्य ने अलंकारों को रस का उपकारी माना है और दोषों की व्याख्या भी रस के सम्बन्ध में की है। उन्होंने कहा है कि दोष मुख्यार्थ के नाश करनेवाले

हैं और मुख्य तो रस ही है, उसी के सम्बन्ध से वाच्यार्थ भी मुख्य कहलाता है। उसी के अपकर्ष के कारण दोष कहलाते हैं अर्थात् रस के अपकर्ष के कारण ये दोष की संज्ञा में आते हैं—

'मुख्यार्थहतिर्दोषो रसश्च मुख्यस्तदाश्रययाद्वाच्यः।'

—'काव्य-प्रकाश' (7।49)

इसमें **'हतिः'**शब्द आया है। **'हतिः'** का अर्थ है अपकर्ष (**'हतिरपकर्षः'**)।

इन परिभाषाओं में रस की इतनी स्पष्ट स्वीकृति है कि इनको पढ़कर कोई भी यह नहीं कह सकता कि मम्मट रसवादी नहीं थे, यहाँ तक कि रस-सिद्धान्त के पोषक और अभिभावक आचार्य विश्वनाथ ने इनका ही अनुकरण किया है। उन्होंने गुण शब्द की व्याख्या करते हुए लिखा है—

'खल्वङ्गित्वमाप्तस्यात्मन उत्कर्षहेतुत्वात् शौर्यादयो गुणशब्दवाच्याः।

—'साहित्यदर्पण' (8।1 की कृति)

मम्मट ने यदि काव्य की परिभाषा में रस का उल्लेख नहीं किया है (उसमें ध्वनि का भी उल्लेख नहीं है) तथापि जिन तीन चीजों का अर्थात् दोष (**'अदोषौ'**), गुण (**'सगुणौ'**,) और अलंकार (**'अनलङ्.कृती पुनः क्वापि'**) उल्लेख है, उन सबको रस के आश्रित कर दिया है।

रसवादी विश्वनाथ ने यद्यपि मम्मट की काव्य-परिभाषा का खण्डन किया है और रस की स्वतन्त्र व्याख्या की है फिर भी रस को व्यंग्य ही माना है और ध्वनि के भेदों में असंलक्ष्यक्रमव्यंग्यध्वनि को मानते हुए रस तथा भावों को उनके अन्तर्गत रखा है किन्तु रसों की व्याख्या वहाँ पर नहीं की है। भेद इतना ही है कि मम्मट ने रस का वर्णन स्वतन्त्र न रखकर उसे ध्वनि के ही प्रसंग में किया है और विश्वनाथ ने रस का वर्णन स्वतन्त्र रूप से किया है। विश्वनाथ ने व्यंजना के प्राधान्य पर पाँचवाँ परिच्छेद ही लिख डाला है और रस की अभिव्यक्ति के लिए अन्य वृत्तियों का निराकरण कर व्यंजना नाम की वेदान्तियों की तुरीय अवस्था की-सी तुरीया (चतुर्थ) वृत्ति को ही स्वीकार किया है—**'तुरीय वृत्तिरुपास्यैवेति सिद्धम्'** (साहित्यदर्पण, 5।4 की वृत्ति)—और यह प्रश्न उठाकर कि तुरीया वृत्ति क्या है उन्होंने कहा है—**'सा चेयं व्यञ्जना नाम वृत्तिरित्युच्यते बुधैः'** (साहित्यदर्पण 5।5)। विश्वनाथ ने भी 'ध्वनिकाव्य' और 'गुणीभूतव्यंग्य' नाम के काव्य के दो भेद करते हुए चित्रकाव्य को नहीं माना है और ध्वनिकाव्य को उत्तम काव्य कहा है—

'वाच्यातिशयिनि व्यंग्ये ध्वनिस्तत्काव्यमुत्तमम्'

—'साहित्यदर्पण' (4।1)

साहित्य शब्द (सहित का भाव) में स्वयं समन्वय-बुद्धि है। इसी कारण साहित्य के आचार्यों में वह साम्प्रदायिक कट्टरता नहीं होती जो कहीं-कहीं धार्मिक आचार्यों में देखी जाती है। रसवादी विश्वनाथ ने और सब मतों को भी उचित स्थान दिया

है—**'उत्कर्ष हेतवःप्रोक्ता गुणलङ्काररीतयः'** (साहित्यदर्पण 1।3) क्षेमेन्द्र ने औचित्य वाले सिद्धान्त को महत्ता दी है—**'औचित्यं रससिद्धस्य स्थिरं काव्यस्य जीवितम्'** (औचित्यविचारचर्चा, पृष्ठ 115)। उस सिद्धान्त की रसाभास में स्वीकृति हो जाती है—**'तदाभासा अनौचित्यप्रवर्तिताः:'** (काव्यप्रकाशसूत्र, 49) जहाँ रस और भावों के प्रयोग में अनौचित्य हो वहाँ आभास कहलाता है। क्षेमेन्द्र ने औचित्य की परिभाषा इस प्रकार की है—

'उचितं प्राहुराचार्याः सदृशं किल यस्य यत्।
उचितस्य च यो भावः, तदौचित्यं प्रचक्षते।।'

—'औचित्यविचारचर्चा'

अर्थात् जो कुछ जिसके सदृश हो अर्थात् अनुकूल व उपयुक्त हो उसे आचार्य उचित कहते हैं। उचित के भाव को ही औचित्य कहते हैं किन्तु कविता केवल औचित्य-मात्र नहीं है। वस्तुएँ एक-दूसरे के अनुकूल हो सकती हैं फिर भी उनमें सरसता अपेक्षित रहती है।

अलंकार, वक्रोक्ति, रीति और ध्वनि अभिव्यक्ति से ही सम्बन्ध रखते हैं। यद्यपि रसध्वनि और वस्तुध्वनि में विषय का ग्रहण है तथापि उनमें भी मुख्यता ध्वनन-व्यापार की ही है। गुण, रीति,अलंकार और ध्वनि का भी सम्बन्ध कृति से ही है। कर्त्ता और भोक्ता कुछ गौण से रहते हैं। रस में कर्त्ता (कवि), कृति (काव्य) और भोक्ता (पाठक) तीनों को ही समान महत्त्व मिलता है। उसमें प्रभाव है, गति है और जीवन की तरलता है। वह कवि के हिमगिरि से विशाल, रत्नाकर से विस्तृत और गम्भीर हृदय-स्रोत से निसृत होकर कृति के रूप में प्रवाहित होता हुआ पाठक के हृदय को आप्लावित करता है। इसी से वह रस (जल के अर्थ में) अपना नाम सार्थक करता है। आस्वाद्य होने के कारण वह रसना के रस की भी समानधर्मता सम्पादित करने में समर्थ रहता है। म्लान और म्रयमाण हृदयों को संजीवनीशक्ति प्रदान कर आयुर्वेदिक रस के गुणों को वह अपनाता है। काव्य का सार होने के कारण उसमें फलों के रस की भी अभिव्यक्ति है। रस अर्थात् आनन्द उसका निजी रूप है। वह रमणीयता का चरम लक्ष्य है और अर्थ की अर्थस्वरूपा ध्वनि का भी विश्राम-स्थल है। इसलिए वह परमार्थ है, स्वयं प्रकाश्य चिन्मय, अखण्ड ब्रह्मानन्द-सहोदर है—**'रसौ वै सः।**

संदर्भ

1. 'वागर्थाविव सम्पृक्तौ वागर्थप्रतिपत्तये।
   जगतः पितरौ वन्दे पार्वतीपरमेश्वरौ।।'

   —'रघुवंश' (1।1)

   इसी भाव को गोस्वामी तुलसीदासजी ने व्यक्त किया है—

'गिरा अरथ जल-बीचि सम, कहियत भिन्न न भिन्न।
बन्दउँ सीता-राम-पद, जिन्हहिं परम प्रिय खिन्न।।'
—'रामचरितमानस' (बालकाण्ड, 34)

2. राजा लक्ष्मणसिंह कृत शकुन्तला,नाटक से उद्धृत ये पंक्तियां—'अभिज्ञान-शाकुन्तल' के निम्नोल्लिखित श्लोक का पद्यानुवाद हैं—

'सरसिजमनुविद्ध शैवलेनापि रम्यं
मलिनमपि हिमांशोर्लक्ष्म लक्ष्मीं तनोति।
इयमधिकमनोडा बल्केनापि तन्त्री
किमिव हि मधुराणां मण्डनं ना कृतीनाम्।।
—'अभिज्ञान शाकुन्तल' (1।19)

3. क्रोचे ने अलंकारों को अभिव्यक्ति का अंग और पूर्ण से पृथक् न किए जाने योग्य कहा तो है किन्तु वे फूल की भाँति अलग दिखाई दे सकते हैं।

4. लेखक के 'नवरस' में पाण्डुलिपि की अव्यवस्था के कारण वक्रोक्ति का वर्णन केवल अलंकार रूप से ही छपा है।

5. पूरा श्लोक इस प्रकार है—

'न स संकुचितः पन्था येन बाली हतो गतः।
समये तिष्ठ सुग्रीव मा बालिपथमन्वगाः।।'
—वा. रामायण (कि. काण्ड, 30।81)

अर्थात हे सुग्रीव! वह रास्ता संकुचित नहीं है जिससे बालि गया है (अर्थात् तुम भी मृत्यु-पथ पर आ सकते हो)। अपने समय (वायदे) पर स्थिर रहो, बालि के अनुगामी मत बनो।

6. इस सम्बन्ध में इसी पुस्तक का 'अभिव्यंजनावाद एवं कलावाद' शीर्षक अध्याय पढ़िए।

7. गुण और रीति के सम्बन्ध में इस पुस्तक का 'शैली के शास्त्रीय आधार' शीर्षक अध्याय भी पढ़िए।

8. 'इदमुत्तममतिशयिनि व्यंग्ये वाच्याद् ध्वनिर्बुधैः कथितः' —'काव्यप्रकाश' (1।4)

9. 'अतादृशि गुणीभूतव्यंग्यं व्यंग्ये तु मध्यमम' —'काव्यप्रकाश' (1।5, प्रथम पंक्ति)
'अतादृशि' का अर्थ है 'वाच्यादनतिशायिनि' अर्थात् वाच्यार्थ से बढ़कर न हो।

10 'शब्दचित्रं वाच्यचित्रमव्यंग्यं त्ववरं स्मृतम्।।' —'काव्यप्रकाश' (1।5, द्वितीय पंक्ति)
'चित्र' शब्द की व्याख्या इस प्रकार की गई है—
'चित्रमिति गुणालङ्कारयुवतम्' गुण अलंकारों से सम्पन्न को चित्र कहते हैं।

2. काव्य की परिभाषा

भाव पक्ष और कला पक्ष

भारतीय समीक्षा-क्षेत्र में लक्षण या परिभाषा का प्रश्न काव्य की आत्मा के सम्बन्ध में उठाया गया है क्योंकि आत्मा ही सार-वस्तु है। आचार्यों ने आत्मा का प्रश्न न उठाकर स्वतन्त्र रूप से भी परिभाषा दी है। काव्य में दो पक्ष रहते हैं, एक अनुभूति या भावपक्ष और दूसरा अभिव्यक्ति या कलापक्ष। यद्यपि दोनों पक्षों का अपना-अपना महत्त्व है और दोनों ही एक-दूसरे से सम्बन्धित हैं तथापि मुख्यता भाव पक्ष को ही दी जाती है। रस को काव्य की आत्मा मानने वाले आचार्य भाव-पक्ष को ही प्रधानता देते हैं। अलंकार और रीति को काव्य की आत्मा के पद पर प्रतिष्ठित करनेवाले आचार्य अभिव्यक्ति को महत्त्व प्रदान करते हैं, ठीक उसी प्रकार जिस प्रकार कि कुछ दार्शनिक शरीर को ही आत्मा मान लेते हैं। रीति की गुणों द्वारा आत्मा तक पहुँच हो जाती है। ध्वनि और वक्रोक्ति-सम्प्रदाय वाले भीतरी पक्ष को स्वीकार तो अवश्य करते हैं। किन्तु उनका झुकाव अभिव्यक्ति की ओर ही है। अलंकार, वक्रोक्ति और ध्वनि में कल्पना का भी थोड़ा कार्य पड़ता है। हमारे यहाँ भावपक्ष पर कुछ अधिक बल दिया गया है। पाश्चात्य देशों में कल्पनातत्त्व को विशेष आश्रय मिला है, इसका कारण यह है कि उनके यहाँ के समीक्षा-शास्त्र के आदि आचार्य अरस्तू ने कला को अनुकरण माना है। अनुकरण में मूर्तता की मुख्यता रहती है और मूर्तता का सम्बन्ध कल्पना से है। हमारे यहाँ के आदि आचार्य भरतमुनि ने भी नाटकों के सम्बन्ध से काव्य की विवेचना की है (जैसे अरस्तू ने), अनुकृति का भी प्रश्न उठाया गया है, किन्तु उन्होंने रस और भावों को ही मुख्यता दी है। यही भारतीय और पाश्चात्य मनोवृत्ति का अन्तर है। भारतीय मनोवृत्ति कुछ भीतरी अधिक है और पाश्चात्य में बाहरी पर अधिक बल है। इसका यह अभिप्राय नहीं कि पाश्चात्य देशों में भीतरी पक्ष की उपेक्षा है।

काव्य के तत्त्व

काव्य का मूल तत्त्व तो रागात्मक या भावतत्त्व ही है किन्तु उसके साथ पाश्चात्य देशों में कल्पनातत्त्व, बुद्धितत्त्व और शैलीतत्त्व को भी माना है। कल्पना भाव को पुष्ट करती है, उसके लिए सामग्री उपस्थित करती है और साथ ही अभिव्यक्ति में सहायक होती है। कल्पना का सम्बन्ध मानसिक सृष्टि से है, यह चाहे कवि की भावनाओं के अनुकूल ब्रह्मा की सृष्टि का पुननिर्माण हो और चाहे उसमें जोड़-तोड़ और उलट-फेर करके बिल्कुल नई (किन्तु सुसंगत और सुसम्भव) रचना हो। बुद्धितत्त्व कल्पना को उच्छृंखल होने से बचाये रखता है और भावों को भी मर्यादा के भीतर रखता है। कठोपनिषद् में बुद्धि को इन्द्रिय-रूपी अश्वों की लगाम कहा है, वह इन्द्रियों की ही लगाम नहीं है वरन् कल्पना के घोड़ों की लगाम है। हमारे यहाँ औचित्य, दोषों और क्रम, प्रमाण, सार, एकावली आदि अलंकारों में कहीं तो पूरे बुद्धितत्त्व का और कहीं उसके भावमय आभास का (जैसे काव्यलिंग आदि में) समावेश हो जाता है। बुद्धितत्त्व से 'सत्यं' और 'शिवं' की रक्षा होती है और कल्पना तथा भावतत्त्व से 'सुन्दरम्' का निर्माण होता है। कल्पना से 'सुन्दरम्' का शरीर बनता है और भावना में उसकी आत्मा रहती है। 'सुन्दरम्' रस का विषयगत पक्ष है। शैली का सम्बन्ध अभिव्यक्ति से है, उसके द्वारा कवि के हृदय के साथ पाठक के हृदय का सहस्पन्दन कराया जाता है। इस तत्त्व को हमारे यहाँ अलंकार, रीति और शब्द-शक्तियों में भी आश्रय मिला है। काव्य की परिभाषाओं में इन्हीं तत्त्वों में से किसी एक या एक से अधिक तत्त्वों को मुख्यता दी जाती है। हमारे यहाँ काव्य की अनेक परिभाषाएँ हैं किन्तु उनमें तीन मुख्य हैं।

मम्मटाचार्य–मम्मटाचार्य ने दोषरहित गुण वाली और कभी अनलंकृत भी, शब्द और अर्थमयी रचना को काव्य कहा है–

'तद्दोषौ शब्दार्थौ सगुणावनलङ्कृती पुनः क्वापि'

–'काव्यप्रकाश' (1।4)

इस परिभाषा में गुणों के भाव और दोषों के अभाव को मुख्यता दी गई है। अलंकारों को नितान्त आवश्यक नहीं माना है क्योंकि जिसके बिना भी कोई चीज कभी रह सके उसे उसके लिए आवश्यक नहीं कह सकते हैं। आचार्य विश्वनाथ ने इस परिभाषा की आलोचना करते हुए कहा है कि बड़ी उत्तम कविताओं में भी थोड़ा-बहुत दोष निकल आता है, इसलिए वह कविता की श्रेणी से बाहर नहीं निकाल दी जातीं, **'अदोषौ'** एक नकारात्मक लक्षण है। अलंकार जब लक्षण में आवश्यक नहीं तब उनका उल्लेख ही वृथा है। वैसे 'काव्यप्रकाश' में ध्वनि को प्रधानता दी गई है, रस को भी ध्वनि के अन्तर्गत माना गया है किन्तु इस परिभाषा में न ध्वनि का ही नाम है और न रस का कोई उल्लेख है। यह परिभाषा ऊपरी है। मम्मटाचार्य ने यद्यपि रस का उल्लेख नहीं किया तथापि गुण और दोषों को, जिनको कि परिभाषा

में प्रधानता मिली है, रस को ही उत्कर्ष और अपकर्ष का (घटाने का) हेतु माना है। उन्होंने रस को अंगी माना है–

'ये रसस्यांगिनो धर्माः शौर्यादय इवात्मनः।
उत्कर्षहेतवस्ते स्युरचलस्थितयो गुणाः।।'

–'काव्यप्रकाश' (उल्लास 8 सू. 66)

अर्थात् जिस तरह से शौर्यादि आत्मा के गुण हैं, उसी प्रकार काव्य में अंगीरूप रस के स्थायी धर्म गुण हैं और वे रस के उत्कर्ष के कारण होते हैं। इस प्रकार मम्मट ने भी कुछ फेर-फार के साथ रस को ही प्रधानता दी है।

आचार्य विश्वनाथ–आचार्य विश्वनाथ ने **'एकै साधे सब सधे'** के नियम का अनुकरण करते हुए काव्य की परिभाषा इस प्रकार की है–**'वाक्यं रसात्मकं काव्यम्'**–अर्थात् रसयुक्त वाक्य है। जहाँ दण्डी, मम्मटादि ने पत्तों और शखाओं को सींचने की ओर-तुलसीदासजी के शब्दों में **'बरी-बरी में लौन'** देने की–कोशिश की है, वहाँ विश्वनाथ ने जड़ को सींचा है। गुण अलंकारादि सभी रस के पोषक हैं। **'वाक्य'** शब्द में शब्द के साथ अर्थ भी शामिल हो जाता है क्योंकि सार्थक शब्द ही वाक्य बन जाता है। इसके **'रसात्मक'** शब्द में काव्य का अनुभूतिपक्ष या भावपक्ष आ गया है और **'वाक्य'** शब्द में अभिव्यक्तिपक्ष अथवा कलापक्ष आ गया। इस परिभाषा में केवल यह दोष बतलाया जाता है कि रस की परिभाषा अपेक्षित रहती है, किन्तु मोटे तौर से सब लोग जानते हैं कि रस क्या चीज है, वैसे तो गुण और दोष शब्द भी व्याख्या की अपेक्षा रखते हैं।

पण्डितराज जगन्नाथ–रसगंगाधरंकार पण्डितराज जगन्नाथ (17वीं शताब्दी) ने रमणीय अर्थ को प्रधानता दी है। उनका कथन है कि रमणीय अर्थ का प्रतिपादक शब्द काव्य है–

'रमणीयागर्थप्रतिपादकः शब्दः काव्यम्'

–'रसगंगाधर' (काव्यमाला, पृष्ठ 4)

'रमणीय' का अर्थ है मन को रमाने या लीन कर लेनेवाला। रस में भी मन आनन्द से व्याप्त हो जाता है। रमणीयता में रस का भाव संलग्न है। रमणीय अर्थ में रस के अतिरिक्त और चमत्कार भी आ जाते हैं। पंडितराज जगन्नाथ ने रमणीय का अर्थ चमत्कारपूर्ण आह्लाद बतलाया है। रस की परिभाषा को उन्होंने संकुचित बतलाते हुए कहा है कि बड़े-बड़े कवि चिल्ला उठेंगे कि उनकी कविता विश्वनाथ की परिभाषा में न आएगी किन्तु ऐसा नहीं है। रस में भी अन्य चमत्कारों का भी उसके पोषक-रूप से महत्त्व रहता है, इसीलिए हम प्राचीनों (अर्थात् संस्कृत के काव्यशास्त्र के आचार्यों) की परिभाषाओं में विश्वनाथ की परिभाषा को ही प्रधानता देंगे। इसमें अन्य परिभाषाओं का भी समावेश हो जाता है। इस सम्बन्ध में सेठ कन्हैयालाल पोद्दार लिखित 'संस्कृत साहित्य का इतिहास' (द्वितीय भाग) में 'काव्य

का लक्षण' शीर्षक अध्याय पढ़ना वांछनीय होगा। यद्यपि मम्मटाचार्य का उन्होंने जो समर्थन किया है उससे हम सहमत नहीं हैं तथापि यह विवाद उच्च कोटि के विद्यार्थियों के लिए ज्ञानवर्द्धक होगा।

शेक्सपीयर–शेक्सपीयर (Shakespeare) ने 'कल्पना' को प्रधानता देते हुए लिखा है–कवि की कल्पना अज्ञात वस्तुओं को रूप देती है। उसकी लेखनी वायवी, नगण्य तथा अस्तित्वशून्य पदार्थों को भी मूर्त बनाकर नाम और धाम प्रदान करती है–

'The poet's eye, in a fine frenzy rolling,
Doth glance from heaven to earth, from earth to heaven,
And as imagination bodies forth
The forms of things unknown , the poet's pen
Turns them to shapes and gives to airy nothing
A local habitation and a name

—A midsummer Night's Dream (V.i)

वर्ड्सवर्थ–वर्ड्सवर्थ (Wordsworth) ने 'भाव' को प्रधानता देते हुए लिखा है कि काव्य शान्ति के समय स्मरण किये हुए प्रबल मनोवेगों का स्वच्छन्द प्रवाह है–

Poetry is the sponataneous overflow of powerful feelings. it takes its origin from emotion in tranquility.'

—Preface to Lyrical Ballads.

मिल्टन–मिल्टन (Milton) ने कविता को सादा, प्रत्यक्षमूलक और रागात्मक कहा है–

'Poetry should be simple' sensuous and passionate.'

—Essay on Education.

कॉलरिज–कॉलरिज (Collridge) ने अभिव्यक्ति को प्रधानता देते हुए कहा है कि कविता उत्तमोत्तम क्रम-विधान है–

'Poety, the best words in the best order.'

—Quoted dy shipley in Quest for Literature, (page 241)

कारलायल–कारलायल (Carlyle) ने काव्य की संगीतमयता पर बल दिया है। कविता मनोवेगमय और संगीतमय भाषा में मानव-अन्तःकरण की मूर्त और कलात्मक व्यञ्जना करती है। कारलायल ने कविता को संगीतमय विचार कहा है–'Poetry we will call musical thought'–और संगीतमय विचार (Musical thought) की व्याख्या करते हुए बतलाया है कि संगीतमय विचार उस मन का होता है जो वस्तुओं के अन्तस्तल में प्रवेश करके उनका रहस्य जान चुका है। उन्होंने

संगीत को आलंकारिक रूप से ही नहीं माना वरन् उन्होंने (Metre) और गीत (Song) को महत्ता दी है–

A musical thought is spoken by a mind that has penetrated into the inmost of the thing. detected the inmost mystery of it.'

—Hero and Hero worship (Hero as poet)

मैथ्यू आर्नल्ड–मैथ्यू आर्नल्ड (Matthew Arnold) ने कविता को मूल में जीवन की आलोचना कहा है–"Poetry is at bottom a criticism of life' ('The study of poerty in 'Essays in Criticism'—Second series)। उन्होंने जीवन और विचारात्मक पक्ष अर्थात् बुद्धितत्त्व पर अधिक बल दिया है। इस परिभाषा में भावात्मकता का कुछ अभाव-सा दिखाई देता है।

जॉनसन–आचार्य जॉनसन (Dr. Johnson) ने अपनी परिभाषा में प्रायः चारों तत्त्वों को सम्मिलित कर लिया है। उनका कथन है कि कविता सत्य और प्रसन्नता के सम्मिश्रण की कला है जिसमें बुद्धि की सहायता के लिए कल्पना का प्रयोग किया जाता है। कला शब्द में अभिव्यक्ति भी आ जाती है–

'Poerty is the art of uniting pleasure with truth by calling imagination to the help of reason.'

—Life of Milton

हडसन–हडसन (Hudson) इन सब दृष्टियों का समन्वय-सा करता है। उसका कथन है कि कविता कल्पना और मनोवेगों द्वारा जीवन की व्याख्या करती है–

'Poerty is interpretation of life through imagination and emotion.'

—Introduction to the study of poetry (Page 62)

इस परिभाषा में फिर भी अभिव्यक्ति के सौन्दर्य की कमी रही जाती है।

द्विवेदीजी और शुक्लजी

आजकल के हिन्दी लेखकों ने भी कविता के सम्बन्ध में बहुत-कुछ लिखा है। उनमें आचार्य रामचन्द्र शुक्ल का **'कविता क्या है'** शीर्षक लेख बहुत महत्त्व का है। आचार्य महावीरप्रसाद द्विवेदी ने भी **'काव्य और कविता** शीर्षक लेख में अपने विचार प्रकट किए हैं। वे मिल्टन की परिभाषा से अधिक प्रभावित हैं–कविता सरल, प्रत्यक्षमूलक और रागात्मक होनी चाहिए। वे कविता में असलियत पर जोर देते हुए लिखते हैं–

'सादगी असलियत और जोश (मिल्टन के बतलाये हुए तीनों गुण) यदि ये तीनों गुण कविता में हों तो कहना ही क्या है परन्तु बहुधा अच्छी कविता में भी इनमें से एकआध गुण की कमी पाई जाती है। कभी-कभी देखा जाता है कि कविता में केवल जोश रहता है, सादगी और असलियत नहीं। कभी-कभी सादगी और जोश पाये जाते हैं, असलियत नहीं। परन्तु बिना असलियत के जोश का होना कठिन है। अतएव कवि को असलियत का सबसे अधिक ध्यान रखना चाहिए।''

–'रसज्ञ-रंजन' (पृष्ठ 51)

'असलियत' शब्द को द्विवेदीजी ने बिलकुल संकुचित अर्थ में नहीं माना है। वे कविता को बिलकुल इतिहास नहीं बना देना चाहते हैं। वे कल्पना को भी महत्त्वपूर्ण स्थान देते हुए कहते हैं कि कविता का सबसे बड़ा गुण नई-नई बातों की सूझ है, इसके लिए वे कल्पना (Imagination) की बड़ी आवश्यकता स्वीकार करते हैं। रागात्मक तत्त्व को उन्होंने जोश के रूप में लिया है किन्तु उन्होंने उसे विशेष महत्त्व नहीं दिया है। आचार्य शुक्लजी सत्य की अवहेलना न करते हुए भी रागात्मक तत्त्व को प्रधानता देते हैं। वे लिखते हैं–

'जिस प्रकार आत्मा की मुक्तावस्था ज्ञानदशा कहलाती है, उसी प्रकार हृदय की मुक्तावस्था रसदशा कहलाती है। हृदय की इसी मुक्ति की साधना के लिए मनुष्य की वाणी जो शब्द-विधान करती आई है उसे कविता कहते हैं। इस साधना को हम भावयोग कहते हैं और कर्मयोग और ज्ञानयोग के समकक्ष मानते हैं।'

–'चिन्तामणि' (भाग 1)

हृदय की मुक्तावस्था की शुक्लजी ने इस प्रकार व्याख्या की है–

'जब तक कोई अपनी पृथक् सत्ता की भावना को ऊपर किए इस क्षेत्र के नाना रूपों और व्यापारों को अपने योग-क्षेम, हानि-लाभ, सुख-दुःख आदि से सम्बद्ध करके देखता रहता है तब तक उसका हृदय एक प्रकार से बद्ध रहता है। इन रूपों और व्यापारों के सामने जब कभी वह अपनी पृथक् सत्ता की धारणा से छूटकर अपने-आपको बिलकुल भूलकर–विशुद्ध अनुभूतिमात्र रह जाता है, तब वह मुक्त हृदय हो जाता है।'

–'चिन्तामणि' (भाग 1)

इस मुक्तावस्था में पहुँचने से व्यक्ति पर क्या प्रभाव पड़ता है, इसके सम्बन्ध में आचार्य शुक्लजी लिखते हैं–

'कविता ही मनुष्य के हृदय को स्वार्थ-सम्बन्धों के संकुचित मण्डल से उठाकर लोक-सामान्य भावभूमि पर ले जाती है...इस भूमि पर पहुँचते हुए मनुष्य को कुछ काल के लिए अपना पता नहीं रहता। वह अपनी सत्ता को लोकसत्ता में लीन किए रहता है।...इस अनुभूतियोग के अभ्यास से हमारे मनोविकारों का परिष्कार तथा शेष सृष्टि के साथ हमारे रागात्मक सम्बन्ध की रक्षा और निर्वाह होता है।

–'चिन्तामणि' (भाग 1)

चमत्कारवाद

शुक्लजी भाव जगत और बाह्य जगत का सामंजस्य चाहते हैं, इसलिए वे न तो कोरे चमत्कारवाद के पक्ष में हैं और न मनोरंजन के। वे काव्य की लोकहित से समन्वित करते हैं। आचार्य द्विवेदीजी ने चमत्कारवाद को कुछ अधिक आश्रय दिया है। चमत्कार के समर्थन में वे क्षेमेन्द्र का मत देते हुए कहते हैं–

'शिक्षित कवि की उक्तियों में चमत्कार का होना परमावश्यक है। यदि कविता में चमत्कार नहीं–विलक्षणता नहीं–तो उससे आनंद की प्राप्ति नहीं हो सकती। क्षेमेन्द्र की राय है–'नहि चमत्कारविरहितस्य कवेः कवित्यं, काव्यस्य वा काव्यत्म्।'

–'रसज्ञ-रंजन'

द्विवेदीजी ने श्रीकण्ठचरित कर्त्ता का उद्धरण देते हुए रस को भी परमावश्यक माना है। उद्धरण इस प्रकार है–

'तेस्तैरलङ.कृतिशतैवरवंसितोऽपि
रूढो महत्यपि पदे धृतसौष्ठवोऽपि।
नूनं बिना धनरसप्रसराभिषेकं
काव्याधिराजपदमर्हति न प्रबन्धः।'

–'श्रीकण्ठचरित'

अर्थात् सैकड़ों अलंकारों से अलंकृत उच्चासन पर आरूढ़ होकर भी और इस प्रकार का सौष्ठव धारण करके भी रस-धारा के अभिषेक के बिना कोई प्रबन्ध काव्याधिराज की पदवी को नहीं प्राप्त होता।

आचार्य शुक्लजी ने इस सम्बन्ध में अपना मत स्पष्ट रखा है। उन्होंने कोरे चमत्कारवाद को नहीं स्वीकार किया है, वे उसी चमत्कार के पक्ष में हैं जो भाव-प्रेरित हो। वे लिखते हैं–

'.....किसी उक्ति की तह में उसके प्रवर्तक के रूप में यदि कोई भाव या मार्मिक अन्तर्वृत्ति छिपी है तो चाहे वैचित्र्य हो या न हो काव्य की सरसता बराबर पाई जायगी–

'ऐसी उक्ति जिसे सुनते ही मन किसी भाव या मार्मिक भावना (जैसे प्रस्तुत वस्तु का सौन्दर्य आदि) में लीन न होकर एकबारगी कथन के अनूठे ढंग, वर्ण-विन्यास या पद प्रयोग की विशेषता, दूर की सूझ, कवि की चातुरी या निपुणता इत्यादि का विचार करने लगे, वह काव्य नहीं, सूक्ति है।'

शुक्लजी ने केवल चमत्कार को सूक्ति कहा है।

यदि चमत्कार शब्द को व्यापक रूप से मान लिया जाए और हम भाव के चमत्कार को भी चमत्कार कहें तो पूर्वोद्धृत क्षेमेन्द्र के कथन की भी सार्थकता हो सकती है। जिन उदाहरणों, जैसे मण्डल के सवैये–**'चिर जीवहु नन्द को बारी अरी, गहि बाँह गरीब ने ठाड़ी करी'**–में भाव की स्वाभाविकता की अपेक्षा दूर की सूझ ही अधिक है, हम इसे चमत्कार ही कहेंगे किन्तु यह भावशून्य नहीं है। केशव की-सी उक्ति **'बेर भयानक-सी अति लगै। अर्क समूह जहाँ जनमगै।।'** ('रामचन्द्रिका' अरण्यकाण्ड) में हमें शुक्लजी के साथ यह कहना पड़ेगा कि इसमें कोई सूक्ति ही है, कवित्व नहीं।

प्रसाद–प्रसादजी अपने 'काव्य और कला तथा अन्य निबन्ध' शीर्षक निबन्ध-संग्रह

में काव्य को आत्मा की संकल्पात्मक अनुभूति बतलाते हैं। उनका कथन इस प्रकार है–'काव्य आत्मा की संकल्पात्मक अनुभूति है, जिसका सम्बन्ध विश्लेषण, विकल्प या विज्ञान से नहीं है। वह एक श्रेयमयी प्रेय रचनात्मक ज्ञान-धारा है।.....'

आत्मा की मनन-शक्ति की असाधारण अवस्था, जो श्रेय सत्य को उसके मूल चारुत्व में सहसा ग्रहण कर लेती है, काव्य में संकल्पात्मक मूल अनुभूति कही जा सकती है। –'काव्य और कला तथा अन्य निबन्ध' (पृष्ठ 38)

इस परिभाषा में सत्य और सौन्दर्य के समन्वय में आत्मा के प्रातिभज्ञान (Intuition) पर बल दिया गया है। यह परिभाषा जॉनसन की परिभाषा के, जिसमें सत्य और प्रसन्नता की बात कही गई है, निकट है। इसमें यह विशेषता है कि चारुता या सौन्दर्य को सत्य के मूल में कहा गया है। इसमें दो पृथक् वस्तुओं के समन्वय की बात नहीं है वरन् दोनों को एक-दूसरे का भीतरी और बाहरी रूप कहा गया है। इसमें कवि की ही प्रधानता है, पाठक और अभिव्यक्ति को गौण रखा गया है।

समन्वय

काव्य की पूर्णता के लिए पाठक भी उतना ही आवश्यक है जितना कि कवि। नाटक की पूर्णता उसके दर्शकों में है–'जंगल में मोर नाचा किसने जाना', 'वह तमाशा नहीं जिसका कोई तमाशाई नहीं'। कवि रस के बीज को अपनी कल्पना के जल में सिक्त करके अपने हृदय में अंकुरित करता है। वह अंकुर भाषा के साधनों–अभिधा, लक्षणा, व्यञ्जना, अलंकारादि–द्वारा कृति में पल्लवित और पुष्पित होकर सहृदय पाठक के संस्कारों की उष्णता में फलवान् होता है। जिस प्रकार शब्द की सार्थकता वायु के कम्पनों में नहीं वरन् कहने और सुनने वाले साम्य में है, उसी प्रकार काव्य की सार्थकता कवि और पाठक के भावसाम्य में है। उसी भावसाम्य में अर्थ का पूर्णातिपूर्ण विकास दिखाई पड़ता है। जिस प्रकार कवि में संस्कार में फैली हुई सूक्ष्म भावनाओं की ग्राहकता एवं विस्तारक शक्ति रहती है, वैसे ही सहृदय पाठक में भी कवि के हृदय की सूक्ष्म तरंगों को मूर्तता प्रदान करने की शक्ति रहती है, और यदि वह भावुक या आलोचक भी हुआ तो उसमें विस्तारक शक्ति भी रहती है। कवि, पाठक तथा काव्य के विषय तीनों ही देश के काल के बन्धन से मुक्त होकर पारस्परिक साम्य के विधायक होते हैं। इन सब बातों को एक परिभाषा के संकुचित घेरे में बाँधना कठिन है फिर भी नीचे के शब्दों में यह समन्वित भावना रखी जा सकती है–

काव्य संसार के प्रति कवि की भाव-प्रधान (किन्तु क्षुद्र वैयक्तिक सम्बन्धों से युक्त) मानसिक प्रतिक्रियाओं की कल्पना के ढाँचे में ढली हुई, श्रेय की प्रेयरूपा प्रभावोत्पादक अभिव्यक्ति है। प्रभावोत्पादक शब्द द्वारा भाषा की शक्तियों और अलंकारादि के साथ पाठक का भी संकेत हो जाता है। इस परिभाषा में प्रायः सभी

बातें आ गई हैं किन्तु उनमें वह लाघव नहीं जो **'वाक्यं रसात्मकं काव्यं'** में है। वास्तव में यह उसी का वृहत् संस्करण है।

काव्य और साहित्य

'साहित्य' शब्द अपने व्यापक अर्थ[1] में सारे वाङ्मय का द्योतक है। वाणी का जितना प्रसार है वह सब 'साहित्य' के अन्तर्गत है। इस अर्थ में औषधियों के विज्ञापन और बीमा-कम्पनियों के सूचना-पत्र भी साहित्य में आ जाते हैं। वैज्ञानिक साहित्य, गणित-शास्त्र अथवा अर्थशास्त्र-सम्बन्धित साहित्य ऐसे प्रयोग तो हमारी भाषा में प्रचलित हैं ही। 'साहित्य' का शब्दार्थ भी संग्रह के ही निकट है। अपने संकुचित अर्थ में साहित्य काव्य का पर्याय हो जाता है। जहाँ हम साहित्य का प्रश्न-पत्र कहते हैं वहाँ 'साहित्य' से 'काव्य' ही अभिप्रेत होता है। यही हाल अंग्रेजी शब्द 'Literature' का है। व्यापक अर्थ में जितना अक्षरों (Letters) का आयोजन है वह सब 'लिट्रेचर' है। लिट्रेचर शब्द लैटर्स से ही बना है। संकुचित अर्थ में लिट्रेचर कार्य का पर्याय है किन्तु व्यापक अर्थ में काव्य में गद्य और पद्य दोनों ही आते हैं। कविता शब्द यद्यपि पद्यात्मक काव्य में रूढ़ हो गया है तथापि कभी-कभी उसका व्यापक अर्थ में भी प्रयोग होने लगता है, जैसे जब कोई मनुष्य अधिक भावुकतापूर्ण वार्तालाप करने लगता है तब हम उससे कहते हैं—'भाई तुम तो कविता करने लगे'। कविता से पद्यात्मक साहित्य बोध होता है। किन्तु काव्य शब्द पूरे भावप्रधान गद्य-पद्यात्मक साहित्य का बोधक होता है। हमको यह ध्यान रखना चाहिए कि यद्यपि पद्य में गद्य की अपेक्षा श्रुति-माधुर्य अधिक होता है और इस कारण उसमें प्रभावोत्पादकता भी आ जाती है तथापि पद्यबद्ध-मात्र होने से कोई रचना कविता या काव्य नहीं बन जाती है। पद्य को अंग्रेजी में Verse कहते हैं, Poietry या कविता नहीं। पद्य कविता का आकार-मात्र कहा जा सकता है उसकी आत्मा तो रस में ही है।

'साहित्य' के व्यापक अर्थ में 'काव्य' और 'शास्त्र' दोनों ही आ जाते हैं। 'रस-प्रधान साहित्य' 'काव्य' कहलाता है और 'ज्ञान-प्रधान साहित्य' जिसमें बुद्धि और नियम का शासन अधिक रहता है, 'शास्त्र'(Science) कहलाता है। जीवन की पूर्णता दोनों के अनुशीलन में है— **'काव्य-शास्त्रविनोदेन कालो गच्छति श्रीमताम्'**।

संदर्भ

1. इसका यौगिक अर्थ इस प्रकार है—'साहित्य भावः (शब्दार्थयोः)' अर्थात् शब्द और अर्थ के सहित होने का भाव। वे तो स्वभाव से भी मिले हुए हैं—'वागर्थाविव सम्पृक्तौ'। सहित के दोनों ही अर्थ होते हैं—साथ और 'हितेन सह सहित' अर्थात् हित के साथ होने के भाव को भी साहित्य कहते हैं, दोनों ही अर्थ व्यापक हैं।

3. काव्य और कला

दृष्टिकोण-भेद

पाश्चात्य देशों में प्रायः काव्य की गणना कलाओं में की जाती है। वहाँ की विचारधारा से प्रभावित हिन्दी के कुछ आचार्यों ने भी काव्य कलाओं में स्थान दिया है। आचार्य शुक्ल जी ने पण्डित समाज का ध्यान इस ओर आकर्षित किया है कि भारतीय परम्परा में काव्य का क्षेत्र कलाओं से बाहर माना गया है। हमारे यहाँ कलाओं को उपविद्याओं में स्थान मिला है। काव्य को कला से स्वतन्त्र मानने की पुष्टि में महाराज भर्तृहरि का सुप्रसिद्ध वाक्यांश–**'साहित्यसंगीतकलाविहीनः'**–उपस्थित किया जाता है। यह कहा जाता है कि कला यदि साहित्य से भिन्न न होती तो उसका अलग उल्लेख न होता। इसके विपक्ष में यह कहा जा सकता है कि संगीत भी कलाओं में है किन्तु फिर भी कला का पृथक् उल्लेख हुआ है। यदि यह कहा जाए कि कला शब्द संगीत के साथ लगता है तो वह साहित्य के साथ भी लग जाता है।

किन्तु जो लोग काव्य को कला से स्वतन्त्र मानते हैं उनके तरकस में और भी तीर हैं। भामह ने काव्य के फलों में **'वैचक्षण्यं कलासु च'** (काव्यालङ्कार, 1।2) बतलाया है। इससे भी यही प्रकट होता है कि काव्य कलाओं से स्वतन्त्र है। काव्य से कलाओं में वैचक्षण्यं प्राप्त होता है, काव्य स्वयं कला नहीं है। आचार्य दण्डी ने देश-काल-विरोध की भाँति कला-विरोध भी एक दोष माना है। इसी प्रसंग में उन्होंने कला को **'कामार्थसंश्रयाः'** कहा है और नृत्य, गीत, वाद्य आदि कलाओं को उसके अन्तर्गत माना है–

'नृत्यगीतप्रभृतयःकलाःकामार्थसंश्रयाः'

–'काव्यादर्श' (3।162)

हमारे यहाँ चौंसठ कलाएँ मानी गई हैं, भिन्न-भिन्न ग्रन्थों में इनकी सूची कुछ हेर-फेर के साथ दी गई है। ये कलाएँ एक प्रकार से विदग्ध पुरुषों या स्त्रियों की शिक्षा के अंग हैं। उनमें नाचना, गाना, तैरना, चित्र बनाना, फूलों की माला बनाना, आदि बातें परिगणित हैं। उनमें पद्य-रचना या समस्यापूर्ति भी है। काव्य

जिसमें गद्य और पद्य दोनों ही आते हैं, नहीं है। दसरूपकारक धनञ्जय (11वीं शताब्दी) ने धीर-ललित नायक को कलासक्तः माना है—**निश्चिन्तो धीरललितः सुखी मृदुः'** 'दशरूपक' (2।3)—टीका में उसे **'गीतादिकलाविशिष्टो'** 'दशरूपक' (2।3 कारिका की टीका) कहा है। दुष्यन्त ऐसा ही नायक था। उसने शकुन्तला का ऐसा चित्र बनाया था कि उनमें **'भित्तौ समयामपि'**अर्थात् तसवीर का धरातल एक-सा होता हुआ भी त्रिवली का उठाव-गिराव और नाभि की गहराई का छायालोक द्वारा स्पष्ट भान होता था—

'अस्यस्तुङ्गभिव स्तनद्वयमिदं निम्नेनाभिस्थितिः।
दृश्यन्ते विषमोन्नताश्च वलयो भित्तौ समायामपि।'

—'अभिज्ञान शाकुन्तल' (10)

अब यह प्रश्न होता है कि क्या वास्तव में काव्य और कलाओं में ऐसा पार्थक्य है कि वे एक-दूसरे से स्वतन्त्र मानी जाएँ? वैसे तो उनमें थोड़ा-बहुत भेद है ही। कलाओं में क्रिया के कौशल का भाव अधिक है। उसकी एक परिभाषा में कला को कर्तृत्व का व्यञ्जक माना गया है—**'व्यञ्जयति कर्त्तृशक्तिं कलेति तेनेह कथिता सा'** (प्रसादजी द्वारा भोजराज के तत्त्वप्रकाश से उद्धृत काव्य और कला तथा अन्य निबन्ध, पृष्ठ 43)—किन्तु इन दोनों के बहुत से सम्बन्ध सूत्र हैं जो काव्य को यद्यपि कलाओं के अन्तर्गत नहीं मानते तथापि उसको कला का सगोत्री अवश्य बना देते हैं। काव्यों में नाटक का एक विशिष्ट स्थान है—**'काव्येषु नाटकं रम्यम्'**। उसमें गीतावाद्य, चित्रकारी इत्यादि सभी कलाएँ आ जाती हैं। भरतमुनि ने नाटक के सम्बन्ध में कहा है—

'लोकोपदेशजननं नाट्यमेतद्भविष्यति।
न तज्ज्ञानं न तच्छिल्पं न सा विद्या न सा कला।
न स योगो न तत्कर्म नाट्येऽस्मिन् यन्न दृश्यते।
सर्वशास्त्राणि शिल्पानि कर्माणि विवधानि च।।'

—'नाट्यशास्त्र' (1।113, 114)

काव्य के सम्बन्ध में भी एक ऐसी ही उक्ति है। वैसे तो संगीत का विशेष स्वरों द्वारा रसों से सीधा सम्बन्ध माना गया है। सातवीं शताब्दी के लिखे हुए **'विष्णुधर्मोत्तर'** में स्वरों और रसों का सम्बन्ध इस प्रकार दिया गया है—

'पूर्वोक्ताश्च नवरसाः। तत्र हास्यशृंगारयोर्मध्यम-पंचमौ। वीररौद्राद्भु तेषु षड्जपंचमौ। करुणे निषादगान्धारौ। वीभत्सभयनकयोधैतम्।।''

—'आधुनिक हिन्दी साहित्य' में संग्रहीत रायकृष्णदास के 'कला की भारतीय परिभाषा' शीर्षक लेख से उद्धृत

इस ग्रन्थ में काव्य और कलाओं का एक ही दृष्टिकोण से वर्णन हुआ है। यह बात मैं श्री ब्रजरत्नदास की गवाही पर लिख रहा हूँ, काव्य की भाँति चित्रों

का भी सम्बन्ध रसों से स्थापित किया गया है। मैंने स्वयं इस ग्रन्थ को मूल में नहीं देखा है। इसके बारे में अन्यत्र भी सुना है। डॉक्टर स्टेला क्रेमरिश (Dr. Stella kramrisch) द्वारा किया हुआ इसका अंग्रेजी अनुवाद भी निकाला गया है, उससे ही चित्रकला में रसों के सम्बन्ध में नीचे का उद्धरण दिया जाता है–

Markandeya said : "The sentiments (Rasas) represented in painting are said to nine.....Picture to embellish homer should belong to-Sringar, Hasya and Shant rasas.

—Vishnu sharmottar (भाग 2, पृष्ठ 60)

'अर्थात् मार्कण्डेय ने कहा–चित्रों में अंकित होने वाले रस नौ हैं।......जो चित्र घरों के अलंकरण के लिए हों वे शृंगार, हास्य और शान्त रस के होने चाहिए।'

कला के दोषों के उदाहरणों मं रस के ही दोषों को बतलाकर दण्डी ने भी कला और काव्य के सम्बन्ध की एक अव्यक्त स्वीकृति दी है (यद्यपि इसमें कला और काव्य का पार्थक्य भी व्यञ्जित है) कि काव्य को कलाओं के वर्णन में उनके नियम के विरुद्ध न जाना चाहिए–

'मार्गः कलाविरोधस्य मनागुद्दिश्यते यथा।।
वीरशृंगारयोर्भावौ स्थायिनौ क्रोधविस्मयौ।
पूर्णसप्तस्वरः सोऽयं भिन्नमार्गः प्रवर्तते।।

–'काव्यादर्श' (3।69 उत्तरार्द्ध, 170)

अर्थात् कला-विरोध का उदाहरण दिखाते हैं, जैसे वीर और शृंगार के स्थायीभाव क्रोध-विस्मय हैं (यह दोष का उदाहरण हुआ क्योंकि वास्तव में वीर का स्थायीभाव उत्साह और शृंगार का रति है) और पूर्ण सातों स्वर मिलकर गायन होता है (यह बात भी कला-सिद्धान्त के विरुद्ध है। इसमें बेमेल स्वरों को निकाल देना चाहिए था)।

हमारे यहाँ कला में संगीत (जिसमें नृत्य, वाद्यादि सभी माने गए हैं) और शिल्प (स्थापत्य, मूर्ति, तक्षण और चित्र कला) दोनों ही माने गए हैं–**'कला शिल्पे संगीत भेदे च'** (अमरकोष)। संगीत का तो सम्बन्ध काव्य से कुछ-कुछ सीधा है ही किन्तु शिल्प का सम्बन्ध भी थोड़ी कठिनाई से रसों द्वारा लगाया जाता है। चित्र और मूर्तियों में भी रस की अभिव्यक्ति होती है। वास्तव में हमारे यहाँ काव्य कलाओं के अन्तर्गत नहीं है वरन् कला और काव्य के कलेवर भिन्न होते हुए भी उनकी आत्मा एक है। काव्य का आत्मस्वरूप रस ही कलाओं को अनुप्राणित करता है। चौंसठ कलाओं में समस्यापूर्ति के अतिरिक्त काव्य से सम्बन्धित और भी कलाएँ, जैसे प्रतिमाला अन्त्याक्षरी, नाटकों का अभिनय करना, नाटकों का देखना-दिखाना, कहानियों का कहना-सुनना, अभिधान-कोष, छन्द का ज्ञान, प्रहेलिका आदि सब साहित्यिक विद्याएँ कलाओं में परिगणित हैं। काव्य का जितना मनोरंजक पक्ष है

वह सब कलाओं में आ जाता है। हमारे यहाँ यह पक्ष उपविद्या-रूप से स्वीकृत हुआ है। जिस प्रकार विज्ञान का व्यावहारिक पक्ष तत्सम्बन्धी कलाओं में पाया जाता है उसी प्रकार काव्य का व्यावहारिक पक्ष तत्सम्बन्धी कलाओं में पाया जाता है। उसी प्रकार काव्य का व्यावहारिक एवं मनोरंजक पक्ष कलाओं में आ जाता है। पाश्चात्य देशों में काव्य का सम्पूर्ण पक्ष कला के अन्तर्गत है। भारतीय परम्परा में उसका व्यावहारिक अर्थात् शिल्प-सम्बन्धी पक्ष कलाओं में आता है। काव्य की नीची श्रेणियाँ कला में अवश्य आ जाती हैं किन्तु ऊँची और नीची श्रेणियों का नितान्त पार्थक्य भी नहीं हो सकता। **'काव्येषु नाटकं रम्यम्'** और नाटकों में सभी कलाओं का समावेश हो जाता है। इस प्रकार नाटक, काव्य और कलाओं के सम्बन्ध-सूत्र बन जाते हैं। इस सम्बन्ध में डॉक्टर हजारीप्रसाद द्विवेदी का वक्तव्य पठनीय है–

'मेरा वक्तव्य यह है कि काव्य नामक वह कला जो कवियों की गोष्ठियों, समाजों और राजसभाओं में तत्काल सम्मान देती थी वह उक्तिवैचित्र्य-मात्र थी। ...यही कारण है कि पुराने अलंकारशास्त्रों में रस की उतनी परवाह नहीं की गई जितनी अलंकारों गुणों और दोषों की।' –'अशोक के फूल'

वास्तव में यह झगड़े इसीलिए उठते हैं कि काव्य और कला दोनों के ही बोध में अन्तर होता रहा है। इस सम्बन्ध में द्विवेदी जी लिखते हैं–

'वस्तुतः जिन दिनों काव्य को कला कहा गया था उन दिनों उसके इन्हीं दो गुणों का प्राधान्य लक्ष्य किया गया था : (1) उक्तिवैचित्र्य और (4) सहृदय-हृदय-रञ्जन। ज्यों-ज्यों अनुभव का क्षेत्र और विचार का क्षेत्र विस्तीर्ण होता गया त्यों-त्यों कला की परिभाषा भी व्यापक होती गई और काव्य का क्षेत्र भी विस्तीर्ण होता गया।'

–'अशोक के फूल'

शुक्लजी ने उक्ति-वैचित्र्य को सूक्ति कहा है, काव्य नहीं कहा है किन्तु इन दोनों के बीच में कोई विभाजक रेखा खींचना कठिन है। नीची श्रेणी का भी काव्य काव्य ही होता है।

कला और प्रकृति

काव्य की परिभाषा पर विचार करने से पूर्व प्रकृति के साथ उनके सम्बन्ध को समझ लेना आवश्यक है। मनुष्य संसार में जन्म लेता है। वह प्रकृति को अपनी सहचरी के रूप में पाता है किन्तु वह सहचरी सदा उसके मनोनुकूल नहीं होती। उसमें चांचल्य और स्वेच्छा रहती है। वैज्ञानिक और कलाकार दोनों ही प्रकृति सहचरी की उपासना करते हैं, वैज्ञानिक उसे उपास्य से परिचारिका बनाता है, कलाकार उसे सहचरी बनाये रखता है किन्तु साज-सँभाल द्वारा अधिक मनोनुकूल बना लेता है। प्रकृति अपने विकास में कुछ मन्द गति से चलती है। कलाकार और वैज्ञानिक उसकी मति की दशा को पहचानकर उसे अपने सामने ले आते हैं। प्रकृति गुणदोषमय

है और कभी-कभी हमको अपने वशीभूत भी कर लेती है। कलाकार प्रकृति पर अपनी छाप डाल उसे स्वभावानुवर्तिनी बना लेता है। प्रकृति परमेश्वर की कला है तो कला मानव की कला है। कला में मनुष्य के कर्तृत्व का भाव रहता है किन्तु उसके लिए कृत्रिमता आवश्यक नहीं। कला इतनी स्वाभाविक हो सकती है कि वह प्रकृति के बिलकुल निकट आ जाए और प्रकृति में इतना सौन्दर्य दिखाई पड़ सकता है कि वह कला की कोटि में गिनी जाए, तभी फूल-पत्तियों में लोग परमात्मा की कारीगरी की प्रशंसा किया करते हैं। किन्तु प्रकृति और कला दोनों की सीमाएँ अलग हैं; कला प्रकृति पर मनुष्य की विजय है, प्रकृति में मनुष्य की शक्ति की सीमा है। यहाँ पर प्रकृति का अर्थ अपराजित प्रकृति है। सच्ची कला प्रकृति और मानव के सामंजस्य में है।

कला की परिभाषा

हमारे यहाँ की अपेक्षा कला का सैद्धान्तिक विवेचन पाश्चात्य देशों में कुछ अधिक हुआ है। इसका यह अभिप्राय नहीं कि हमारे यहाँ कला के सैद्धान्तिक विवेचन का अभाव है। हमारे यहाँ कला के व्यावहारिक विवेचन की ओर अधिक प्रवृत्ति रही, यह देश-देश की परम्परा का भेद है।

पाश्चात्य देशों में कला की परिभाषाएँ आरम्भ में तो बाह्य से अन्तर की ओर गई हैं अर्थात् उनमें प्राकृतिक अनुकरण के साथ मानसिक पक्ष की ओर संकेत-मात्र रहता है (जैसे अरस्तू की परिभाषा में, जिसमें कि कला अनुकृति मानी गई है) फिर क्रमशः इनमें भीतर से बाहर की ओर प्रक्षेपण की प्रवृत्ति आई। क्रोचे ने अभिव्यक्ति (सो भी मानसिक ही) को ही कला माना है। प्रकृति की न्यूनता और अपूर्णता को अरस्तू ने भी स्वीकार किया है। कला उसी न्यूनता को पूरा करती है। गुप्तजी ने इस भाव की बड़ी सुन्दर अभिव्यक्ति की है–

'जो अपूर्ण कला उसी की पूर्ति है।
हो रहा है जो जहाँ, सो हो रहा,
यदि वही हमने कहा तो क्या कहा?
किन्तु होना चाहिए कब, क्या, कहाँ,
व्यक्त करती है कला ही यह यहाँ।'

–'साकेत' (प्रथम सर्ग,)

इसलिए एक आचार्य ने कला को वास्तविकता का उसके मानसिक पक्ष में उपस्थापन कहा है–'The presentation of the real in its mental aspect.' इस प्रकार कला वास्तविकता का आदर्शीकरण बन जाती है। यह आदर्श मन में रहते हैं और इस प्रकार वह आदर्शों के प्रक्षेपण (projection) का रूप धारण कर लेती है। हेगिल का कथन है कि सौन्दर्य विचार या आदर्श की प्रकृति में झलक है–'Beauty is the shining of the idea through matter.' । प्राकृतिक सौन्दर्य ईश्वरीय सौन्दर्य का आभास है, कला उसी आभास की पुनरावृत्ति है किन्तु उसके मत से इस पुनरावृत्ति में विचार और आदर्श की चमक ज्यादा रहती है। इस प्रकार की परिभाषाएँ तात्त्विक (metaphysical) कही जाती हैं।

इस दृष्टिकोण के अतिरिक्त और भी दृष्टिकोणों से कला की परिभाषाएँ की गई हैं। हर्बर्ट स्पेन्सर आदि ने कला को अतिरिक्त शक्ति के अथवा फालतू उमंग के प्रसार और खेल की प्रवृत्ति का फल बतलाया है। यह परिभाषा प्राणिशास्त्र-सम्बन्धी है और यह वास्तव में कला मूलप्रवृत्ति या उसके प्रजनन की व्याख्या करती है।

कुछ परिभाषाएँ, कला किसकी अभिव्यक्ति है, इस प्रश्न का उत्तर देती हैं। कला रेखाओं, रंगों, गतियों, ध्वनियों और शब्दों में मनुष्य के मनोगत भावों की बाह्याभिव्यक्ति हैं। कतिपय परिभाषाएँ, कला हमको क्या देती है, इस प्रश्न का उत्तर देती हैं। कुछ लोग तो कला को शुद्ध अर्थात् उपयोगिता से असम्बद्ध प्रसन्नता या आनन्द का जनक मानते हैं। ये लोग सौन्दर्यवादी या कलावादी (Aesthetes) कहलाते हैं। कोई-कोई आचार्य इसका सम्बन्ध मानव-हित से बतलाते हैं। फ्रॉयड के अनुयायी कला को दमित वासनाओं का उन्नयन या पर्युत्थान मानते हैं। ये लोग भी कला की प्रेरणा की ही व्याख्या करते हैं। क्रोचे ने इसे अभिव्यक्ति माना है, कुशल अभिव्यक्ति भी नहीं। उसके मत से अभिव्यक्ति यदि होती है तो कुशल और सुन्दर सब-कुछ होती है। शायद क्रोचे से ही प्रभावित होकर गुप्तजी ने भी कला को कुशल अभिव्यक्ति कहा है—

'अभिव्यक्ति की कुशल शक्ति ही तो कला'

—'साकेत' (पंचम सर्ग)

प्रसादजी ने अपने **'काव्य और कला'** शीर्षक निबन्ध में कला की क्षेमराजकृत परिभाषा जो **'शिवसूत्र-विमर्शिनी'** से दी है वह हेगिल की परिभाषा की कोटि में आएगी। हम यह भी देख सकते हैं कि हेगिल की-सी विचारधारा हमारे यहाँ पहले से वर्तमान थी। यही परिभाषा प्रसादजी द्वारा किए गए अनुवाद सहित नीचे दी जाती है—

'कलयति स्वरूपं आवेशयति' वस्तुनि वा तत्र-त्तत्र प्रमातरि कलनमेव कला'

अर्थात्—नव-नव स्वरूप-प्रथोल्लेख-शालिनी संवित् वस्तुओं में या प्रमाता में स्व को, आत्मा को परिमिति रूप में प्रकट करती हैं, इसी क्रम का नाम कला है।'

—'काव्य और कला तथा अन्य निबन्ध' (काव्य और कला)

प्रसादजी के मत से ईश्वर की कर्तृत्व-शक्ति का संकुचित रूप जो हमको बोध के लिए मिलता है, वही कला है। वे लिखते हैं—

'ईश्वर की कर्तृत्व, सर्वज्ञत्व, पूर्णत्व, नित्यत्व और व्यापकत्व शक्ति के स्वरूप (क्रमशः) कला, विद्या राग, नियति और काल माने जाते है हैं। शक्ति-संकोच के

कारण जो इन्द्रिय द्वारा शक्ति का प्रसार एवं आकुंचन होता है, इन शक्तियों का वही संकुचित रूप बोध के लिए है। कला संकुचित कर्त्तृत्व-शक्ति कही जाती है। भोजराज ने भी अपने 'तत्त्वप्रकाश' में कहा है–

'व्यंजयति कर्तृशक्तिं कलेति तेनेह कथिता सा'

—का. कला (पृष्ठ 42,43)

संक्षेप में ईश्वर की कर्तृत्व शक्ति का जो संकुचित रूप मनुष्यं को मिलता है, कला उसका विश्वास है।

काव्य की भाँति कला के विचार में नीचे की बातों का योग रहता है–

1. कलाकार का आत्म-भाव या आपा (Personality) कला-विज्ञान की भाँति कलाकार से निरपेक्ष नहीं है, इस आत्म-भाव से कलाकार के आनन्द का भी सम्बन्ध है।

2. प्रकृति के सम्पर्क में आए हुए कलाकार के भाव और विचार जिनमें सौन्दर्य और हित, प्रेम और श्रेय का समन्वय रहता है।

3. उन विचारों या भावों की अभिव्यक्ति और उसका माध्यम (पत्थर, स्याही, कागज आदि)।

4. कला के द्रष्टा या श्रोता। टाल्सटाय ने कला की संक्रमता पर अधिक बल दिया है। उसका कथन है कि कलाकार कुछ संकेतों द्वारा अपने भावों को दूसरों तक पहुँचाता है और वे दूसरे उन भावों से प्रभावित हो उनका अनुभव करते हैं। कला के लिए दर्शक, पाठक और श्रोता आवश्यक हो जाते हैं।

संक्षेप में कह सकते हैं कि कला कलाकार के आनन्द की श्रेय और प्रेय तथा आदर्श और यथार्थ को समन्वित करने वाली प्रभावोत्पादक अभिव्यक्ति है।

उपयोगी और कलाएँ

कलाओं का वर्गीकरण कई आधारों पर किया जाता है। सबसे पहला आधार तो उपयोगिता और सौन्दर्य का है। उपयोगिता भौतिक सुख से सम्बन्धित है, सौन्दर्य मानसिक से। जिन कलाओं में उपयोगिता का प्राधान्य हो वे उपयोगी और जिनमें सौन्दर्य का प्राधान्य हो वे ललित कलाएँ कही जाएँगी। कला की उपर्युक्त परिभाषा वास्तव में ललित कलाओं पर ही लागू हो सकती है क्योंकि बढ़ई लुहार की कलाओं को हम आनन्द अभिव्यक्ति नहीं कह सकते। उनमें भी आनन्द की अभिव्यक्ति तब हो सकती है जब कलाकार अपना काम रुचि के साथ करता है। जो वस्तुएँ सीधे तौर से हमारे सुख का सम्पादन करती हैं वे ललित कलाएँ कही जाएँगी और जो साधन-रूप से सुख का सम्पादन करें वे उपयोगी कलाओं में शामिल होंगी, वास्तव में यह विभाजन पाश्चात्य परम्परा के अनुसार है और जो अधिक वैज्ञानिक भी नहीं है। लालित्य और उपयोगिता का नितान्त पार्थक्य नहीं है। चाकू के बेंटे पर यदि

नक्कासी हो (और फल उसका दिखावा-मात्र न हो) तो कला और उपयोगिता का सम्मिश्रण हो जाएगा। जहाँ तक होता है मनुष्य उसमें सुन्दरता को चाहता है। स्टीम एंजिन पर भी थोड़ी बहुत सजावट कर ही दी जाती है। रेलवे स्टेशनों की तो बात ही दूसरी है, लोग जेलखानों और पुलिस स्टेशनों को भी गमलों और फूलों से सजाते हैं। सौन्दर्य स्वयं अपनी उपयोगिता रखता है। सुन्दर वस्तु के देखने से चित्त प्रसन्न होता है, काम करने में स्फूर्ति मिलती है। संगीत से तो मानसिक रोग भी अच्छे किए जाते हैं। स्थापत्य और वास्तुकला (Architecture) में सौन्दर्य के साथ उपयोगिता का सम्मिश्रण रहता है। जिसको उपयोगी कला कहते है उसका ठीक नाम शिल्प अथवा Craft है। हमारे यहाँ स्थापत्य, मूर्ति, तक्षण और चित्रकला को शिल्प कहा गया है।

कलाओं का वर्गीकरण

आजकल लोग (विशेषकर क्रोचे से प्रभावित) कलाओं के वर्गीकरण के पक्ष में नहीं हैं। कला आत्मा की ही अभिव्यक्ति है और आत्मा एक है। क्रोचे के मत से कला का जन्म कलाकार के अन्तःकरण में होता है। वहाँ पर विभाजन का कोई प्रश्न नहीं उठता। विभाजन कला का नहीं वरन् कला-कृतियों का जो आन्तरिक कला के बाह्य रूप हैं, होता है। सामग्री और अभिव्यक्ति के माध्यम के भेद से कलाओं में भेद माना गया है? क्रोचे के मत से मानसिक अभिव्यक्ति की अवस्था में (उसके मत से वही असली कला है) कोई श्रेणियाँ नहीं रहतीं।

भारतवर्ष में इसी कारण कलाओं का नाम-परिगणना तो कराया है किन्तु वर्गीकरण नहीं हुआ है। कामसूत्रों में 64 कलाओं का उल्लेख है। उनमें कुछ उपयोगी कलाएँ भी हैं, जैसे सोना, पीतल ढालना आदि किन्तु अधिकांश कलाओं का सम्बन्ध विलास-वैभव की सामग्री से है। कला की भारतीय परम्परा में वे ही वस्तुएँ आती हैं जिनका जानना उस समय के विदग्ध पुरुष अथवा स्त्री के लिए आवश्यक था। माला गूँथना, रत्नों की परीक्षा, सोना-चाँदी ढालना, चारपाई बुनना आदि की कलाओं का भी सम्बन्ध विलास वैभव से ही है। पाश्चात्य देशों में जो मुख्य ललित कलाएँ मानी गई हैं वे सब चौंसठ कलाओं में आ जाती हैं।

पाश्चात्य मत– पाश्चात्य मत से मुख्य ललित कलाएँ पाँच हैं–(1) वास्तुकला (भवन-निर्माणकला), (2) मूर्ति-तक्षणकला, (3) आलेख्य (चित्रकला), (4) संगीत, और (5) काव्य। इनमें काव्य को छोड़कर सभी कलाएँ 64 कलाओं में शामिल हैं। काव्य से सम्बन्धित काव्य के अंगस्वरूप अन्य कलाएँ भी जिनका काव्य के मनोरंजन-पक्ष से अधिक सम्बन्ध है, इनमें आ गई हैं। इन पाँचों कलाओं के श्रेणीबद्ध करने का इस क्रम से आधार रखा गया है कि जिस कला में सामग्री का अपेक्षाकृत कम प्रयोग हो और भाव की अधिक व्यंजना हो, वही कला श्रेष्ठ है।

इन कलाओं में पहली तीन का सम्बन्ध देश (Space) से है और पिछली दो का सम्बन्ध काल से है। संगीत की ताल-लय काल से ही सम्बन्ध रखती हैं। कविता की मात्राएँ भी काल पर आश्रित हैं। इसीलिए पहली तीन कलाओं को पार्श्वस्थापन (Juxtaposition) की कला कहते हैं। और पिछली दो की पूर्वापर क्रम (Succession) की कला कहते हैं। पहली तीन का सम्बन्ध नेत्र से है और शेष दोनों का सम्बन्ध प्रधानतया कर्ण से है। पहली तीन कलाओं में मूर्त्तता अधिक है, पिछली दो अमूर्त्तप्राय हैं। यदि इस विभाजन को इन्द्रियों पर आश्रित करते हैं और काव्य का सम्बन्ध केवल कानों से करते हैं तो दृश्यकाव्य के क्षेत्र से बहिष्कार कर देना होगा या विभाजन का आधार बदलना पड़ेगा। वैसे लिखे या छपे अक्षरों द्वारा काव्य का सम्बन्ध भी दोनों इन्द्रियों से हो जाता है।

संगीत–इसको कामसूत्रों में सबसे पहला स्थान दिया गया है। प्लेटो ने भी संगीत के ही अन्तर्गत काव्य को रखा है। उसके शिक्षा के क्रार्यक्रम में संगीत मन के लिए और जिमनास्टिक शरीर के लिए बताया गया है–(Music for the mind, gymnastics for the body) –इसमें देश का स्थान काल ले लेता है। यह कला गतिशील है। गीत, ताल, लय,–ये सब गति के ही रूप हैं और कालाश्रित हैं। इससे नृत्य वाद्य भी सम्बन्धित हैं। संगीत में कोई बाह्य सामग्री उपादान नहीं बनती जैसी कि मूर्तिकला और चित्रकला में किन्तु काव्य की भाँति वह माध्यम-मात्र रहती है। संगीत का यदि कोई उपादान है तो वायु के कम्पन। वाद्य यन्त्र उन कम्पनों के उत्पादन और आसार के साधन-मात्र हैं। संगीत में विषय की इतनी महत्ता नहीं होती जितनी आकार और विधि की। उसकी भाषा सार्वजनिक होती है। वह भावों को उत्तेजित करता है। विषय की सम्पन्नता जैसी काव्य में आती है, संगीत में नहीं रहती।

काव्य–इस कला की सामग्री भाषा है। भाषा और भाव का जलवीचि-का-सा ही सहज सम्बन्ध है। उसमें भाव और सामग्री की टकराहट नहीं होती और यदि होती है तो विजय-प्राप्ति के पश्चात् सामग्री और भाव का पूर्ण तादात्म्य हो जाता है। संगीत इसका सखा या सेवक बनकर इसका उपकार करता है। इस प्रकार हम देखते हैं कि कलाओं की परम्परा में सामग्री क्रमशः कम होती गई है और उसी के साथ भाव का आधिक्य होता गया है।

तुलना और सम्बन्ध–ये कलाएँ एक-दूसरे से सम्बन्धित हैं। इन सबमें भाव की अभिव्यक्ति रहती है। वास्तुकला को किसी अंग्रेजी लेखक ने जमा हुआ संगीत (frozen music) कहा है। संगीत की भाँति वास्तुकला की भी भाषा सार्वजनिक है। यदि उसमें गहराई की कमी है तो व्यापकता का आधिक्य है। ताज के सौन्दर्य से सभी लोग प्रभावित होते हैं। वास्तुकला में मानव की आकृति न रहते हुए भी वह मानवी भावों की द्योतक होती है। मूर्ति और चित्र में भावों के साथ आकृति

भी रहती है। चित्र में मानव आकृति के साथ प्रकृति की भी प्रतिलिपि, पृष्ठभूमि के रूप से अथवा स्वतन्त्र रूप से आ जाती है। रंगों के कारण उसमें यह विशेष स्वाभाविकता और आकर्षकता आ जाती है। मूर्तियाँ प्रस्तर चित्र हैं। काव्य में भी चित्र उपस्थित किए जाते हैं। काव्य के चित्र शब्दों के माध्यम से कल्पना में जागृत किए जाते हैं। चित्र और मूर्तियाँ अशिक्षित को भी प्रभावित कर सकती हैं। काव्य की पूरी बात तो नहीं किन्तु जहाँ तक मूर्त्त जगत का सम्बन्ध है वह चित्र में अच्छी तरह आ जाता है किन्तु चित्र से भी अच्छे रूप में काव्य का मूर्त्त और अमूर्त्त पर समान अधिकार है। चित्र में अमूर्त्त की व्यञ्जना ही रहती है, काव्य में उसका साक्षात् वर्णन होता है। काव्य में प्रेम और चिन्ता जैसे अमूर्त्त पदार्थों का भी सफलता के साथ चित्रण हो जाता है। वास्तुकला तो नितान्त एकदेशीय है। मूर्तियाँ और चित्र स्थानान्तरित हो सकते हैं किन्तु वे काव्य की भाँति सर्वजनसुलभ नहीं हो सकते। संगीत आकार-प्रधान काव्य है, काव्य सार्थक संगीत है। मानवीय भावों का उतार-चढ़ाव और उसकी सूक्ष्मताएँ जितनी काव्य में अवतरित हो सकती हैं उतनी और किसी कला में नहीं। नाटक काव्य और इतर कलाओं के संयोग का फल है। उसमें अभिनेताओं के सजीव माध्यम के प्रयोग के कारण अधिक सजीवता आ जाती है, तभी तो कहा है, **'काव्येषु नाटकं रम्यम्'**।

काव्य का संगीत से तो विशेष सम्बन्ध है ही किन्तु उसमें अन्य कलाओं का भी प्रतिनिधित्व हो जाता है। काव्य में वास्तुकला के एकता, पूर्णता, सन्तुलन, अनुपात आदि के गुण वर्तमान रहते हैं। मूर्तिकला और चित्रकला के-से उसमें चित्र रहते ही हैं, अन्तर केवल इतना है कि उससे चित्र शब्दमय होते हैं। काव्य का वर्णनांश चित्रकला से ही सम्बन्धित है। वर्णन का सम्बन्ध देश से है और विवरण या प्रकथन (Narration) का सम्बन्ध काल से है। काव्य में संगीत की तरलता, लय और गति भी है। इस प्रकार काव्य में सभी कलाओं के मूल तत्त्व आ जाते हैं। जो बात नाटक के सम्बन्ध में कही गई है वह काव्य के सम्बन्ध में भी सार्थक होती है। अन्तर इतना ही है कि नाटक में अन्य कलाओं का प्रतिनिधित्व स्थूल और सूक्ष्म दोनों ही रूप में होता है और काव्य में केवल सूक्ष्म रूप से ही होता है। फिर भी नाटक की भाँति काव्य के सम्बन्ध में कही हुई नीचे की उक्ति पूर्णतया सार्थक है। आचार्य भामह ने कहा है—

'न स शब्दो न तद्वाच्यं न स न्यायो न सा कला।
जयते यन्न काव्याङ्गमहो भारो महान् कवेः।।'

—'काव्यालंकार' (5।4)

काव्य और अन्य कलाओं का पारस्परिक आदान-प्रदान भी होता रहता है। पाश्चात्य देशों में तो काव्य के बहुत से वाद, जैसे प्रभाववाद (Impressionism) वस्तुगत ब्योरे का वर्णन न करके मानसिक प्रभाव का वर्णन करना, चित्रकला आदि

कलाओं से आए हैं। कविता के भावों को चित्रों में (विशेषकर नायक-नायिका आदि सम्बन्धी) अवतरित किया जाता है। चित्रकला में भी रसनिष्पत्ति के लिए वास्तविकता का आदर्शीकरण और किसी अंश में साधारणीकरण भी रहता है। नायिकाओं के चित्रों में व्यक्ति की अपेक्षा सामान्य (Type) की ओर अधिक प्रवृत्ति रहती है। काव्य की भाँति ही चित्रकला में भी सामान्य और व्यक्ति के समन्वय की समस्या आती है। बिहारी, विद्यापति आदि के काव्यमय वर्णन के चित्र बनाए गए हैं। हमारे यहाँ के आचार्यों ने रसों के रंग माने हैं, जैसे श्रृंगार का श्याम, रौद्र का लाल। इस प्रकार वर्णों द्वारा रसों और चित्रों का विशेष सम्बन्ध हो जाता है। काव्य की ही भाँति चित्रकला में भी (जिसमें मूर्ति भी शामिल है) प्रत्यक्ष और प्रतीकात्मक (Symbolic) परोक्ष भाव भी रहता है। सूर्योदय चित्रकला में भी एक भौतिक घटना-मात्र नहीं रहता वरन् आशा का प्रतीक बन जाता है।

काव्य के वर्णनों के ही चित्र नहीं बने हैं वरन् संगीत की राग-रागनियों के भी चित्र बनाए गए हैं। उनमें संगीत के अनुकूल वातावरण तो उपस्थित कर ही दिया जाता है किन्तु राग जिस रस से सम्बन्धित है उसकी भी अभिव्यक्ति हो जाती है। इस प्रकार कालगत वस्तु देशगत बन जाती है।

चित्रों की भाँति संगीत के स्वरों का भी रसों से सम्बन्ध है। काव्य के रस के अनुकूल जब संगीत होता है तब काव्य का प्रभाव द्विगुणित हो जाता है।

नृत्त में तो ताल के अनुकूल पद-संचालन होने के कारण काल ही की प्रधानता रहती है किन्तु नृत्य में मूक अभिनय के रहने से जीवन के चित्र भी उपस्थित किए जाते हैं। नृत्य में भावों की अनुकृति रहने के हेतु वह दृश्यकाव्य के निकट आ जाता है। वाद्य की भाँति नृत्य का सम्बन्ध केवल श्रवणेन्द्रिय से नहीं वरन् नेत्रों से भी है।

इस प्रकार हम देखते हैं कि चाहे पाश्चात्य देशों की भाँति काव्य को कलाओं के अन्तर्गत न मानें किन्तु काव्य का अध्ययन कलाओं से वियुक्त मानकर नहीं कर सकते हैं। हमारे यहाँ चाहे काव्य कला के अन्तर्गत न रहा हो किन्तु काव्य का एक भेद कलाश्रित अर्थात् कला को अपना विषय बनाने वाला रहा है। भामह ने–**'कलाशास्त्राश्रयं'** (काव्यालंकार 1।17) –नाम से काव्य का एक चौथा भेद माना है। किसी काल विशेष की काव्य-सम्बन्धी तथा चित्रकला-सम्बन्धी प्रवृत्तियों का अध्ययन करें तो उनमें कुछ समानता मिलेगी। रवि वर्मा की चित्रकला तथा मैथिलीशरण जी का प्रारम्भिक कविताओं में द्विवेदी युग की इतिवृत्तात्मकता तथा उपदेशात्मकता की प्रवृत्ति परिलक्षित होती है, इसी प्रकार प्राचीन भारतीय चित्रकला में भौतिक मान और अनुपात की अपेक्षा भाव का प्राधान्य मिलता है। उसमें वस्तुवाद की अपेक्षा आदर्शवाद अधिक है। यही बात काव्य में भी मिलती है। बंगाल के चित्र में भी छायावादी कविता की भाँति स्थूल की अपेक्षा सूक्ष्म की प्रवृत्ति अधिक

है। आलोचक किसी समय या देश के काव्य का अध्ययन करते समय उस समय या देश की अन्य कलाओं की स्थिति पर विचार किए बिना नहीं रह सकता है। यदि पाश्चात्य देशों में काव्य का कलाओं के साथ अध्ययन किया जाता है तो विशेष विचलित होने की बात नहीं है। अन्तर केवल इतना है कि पाश्चात्य देशों में काव्य को भी कलाओं की अनुकृति-प्रधान दृष्टि से देखा गया है किन्तु इसके विपरीत हमारे यहाँ कलाओं का विवेचन भी काव्य में मान्य रस और भाव की दृष्टि को मुख्यता देकर किया गया है।

इस दृष्टि से डॉक्टर श्यामसुन्दरदास जी के 'हिन्दी भाषा और साहित्य' में भारतीय चित्रकला का जो वर्णन है वह नितान्त भर्ती की चीज नहीं है। रीतिकाल की कविता तथा उस काल की कलाओं में विशेष साम्य है। दोनों में ही विलास वैभव का चित्रण है। सभी पाश्चात्य विचार हेय नहीं होते हैं और बहुत से विषयों में भारतीय और पाश्चात्य आचार्य एक मत हो सकते हैं। काव्य का कलाओं के साथ अध्ययन करना भारतीय संश्लिष्ट दृष्टि के अनुकूल है। कलाओं के सम्बन्ध में विष्णुधर्मोत्तर, शुक्रनीतिसार, शिल्परत्न, मानसार आदि में बड़ा संश्लिष्ट विवेचन है।

विशेष

डॉक्टर श्यामसुन्दरदासजी ने 'साहित्यालोचन' में कलाओं को जो श्रेणी-बद्ध किया वह हेगिल (Hegel) के विवेचन के आधार पर है। जिस कला में बाह्य सामग्री का प्रयोग जितना कम हो और आत्मा के भावों की अभिव्यक्ति जितनी अधिक हो उस अंश में वही श्रेष्ठ कला है। इस दृष्टि से सबसे नीचे वास्तुकला है, उसमें सामग्री का आधिक्य रहता है और भावों की अभिव्यक्ति अपेक्षाकृत कम होती है। इस प्रकार उत्तरोत्तर मूर्तिकला, चित्रकला, संगीत और काव्य में सामग्री कम होती जाती है और भावाभिव्यक्ति का आधिक्य होता है। काव्य में सामग्री (भाषा) और भाव की एकता हो जाती है। चित्रकला में ब्योरा (Detail) और भावाभिव्यक्ति तो अधिक होती है किन्तु उसमें स्थिरता रहती है, संगीत-की-सी तरलता नहीं रहती। संगीत में तरलता है किन्तु वह आकार-मात्र है। उसमें भावों और विचारों की सम्पन्नता नहीं। काव्य मूर्त्त सामग्री से भी स्वतन्त्र है। तभी कवि की वाणी को **'ध्नन्यपरतन्त्रम्'** कहा है और उसमें संगीत-की-सी तरलता के साथ भावों और विचारों की सम्पन्नता भी है।

4. साहित्य की मूल प्रेरणाएँ

'एक लहै तपपुञ्जनि के फल ज्यों तुलसी अरु सूर गोसाँई।
एक लहै बहु सम्पति केशव भूषन ज्यों बरबीर बड़ाई।।
एकनि को जस ही सों प्रयोजन है रसखानि रहीम की नाँई।
दास कवित्तनि की चरचा बुद्धिवन्तनि कों सुखदै सब ठाँई।।'

—भिखारीदासकृत 'काव्यनिर्णय' (मंगलाचरण 10)

साहित्य और जीवन

साहित्य की गौरव-गरिमा का गायन करते हुए प्रायः लोग कहा करते हैं कि वह पृथ्वी और स्वर्ग के बीच की वस्तु है किन्तु वास्तव में साहित्यिक की गति त्रिशंकु की-सी नहीं है। विश्वामित्र की भाँति साहित्यकार अपने यजमान को सदेह स्वर्ग पहुँचाने का दावा नहीं करता वरन् वह अपने योगबल से इसी पृथ्वी पर ही स्वर्ग की प्रतिष्ठता कर देता है। पृथ्वी से ऊपर का स्वर्ग तो बिना मरे नहीं प्राप्त होता है। किसी वस्तु को 'स्वर्ग की है' कहकर प्रतिष्ठा देना इस लोक का अपमान करना है। साहित्य इसी लोक की किन्तु असाधारण वस्तु है और उसके मूल तन्तु जीवन से ही रस ग्रहण करते हैं।

साहित्य जीवन से भिन्न नहीं है वरन् वह उसका ही मुखरित रूप है। वह जीवन के महासागर से उठी हुई उच्चतम तरंग है। मानव-जाति के विचारों और संकल्पों की आत्मकथा साहित्य के रूप में प्रसारित होती है। साहित्य जीवन-विटप का मधुमय सुमन है। वह जीवन का चरम विकास है किन्तु जीवन से बाहर उसका अस्तित्व नहीं। उसमें पाचन (Assimilation), वृद्धि (Growth), गति और पुनुरुत्पादन (Reproduction) आदि जीवन की सभी क्रियाएँ मिलती हैं। अंग अंगी से भिन्न गुणवाला नहीं होता, इसलिए जीवन की मूल प्रेरणाएँ ही साहित्य की मूल प्रेरक शक्तियाँ हैं। जो वृत्तियाँ जीवन की और सब क्रियाओं की मूल स्रोत हैं, वे ही साहित्य को भी जन्म देती हैं।

जीवन की प्रेरणाएँ

जीवन की मूल प्रेरणाओं के सम्बन्ध में आचार्यों में मतभेद है। इनका विचार उपनिषद्-काल से चला आ रहा है। वृहदारण्यक उपनिषद् में पुत्रैषणा, वित्तैषणा और लोकैषणा अर्थात् पुत्र की चाह, धन की चाह और लोक अर्थात् यश की चाह मानी है। ये साधारण मनुष्य की चाहें हैं। ब्राह्मण इनसे ऊँचा उठकर त्याग का जीवन व्यतीत करता है, आत्मा को जानकर इनकी चाह नहीं रहती है—

'एवं वै तदात्मानं विदित्वा ब्राह्मणः पुत्रैषणायाश्च वित्तैषणायाश्च लोकैषणयाश्च व्युत्थायाय भिक्षाचर्यं चरन्ति।'

—'वृहदारण्यक' (3।5।1)

यूरोप के मनोविश्लेषण-शास्त्र (Psycho-analysis) का भी उदय इन्हीं प्रेरणाओं के अध्ययन के लिए हुआ। इस शास्त्र के तीन मुख्य सम्प्रदाय हैं। उनके आचार्यों के नाम हैं—फ्रायड (Freud), एडलर (Adler) और युंग (Jung)।

फ्रायड—फ्रायड ने प्रायः सभी क्रयाओं का मूल काम-वासना में माना है। ये वासनाएँ अपने विकसित रूप में ही नहीं वरन् बाल्यकाल के अविकसित रूप में भी जीवन की क्रियाओं की मूल प्रेरक शक्ति रहती हैं। ये सामाजिक शिष्टाचार और रोक-थाम के कारण, जिसको फ्रायड ने अंग्रेजी में सेंसर (Censor) कहा है और हिन्दी में हम औचित्यदर्शक कह सकते हैं, उपचेतना में दब जाती हैं। वहाँ वे हमारे जीवन को प्रभावित करती हैं और अपने विकास का मार्ग खोजती रहती हैं किन्तु बदले हुए रूप में, जिससे कि वे सेंसर की निगाह और रोक-थाम से बची रहें।

इन निकास के मार्ग में मुख्य हैं—स्वप्न, दैनिक भूलें और हँसी-मजाक। कला और काव्य भी इन्हीं निकास के मार्गों में से हैं किन्तु ये अधिक परिष्कृत और परिमार्जित हैं। साहित्य और कविता में वासना का उन्नयन या पर्युत्थान (Sublimation) हो जाता है। जैसे निराश प्रेम का देश-प्रेम में पर्युत्थान हो जाता है वैसे ही ईश्वर-प्रेम या प्रकृति-प्रेम के रूप में वह साहित्य में आ जाता है। फ्रायड से प्रभावित लोग ऐसा ही मानते हैं।

एडलर—एडलर महोदय किसी अभाव या क्षति की पूर्ति को जीवन की मूल प्रेरक शक्ति मानते हैं। बच्चा छुटपन से ही किसी शारीरिक या परिस्थिति-सम्बन्धी कमी का अनुभव करता है। उसके मन में हीनता-भाव की एक गुत्थी जिसको अंग्रेजी में 'Inferiority complex' कहते हैं, बन जाती है। उसी से प्रेरित हो वह, अपनी कमी को पूर्ण करने के लिए भले या बुरे उपाय काम में लाया करता है। यही क्षति-पूर्ति का भाव उसके सारे जीवन को प्रभावित करता है। इस हिसाब से साहित्य-निर्माण हमारी किसी क्षति-पूर्ति के रूप में ही होता है। इसके कुछ उदाहरण

भी दिए जा सकते हैं। अन्धे लोगों की कल्पना अधिक बढ़ जाती है क्योंकि वे उसी के द्वारा अपनी क्षति-पूर्ति करते हैं। चक्षुहीन सूर और मिल्टन इसके प्रत्यक्ष प्रमाण हैं। विथोवियन भी अन्धा था। कबीर को अपने जुलाहेपन का हीनता-भाव था और इसीलिए वे कहते थे **'तू ब्राह्मण और मैं काशी का जुलाहा'**–इसी के कारण उनमें कुछ अहंभाव भी बढ़ा हुआ था। वे हिन्दू-मुसलमान दोनों को फटकारते और अपने को मुनियों तथा देवताओं से श्रेष्ठ मानते थे। उन्होंने अपनी **'झीनी-झीनी बीनी चदरिया'** में दाग नहीं लगने दिया था, देखिए–

'सो चादर सुर-नर-मुनि ओढ़ी, ओढ़ि के मैली कीनी चदरिया।
दास कबीर जतन से ओढ़ी, ज्यों-की-त्यों धर दीनी चदरिया।।'

–'कबीर-वचनावली' (पृष्ठ 251)

जायसी को भी अपनी कुरूपता का गर्व था–

'चाँद जैसे जग विधि औतारा। दीन कलंक, कीन्ह उजियारा।।'

–पद्मावत (स्तुति-खण्ड)

तुलसी भी शायद अपनी स्त्री की डाँट-फटकार से ही उत्पन्न हीनता-भाव को दूर करने के प्रयत्न में इतने बड़े कवि बन गए। भूषण को अपनी भाभी के उलाहने को पूरा करने के लिए शिवाजी का आश्रय लेना पड़ा। एडलर ने बतलाया है कि कुटुम्ब का दूसरा लड़का अपने को जीवन की घुड़-दौड़ में पिछड़ा हुआ पाता है और वह अपनी बुद्धि और प्रतिभा के बल से आगे निकलना चाहता है। भूषण के सम्बन्ध में यह बात किसी अंश में चरितार्थ होती है।

एडलर के सिद्धान्त के मूल में प्रभुत्व-कामना है, दूसरों पर हावी होने की प्रवृत्ति। उसके सिद्धान्तों के अनुकूल हमारे साहित्य के विभिन्न रूप इसी प्रभुत्व-कामना के फल हैं। विज्ञान, इतिहास, काव्य सभी में प्रभुत्व-कामना की प्रवृत्ति परिलक्षित होती है।

युंग–युंग ने काम-वासना और प्रभुत्व-कामना दोनों को जीवनधारा के भिन्न-भिन्न पहलू माना है। उन्होंने जीवनधारा को ही मुख्यता देते हुए कहा है कि कुछ लोगों में काम-वासना का प्राधान्य रहता है और कुछ में प्रभुत्व-कामना का। इसी आधार पर उन्होंने मनुष्य को अन्तर्मुखी और बहिर्मुखी नाम के दो टाइपों या प्रकारों में बाँटा है। अन्तर्मुखी लोग अपना ही ख्याल करते हैं, उनमें प्रभुत्व-कामना का प्राधान्य रहता है। बहिर्मुखी लोग दूसरों का अधिक ख्याल रखते हैं, वे अपने को दूसरों से शासित होना पसन्द करते हैं। उनमें प्रायः काम-वासना की मुख्यता रहती है इसका अभिप्रायः यह नहीं कि सभी बहिर्मुखी लोग काम-वासना से प्रेरित होते हैं। यह मोटा विभाजन है। प्रत्येक मनुष्य में थोड़े-बहुत अंश में दोनों ही प्रवृत्तियाँ होती हैं। मैं ख्याल करता हूँ कि अन्तर्मुखी लोग यदि कविता करते हैं तो वे व्यक्तित्व-प्रधान प्रगीतकाव्य की ओर अधिक झुकते हैं और बहिर्मुखी जगबीती का वर्णन करते हैं।

युंग मेरी समझ से भारतीय दृष्टिकोण के अधिक निकट आता है। उपनिषदों में यद्यपि पुत्रैषणा (काम), वित्तैषणा (अर्थ) और लोकैषणा (यश) को प्रेरक शक्तियों के रूप में माना है, तथापि उनको नीचा स्थान दिया है और आत्म-प्रेम को सब क्रियाओं का मूल कारण माना है—

'स होवाच न वा अरे पत्युः कामाय पतिः प्रियो भवति, आत्मनस्तु कामाय पतिः प्रियो भवति'।

—'वृहदारण्यक' (2 ।4 ।5)

पति की कामना से पति प्रिय नहीं होता वरन् आत्मा की कामना से पति प्रिय होता है। इसी प्रकार उन्होंने पुत्र और वित्त के सम्बन्ध में कहा है—

'न दा अरे वित्तस्य कामाय वित्तं प्रियं भवति, आत्मनस्तु कामाय वित्तं प्रिय भवति'।

—'वृहदारण्यक' (2 ।4 ।5)

इस प्रकार आत्म-प्रेम की श्रेष्ठता दिखाकर ऋषि याज्ञवल्क्य ने मैत्रेयी को आत्मा पर विचार करने का उपदेश दिया था। काम-वासना और प्रभुत्व-कामना दोनों आत्म-प्रेम के नीचे रूप हैं। दोनों में ही आत्मरक्षा की भावना ओत-प्रोत है। दोनों ही एक-दूसरे के आत्मप्रकाशोन्मुख बदले हुए रूप हैं। हमको न आत्माओं पर प्रभुत्व की आवश्यकता है और न उनको जड़ वस्तुओं की भाँति कामना का विषय बनाना है। हम चाहते हैं सहृदयता और सहानुभूति द्वारा भेद-भाव को तिरोहित कर आत्मा के अखण्ड चिन्मय आनन्दमय रूप की स्वानुभूति (Self Realisation) । यही है अपने और पराये से परे **'न ममेति न परस्येति'** वाली साधारणीकरण द्वारा प्राप्त काव्य की रसमय अवस्था, जिसको ब्रह्मानन्द सहोदर का अलौकिक रूप दिया गया है। यह आत्मानुभूति आत्मरक्षा का क्रियात्मक रूप धारण करती है। जैसे-जैसे हम भौतिक सत्ता की रक्षा से उठकर आदर्शों की रक्षा की ओर जाते हैं वैसे ही हमारी आत्मानुभूति बढ़ती है। हमारी सारी क्रियाएँ इसकी भिन्न-भिन्न धाराएँ हैं। जीवन लालसा तो है ही, मरण-लालसा भी इसी का ही रूप है। मनुष्य किसी वृहत् स्वार्थ के लिए आत्म-बलिदान करता है और आत्महत्या में भी तभी प्रवृत्त होता है जब वह देख लेता है कि जीवन में उसके यश की रक्षा नहीं हो सकती है। होते सभी कार्य आत्मरक्षा के निमित्त ही हैं किन्तु आत्मरक्षा का संकुचित अर्थ लेने से वे निन्द्य हो जाते हैं। आत्मरक्षा जितनी उदार और विस्तृत हो उतनी ही यह श्रेयस् की ओर ले जाने वाली कही जाएगी। रक्षा के ही नाते भगवान् विष्णु का पद देवताओं में उच्चतम है।

साहित्य भी हमारी रक्षा के भाव से प्रेरित होकर आत्मानुभूति का एक साधन बनता है। क्या विज्ञान, क्या इतिहास और क्या काव्य सब तथाकथित अनात्म में आत्मा के दर्शन कर उसकी स्थिति-रक्षा, विस्तार और उन्नति के प्रयास हैं। विज्ञान और दर्शन द्वारा हम विश्व की व्याख्या अपनी आत्मा के ही एकाकारिता-सम्बन्धी

नियमों के आलोक में करते हैं। हमको उन नियमों में आत्मा और अनात्मा की एकध्येयता के दर्शन मिलते हैं। अपने गोत्र को बढ़ते हुए देखकर किसको प्रसन्नता नहीं होती? जब हम सारे ब्रह्माण्ड और एक रज-कण में कीकोरी और कुञ्जर में पुष्प और पत्थर में ही गुरुत्वाकर्षण का नियम काम करते हुए देखते हैं तब हमको कितना आनन्द होता है। तर्कशास्त्र द्वारा प्रतिपादित प्रकृति की एकाकारिता (Unifomity of nature) का नियम भी आत्मा के विस्तार के कारण होता है। पूर्णता ही सुख है। **'भूमा वै सुखम्'**– शेष सृष्टि के साथ हमारा रागात्मक सम्बन्ध हमको आत्मा की पूर्णता की ओर ले जाता है। काव्य में आत्माभिव्यक्ति अपनी आत्मा को मूर्तिमान कर अपने को विस्तार देने के कारण आनन्द की उत्पादक होती है। साहित्य द्वारा **'एकोऽहं बहुस्याम'** में प्रतिरूप हम बहु की एकत्व में पुनरावृत्ति का दृश्य देखते हैं।

साहित्य शब्द भी हमको आत्मरक्षा के भाव की ओर अग्रसर करता है। 'सहित होने के भाव' को साहित्य कहते हैं–**'सहितस्य भावः साहित्यम्'**। सहित के दो अर्थ हैं–(1)**'हितेन सह सहितं** और (2) एक साथ। हित का अर्थ है बनाने वाला–**'दधातीति हितं'** हित में वही **'धा'** धातु है जो विधाता में है और शायद इसी कारण विधाता की जाया वीणा-पुस्तक धारिणी माता शारदा कला और विद्या की अधिष्ठात्री देवी है। वीणा कला का प्रतीकत्व करती है और पुस्तक विद्याओं का। यदि सहित का अर्थ साथ रहना, इकट्ठा रखकर या मानव-जाति में एकसूत्रता उत्पन्न कर अथवा जो काव्य के शरीर, स्वरूप, शब्द और अर्थ को परस्परानुकूलता द्वारा सप्राण बनाकर मानव-जाति का हित सम्पादन करे, वही साहित्य है।

साहित्य के भिन्न-भिन्न रूप आत्मरक्षा के ही स्वरूप हैं। धर्म हमारी आत्मा की वर्तमान और भावी रक्षा से सम्बन्ध रखता है। उसके द्वारा आत्मा का विस्तार भी होता है। इतिहास भूतकाल को हमारे सामने लाकर हमारे पूर्वजों के लिए क्रिया-कलाप को अतीत के गर्त में विलीन होने से बचाता है। विज्ञान अनात्मक जड़ पदार्थों को हमारे मन के नियमों से बँधा हुआ दिखाकर और उसके द्वारा हमारे भौतिक सुखों का साधन कर मानव-आत्मा का विजय-गान उद्घोषित करता है। काव्य द्वारा सहानुभूति की वृद्धि के कारण आत्मरक्षा विस्तृत रूप में आती है।

काव्य के प्रयोजन

साहित्य के आचार्यों ने काव्य के भिन्न-भिन्न प्रयोजन माने हैं उनमें कुछ प्रेरणा-रूप आन्तरिक हैं और कुछ प्रयोजन-रूप बाह्य हैं। पीछे की ओर देखने से प्रयोजन प्रेरणाओं का रूप धारण कर लेते हैं। भविष्य में स्थित प्रेरणाएँ प्रयोजन बनती हैं। कुछ का सम्बन्ध साहित्य-स्रष्टा से है और कुछ का आस्वादक से है किन्तु बहुत अंश में भोक्त और स्रष्टा के दृष्टिकोण मिल जाते हैं।

कुछ आचार्यों (जैसे मम्मट) ने तो आनन्द को ही मूल प्रयोजन माना है क्योंकि यह रसास्वाद का फल या पर्याय है तथा उसमें और सब प्रकार का ज्ञान विलीन हो जाता है–

'सकलप्रयोजनमौलिभूतं समनन्तरमेव रसास्वादनसमुद्भूतं विगलितवेद्यान्तरमानन्दम्।

–'काव्यप्रकाश' (1।2 की वृत्ति)

साहित्यदर्पणकार ने काव्य को धर्म, अर्थ, काम, मोक्ष की प्राप्ति का साधन बतलाकर अपने कथन की पुष्टि में भामह का निम्नोल्लिखित श्लोक उद्धृत किया है–

'धर्मार्थकाममोक्षेषु वैचक्षण्यं कलासु च।
प्रीतिं करोति कीर्तिञ्च साधुकाव्यनिषेवणम्।।

–'काव्यालंकार' (1।2)

कहीं-कहीं **'निबन्धनम्'** भी पाठ है किन्तु **'निषवणम्'** स्रष्टा और पाठक दोनों पर लागू हो सकता है। **'कीर्ति'** का लाभ तो अधिकतर कवि को ही होता है, **'प्रीति'** में पाठक और कवि दोनों का भाग है। इस श्लोक में यह भी देखने की बात है कि काव्य को कला से भिन्न माना है। काव्य द्वारा धर्म, अर्थ, काम, मोक्ष और कलाओं में कुशलता तथा कीर्ति और प्रीति (प्रसन्नता) की प्राप्ति होती है। ये सब प्रायः बाह्य प्रेरक हैं।

आचार्य वामन ने काव्य के दो ही प्रयोजन बतलाये हैं–प्रीति (आनन्द) और कीर्ति जो मरण के पश्चात् भी रहती है–

'काव्यं सद् दृष्टादृष्टार्थ प्रीति कीर्ति हेतुत्वात्'

–'काव्यालंकारसूत्र' (1।1।5)

काव्यप्रकाश–काव्यप्रकाश में जो प्रयोजन कहे गए हैं, वे कुछ विस्तृत हैं–

'काव्यं यशसेऽर्थकृते व्यवहारविदे शिवेतरक्षतये।
सद्यः परनिर्वृत्तये कान्तासंमिततयोपदेशयुजे।।'

–'काव्यप्रकाश' (1।2)

काव्य यश के अर्थ, धन के अर्थ, व्यवहार जानने के लिए अनिष्ट-निवारण के निमित्त शान्तिजय आनन्द और स्त्री-के-से मृदुल उपदेश के लिए होता है। इनमें से तीन (1) **'यशसे'**, (2)**'अर्थकृते'** और (3) **'शिवेतरक्षतये'** कवि के लिए हैं और शेष सहृदय पाठक के लिए। वृत्ति से यह स्पष्ट हो जाता है कि मम्मट ने दोनों का ध्यान रखा है–**'यथा योगं कवेः सहृदयस्य च'**।

1. यशसे–यश एक प्रधान प्रेरक शक्ति है। भगवान् कृष्ण ने भी निष्काम कर्म की उक्ति को **'यशो लभस्व'** (श्रीमद्भगवदगीता, 11।13) से पुष्ट किया था। रघुवंशी लोग भी यश के परे न थे–**'यशसे बिजिगीषूणाम्'** ('रघुवंश,' 1।7)। अंग्रेजी में भी कहा है–'Fame is the last infirmity of noble minds'–अर्थात ख्याति बड़े

आदमियों की अन्तिम कमजोरी है। इस पर किसी ने कहा है कि छोटे आदमियों की यह पहली कमजोरी है। कालिदास और भवभूति आदि ने काव्य-सृजन यश के लिए ही किया था। महाकवि भवभूति ने तो समानधर्मी की प्राप्ति करने की प्रसन्नता के लिए लिखा था और वे उसके लिए अनन्तकाल तक ठहरने को तैयार थे। वे काव्य की प्रेषणीयता (Communicability) और सामाजिकता में विश्वास रखते थे।

2. अथकृते–काव्य के भौतिक प्रलोभनों में सबसे अधिक अर्थ या धन है। कहा जाता है कि प्राचीन काल में यावक कवि को श्रीहर्ष से प्रचुर धन मिला था। रीतिकाल के कविगण प्रायः धन के लिए ही राज्याश्रय खोजा करते थे। केशवदासजी को इक्कीस गाँव माफी में लगे हुए थे। बिहारी को एक मुहर प्रति दोहा दी जाने की बात लोकप्रसिद्ध है। 'शाहनामा' के लेखक फिरदौसी को भी एक शेर पर एक अशर्फी देने का वायदा किया गया था। किन्तु वह उसके मरने के बाद उस समय आई थीं जब कि उसका शव जा रहा था। उसकी लड़की ने वे अशर्फियाँ बादशाह को ही लौटा दी थीं। इंगलिस्तान के प्रसिद्ध उपन्यासकार स्काट (Scott) ने अपना कर्ज चुकाने के लिए 'वेवर्ली नोविल्स' लिखे थे। किन्तु सब कवि धन के लोभ से प्रेरित नहीं होते। गोस्वामी तुलसीदास ने **'स्वान्तः सुखाय'** ही कविता लिखी–**'स्वान्तः सुखाय तुलसी रघुनाथगाथा भाषानिबन्धमतिमञ्जुलमातनोति'**–'रामचरितमानस' (बालकाण्ड)–और उन्होंने प्राकृत जनों के गुण-गान के सम्बन्ध में कहा है–

'कीन्हे प्राकृत जन गुण गाना। सिर धुनि गिरा लाग पछिताना।।'

–रामचरितमानस',(बालकाण्ड)

कुम्भनदासजी ने **'सन्तन कौ कहा सीकरी सों काम'** कह बादशाह के निमन्त्रण को ठुकरा दिया था किन्तु आजकल जीवन की आवश्यकताओं के बढ़ जाने के कारण बेचारे साहित्यिक को सरस्वती और लक्ष्मी के परस्पर वैमनस्य के दुःखद अनुभव का सामना करना पड़ता है। टैगोर या टैनीसन की भाँति बिरले ही कवि अपनी सम्पन्नता के कारण आर्थिक चिन्ता से परे होते हैं, नहीं तो अधिकांश साहित्यिकों के यहाँ 'चील के घोंसले में मांसः' की भाँति धन का अभाव ही रहता है।

3. व्यवहारविदे–काव्य से लोक-व्यवहार का ज्ञान पाठक को तो होता ही है किन्तु स्रष्टा को भी होता है क्योंकि लिखने से पूर्व वह अपने ज्ञान को निश्चित कर लेता है। सूर और तुलसी के काव्य में उस समय की रीति-व्यवहार का ज्ञान होता है। यह तो इसके मोटे अर्थ हैं। काव्य के अध्ययन से व्यवहार की क्षमता भी प्राप्त होती है। इसका कारण यह है कि काव्य के अनुशीलन द्वारा मानव-हृदय के रहस्य का पता चलता है और इसके कारण मनुष्य को वह अनुभव प्राप्त हो जाता है जो वर्षों के पर्यटन से न मिलेगा।

4. शिवेतरक्षतये–अर्थात् अनिष्ट-निवारण के अर्थ जो कविता लिखी जाती थी। उसमें धार्मिक बुद्धि की प्रधानता रहती थी। 'काव्यप्रकाश' में मयूर कवि का

उदाहरण दिया है जिन्होंने कि सूर्य की शतश्लोकात्मक स्तुति कर अपने कुष्ठ रोग का निवारण किया था। गोस्वामी तुलसीदास ने भी **'हनूमान बाहुक'** इसी उद्देश्य से (बाहुपीड़ा-निवारणार्थ) लिखा था।

आजकल लोगों को दैवी शक्तियों में तो विश्वास नहीं है किन्तु वे मानवी शक्तियों को ही सम्बोधित कर अनिष्ट-निवारण करने का उद्योग करते हैं। इस युग में केवल वैयक्तिक ही अनिष्ट-निवारण नहीं किया जाता वरन् समाज और देश के कष्ट-निवारण के लिए भी काव्य रचे जाते हैं। प्रगतिवाद का कुछ-कुछ ऐसा ही उद्देश्य है किन्तु उच्च पदाधिकारियों की खुशामद में आर्थिक कष्ट-निवारणार्थ कविता लिखनेवालों की इस युग में भी कमी नहीं है।

5. सद्यः परनिर्वृत्तये–काव्य का मूल उद्देश्य यही है। काव्य के आस्वादन से जो रसरूप आनन्द मिलता है उसी की ओर इसमें लक्ष्य है–

'सहृदयस्य तु काव्यश्रवणाननतरमेव सकलप्रयोजनेषूत्तमं स्थायिभावास्वादन-समुद्भूतं वेद्यान्तरसम्पर्कशून्यं रसास्वादरूपमानन्दनम्'।

–'काव्यप्रदीप'–(1 ।2 कारिका की टीका)

यद्यपि यह पाठक का लक्ष्य है तथापि इसमें वह अन्तःकरण का सुख भी शामिल है जिससे प्रेरित हो कवि काव्य का निर्माण करता है। कवि भी अपनी सृष्टि का उपभोग करता है। देवी सरस्वती ब्रह्मा की पुत्री और स्त्री भी मानी गई है। यह बात इसी सत्य को प्रकट करने के लिए कही गई है। कविता को **'ह्लादैकमयी'** कहा गया है। उसकी उत्पत्ति में आह्लाद है, उत्पन्न होकर स्रष्टा को आह्लाद प्रदान करती है और फिर वही आह्लाद सहृदय पाठक में संक्रमति हो जाता है और पाठक तथा श्रोता दोनों ही व्यक्तित्व के बन्धनों से मुक्त हो एक ऐसी भावभूमि में पहुँच जाते हैं जहाँ उस विषय की तन्मयता में और किसी वस्तु का भान नहीं रहता और आत्मा के नैसर्गिक आनन्द की झलक मिल जाती है। उस अनुभव में जीवन की सारी कटुताएँ, कर्कशताएँ और वेदनाएँ एक अलौकिक साम्य को प्राप्त हो जाती हैं। वहाँ अनेकता में एकता, भेद-अभेद, व्यक्ति में सामान्य के दर्शन होने लगते हैं। तभी तो लोग कहते हैं कि यदि विश्वशान्ति का कोई साधन है तो साहित्य।

कान्तासंमिततयोपदेशयुजे–काव्य में उपदेशात्मकता रहने या न रहने के सम्बन्ध में आजकल बहुत वाद-विवाद उठा करते हैं। कई लोग काव्य को नीति से बिल्कुल अछूता मानते हैं; फिर उपदेश देने की बात कहाँ रही। मुंशी प्रेमचन्दजी के ऊपर भी यह आक्षेप किया गया है कि वे उपन्यासकार का रूप छोड़कर उपदेशक का रूप धारण कर लेते हैं। इस सम्बन्ध में यह कहा जाता है कि उपदेश के लिए हम काव्य को क्या पढ़ें, धर्म-ग्रन्थ क्यों न पढ़ें? काव्यकार और धर्मोपदेष्टा के दृष्टिकोण में अन्तर है। उसी अन्तर को दिखाने के लिए **'कान्तासंमिततयोपदेशयुजे'** कहा है। शास्त्र में शब्द तीन प्रकार के बतलाए गए हैं–(1) प्रभुसम्मित, (2) सुहृत्सम्मित

और (3) 'कान्तासम्मित'। प्रभुसम्मित' शब्द में आज्ञा रहती है, ऊँच-नीच और इष्टानिष्ट होने की बात समझाई जाती है; इतिहास-पुराणादि का उपदेश इसी प्रकार का होता है। 'कान्तसम्मित' में स्त्री के प्रेम से मिश्रित उपदेश होता है, उसमें रस रहता है। काव्य का उपदेश व्यंजना-प्रधान होने के कारण सरस होता है। काव्य का रस कटु औषधि को मिष्ट बना देता है। **'गुडजिह्विकया शिशूनिवौषधम्** (काव्यप्रदीप 1।2 कारिका की टीका)—बच्चों को गुड़ मिली हुई औषधियाँ आजकल की शर्करावेष्ठित कुनेन की गोलियों (Sugar-coated pills) की तरह काव्य कटु उपदेशक को भी ग्राह्य बना देता है।[1]

कविवर बिहारीलाल के निम्नलिखित दोहों ने राजा जयसिंह पर जादू-का-सा असर किया, यदि वे लट्ठमार कोरा उपदेश देते तो शायद वे किसी षड्यन्त्र के चक्कर में पड़कर जान से हाथ धो बैठते—

'नहिं पराग नहिं मधुर मधु नहिं विकासु इहि काल।
अली, कली ही सौं विंध्यौ, आगै कौन हवाल।।

—'बिहारी-रत्नाकर' (दोहा 38)

स्वान्तःसुखाय—तुलसी ने अपने काव्य को **'स्वान्तः सुखाय'** कहा गया है—**'स्वान्तःसुखाय तुलसी रघुनाथगाथाभाषा निबन्धमतिमञ्जुलमातनोति'**—स्वान्तःसुखाय से केवल उनका यही अभिप्राय है कि उनको रामगुण गाने से अलौकिक संतोष मिलता था। वे धन और यश के प्रलोभनों से परे थे।

वास्तव में सत्काव्य 'स्वान्तःसुखाय' ही लिखा जाता है किन्तु इसका यह अर्थ नहीं कि वह श्रोताओं के लिए नहीं होता। काव्य को कहने और सुनने में सुख मिलता है लेकिन आत्माभिव्यक्ति का सुख अभिव्यक्ति कर देने मात्र से समाप्त नहीं हो जाता। कवि अरण्यरोदन करना नहीं चाहता, वह अपने समानधर्मियों तक अपनी बात पहुँचना चाहता है। भवभूति तो अनन्त काल तक ठहरने और सारी पृथ्वी में खोजने के लिए तैयार थे। वर्तमान की खोज के लिए सारी पृथ्वी और भविष्य की खोज के लिए अनन्तकाल का उल्लेख किया गया है—

'उत्पत्स्यतेऽस्ति मम कोऽपि समानधर्मा।
कालो ह्ययं निरवधिविपुला च पृथ्वी।।'

—'मालतीमाधव' (1।8)

गोस्वामी तुलसीदासजी यद्यपि स्वान्तःसुखाय लिखते हैं फिर भी उनको बुधजनों के आदर की चिन्ता रहती है—

'जो प्रबन्ध बुध नहिं आदरहीं। सो स्रम बादि बाल कवि करहीं।।'

—'रामचरितमानस' (बालकाण्ड)

कवि अपने पाठक और श्रोताओं के साथ भाव के एक सूत्र में बाँधने का सुख प्राप्त करता है। साधारणीकरण में भी कला की सामाजिकता का भाव निहित

रहता है। काव्य के प्रयोजनों में यदि सामाजिकता को भी स्थान दिया जाए तो कुछ अनुचित न होगा।

कला के प्रयोजन

पाश्चात्य देशों में प्रायः काव्य को कलाओं के अन्तर्गत माना है। इस कारण वहाँ काव्य के प्रयोजनों का विवेचन व्यापक रूप से कला के प्रयोजनों के साथ चलता है। इन्हीं को लक्ष्य करके प्रतिभावान् पुरुष काव्य-रचना में प्रवृत्त होते हैं। कला के प्रयोजन बहुत से माने गए हैं किन्तु उनमें नौ अधिक प्रख्यात हैं। वे इस प्रकार हैं–

1. कला कला के अर्थ (Art for Art's sake)
2. कला जीवन के अर्थ (Art for life's sake)
3. कला जीवन से पलायन के अर्थ (Art as an escape from life)
4. कला जीवन में प्रवेश के लिए (Art as an escape in to life)
5. कला सेवा के अर्थ (Art for service's sake)
6. कला आत्मानुभूति के अर्थ (Art for self-realisation)
7. कला आनन्द के अर्थ (Art for joy)
8. कला विनोद के अर्थ (Art for recreation)
9. कला सृजन की अदम्य आवश्यकता-पूर्ति के अर्थ (Art as a creative necessity)।

ये सब प्रयोजन एक-दूसरे से नितान्त भिन्न नहीं हैं फिर भी इनमें दृष्टिकोण की भिन्नता है। इन पर हम अलग-अलग संक्षिप्त रूप से विचार करेंगे–

1. कला कला के अर्थ–इस वाद ने अपने दुरुपयोग में अधिक ख्याति पाई है। कला के प्रयोजन उसकी उपयोगिता में नहीं हैं और उसका मूल्य आर्थिक या नैतिक मान से निश्चित करना उसके साथ अन्याय करना है। कला से परे और किसी बाह्य वस्तु को उसका प्रयोजन-रूप से नियामक मानना उसके स्वायत्त शासन में आत्मविश्वास है और उसको स्वाधीनता के स्वर्ग से घसीटकर अन्धकारमय गर्त में ढकेलना है। जब दुर्गन्धपूर्ण शव-परीक्षा करते हुए आन्तरिक अवयवों की वीभत्सता के प्रसार के लिए यमराज नहीं वरन् गृद्धराज-सहोदर डॉक्टरों को और जब कोयले के रूप में प्रस्तरीभूत कालिमा को भक्षण कर धुएँ के पहाड़ों को वमन करनेवाली मिलों के कर्ण-कुहरभेदी कर्कश नाद के लिए अर्थशास्त्र के पण्डितों का कलाविदों की चटसाल में संवेदनशीलता की शिक्षा के लिए नहीं भेजा जाता तो बेचारे कलाकार पर नीति और अर्थशास्त्र का अंकुश क्यों–**'निरंकुशाः कवयः'**। कला की मनोमुग्धकारिणी सुन्दरता ही उसकी परम उपयोगिता है (यह कलावादियों का पक्ष है, मेरा नहीं है)।

यह वाद कला-सृजन की अदम्य आवश्यकता (Art as a creative necessity) वाले वाद से मिलता है, अन्तर इतना ही है कि कलावाद में बाह्य प्रयोजन के अभाव

के ऊपर जोर दिया जाता है और इसमें आन्तरिक प्रेरणा की अदम्यता को महत्त्व प्रदान किया जाता है। प्रसादजी के 'स्कन्दगुप्त' में देवसेना और विजया के संवाद में इन दोनों पक्षों का सम्मिलित स्वर पाया जाता है। देवसेना संगीत कला की उपासिका है। वह समय-कुसमय गाती रहना चाहती है। इस सम्बन्ध में अर्थ और प्रयोजन की प्रतीक श्रेष्ठि-कन्या विजया आपत्ति उठाती है। उसका समाधान करते हुए देवसेना पूछती है—

'देवसेना—तुमने एकान्त टीले पर, सबसे अलग, शरद के सुन्दर प्रभात में फूला हुआ, फूलों से लदा हुआ, पारिजात-वृक्ष देखा है?

विजया—नहीं तो।

देवसेना—उसका स्वर अन्य वृक्षों से नहीं मिलता। वह अकेले अपने सौरभ की तान से दक्षिण-पवन में कम्प उत्पन्न करता है, कलियों को चटकाकर, ताली बजाकर, झूम-झूमकर नाचता है। अपना नृत्य, अपना संगीत, वह स्वयं देखता है—सुनता है। उसके अन्तर में जीवन-शक्ति वीणा बजाती है। वह बड़े कोमल स्वर में गाता है—'

—'स्कन्दगुप्त' (द्वितीय अंक)

देवसेना वाला कला का यह रूप भक्ति-पक्ष में गोस्वामीजी का 'स्वान्तःसुखाय' है। वास्तव में कला के अर्थ का शुद्ध स्वरूप भारतीय सुखान्तःसुखाय ही में मिलता है जो काव्य को अर्थ और यश के बाह्य प्रलोभनों के परे बतलाता है किन्तु विकृत रूप में यह कला की नीति से विच्छेद कर देता है। वास्तव में कला की नीति से विच्छेद करना उसको संकुचित बनाना है। इस सम्बन्ध में कविवर मैथिलीशरण गुप्त की निम्नोल्लिखित पंक्तियाँ देखिए—

'मानते हैं जो कला के अर्थ ही,
स्वार्थिनी करते कला को व्यर्थ ही'

—'साकेत'

स्वतन्त्रता का अर्थ दूसरों की अवहेलना नहीं। नीति भी सौन्दर्य का ही आन्तरिक रूप है। व्यापक बनाने के लिए आत्मसंकोच आवश्यक हो जाता है। रवि बाबू ने कला को उपयोगिता से परे माना है किन्तु वे उसका मंगल के साथ समन्वय करते हैं। आत्ममंगल परमंगल के साथ अनुस्यूत है और परमंगल बिना आत्मसंकोच के सम्भव नहीं।

2. कला जीवन के अर्थ—कला का उदय जीवन से है, उसका उद्देश्य जीवन की व्याख्या ही नहीं वरन् उसे दिशा भी देना है। वह जीवन में जीवन डालती है। वह स्वयं साधन बनकर एक वृहत्तर उद्देश्य की साधिका होकर अपने को सार्थक बनाती है। वह जीवन को जीवन योग्य बनाकर उसे ऊँचा उठाती है। वह जीवन में नए आदर्शों की स्थापना कर उनका प्रचार करती है और हमारे जीवन की समस्याओं पर नया प्रकाश डालती है, यही कान्ता के सदृश उपदेश देना है।

कला के इस आदर्श के अनुकूल कला द्वारा शक्तियों का विकास तथा आत्मगत भावों की तुष्टि और पुष्टि होती है। हमारे आलम्बनों का क्षेत्र विस्तृत हो जाने से हमारी सहानुभूति बढ़ती है और हमारे जीवन को पूर्णता प्राप्त होती है। इस प्रकार कला जीवन की सहचरी बन जाती है। टॉल्स्टाय ने कला का कुछ ऐसा ही आदर्श माना है–

"The destiny of art in our time is to transmit from the realm of reason to the realm of feeling the truth that well-being for menconsists in their being united together, and to set up, in place of existing reign of force, that kingdom of God that is, of love which we all recognise to be the aim of human life".

—What is Art (World's classics, page 288.)

टॉल्स्टाय के मत से कला का उद्देश्य बुद्धि के क्षेत्र से भाव के क्षेत्र में उस सत्य को ले जाना है जो कि यह बतलाता है कि मनुष्यों का कल्याण उनके एक होकर रहने में तथा ईश्वर की उस बादशाहत के स्थापित करने में है जो कि प्रेम पर आश्रित है और जिसको हम जीवन का चरम लक्ष्य मानते हैं।

साहित्य शब्द में भी सहित अर्थात् हित के साथ होने का भाव है। गोस्वामी तुलसीदासजी ने भी उसी कृति को सार्थक कहा है जो सबका हित-साधन करे–

'कीरति भनिति भूति भलि सोई। सुरसरि-सम सब कह हित होई।।'

–'रामचरितमानस' (बालकाण्ड)

मुंशी प्रेमचन्द के उपन्यास प्रायः जीवन के ही लिए लिखे गए हैं। प्रगतिवाद का प्रयोजन भी प्रायः ऐसा ही है किन्तु उसमें वर्ग-संघर्ष की भावना कुछ अधिक है। 'रामचरितमानस' यद्यपि स्वान्तःसुखाय लिखा गया है तथापि उसकी कला जीवन के लिए ही है। उसने जीवन को ऊँचा उठाने का प्रयत्न किया है।

3. कला जीवन से पलायन के अर्थ–इस मत के माननेवाले लोग प्रायः ऐसे ही होते हैं जो संसार की विषमताओं और कर्कशताओं का सामना करने की शक्ति नहीं रखते अथवा जीवन के संघर्ष में पराजित हो जाते हैं। वे काव्य और कला को एक सौरभमय आश्रय-भूमि के रूप में मानते हैं। ये लोग सोचते हैं कि दुनिया का सुधार हमारे वश का नहीं, उसके संघर्ष में पड़कर हम क्यों अपनी शान्ति भंग करें। कला की विश्रामदायिनी गोद में बैठकर क्यों न अपने दुःख तथा संसार को भूल जाएँ, हम शहर के अन्देशे से वृथा क्यों लुटें? हम संसार के कर्कश-करुण क्रन्दन से अपनी नींद क्यों हराम करें और दुर्गन्धयुक्त वातावरण से अपनी नाक को क्यों सड़ावें। हम क्यों न नदी के उस पार लहलहाती फुलवारी के सामने बैठकर शोर-गुल और **'कोलाहल की अवनी'** से छुटकारा पाएँ?

ऐसे लोग वास्तविकता की कठिन भूमि छोड़कर कल्पना के स्वप्नलोक में विचरना चाहते हैं। ऐसे स्वप्नलोक का एक चित्र देखिए–

'चाहता है यह पागल प्यार, अनोखा एक नया संसार।
कलियों के उच्छ्वास शून्य में ताने एक वितान।।
तुहिन-कणों पर मृदु कम्पन से सेज बिछा दें गान।
जहाँ सपने हों पहरेदार, अनोखा एक नया संसार।।'

प्रसादजी की अनेक बार उद्धृत की हुई नीचे की पंक्तियाँ इसी पलायनवाद (Escapism) का परिचय देती हैं–

ले चल वहाँ भुलावा देकर,
मेरे नाविक! धीरे धीरे।
जिस निर्जन में सागर-लहरी,
अम्बर के कानों में गहरी–
निश्चल प्रेम-कथा कहती हो।
तज कोलाहल की अवनी रे।।'

–'लहर'

यह पलायनवाद जीवन की फिलॉसफी के रूप में न ग्रहण किया जाए तो इतना बुरा नहीं है। यदि कोई शक्ति-ग्रहण करने के निमित्त निश्चित काल तक विश्राम लेता है या मन-बहलाव के लिए कुसुम के प्यालों में मधुबालाओं के साथ मधुपान की बात करता है तो पलायनवाद क्षम्य हो सकता है किन्तु कोई सौरभमय वाटिका के प्रकोष्ठ के द्वार बन्द करके संसार से सम्बन्ध-विच्छेद कर ले तो हम इसे कायरता ही कहेंगे। क्षणिक विश्राम की आवश्यकता तो 'अभिज्ञान शाकुन्तल' में दुष्यन्त के प्रतिहारी ने भी स्वीकार की है–

'पालि प्रजा सन्तान सम, थकित चित्त जब होइ।
ढूँढत ठाउ इकन्त नृप, जहाँ न आवे कोइ।।
सब हाथिन गजराज ज्यों, लैके बन के माँह।
घाम लग्यो खोजत फिरत, दिन में शीतल छाँह।।'

–'अभिज्ञान शाकुन्तल'

श्री बच्चनजी ने अपने 'आकुल अन्तर' नाम के काव्य-संग्रह में इसी प्रकार के स्वस्थ पलायनवाद का समर्थन किया है–

'कभी करूँगा नहीं पलायन
जीवन से, लेकर के भी प्राण
मन मेरा खोजा करता है
क्षण भर को वह ठौर
छिपा लूँ अपना शीश जहाँ।
अरे है वह वक्षस्थल कहाँ?'

–'आकुल अन्तर'

4. कला जीवन में प्रवेश के अर्थ—कला का उद्देश्य जीवन से पीठ दिखाकर भागना नहीं वरन् उसके द्वारा जीवन के गहन वन में प्रवेश कर उसमें सौन्दर्य के दर्शन करना है। जो संसार के रुदन और काली रात से भागता है वह उसके हास की चन्द्रिका से वंचित रहता है। सच तो यह है कि काली रात में भी एक विशेष सौन्दर्य है। कविवर पंत पृथ्वी के कण-कण में सौन्दर्य देखते हैं—

'इस धरती के रोम रोम में
भरी सहज सुन्दरता,
इसकी रज को छू प्रकाश
बन मधुर विनम्र निखरता।'

—'युगवाणी' (मानवपन)

प्रसादजी केवल पलायनवादी नहीं हैं, उन्होंने भी जीवन को जगाया है—

'अब जागो जीवन के प्रभात।
रजनी की लाज समेटो तो,
कलरव से उठकर भेंटो तो,
अरुणांचल में चल रही बात।
जागो अब जीवन के प्रभात!'

—'लहर'

'कामायनी' में श्रद्धा मनु को प्रवृत्ति की ओर ले जाती है—

'जिसे तुम समझे हो अभिशाप,
जगत की ज्वालाओं का मूल;
ईश का वह रहस्य वरदान
कभी मत जाओ इसको भूल;'

—'कामायनी' (श्रद्धा सर्ग)

पंतजी ने भी कहा है—

'तेरी मधुर मुक्ति ही बन्धन
गन्धहीन तू गन्धयुक्त बन'

—'आधुनिक कवि' 2 (तप)

पंतजी की यह भावना गीता की निष्काम-भावना पर आश्रित है। कवीन्द्र रवीन्द्र ने भी इस भावना को अपनाया है—

'वैराग्य साधने मुक्ति, से आमार नय।
असंख्य बन्धन माझे, महानन्दमय लभिब मुक्तिर स्वाद।।'

—'गीतांजलि' (गीत 73)

कलाकार हमारे जीवन के सौन्दर्य पक्ष का उद्घाटन कर, हमको अनुरक्ति प्रदान कर उसके प्रति प्रयत्नशील बनाता है। सूर की सबसे बड़ी देन यही थी कि

उन्होंने जीवन के सौन्दर्य और मधुमय पक्ष को हमारे सामने रखा है जिससे कि जीवन के प्रति हमारी आस्था बढ़े और हम उसके संरक्षण तथा उसको सम्पन्न बनाने के लिए प्रयत्नशील रहें।

5. कला सेवा के अर्थ–सेवा जीवन का मधुर पक्ष है। सेवा द्वारा मनुष्य ऊँचा उठता है। अस्पतालों में मरीजों को कवित सुनाना, संगीत सुनाना यह कला का सेवा पक्ष ही है। चित्रों द्वारा भी समाज-सुधार-सम्बन्धी बहुत-कुछ सेवा-कार्य किया जा सकता है।

6. और 7. आत्मानुभूति और आनन्द के अर्थ–यह भारतीय आदर्श के निकट है। कला द्वारा आत्मानुभूति में सहायता मिलती है। कला में हम अपने भावों को मूर्तिमान् देखकर एक प्रकार-से अपनी आत्मा के दर्शन ही करते हैं। उसमें हमको आत्मानुभव का आनन्द आता है। वह **'सद्यः परनिर्वृत्तये** के निकट आ जाता है। यह आनन्द मन को व्याप्त कर लेता है और स्रष्टा के सम्बन्ध में यह रस के बहुत निकट है। वह सृजन की अदम्य आवश्यकता (Creative necessity) को जन्म देता है।

8. मनोविनोद के अर्थ–यह आनन्द से नीचे की श्रेणी है। यह दिल बहलाव, दुःख के भूलने के लिए, जैसा कि दुष्यन्त ने शकुन्तला का चित्र बनाकर किया था अथवा मन की ऊब मिटाने के लिए जैसे कभी-कभी कुछ गुनगुना उठते हैं, होता है। अच्छे आदमियों में मनोविनोद भावी कार्यपरायणता की तैयारी के रूप में रहता है। चित्रकाव्य और काव्य में चमत्कार-प्रदर्शन इसी संज्ञा में आएगा।

9. सृजन की अदम्य में आवश्यकता के अर्थ–काव्य की भूल प्रेरणाएँ आन्तरिक ही हैं। कवि में हृदय का ओज या उत्साह ही जो रस का ही रूप है उनको सृजन कार्य में प्रवृत्त करता है। इसके बिना आत्माभिव्यक्ति की इच्छा जो बड़ी प्रबल होती है व्यर्थ हो जाती है। सच्चा साहित्य तभी रचा जाता है जब भाव हृदय की संकुचित सीमाओं में सीमित न रहकर बाहर आने को छटपटा उठते हैं। सूर, तुलसी, मीरा धनांतर आदि कवियों की रचनाएँ हृदय का बाँध फोड़कर निकली प्रतीत होती हैं। **'मेरे तो गिरिधर गोपाल दूसरा न कोई'** वाला पद संसार के बन्धनों का तिरस्कार करता हुआ मीरा के हृदय स्रोत से निर्झर-गति के साथ प्रवाहित हो रहा है।

विशेष

भारतीय दृष्टि में आत्मा का अर्थ संकुचित व्यक्तित्व नहीं है। विस्तार में ही आत्मा की पूर्णता है। लोकहित भी एकात्मवाद की दृढ़ आधार-शिला पर खड़ा हो सकता है। यश, अर्थ, यौन सम्बन्ध (Sex) , लोकहित सभी आत्महित के नीचे या ऊँचे रूप हैं। ये सभी हृदय के ओज को उद्दीप्त कर काव्य के प्रेरक बन जाते हैं।

हृदय का ओज **'अर्थ कृते'** काव्य को भी (जैसे बिहारी के सम्बन्ध में) सप्राण

बना देता है। पाठक के सम्बन्ध में रस (**'सद्यः परनिर्वृत्तये'**) ही मूल प्रेरणा है। रस लेखक और पाठक दोनों का प्रेरक है, सभी उद्देश्य इससे अनुप्राणित होते हैं। यह सबका जीवन-रस है। स्वयं रस भी इनसे निरपेक्ष नहीं (ब्रह्मानन्द वस्तु-निरपेक्ष होता है, यही दोनों सहोदरों का अन्तर है), इन सब प्रयोजनों में वही उत्तम है जो आत्मा की व्यापक-से-व्यापक और अधिक-से-अधिक सम्पन्न अनुभूति में सहायक हो। इसी से लोकहित का मान है।

संदर्भ

1. 'साहित्यदपूर्ण' में भी ऐसा ही कहा गया हैं उसमें 'गुण- के स्थान में 'सित शर्वरा' (मिश्री) प्रयुक्त किया गया है–
'कटुकौषधोपशमनीयस्य रोगस्य सितशर्करोपशमनीयत्वे कस्य वा रोगिणः सितशर्कराप्रवृत्तिः साधीयसी न स्यात्''

—साहित्यदर्पण (1 ।2 की वृत्ति)

5. काव्य के हेतु

प्रतिभा, व्युत्पत्ति और अभ्यास

काव्योद्भव के हेतु

प्रयोजन उद्देश्य को कहते हैं अर्थात् किन-किन बातों को लक्ष्य में रखकर कवि अपने कार्य में युक्त होता है। प्रेरणा प्रयोजन का आंतरिक रूप है। प्रयोजन आकर्षण के रूप में होता है और प्रेरणा में आगे बढ़ाने की शक्ति रहती है। हेतु का अभिप्राय उन साधनों से है जो कवि की काव्य-रचना में सहायक होते हैं। मम्मट ने कविता का हेतु इस प्रकार बतलाया है—

'शक्तिर्निपुणता लोकशास्त्रकाव्याद्यवेक्षणात्।
काव्यज्ञशिक्षयाऽभ्यास इति हेतुस्तदुद्भवे।।'

—'काव्यप्रकाश' (1।3)

अर्थात् (1) शक्ति (कवित्व का बीज-रूप संस्कार) जिसके बिना काव्यरचना हो नहीं सकती और यदि होती तो हास्यास्पद हो जाती है, (2) लोक, शास्त्र, काव्य आदि के निरीक्षण और ज्ञान से उत्पन्न योग्यता और (3) काव्य जाननेवाले का शिक्षा द्वारा प्राप्त अभ्यास—ये काव्य उद्भव के हेतु माने जाते हैं। 'काव्यप्रकाश' के अनुकूल इन तीनों कारणों में शक्ति या प्रतिभा नैसर्गिकी अर्थात् जन्मसिद्ध है और शेष दो अर्जित हैं। दण्डी ने भी प्रतिभा को नैसर्गिक कहा है—

'नैसर्गिकी च प्रतिभा, श्रुतं च बहु निर्मलम्।
अमन्दश्चाऽभियोगोऽस्याः कारणं काव्यसंपदः।

—'काव्यादर्श' (1।103)

आचार्य दण्डी ने नैसर्गिकी प्रतिभा, बहुत अध्ययन और श्रवण आदि तथा उसका बहुत उपयोग तीनों को काव्य-सम्पत्ति का कारण माना है। कारण शब्द को बहुवचन में नहीं लिखा इससे तीनों मिलकर कारण माने गए हैं।

शक्ति को बहुत दुर्लभ माना गया है। उससे भी आगे व्युत्पत्ति (लोक और

शास्त्र के ज्ञान के आश्रित और औचित्य के विचार) तथा विवेक को और भी दुर्लभ माना है–

'कवित्त्वं दुर्लभं तत्र शाक्तिस्तत्र च दुर्लभा।
व्युत्पत्तिदुर्लभा तत्र विवेकस्तत्र दुर्लभः।।

–'अग्निपुराण' (337।4)

रुद्रट (नवीं शताब्दी) ने सहजा और उत्पाद्या में सहजा को मुख्यता दी है क्योंकि वह मनुष्य के साथ उत्पन्न होती है। उत्पाद्या अध्ययन, अभ्यास, सत्संग से प्राप्त होती है–

'प्रतिभेत्यपरैरुदिता सहजोत्पाद्या च सा द्विधा भवति।
पुंसा सह जातत्वादनयोस्तु ज्यायसी सहजा।।'

–'काव्यालंकार' (1।16)

दण्डी ने भी परिश्रम का महत्त्व स्वीकार किया है। वे कहते हैं कि यदि किसी व्यक्ति में कवित्व-शक्ति क्षीण भी हो तो अभ्यास करने पर विदग्ध लोगों की गोष्ठी में विहार करने योग्य हो जाता है–

'कृशे कवित्वेऽपि जनाः कृतश्रमा, विदग्धगोष्ठीषु विहर्त्तुमीशते।'

–'काव्यादर्श' (1।105)

प्रतिभा का महत्त्व और रूप

प्रायः लोग प्रतिभा को सहज ही मानते हैं (Poets are born and not made) किन्तु कुछ लोग प्रतिभा को दस में नौ हिस्से स्वेदजनक परिश्रम कहते हैं (Inspiration is nine tenths perspiration)। मम्मट ने यद्यपि शक्ति को बीज माना है तथापि तीनों अर्थात् शक्ति, निपुणता और अभ्यास को समान-सा ही महत्त्व दिया है, इसीलिए उन्होंने तीन को मिलाकर एक वचन हेतु (कारण) कहा है–**हेतुर्नतु हेतवः**। अन्य आचार्य (जैसे वाग्भट्ट–12वीं शताब्दी) प्रतिभा को कारण मानते हैं और व्युत्पत्ति (निपुणता) को उसका भूषण बतलाते हैं–

'प्रतिभा कारणं तस्य व्युत्पत्तिस्तु विभूषणम्।
भृशोत्पत्तिकृदभ्यास इत्याद्यकविसंकथा।।'

–'वाग्भटालंकार' (1।3)

अर्थात् प्रतिभा उसका कारण है और व्युत्पत्ति (लोक और शास्त्र के ज्ञान से उत्पन्न हुआ संस्कार-विशेष) उसका भूषण है और बार-बार का अभ्यास शीघ्र काव्य रचनाशक्ति का उत्पादक होता है, ऐसा प्राचीन कवि कहते हैं। इस प्रकार शक्ति और प्रतिभा एक ही वृत्ति के दो नाम हैं।

पण्डितराज जगन्नाथ ने 'रसगंगाधर' में (17वीं शताब्दी) प्रतिभा को ही कारण माना है–

'तस्य च कारणं कविगता केवला प्रतिभा।
सा च काव्यघटनानुकूलशब्दार्थोपस्थितिः।।'

—'रसगंगाधर' (काव्यमाला, पृष्ठ 8)

उन्होंने प्रतिभा को दो भागों में विभक्त कर दिया है, पहली प्रारब्धवश जो किसी देवता या महापुरुष के प्रसाद स्वरूप प्राप्त होती है और दूसरी व्युत्पत्ति तथा काव्य-निर्माणजन्याऽभ्यास से प्राप्त। इस प्रकार वे भी बहुत कुछ मम्मट के निकट आ जाते हैं।

इस प्रकार यह दोनों चीजें प्रतिभा का पोषण करती हैं। हेमचन्द्र (12वीं शताब्दी) का ऐसा ही मत है, उन्होंने व्युत्पत्ति और अभ्यास को प्रतिभा के संस्कार अर्थात् चमका देनेवाला माना है। किन्तु वामन ने तीनों को कारण बताया है अर्थात् काव्यप्रकाशकार की भाँति तीनों मिलकर ही नहीं वरन् अलग-अलग भी कारण हो सकते हैं। प्रतिभा न हो तो व्युत्पत्ति और अभ्यास दोनों ही अकेले-अकेले काव्य के हेतु हो सकते हैं।

प्रतिभा के सम्बन्ध में दो प्रकार के विवेचन आते हैं, एक में तो सूझ और नवीनतम पर बल दिया गया है तथा दूसरे में अभिव्यक्ति को अधिक महत्त्व मिला है। 'काव्यकौस्तुभ' में दी हुई विद्याभूषण की परिभाषा (**'प्रज्ञा नवनवोन्मेषशालिनी प्रतिभा मता'**) पहले प्रकार की है। 'रसगंगाधर' में दी हुई पण्डितराज जगन्नाथ की परिभाषा दूसरे प्रकार की है। उनका कहना है कि जिस शक्ति के द्वारा काव्य के अनुकूल शब्द और अर्थ कवि के मन में जल्दी-जल्दी आते हैं—(**'काव्यघटनानुकूलशब्दार्थोपस्थितिः'**)— 'रसगंगाधर' (काव्यमाला पृष्ठ 8), उसे प्रतिभा कहते हैं। वाग्भट्ट ने दोनों बातों का समन्वय कर दिया है। कहने का तात्पर्य यह है कि उन्होंने नवीनता और उसकी ललित पदों (प्रसन्नपदों) में अभिव्यक्ति दोनों पर जोर दिया है। उसको सर्वतोमुखी कहा है। उसका प्रसार विचार, भाव अभिव्यक्ति सब में है। संस्कृत का प्रसन्नपद और अंग्रेजी का 'Happy Expression' दोनों वाक्यांश एक-दूसरे से मिलते-जुलते हैं। प्रसन्न में प्रसाद गुण का भाव भी लगा हुआ है—

'प्रसन्नपदनव्यार्थयुक्तत्युद्बोधविधायिनी।
स्फुरन्ती सत्कवेबुद्धिः प्रतिभा सर्वतोमुखी।।'

—'वाग्भटालंकार' (1।4)

अर्थात् सत्कवि की प्रसन्न पदों (ललित-प्रसादगुणयुक्त पदों) में अभिव्यक्त की हुई नव्यार्थ से (अर्थात जिनकी पूर्व में उद्भावना न की गई हो, इसी को अंग्रेजी में Originality' और हिन्दी में मौलिकता कहते हैं) पूर्ण युक्तियों का उद्बोधन करनेवाली, सब ओर फैलनेवाली चमत्कार युक्त बुद्धि को प्रतिभा कहते हैं।

प्रतिभा के विषय में मौलिकता और साहित्यिक चोरी का प्रश्न तथा दोनों प्रकार की प्रतिभाओं (कारयित्री जो कवि में होती है और भावयित्री जो भावक में

होती है) के पारस्परिक सम्बन्ध की समस्या विचारणीय है। उनका विचार पीछे से किया जाएगा।

व्युत्पत्ति और अभ्यास

'व्युत्पत्ति' को काव्यप्रकाशकार मम्मट ने 'निपुणता' कहा है। यह दो प्रकार से प्राप्त होती है—लोक के (जिसमें सारा चराचर का ज्ञान आ जाता है) निरीक्षण से और काव्य तथा शास्त्रों के अध्ययन से। निरीक्षण में जिस बात की कमी रह जाती है उसकी कमी काव्यादि से पूरी हो जाती है, इसीलिए लोक को पहले कहा है—**'लोकशास्त्रकाव्याद्यवेक्षणात्** ('काव्यप्रकाश' 1।3)। शास्त्र से सैद्धान्तिक ज्ञान बढ़ जाता है और उस ज्ञान से कवि अनौचित्य में पड़ने से बच जाता है तथा कोष-व्याकरणादि से भाषा-सम्बन्धी भूलों से बचने तथा उपयुक्त शब्दावली की खोज में सहायता मिलती है। अभ्यास में गुरु की शिक्षा और संशोधनादि जिसको उर्दू में 'इस्लाह' कहते हैं, आ जाती है।

काव्य के स्वरूप पर प्रकाश

काव्य के हेतुओं के विवेचन से काव्य के रूप पर भी प्रकाश पड़ जाता है। काव्य के लिए केवल कवि की प्रतिभा ही अपेक्षित नहीं है वरन् संसार और शास्त्र का ज्ञान भी वाञ्छनीय है। कवि स्वर्णलूता (मकड़ी) की भाँति अपने भीतर से ही तन्तु निकालकर ताना-बाना नहीं बुना करता (मकड़ी भी अपनी खाद्य सामग्री के आधार पर ही तो सूत निकालती है) निरीक्षण और शास्त्र-ज्ञान के आधार पर ही कवि की अभिव्यक्ति होती है और फिर नए-नए विचार उपयुक्त शब्दों द्वारा प्रकाशित किए जाते हैं। काव्य में लोक में प्रति कवि की भाव और विचारमयी प्रतिक्रिया की अभिव्यञ्जना रहती है। कवि अपने लिए ही नहीं लिखता वरन् अपने अनुभव को दूसरों तक पहुँचाता है। इसमें लोग यह कह सकते हैं कि कोरी नवीनता पर ही जोर दिया गया है किन्तु ऐसी बात नहीं है। काव्य के प्रयोजनों में **'कान्तासम्मिततयोपदेशयुजे'** (अर्थात् कान्ता-का-सा मधुर उपदेश) और 'व्यवहार-विदे' भी है।

मौलिकता का प्रश्न

काव्य में मौलिकता का विशेष महत्त्व है। मौलिकता और नवीनता में रमणीयता मूल है—**'क्षणे-क्षणे यन्नवतामुपैति तदेवरूपं रमणीयतायाः'**—क्षण-क्षण में नवीनता धारण करे वही रमणीयता का रूप है। यह रमणीयता तो व्यंजना आदि से भी आती है किन्तु आकर्षण के लिए नवीनता आवश्यक है। पुरानी चीज से जी ऊब जाता है। पाठक को विचार और मनन के लिए नई सामग्री चाहिए। लेकिन प्रश्न यह

है कि मौलिकता हो सकती है या नहीं? आचार्य राजशेखर (60वीं शताब्दी) ने तो वैश्यों के साथ सब कवियों को चोर ठहराया है (यदि वे आचार्य जीवित होते तो वैश्य लोग उन पर मान-हानि का दावा अवश्य करते और मैं भी दावे में शामिल हो जाता), देखिए—

'नास्त्यचौरः कविजनो नास्त्यचौरो वजिग्जनः।'

—'काव्यमीमांसा' (पृष्ठ 61)

कहा जाता है एक बार महाकवि गोल्डस्मिथ ने बिल्कुल मौलिक लिखने का संकल्प किया था किन्तु इस संकल्प के कारण उन्हें तीन महीने तक खाली बैठना पड़ा था। यह बात तो नहीं है कि विचारों की मौलिकता असम्भव है किन्तु बहुत कुछ मौलिकता अभिव्यक्ति की नवीनता में है। अभिव्यक्ति की नवीनता से विचार में भी नवीनता आ जाती है, इसके अतिरिक्त विचार भी कोई स्थिर वस्तु नहीं और न वह सीमाबद्ध हैं। कोई कवि किसी विचार का सांगोपांग नहीं उतार लेता है। विचार भी जीवन के साथ सम्पन्नता प्राप्त करते रहते हैं और वैसे भी उनके कई पहलू होते हैं। जो पहलू जिसको अपील करता है वह उसको अपने विवेचन का विषय बनाता है और उसमें नवीनता पैदा कर देता है। कोई एक कवि या लेखक सारी विचार-सामग्री को बाँध नहीं पाता है और चिन्तन द्वारा विचारों की भी शाखा-प्रशाखाएँ फूटती रहती हैं। कवि या लेखक को नई परिस्थितियों का सामना करना पड़ता है। वे भी विचारों को उत्तेजित करती रहती हैं। इस प्रकार साहित्यकार को सामग्री की कमी नहीं रहती किन्तु यह कहना कठिन हो जाता है कि उसमें कितना नया होता है पुराना।

नवीनता को भी औचित्य की सीमा के भीतर रहना होता है। नवीनता और मौलिकता का अर्थ उच्छृंखलता नहीं। यदि ऐसा हो तो पागल सबसे मौलिक कहा जाएगा।

साहित्यिक चोरी

साहित्यिक चोरी को अंग्रेजी में 'Plagiarism' कहते हैं। हमारे यहाँ इसकी कई श्रेणियाँ मानी गई हैं। नीचे के श्लोक में ये बतलाई जाती हैं—

'कविरनुहरतिच्छायामर्थ कुकविः पदादिकं चौरः।
सर्वप्रबन्धहर्त्रे साहसकर्त्रे नमस्तस्मै।।'

—'कविरहस्य' (पृष्ठ 73 के उद्धरण से उद्धृत)

अर्थात् दूसरों की छाया-मात्र को लेने वाला कवि कहलाता है, भाव का अपहरण करनेवाला कुकवि कहलाता है, जो भाव के साथ शब्दावली का भी अपहरण करता है वह चोर कहलाता है और जो पद, वाक्य और अर्थ समेत सारे काव्य का अपहरण

करता है उस साहस करने वाले को दूर से ही नमस्कार है।

अच्छा कवि तो यदि छाया भी ग्रहण करता है तो उसमें एक नवीन जीवन भर देता है। वह अपने पूर्ववर्ती कवि की कृतियों में नया चमत्कार उत्पन्न कर देता है। इस बात को बिहारी के सम्बन्ध में पं. पद्मसिंह शर्मा ने अच्छी तरह दिखाया है। मिल्टन ने कहा है कि बिना सौन्दर्य प्रदान किए भावापहरण करना ही वास्तविक चोरी है। चोरी के सम्बन्ध में अन्य अंग्रेजी लेखकों ने भी ऐसे ही भाव प्रकट किए हैं।

ड्राइडन–ड्राइडन ने जॉनसन सम्बन्ध में कहा है कि वह दूसरे लेखकों पर बादशाहों की भाँति आक्रमण करता है। जो वस्तु दूसरों के लिए चोरी कहलाती है उसके लिए विजय थी। बच्चे की भाँति विचार भी उसी का है जो उसको अपनाकर उसका पोषण करता है तथा उस पर लाड़-प्यार करता है। पीतल का अधिक मूल्य नहीं होता है, उसी पर की गई कारीगरी का मूल्य है। लेखक या कवि दूसरों के विचारों को सामग्री के रूप में ही ले सकता है। अगर वह उसको कच्चे सीधे की भाँति लेकर पकवान में परिणत करता है तो वह दोषी नहीं कहा जा सकता। दूसरे के विचारों को पूर्ण प्रास्वाद के साथ अपनाकर और अपने हृदय का रस मिलाकर अपने शब्दों में व्यक्त करना चोरी नहीं कही जा सकती।

प्रतिभा और रुचि

जिस प्रकार सृजन के लिए प्रतिभा अपेक्षित है उसी प्रकार आस्वादन, भावना या आलोचना के लिए रुचि(Taste) वाञ्छनीय है। इसी को हमारे यहाँ भावयित्री प्रतिभा कहा है। अब प्रश्न यह है कि दोनों प्रकार की प्रतिभाएँ एक हैं अथवा भिन्न? यदि एक नहीं हैं तो उनमें क्या सम्बन्ध है? हमारे यहाँ इनको अधिकांश में भिन्न ही माना है। कवि की प्रतिभा को अभिनवगुप्त ने आख्या और भावुक की प्रतिभा को उपाख्या कहा है। राजशेखर ने पहली को कारयित्री और दूसरी को भावयित्री नाम से अभिहित किया है। अन्यत्र कहा भी गया है–

'नह्येकस्मिन्नतिशयवतां सन्निपातो गुणानाम्।
एकः सूते कनकमुपलः, तत्परीक्षाक्षमोऽन्यः।।'

–'कविरहस्य' (पृष्ठ 21 के उद्धरण से उद्धृत)

अर्थात् अधिक प्रतिभावान् में भी बहुत-से गुण (अर्थात् काव्य-रचना की शक्ति और काव्य के सुनने तथा उसके आस्वाद लेने की शक्ति) इकट्ठे नहीं होते। एक पत्थर से तो सोना निकलता है तो दूसरे पत्थर पर सोना कसा जाता है।

इन दोनों प्रकार की प्रतिभाओं का एक ही व्यक्ति में होना कठिन बतलाया गया है। गोस्वामी तुलसीदासजी ने भी कहा है–

'मन मानिक-मुकता छवि जैसी। अहि-गिरि-गाज सिर सोह न तैसी।।
नृप-किरीट तरुनी-तनु पाई। लहहिं सकल सोभा अधिकाई।।
तैसेहि सु-कबि-कबित बुध कहहीं। उपजहिं अनत अनत छबि लहहीं।।'

—'रामचरितमानस' (बालकाण्ड)

पाश्चात्य देशों के कुछ आचार्यों (जैसे स्पिन्गार्न) ने दोनों प्रकार की प्रतिभाओं (Genius and Taste) को बतलाया है क्योंकि आलोचना भी एक प्रकार का सृजन है, सृजन न सही तो पुनः सृजन तो है ही। अपने को कवि की स्थिति में किए बिना भावक को पूरा-पूरा आस्वाद नहीं मिलता और आस्वाद लेकर ही अपने अनुभव का दूसरों के लिए परिप्रेषण करना पड़ता है। कवि जिस प्रकार संसार का भावक है उसी प्रकार आलोचक कवि का भावक है।

जहाँ तक अपने भावों को दूसरों तक पहुँचाने की बात है वहाँ तक कवि और भावक की प्रतिभा एक ही होती है किन्तु सृजन और आस्वादन की प्रतिभा में अन्तर है। भावक में कवि-की-कल्पना होती है किन्तु उसमें बुद्धि तत्त्व का अपेक्षाकृत आधिक्य रहता है। उसमें कवि की अपेक्षा निरपेक्षता भी अधिक होती है। उसी के साथ तन्मयता की मात्रा भी कम हो जाती है। कवि अपनी कृति का पूर्ण रूप केवल कल्पना में ही अनुभव करता है, वह जंगल के सामूहिक प्रभाव का ध्यान रखते हुए भी वृक्षों को ही अधिक देखता है। भावक वृक्षों को तो कवि की भाँति ही देखता है किन्तु पीछे जंगल को भी सावधानी से देख लेता है। कवि अपना कवित्व निःशेष कर ही जंगल को वास्तविक रूप में देखता है किन्तु भावक उसको सजी-सँभली पूर्ण वास्तविकता में देखता है। कवि अपनी व्याख्या सबसे अच्छी कर सकता है, इसी आशय की फारसी में एक कहावत है—**'तसनीफ रा मुसन्निफ नेको कुनद बयाँ'** (अर्थात् लिखे हुए की लिखनेवाला ही अच्छी तरह व्याख्या कर सकता है)—किन्तु कभी-कभी भावक काव्य में से वह बात खोजकर निकालता उन्हें जो शायद कवि की कल्पना में भी न रही हो। प्रतिभा और रुचि को हमारे यहाँ दो मानते हुए भी रुचि को प्रतिभा का ही भेद माना है। इसमें भेद और अभेद दोनों ही आ जाते हैं। रुचि कवि में भी किसी अंश में अपेक्षित है। कवि की रुचि का शास्त्रीय प्रतिरूप औचित्य का ज्ञान है। रुचि स्वाभाविक है, औचित्य या विवेक शास्त्रीय ज्ञान से प्राप्त होता है। गोस्वामीजी की निम्नोधृत चौपाई में इसी रुचि का विवेक के नाम से उल्लेख किया गया है—

'कवित-बिवेक एक नहिं मोरे। सत्य कहउँ लिखि कागद कोरे।।'

—'रामचरितमानस' (बालकाण्ड)

रुचि दो प्रकार की होती है—एक वैयक्तिक, दूसरी लोकरुचि। वैयक्तिक रुचि प्रायः भिन्न होती है किन्तु लोकरुचि कम-से-कम एक देश या प्रान्त में एक-सी

होती है। लोकरुचि ही प्रायः शास्त्रीय रुचि होती है। जहाँ भावक की रुचि लोकरुचि से मेल खा जाती है वहाँ प्रभाववादी आलोचना और शास्त्रीय आलोचना में भेद नहीं रहता है।

इस लेख के अन्त में हम साररूप से काव्य के हेतुओं के सम्बन्ध में कविवर भिखारीदासजी का एक छन्द देते हैं—

'सक्ति कबित्त बनाइबे की जिहि
जन्मनछत्र में दीन्हि बिधातैं।
काव्य की रीति सिख्यो सुकबीन सों
देखी-सुनी बहुलोक की बातैं।।
दासजू जामें इकत्र ये तीन्यौ
बनै कविता मनरोचक तातैं।।
एक बिना न चलै रथ जैसें
धुरन्धर सूत की चक्र निपातैं।।''

—भिखारीदास कृत 'काव्यनिर्णय' (काव्यप्रयोजन)

6. सत्यं शिवं सुन्दरम्

प्राचीन आदर्श

वर्तमान युग में 'सत्यं शिवं सुन्दरम्' कला और साहित्य-जगत का आदर्श-वाक्य बना हुआ है। सब लोग इसी की दुहाई देते हैं और इसको वेद-वाक्य नहीं तो उपनिषद् वाक्य-का-सा महत्त्व प्रदान करते हैं। वास्तव में यह साहित्य-संसार का महाकाव्य यूनानी दार्शनिक अफलातूं द्वारा प्रतिपादित 'The True, the Good, the Beautiful' का शब्दिक अनुवाद है किन्तु वह इतना सुन्दर है कि हमारी देशी भाषाओं में घुल-मिल गया है। इसमें विदेशीपन की गन्ध तक नहीं आती। भारतवर्ष में यह विचार नितान्त नवीन भी नहीं है। वाणी के तप का उपदेश देते हुए योगीराज भगवान् कृष्ण ने 'श्रीमद्भगवद्गीता' के सत्रहवें अध्याय में अर्जुन को बतलाया है कि ऐसे वाक्य का बोलना जो दूसरों के चित में उद्वेग न उत्पन्न करे, जो सत्य, प्रिय और हितकर हो तथा वेद-शास्त्रों के अनुकूल हो, वाणी का तप कहलाता है–

'अनुद्वेगकरं वाक्यं सत्यं प्रियहितं च यत्।
स्वाध्यायाभ्यसनं चैव वाड्.मयं तप उच्यते।।'

–श्रीमद्भगवद्गीता (17।15)

'सत्यं प्रियहितं' सत्यं शिवं सुन्दरम् का ठेठ भारतीय रूप है। वाणी का तप होने के कारण साहित्य का भी आदर्श है। 'किरातार्जुनीय' में **'हितं'** और सुन्दरम् का योग बड़ा दुर्लभ बतलाया है–**'हित मनोहारि च दुर्लभं वचः'**–काव्य इसी दुर्लभ को सुलभ बनाता है। सत्य और शिव का समन्वय करते हुए कवीन्द्र रवीन्द्र ने आचार्य क्षितिमोहन सेन द्वारा लिखित **'दादू'** नाम के बंगाली ग्रन्थ की भूमिका में लिखा है–**'सत्य की पूजा सौन्दर्य में है, विष्णु की पूजा नारद की वीणा में है'**। विष्णु तो सत्य के साथ शिव भी हैं (और महादेव भी केवल रुद्र और संहारकर्त्ता नहीं है वरन् शिवशंकर भी है), वीणा सौन्दर्य का प्रतीक है। इसलिए तीनों ही कारणों का प्रतीक है। इसलिए तीनों ही कारणों का समन्वय हो जाता है। साहित्य और कला की अधिष्ठात्री देवी हंसवाहिनी माता शारदा का ध्यान **'वीणापुस्तकधारिणी'**

के रूप में होता है। हंस नीर-क्षीर-विवेकी होने के कारण सत्य का प्रतीक है और वीणा **'सुन्दरम्'** का प्रतिनिधित्व करती है, पुस्तक सत्य और हित दोनों की साधिका कही जा सकती है।

विज्ञान, धर्म और काव्य

'सत्यं शिवं सुन्दरम्' का सम्बन्ध क्रमशः ज्ञान (Knowing), भावना (Feeling) और संकल्प (Willing) नाम की मनोवृत्तियों तथा ज्ञान-मार्ग, भक्ति-मार्ग, और कर्म-मार्ग से है। **'सत्यं शिवं सुन्दरम्'** विज्ञान, धर्म और काव्य के पारस्परिक सम्बन्ध का परिचायक सूत्र भी है। विज्ञान का ध्येय है—सत्य केवल सत्य, निरावरण सत्य। शिवं उसके लिए गौण है, विज्ञान ने पेन्सिलीन की भी रचना की है और परमाणु बम्ब को भी बनाया है। सुन्दरम् तो उसके लिए उपेक्षा की वस्तु है। वह मनुष्य को भी प्रकृति के धरातल पर घसीट लाता है और गुण को भी परमाणु के ही रूप में देखता है। उसके लिए वीभत्स कोई अर्थ नहीं रखता।

धार्मिक सत्यं में शिवं की प्रतिष्ठा करता है। वह लक्ष्मी का मांगलिक घटों से अभिषेक करता है क्योंकि जल जीवन है, वह कृषि-प्राण भारत का प्राण है और मांगल्य का प्रतीक है। जिस प्रकार सरस्वती में सत्यं और सुन्दरम् का समन्वय है उसी प्रकार लक्ष्मी में शिवं और सुन्दरम् का सम्मिश्रण है। वेदों में **'तन्मेमनः शिवसंकल्प अस्तु'** (यजुर्वेद) का पाठ पढ़ाया जाता है और शिव कल्पना या हित के नाते ही महादेव के नाम से अभिहित होते हैं। धार्मिक शिव के ही रूप में सत्य के दर्शन कराता है।

साहित्यिक सत्य और शिवं की युगल मूर्ति को सौन्दर्य का स्वर्णावरण पहनाकर ही उनकी उपासना करता है।**'तुलसी मस्तक तब नवै जब धनुष बाण लेहु हाथ'**—साहित्यिक हृदय में रसात्मक वाक्य का ही मान है।

समन्वय

साहित्यिक की दृष्टि में सत्यं शिवं सुन्दरम् में एक-एक भाव को यथाक्रम उत्तरोत्तर महत्ता मिलती है। वह सच्चिदानन्द भगवान् के गुणों में अन्तिम गुण को चरम महत्त्व प्रदान करता है। **'रसो वै सः'** सत्यनारायण भगवान् की वह रस-रूप में ही उपासना करता है। सत्यं शिवं और सुन्दरम् की त्रिमूर्ति में एक ही सत्य-रूप की प्रतिष्ठा है। सत्य कर्तव्य-पथ में आकर शिवं बन जाता है और भावना से सम्बन्धित हो सुन्दरम् के रूप में दर्शन देता है। सुन्दर सत्य का ही परिमार्जित रूप है। सौन्दर्य सत्य को ग्राह्य बनाता है। कविबर सुमित्रानन्दन पन्त ने तीनों में एक रूप के दर्शन किए हैं—

‘वही प्रज्ञा का सत्य स्वरूप
हृदय में बनता प्रणय अपार;
लोचनों में लावण्य अनूप,
लोकसेवा में शिव अविकार’

—‘आधुनिक कवि’ : 2 (नित्य जग)

कवि का सत्य

अंग्रेजी कवि कीट्स (Keats) ने भी अपनी 'An ode to a Grecean Urn' नाम की कविता में सत्य और सौन्दर्य का तादात्म्य करते हुए कहा है कि सौन्दर्य सत्य है और सत्य सौन्दर्य है, यहीं मनुष्य जानता है और यही जानने की आवश्यकता है–

'Beauty is truth;truth beauty: that is all
Ye know on earth, and all ye need to know.'

—-Keats (An Ode)

सत्य और सुन्दर का तादात्म्य वा समन्वय भी असम्भव है, इसमें कुछ लोगों को सन्देह है। बिना काट-छाँट के सत्य सुन्दर नहीं बनता। कला में चुनाव आवश्यक है। कलाकार सामूहिक प्रभाव के साथ ब्यौरे का प्रभाव चाहता भी है और ब्यौरे को स्पष्टता देने के लिए काट-छाँट आवश्यक हो जाती है। इसके विपरीत कुछ लोग यह कहेंगे कि सत्य में ही नैसर्गिक सुन्दरता है। साहित्यिक संसार को जैसा-का-तैसा नहीं स्वीकार करता, वह विश्व को अपनी रुचि के अनुकूल परिवर्तित कर लेता है–**‘यथास्मै रोचते विश्वं तथेदं परिवर्तते’** (अग्नि पुराण, 339।17)। महाभारत की कथा के अनुकूल शकुन्तला को दुष्यन्त ने लोकापवाद के भय से नहीं स्वीकार किया किन्तु लोकापवाद की भावना प्रेम के आदर्श के विरुद्ध है। वास्तविकता और आदर्श में समन्वय के अर्थ कविवर कालिदास ऋषि दुर्वासा के शाप की उद्भावना करते हैं। अँगूठी के खो जाने को दुष्यन्त की विस्मृति का कारण बतलाकर कवि ने प्रेम की रक्षा के साथ घटना के सत्य का भी तिरस्कार नहीं किया। दुष्यन्त उसको स्वीकार नहीं करता है किन्तु वह अपने भाव की हत्या नहीं करता। कथानायक के ऐसे ही उलट-फेर को कुन्तल ने **‘प्रकरण-वक्रता’** कहा है।

क्या अपनी रुचि के अनुकूल संसार को बदल लेने को ही कविकृत सत्य की उपासना कहेंगे? कवि सत्य की उपेक्षा नहीं करता वरन् सत्य के अन्तस्तल में प्रवेश कर वह उसे भीतर से देखता है। कवि भाव-जगत का प्राणी है, वह घटना के सत्य की उपेक्षा कर भावना के ही सत्य को प्रधानता देता है। वह प्रकृति की मक्खीमार अनुकृति नहीं चाहता। वह यान्त्रिक अर्थात् फोटोग्राफी के सत्य का पक्षपाती नहीं। न वह ऐतिहासिक है, न वैज्ञानिक। ये दोनों ही घटना के सत्य का आदर करते हैं। ये प्रत्यक्ष और ज्यादह-से-ज्यादह अनुमान को ही प्रमाण मानते हैं। कवि

रवि की पहुँच से भी बाहर हृदय के अन्तस्तल में प्रवेश कर आन्तरिक सत्य का उद्घाटन करता है। कवि शाब्दिक सत्य के लिए विशेष रूप से उत्सुक नहीं रहता, घटना के सत्य को वह अपनाना अवश्य चाहता है किन्तु उसे वह सुन्दरम् के शासन में रखना अपना कर्त्तव्य समझता है। लक्ष्मणजी के शक्ति लगने पर गोस्वामीजी मर्यादापुरुषोत्तम श्रीरामचन्द्रजी से कहलाते हैं–

'निज जननी के एक कुमारा'
'मिलहिं न जगत् सहोदर भ्राता'
'पिता वचन मनतेऊँ नहिं ओहू'

–'रामचरितमानस' (लंकाकाण्ड)

इसमें से कोई भी वाक्य इतिहास की कसौटी पर कसने से ठीक नहीं उतरता किन्तु काव्य में इनका वास्तविक सत्य से भी अधिक महत्त्व है। कभी-कभी झूठ में ही सत्य की अधिक-से-अधिक अभिव्यक्ति दिखाई पड़ती है। श्रीरामजी के लिए लक्ष्मणजी का **'निज जननी के एक कुमारा'** से अधिक महत्त्व था, क्योंकि वे त्यागी, तपस्वी और कर्त्तव्य परायण थे। उन पर राम का स्नेह सहोदर भ्राता से भी बढ़ा-चढ़ा था और वे उनके लिए आदर्शों का भी बलिदान करने को प्रस्तुत थे। यह स्नेह की पराकाष्ठा थी।

फिर कवि के लिए सत्य का क्या अर्थ है? कवि एक और एक–दो के सत्य में विश्वास नहीं करता। उसकी दृष्टि में एक और एक, एक ही रह सकते हैं और तीन भी हो सकते हैं। सत्य को क्षुद्र, निश्चित अगतिशील सीमाओं में नहीं बाँधा जा सकता है, न वह फोटो-कैमरा के निष्क्रिय सत्य का उपासक है। वह मानव-हृदय के जीते-जागते सत्य का पुजारी है। उसके लिए विचारों की आन्तरिक और बाह्य संगति ही सत्य है। वह जनसाधारण के अनुभव की अनुकूलता एवं हृदय और विचार के साम्य को ही सत्य कहेगा। वह हृदय की सच्चाई को महत्त्व देगा। वह अपने हृदय को धोखा नहीं देता। उसकी भावना के सत्य और सौन्दर्य में सहज सम्बन्ध स्थापित हो जाता है।

साहित्यिक सत्य की नितान्त अवहेलना नहीं कर सकता है। कवि सम्भावना के क्षेत्र के बाहर नहीं जाता है, उसके वर्णित विषय के लिए यह आवश्यक नहीं कि वह वास्तविक संसार में घटित हुआ हो किन्तु वह असम्भव न हो। 'होरी' नाम का किसान किसी गाँव विशेष में रहता हो या न रहता हो किन्तु उसने जो कुछ किया वह वही किया जो साधारणतया उसकी जाति के लोग करते हैं। कहा भी है–**'असम्भाव्यं न वक्तव्यं प्रत्यक्षमपि दृश्यंते'**–वह इतिहासों के नामों और तिथियां को महत्त्व न देता हुआ भी पूर्वापर–क्रम से बँधा रहता है। वह अकबर को औरंगजेब का बेटा नहीं बता सकता। वातावरण का भी उसे ध्यान रखना ही पड़ता है। हाँ ब्यौरे (Detail) की बातों में यह भावोद्घाटन की आवश्यकताओं के अनुकूल मनचाहा

उलट-फेर कर लेता है। मनुष्य में संकल्प की स्वतन्त्रता में विश्वास करता हुआ यह उसके कार्यक्रम में भी उलट-फेर कर लेता है। एक स्थिति में कई मार्ग खुले रहते हैं। कवि को इस बात की स्वतन्त्रता रहती है कि उनमें से वह किसी को अपनावे, किन्तु प्रकृति के क्षेत्र में वह इतना स्वतन्त्र नहीं है कि वह धनियाँ और धान, सरसों और ज्वार को एक साथ खड़ा कर दे(जैसे--'वो धानों की सब्जी, वो सरसों का रूप') अथवा केसर को चाहे जहाँ उगा दे (जैसा केशव ने किया है–'केशरी ज्यों कँपत है।')। जिन बातों में कवि लोगों का समझौता रहता है (जिन्हें पारिभाषिक भाषा में कवि-समय और अंग्रेजी में 'Poetic convention' कहते हैं) उनके प्रयोग में उस सत्य की परवाह नहीं रहती है, जैसे–चकई-चकवा रात को अलग-अलग रहते हैं, (इसका केवल यही वैज्ञानिक आधार माना गया है कि ये पक्षी रात को चिल्लाते सुने गए हैं) अथवा कमल नदी में होते हैं (वास्तव में कमल तालाब में होते हैं), अशोक का वृक्ष किसी से सुन्दर स्त्री के पदाघात से फूल उठता है–ऐसी ही कवि-प्रसिद्धियाँ कवि-समय कहलाती हैं जो सबके लिए सम हो, समय कहलाता है। समय शब्द का प्रयोग आजकल के 'Agreement' शब्द के अर्थ में होता है–श्रीरामचन्द्र सुग्रीव से कहते हैं कि अपने समय (वायदे) पर दृढ़ बने रहो, बालि के रास्ते के अगुगामी मत बनो–**'समय तिष्ठ सुग्रीव मा बालिपथमन्वगा।'**

कवि अपनी रुचि के अनुकूल चित्र के ब्यौरे (Detail) को उभार लाने के लिए वास्तविक संसार में काट-छाँट करता है और कूड़े-कर्कट को साफ कर असली स्वर्ण को सामने लाता है। वह अदालती गवाह की भाँति सत्य, पूर्ण और सत्य के अतिरिक्त कुछ नहीं कहने की विडम्बना नहीं करता। जिस दृष्टिकोण से सत्यदेव की सुन्दर-से-सुन्दर और स्पष्ट-से-स्पष्ट झाँकी मिल सकती है उसी पर वह पाठक को लाकर खड़ा कर देता है। इसीलिए वह सत्य के सुन्दरम् रूप को दिखाने के लिए थोड़ा मायाजाल रचे या चमत्कार के साधनों का प्रयोग करे तो वह अपने क्षेत्र से बाहर नहीं जाता है। इस बात का उसे ध्यान रखना पड़ता है कि उसका सत्य लोक में प्रतिष्ठित सत्य के साथ मेल खा सके। सत्य भी सामञ्जस्य का ही रूप है। वैज्ञानिक और साहित्य के सत्य में इतना अन्तर अवश्य है कि द्रष्टा की मानसिक दशा के कारण जो वास्तविकता में अन्तर दिखाई देता है उसे वैज्ञानिक स्वीकार नहीं करता है और यदि स्वीकार भी करता है तो प्रमत्त के प्रताप के रूप में भाव-प्रेरित नहीं होने के कारण। साहित्यिक प्रमत्त प्रलाप का भी आदर करता है। साहित्यिक झूठ में भी सत्य के दर्शन करता है। विरह-व्यथित नायिका भ्रम का भी उसके हृदय में मान है–

'विरह-जरी लखि जोगननु, कह्यौ न डहिकै बार।
अरी, आउ भजि भीतरी; बरसत आजु अँगार।।'

–'बिहारी-रत्नाकर' (दोहा 596)

शिव का आदर्श

शिव क्या है और अशिव क्या है? इसके उत्तर में **'कवयोऽपि मोहिता'** फिर **'अस्मदादिकानां का गणना'**? शिव के साथ ही मूल्य का भी प्रश्न लगा हुआ है। आजकल मूल्य का इतना महत्त्व दिया जाता है कि व्यावहारिक उपयोगितावादी (Pragmatists) सत्य की भी कसौटी उपयोगिता ही मानते हैं। इस सम्बन्ध में साहित्यिक संकुचित उपयोगितावादी नहीं हैं। वह रुपये-आना-पाई का विशेषकर अपने सम्बन्ध में लेखा-जोखा नहीं करता। वह अपने को भूल जाता है किन्तु **'हित'** के रूप में मतभेद है। कोई तो केवल आर्थिक और भौतिक हित को ही प्रधानता देते हैं (जैसे प्रगतिवादी) और कोई उसकी उपेक्षा कर आध्यात्मिक हित को ही महत्त्व प्रदान करते हैं। वास्तव में पूर्णता ही में आनन्द है। **'भूमा वै सुखम्'**–व्यक्ति की भी पूर्णता समाज में है, इसीलिए लोकहित का महत्त्व है। हितं वा शिवं वही है जो लोक (यहाँ लोक का अर्थ परलोक के विरोध में नहीं है) को बनावे और लोक को बनाने का अर्थ है व्यक्तियों की भौतिक, मानसिक और आध्यात्मिक शक्तियों में सामञ्जस्य स्थापित कर उनको सुसंगठित और सुसम्पन्न एकता की ओर ले जाए। भेद में अभेद, यही सत्य का आदर्श है और यही शिव का मापदण्ड है। भेद में अभेद की एकता ही सम्पन्न एकता है। विकास का भी यही आदर्श है–विशेषताओं की पूर्ण अभिव्यक्ति के साथ अधिक-से-अधिक सहयोग और संगठन। जो साहित्य हमको इस आदर्श की ओर अग्रसर करता है वह शिवं का ही विधायक है। इस हितं के आदर्श में सौन्दर्य को भी स्थान है। भारतीय संस्कृति में धर्म, अर्थ और काल तीनों को ही महत्त्व दिया गया है; तीनों का संतुलन तथा अविरोध वैयक्तिक और सामाजिक जीवन का आदर्श, वही मोक्ष आनन्द का विधायक होता है। मर्यादा पुरुषोत्तम श्रीरामचन्द्रजी ने तीनों के अविरोध सेवन का ही उपदेश भ्रातृभक्ति-परायण भरत को दिया गया है–

> **'कच्चिदर्थेन वा धर्ममर्थं धर्मेण वा पुनः।**
> **उभौ वा प्रीतिलोभेन कामेन न विवाधसे।।**
> **कच्चिदर्थं च कामं च धर्मं च जयतांवरः।**
> **विभज्य काले कालज्ञ सर्वान्वरद सेवसे।।'**

–वाल्मीकीय रामायण (अयोध्याकाण्ड)

अर्थात् क्या तुम अर्थ से धर्म में ओर धर्म से अर्थ में तथा प्रीति, लोभ और काम से धर्म और अर्थ में बाधा तो नहीं डालते? और क्या तुम अपना समय बाँटकर धर्म, अर्थ और काम का सेवन करते हो।

सौन्दर्य का मान

सुन्दर क्या है? इसका भी उत्तर देना कठिन है जितना कि शिवं और सत्यं का।

कुछ लोग तो सौन्दर्य को विषयीगत ही मानते हैं–

'समै समै सुन्दर सबै, रूप कुरूप न कोइ।
मन की रुचि जेती जितै, तित तेती रुचि होइ।।'

–'बिहारी-रत्नाकर' (दोहा 432)

अंग्रेजी कवि कालरिज ने भी ऐसी ही बात कही है, 'रमणी हम तुझ में वही पाते हैं जो तुझे देते हैं'–O lady! we receive but what we give! (Dejection: An ode)। कुछ लोग तो सौन्दर्य को विषयगत बतलाते हैं और कुछ उसे उभयगत कहते हैं– **'रूप-रिझावन हारु वह, ऐ नैना रिझवार'** (बिहारी रत्नाकर दोहा682) रवि बाबू ने रमणी-सौन्दर्य को आधा सत्य और आधा स्वप्न कहा है। प्रसादजी ने श्रद्धा के सौन्दर्य वर्णन में विषयगत सौन्दर्य के साथ मन की साध को भी महत्त्व दिया है जो चाँदनी के प्रकाश की भाँति उसे जगमगा देता है। देखिए–

'कुसुम कानन अंचल में मन्द
पवन प्रेरित सौरभ साकार
रचित परमाणु पराग शरीर
खड़ा हो ले मधु का आधार।
और पड़ती हो उस पर शुभ्र
नवल मधु राका मन की साध;
हँसी का मद विह्वल प्रतिबिम्ब
मधुरिमा खेला सदृश अबाध।'

–'कामायनी', (श्रद्धा सर्ग)

आजकल अधिकांश लोग सौन्दर्य को विषयगत मानते हुए भी व्यक्ति पर पड़े हुए उसके प्रभाव का ही अधिक विवेचन करते हैं, कवियों की वाणी में भी प्रायः प्रभाओं का ही वर्णन होता है। चेतन लोग तो सौन्दर्य के प्रभाव में आ ही जाते हैं (बिहारी की थुरहत्थी नायिका के लिए जगत भिखारी हो जाता है) किन्तु यह प्रभाव जड़ जगत तक भी व्याप्त दिखाया जाता है।

यहाँ पर सौन्दर्य की कुछ पभिाषाओं से परिचय प्राप्त कर लेना वाञ्छनीय है। हमारे यहाँ सौन्दर्य या रमणीयता की जो परिभाषा अधिक प्रचलित है वह इस प्रकार है–

'क्षणे-क्षणे यन्न्वतामुपैति तदेव रूपं रमणीयताः।'

–'साहित्यदर्पण' (8।2)

अर्थात् क्षण-क्षण में जो नवीनता धारण करे वही रमणीयता का रूप है। बिहारी की नायिका का चित्र न बन सकने और **'गहि-गहि गरब गरूर'** आये हुए चित्रकारों का **'क्रूर'** बनने का एक यह भी कारण था कि क्षण-क्षण के नवीनता धारण करनेवाले रूप को वे पकड़ नहीं सकते थे। इस परिभाषा में वस्तु को प्रधानता दी गई है।

काव्य में जो माधुर्य गुण माना गया है उसका साहित्यदर्पणकार ने इस प्रकार लक्षण दिया है–

'चित्तद्रवीभावमयोऽह्लादो माधुर्यमुच्यते'

–'साहित्यदर्पण' (8 ।2)

अर्थात् चित्त के पिघलनेवाले आह्लाद को माधुर्य कहते हैं। आह्लाद क्रूर और नृशंस का भी हो सकता है, जैसा कि रोमन लोगों को निहत्थे मनुष्यों को शेर से लड़वाने में आता था किन्तु माधुर्य का आह्लाद सात्त्विक आह्लाद है, उसमें हृदय द्रवित हो उठता है।

सौन्दर्य और सात्त्विकता

'कुमारसम्भव' में कहा है कि सौन्दर्य पापवृत्ति की ओर नहीं जाता, वह वचन अव्यभिचारी है अर्थात् सत्य ही है। सच्चा सौन्दर्य स्वयं पापवृत्ति की ओर नहीं जाता है और दूसरे को भी उस ओर जाने से रोकता है। सौन्दर्य में सात्त्विकता उत्पन्न करने की शक्ति है–

'यदुच्यते पार्वति पापवृत्तये न रूपमित्यव्यभिचारि तद्वचः।'

–'कुमारसम्भव' (5 ।36)

सच्चा प्रेमी प्रेमास्पद को पाना नहीं चाहता है वरन् अपने को उसमें खो देना चाहता है। रवीन्द्र बाबू ने कहा है कि जल में उछलनेवाली मछली का सौन्दर्य निरपेक्ष द्रष्टा ही देख सकता है उसको पकड़ने की कामना करनेवाला मछुआ नहीं किन्तु यह निरपेक्ष दृष्टि बड़ी साधना से ही आ सकती है। 'कुमारसम्भव' में तो श्मशानवासी भूतभावन, मदनमर्दन भगवान् शिव की भी यह निरपेक्ष दृष्टि नहीं रही है फिर साधारण मनुष्यों की बात कौन कहे? किन्तु नितान्त निरपेक्ष दृष्टि न रखते हुए भी वासना में सात्त्विकता हो सकती है। साहित्य लौकिक वासना में इसी प्रकार की सात्त्विकता उत्पन्न कर देता है।

आन्तरिक पक्ष

कोई-कोई साहित्यिक आचार्य तो माधुर्य को उत्पन्न करनेवाले अक्षर-विन्यास पर उतर आए, वास्तव में तो माधुर्य का सम्बन्ध चित्त से ही है 'काव्यप्रकाश' मम्मट ने कह भी दिया है–**न तु वर्णानां**'–अर्थात् वर्णों से नहीं। वर्णों से केवल इसीलिए है कि आकृति में गुण रहते हैं–**'यत्राकृतिस्तत्र गुणाः बसन्ति'**। माधुर्य जहाँ स्थायी होकर रहता है वही रमणीयता आ जाती है, तभी उसमें क्षण-क्षण में नवीनता धारण करने की शक्ति रहती है। सुन्दर वस्तु में रमणीयता प्रत्येक अवस्था में रहती है। उसको बाहरी अलंकारों की जरूरत नहीं होती–**'सरसिजमनुबिद्धं शैवलेनापि रम्यम्'**–रमणीयता में माधुर्य का भाव मिलाकर हमारी परिभाषा विषयगत और विषयीगत दोनों ही बन जाती है।

आचार्य शुक्ल

माधुर्य को चित्त का द्रवणशील आह्लाद कहकर उसकी व्याख्या में हम सात्त्विकता की उस दशा के निकट आ गए हैं जिसमें सौन्दर्य का अनुभव करनेवाला, सुन्दर वस्तु के रसास्वाद में अपने को खो देता है। इसी बात को आचार्य शुक्ल जी ने भी लिया है, वे लिखते हैं–

'कुछ रूप-रंग की वस्तुएँ ऐसी होती हैं जो हमारे गन में आते ही थोड़ी देर के लिए हमारी सत्ता पर ऐसा अधिकार कर लेती हैं कि उसका ज्ञान ही हवा हो जाता है और हम उन वस्तुओं की भावना के रूप में ही परिणत हो जाते हैं हमारी अन्तः सत्ता की यही तदाकार-परिणति सौन्दर्य की अनुभूति है...जिस वस्तु के प्रत्यक्ष ज्ञान या भावना से तदाकार-परिणति जितनी ही अधिक होगी उतनी ही वह वस्तु हमारे लिए सुन्दर कही जाएगी।'

–'चिन्तामणि' (भाग 1,पृष्ठ 164 तथा 165)

कविवर शेली

यह व्याख्या प्रभाव-सम्बन्धी है किन्तु भारतीय सात्त्विकता को लेकर चली है। अंग्रेजी के लेखकों ने भी इस प्रकार की सात्त्विकता को अपनाया है, शेली (Shelly) का कथन सौन्दर्य के सम्बन्ध में इस प्रकार है–

'A going out of our own nature and an identification of ourselves with the beautiful which exists in thought, action or person, not our own.'

—A Defence of Poetry

अर्थात् अपनी प्रकृति से बाहर जाना और अपने से बाहर रहनेवाले विचार कार्य का व्यक्ति में रहनेवाले सौन्दर्य से अपना तादात्म्य करना है। यह तादात्म्य की बात साधारणीकरण में सम्बन्ध रखती है। सौन्दर्य पाठक और कवि के हृदय में तदाकारवृत्ति उत्पन्न करने में समर्थ होता है।

उपयोगितावादी व्याख्या

सौन्दर्य की और भी परिभाषाएँ तथा व्याख्याएँ हैं। कुछ लोग तो सौन्दर्य को पूर्णता में मानते हैं। पूर्णता में **'क्षणे-क्षणे यन्नवतामुपैति'** की भावना आ जाती है। कुछ लोग सामंजस्य, संतुलन और एकरसता को प्रधानता देते हैं। वस्तु का सामंजस्य हमारे मन में उसी सामंजस्य को उत्पन्न कर देता है। उससे हमारी विरोधी मनोवृत्तियों में साम्य उत्पन्न हो जाता है।

कुछ आचार्यों ने सौन्दर्य की व्याख्या में उपयोगिता को महत्त्व दिया है। उनके मत से उपयोगिता पर ही सौन्दर्य आश्रित है। हर्बर्ट स्पेन्सर इसी मत के थे। कालिदास ने दिलीप के सौन्दर्य का जो वर्णन किया है उसमें **'व्यूढोरस्को वृषस्कन्धः शालाप्रांशुर्महाभुजः'**

(रघुवंश, 1।13) (अर्थात् चौड़ी छाती, बैल के कंधे और शाल वृक्ष-की-सी लम्बी बाँहें) के गुण दिए हैं। वे वास्तव में छात्र धर्म के अनुकूल और उपयोगी हैं, तभी तो श्लोक की दूसरी पंक्ति में वे कहते हैं–

'आत्मकर्मक्षमं देहं क्षात्रोक धर्म इवाश्रितः'

–'रघुवंश' (1।13)

अर्थात् अपने रक्षा-कार्य के योग्य शरीर को समझकर क्षात्र धर्म ने यहाँ आश्रय लिया है। यह पुरुष-सौन्दर्य का वर्णन है। यहाँ उपयोगिता का भाव लग जाता है किन्तु सब जगह नहीं। हर जगह उपयोगिता काम नहीं देती। यद्यपि हम सौन्दर्य में सुकुमारता (गुलाब के फूल के झामे से एड़ी को घिसने पर एड़ी लाल हो जानेवाली सुकुमारता) के पक्ष में अधिक नहीं हैं फिर भी उसका मूल्य है। सौन्दर्य ही स्वयं उसकी उपयोगिता है।

क्रोचे का मत–सौन्दर्य की जो वस्तु अपने लक्ष्य या कार्य के अनुकूल हो वही सुन्दर है–**'सुधा सराहिअ अमरता गरल सराहिअ मीचु'** (रामचरितमानस, बालकाण्ड–11)–यह भी उपयोगिता का ही रूप है। क्रोचे ने अभिव्यक्ति को ही कला या सौन्दर्य माना है। वह सफल विशेषण भी नहीं जोड़ना चाहता, क्योंकि असफल अभिव्यक्ति अभिव्यक्ति नहीं है। यहं परिभाषा कलाकृतियों पर ही अधिक लागू होती है। इन परिभाषाओं से हम इस तथ्य पर आए हैं कि सौन्दर्य का गुण किसी अंश में वस्तुगत है और उसका निर्णय तद्गत गुणों, रेखाओं आदि के सामंजस्य पर निर्भर है। इन गुणों, रूपों आदि का जितना सामंजस्यपूर्ण बाहुल्य होगा उतनी ही वस्तु सुन्दर होगी (क्रोचे ने सौन्दर्य में श्रेणी-भेद नहीं माना है, वह असुन्दर की ही श्रेणियाँ मानता है), उसकी विषयगतता ही लोक-रुचि का निर्माण करती है। वैयक्तिक रुचि यदि विरुद्ध हो तो उसकी सराहना नहीं की जाती–

'सीतलताऽरु सुबास कौ, घटै न महिमा-मूरु।
पीनस वारैं जो तज्यौ, सोरा जानि कपूर।।'

–'बिहारी-रत्नाकर' (दोहा 59)

इसी के साथ सौन्दर्य का विषयीगत पक्ष भी है जिसके कारण उसकी ग्राहकता आती है। सौन्दर्य का प्रभाव भी विषयी पर ही पड़ता है, इसीलिए उसकी भी उपेक्षा नहीं की जा सकती है।

सामंजस्य में समन्वय

सौन्दर्य बाह्य रूप में ही सीमित नहीं है वरन् उसका आन्तरिक पक्ष भी है। उसकी पूर्णता तभी आती है जव आकृति गुणों की परिचायक हो। सौन्दर्य का आन्तरिक पक्ष ही शिवं है। वास्तव में सत्य, शिव और सुन्दर भिन्न-भिन्न क्षेत्रों में एक-दूसरे के अथवा अनेकता में एकता के रूप हैं। सत्य ज्ञान की अनेकता में एकता है,

शिव कर्म क्षेत्र की अनेकता की एकता का रूप है। सौन्दर्य भाव-क्षेत्र का सामंजस्य है। सौन्दर्य को हम वस्तुगत गुणों वा रूपों का ऐसा सामंजस्य कह सकते हैं जो हमारे भावों में साम्य उत्पन्न कर हमको प्रसन्नता प्रदान करे तथा हमको तन्मय कर ले। सौन्दर्य रस का वस्तुगत पक्ष है। रसानुभूति के लिए जिसे सतोगुण की अपेक्षा रहती है वह सामंजस्य का ही आन्तरिक रूप है। सतोगुण एक प्रकार से रजोगुण और तमोगुण का सामंजस्य ही है। उसमें न तमोगुण-की-सी निष्क्रियता रहती है और न रजोगुण-की-सी उत्तेजित सक्रियता। संतुलनपूर्ण सक्रियता ही सतोगुण है। इसी प्रकार सौन्दर्य की सृष्टि करना कवि और कलाकार का काम है। संसार में इस सौन्दर्य की कमी नहीं। कलाकार इस सौन्दर्य पर अपनी प्रतिभा का आलोक डालकर इसे जनता के लिए सुलभ और ग्राह्य बना देता है।

कवि जहाँ पर सामंजस्य का अभाव देखता है वहाँ वह थोड़ी काट-छाँट के साथ सामंजस्य उत्पन्न कर देता है। वहीं सामंजस्य पाठक वा श्रोता के मन में समान प्रभाव उत्पन्न कर उसके आनन्द का विधायक बन जाता है। सौन्दर्य की इतनी विवेचना करने पर भी उसमें कुछ अनिर्वचनीय तत्त्व रहता है, जिसके लिए बिहारी के शब्दों में कहना पड़ता है—**'वह चितवन औरे कछू जिहि बस होत सुजान।'** इसी अनिर्वचनीयता के कारण प्रभाववादी आलोचना और रुचि को महत्त्व मिलता है।

7. कविता और स्वप्न

कल्पना

आत्मप्रसंग

यद्यपि मैं कविता करने के सौभाग्य से वंचित रहा हूँ तथापि मैं क्षम्य गर्व के साथ कहता हूँ कि स्वप्नों के सम्बन्ध में मेरी मस्तिष्क-भूमि बड़ी उर्वरा है किन्तु मेरे स्वप्न किसी कवि, सुधारक, आविष्कारक या राष्ट्रनिर्माता के से नहीं होते वरन् वे ऐसे होते हैं जो चिन्ताग्रस्त, भग्नमनोरथ तथा भावाक्रान्त लोगों के संतप्त और उद्वेलित मस्तिष्क को रात में भी क्रियाशील बनाए रखते हैं और जिनकी थकावट 'हार्लिक्स माल्टेड मिल्क' के विज्ञापनों को भी मिथ्या प्रमाणित करने का श्रेय प्राप्त कर सकती है। जहाँ तक मेरे निजी अनुभव का सम्बन्ध है, मैं तो अब ज्ञानियों की भाँति जागरण को एक ईश्वरीय वरदान समझता हूँ किन्तु मैं जानता हूँ कि कुछ लोग ऐसे सुख-स्वप्न अवश्य देखते हैं कि जिनसे जागना एक अभिशाप होता है। और लोग तो सोकर खोते हैं, ऐसे लोग जागकर खोते हैं–**'मीरन और तो सोय के खोवत मैं सखि प्रीतम जागि गँवाए'**। कविता यदि स्वप्न है तो ऐसा ही सुख स्वप्न है।

स्वप्न और कविता का तादात्म्य तो नहीं हो सकता क्योंकि स्वप्न के मानसिक प्रत्यक्ष वास्तविक प्रत्यक्ष से कम सजीवता नहीं रखते हैं (उनमें तात्कालिक सत्य तो अवश्य ही होता है)। हमें कभी-कभी अपने स्वप्नों की सत्यता में सन्देह होने लगता है किन्तु वह शंका भी शीघ्र ही स्वप्न-जाल में विलीन हो जाती है। स्वप्न में बाह्य संसार से हमारा अपेक्षाकृत सम्बन्ध-विच्छेद हो जाता है। कविता में ऐसा अधिक नहीं होता।

स्वप्न और तत्त्व

कविता स्वप्न तो नहीं किन्तु वह उसकी कुटुम्बिनी अवश्य है और दिवास्वप्नों के बहुत निकट आ जाती है। यदि हम स्वप्न का विश्लेषण करके देखें तो उसकी बहुत-सी सामग्री हमको कविता में मिल जाएगी। स्वप्न के उदय होने में कुछ बाह्य

कारण होते हैं और कुछ भीतरी। साधारण प्रत्यक्ष (Perception)में बाहरी सामग्री संवेदना (Sensation) के रूप में आती है किन्तु हमारी पूर्वस्मृतियाँ आदि मिलकर उस वस्तु की प्रत्यभिज्ञा (Cognition) और उसे निश्चित आकार-प्रकार देने में सहायक होती हैं। जहाँ यह मानसिक क्रिया आवश्यकता से अधिक होती है वहीं भ्रम हो जाता है और स्थाणु (लकड़ी का खम्भा) पुरुष का रूप धारण कर लेता है। स्वप्न में यह बाहरी सामग्री बहुत कम होती है। इन संवेदनों (Sensations) के लिए बाहरी आघात आवश्यक नहीं। जहाँ थोड़ी उत्तेजना होती है वहाँ उस पर मानसिक क्रिया चल पड़ती है और उसको केन्द्र बना स्वप्न का जाल बुन लिया जाता है। बाहर कहीं घण्टा बजा तो स्वप्नद्रष्टा अपने मन की स्थिति के अनुकूल गिरजा या मन्दिर रच लेता है, अथवा स्कूल या कॉलेज समय पर न पहुँचने की चिन्ता से व्यथित हो भागने लगता है, कभी-कभी वह रेलगाड़ी, ट्राम या मोटर की रचना कर लेता है। भागने-दौड़ने तथा उड़ने के स्वप्न बहुत-कुछ सोते समय हाथ-पैरों की स्थिति पर निर्भर रहते हैं। कभी-कभी मच्छर की भनभनाहट गान में परिणत हो जाती है, कभी-कभी पैर सो जाने आदि की आन्तरिक संवेदना सर्प या अजगर द्वारा पैर के ऐंठे जाने के भयप्रद अनुभव में परिणत हो जाती है। वह बाह्य सामग्री कभी-कभी स्वतःचालित स्नायुविक उत्तेजना (Automatic nervous excitement) से मिल जाती है।

स्वप्न के उपादान तो कल्पना के चित्र होते हैं और उनका तारतम्य अनियन्त्रित सम्बन्ध-ज्ञान (Free Association) के बल पर चलता रहता है। इनमें हमारी अभिलाषाएँ भी बहुत कुछ योग देती हैं हमारी चिन्ताएँ, उपचेतना में दबी हुई अभिलाषाएँ अतृप्त वासनाएँ और कभी-कभी ऐसी बातें जिनकी हमारे मन गहरी छाप पड़ी हो कल्पना के चित्रों के चुनाव के कारण बनती हैं। फ्रायड ने स्वप्न के सम्बन्ध में बहुत-कुछ अनुसन्धान किया है किन्तु उन्होंने उपचेतना में दबी हुई अतृप्त वासनाओं और विशेषकर कामवासनाओं पर अधिक जोर दिया है। उनके मत से स्वप्नों में प्रतीकत्व (Symbolism) भी होता है जो कि वासनापूर्ति के नग्न स्वरूप पर आवरण डाल देता है जैसे कोई अपने जान-पहचान के किसी मनुष्य को जिससे कभी छुटपन में लड़ाई हो गई हो फाँसी के तख्ते पर न लटका हुआ देखकर केवल तख्ते उतारते या चीरते देखे। अधिकांश स्वप्न अभिलाषापूर्ति के या चिन्ता के हल ढूँढ़ने के होते हैं। वह भी एक प्रकार की अभिलाषापूर्ति है।

इस प्रकार स्वप्न में निम्नोल्लिखित तत्त्व आ जाते हैं—(1) कुछ बाहरी संवेदना, (2) कल्पना, (3) सम्बन्ध-ज्ञान, (4) इच्छा, अभिलाषा, वासना जिसकी पूर्ति या अपूर्ति जो उसमें कुछ रागात्मकता ले आती है और (5) वेद्यान्तर सम्पर्कशून्यता अर्थात् अपने विषय के अतिरिक्त किसी दूसरी वस्तु का भान न होना।

दिवा-स्वप्नों में भी करीब-करीब यही बातें होती हैं किन्तु उनका प्रत्यक्षीकरण

इतना सजीव नहीं होता जितना कि रात्रि-स्वप्नों का। इसका कारण यह है कि दिन में कल्पना के बहाव में बह जाने पर भी बुद्धि का कठोर शासन बना रहता है और वास्तविक संसार से हमारा पूर्ण विच्छेद भी नहीं होता।

कल्पना

यहाँ पर कल्पना के सम्बन्ध में दो-एक शब्द कह देना अनुपयुक्त न होगा। कल्पना वह शक्ति है जिसके द्वारा हम अप्रत्यक्ष के मानसिक चित्र उपस्थित करते हैं। कल्पना का अंग्रेजी पर्याय 'Imagination' है। यह शब्द 'Image' या मानसिक चित्र से बना है। संस्कृत में कल्पना शब्द **'कलृप'** धातु से बना है, जिसका अर्थ है सृष्टि करना। स्वर्ग के कल्पवृक्ष की भाँति कल्पना भी मनचाही परिस्थिति उपस्थित कर देती है। कल्पना द्वारा उपस्थिति किए हुए चित्र भूत, भविष्य और वर्तमान तीनों काल के हो सकते हैं। मैं कॉलेज में बैठा हुआ घर पर जो हो रहा होगा उसकी कल्पना कर सकता हूँ। यह वर्तमान किन्तु अप्रत्यक्ष के सम्बन्ध में कल्पना है। शिवाजी या शाहजहाँ औरंगजेब द्वारा कैद किए जाने पर क्या सोचते होंगे, यह भूत की कल्पना है और भावी युद्ध कैसे होंगे, यह भविष्य सम्बन्धी कल्पना है। कल्पना असंकल्पित (Passive) और संकल्पित (Active) दोनों प्रकार की होती हैं। असंकल्पित कल्पना ही दिवा-स्वप्नों और स्वच्छन्द कल्पना (Fancy) में परिणत हो जाती है। स्वप्न में भी इसी प्रकार की कल्पना काम करती है। जब हमारे मानसिक चित्रों का तारतम्य बिना किसी प्रयास के चलता रहता है तब वह निष्क्रिय कहलाती है और जब वह प्रयास से चलता है तब वह सक्रिय होती है।

इसके अतिरिक्त कल्पना का एक और विभाग किया गया है, जब पिछले दृश्य जैसे-के-तैसे कल्पना में दुहराए जाते हैं तब उसे पुनरावृत्यात्मक (Reproductive) कहते हैं और जब पहले के चित्रों में उलट-फेर होता है या उनके नए योग दिए जाते हैं तब वह सृजानात्मक (Preductive) कहलाती है। हमने स्वर्ण भी देखा है और मृग भी। इस प्रकार हम स्वर्ण-मृग की कल्पना कर सकते हैं किन्तु इस प्रकार की कल्पना की सीमाएँ होती हैं। हम दो विरोधी बातों को एक साथ नारंगी-सी गोल और पैसे-सी चपटी भी हो तथा जो एक ही साथ सफेद हो और काली भी।

कल्पना का हमको हर समय काम पड़ता है। साधारण प्रत्यक्ष में आधा वास्तविक प्रत्यक्ष होता है और आधा काल्पनिक। हम वृक्ष का एक पहलू देखते हैं और दूसरे की सत्ता कल्पना में सही मान लेते हैं। हम वस्तु को देखकर उसके चिकनापन और खुरदरापन का अनुमान कर लेते हैं। इसको न्यायशास्त्र में ज्ञान-लक्षण से उत्पन्न अलौकिक प्रत्यक्ष कहा है। बच्चों के खेल में भी कल्पना का बहुत काम पड़ता है। लकड़ी का घोड़ा बनाकर **'चल रे घोड़े, चल रे घोड़े सरपट चाल'** कहना कल्पना

ही का काम है। चित्रों के टुकड़े अलग-अलग जुटाकर उनका साबित चित्र बनाना कल्पना का ही खेल है। कवि भी कल्पना से काम लेता है। उसी के आधार पर वह प्रजापति कहलाता है। कल्पना का कार्य अनुभूति और अभिव्यक्ति दोनों ही में है। अलंकार, लक्षणा, व्यंजना सब कल्पना के रूप हैं। हमारे स्वप्न भी जैसा ऊपर कहा जा चुका है, कल्पना के उपादानों से ही बनते हैं। आविष्कार का भी कल्पना का आश्रय लिये बिना काम नहीं बनता। पागल की कल्पना अनियन्त्रित रूप धारण कर कभी-कभी उसको ऐसा भान करा देती है कि वह ईसामसीह है या काँच का बना हुआ है अथवा वह मनुष्य नहीं है, बकरा है।

भिन्न-भिन्न मनुष्यों में भिन्न-भिन्न प्रकार के कल्पना के चित्रों का प्राधान्य होता है और कभी-कभी ये काल्पनिक चित्र क्रिया का भी संचालन करा देते हैं। किन्हीं-किन्हीं पुरुषों में चाक्षुष-चित्रों का प्राधान्य होता है, किन्हीं में शब्दों-चित्रों का और किन्हीं में ग्रन्थ-चित्रों का तथा किन्हीं में स्पर्श-चित्रों व क्रिया एवं गति चित्रों का। किसी शब्द का वर्णविन्यास याद करते हुए बहुत-से लोग कल्पना में हाथ चलाना प्रारम्भ कर देते हैं। बहुत-से लोग मानसिक गणित करने में अँगुलियों का संचालन करने लगते हैं।

प्रतिभा

कवि की प्रतिभा (Genius) भी तो एक साधारण प्रकार की कल्पना है। वह संकल्पित और असंकल्पित कल्पना के बीच की चीज है। उसमें थोड़े परिश्रम से अधिक फल की प्राप्ति हो सकती है। उसमें अपने आप नई-नई स्फूर्ति होती रहती है। अपने यहाँ प्रतिभा को दो प्रकार का माना है, कारयित्री जो कि कवि और रचयिता में होती है और भावयित्री जो कि भावक, आलोचक वा सहृदय पाठक में होती है। स्वप्न में बुद्धि का नियंत्रण नहीं रहता, प्रतिभा में नियन्त्रण रहता है। स्वप्न में भी नवीनता का अभाव नहीं किन्तु प्रतिभा में नवीनता की भावना कुछ अधिक रहती है किन्तु साथ ही वह अधिक बुद्धिसंगत भी होती है।

तुलना

यह विषयान्तर भूमिका रूप से आवश्यक था, पाठकगण इसे क्षमा करेंगे। अब हम कविता पर आते हैं। श्रीमती महादेवी वर्मा ने साहित्य-सम्मेलन से प्रकाशित अपनी कविताओं के संग्रह की भूमिका में कहा है कि—**'कवि को वास्तविक द्रष्टा के साथ स्वप्न द्रष्टा भी होना चाहिए।'** अब जरा विचार करने पर यह स्पष्ट हो जाएगा कि कवि किस अर्थ में स्वप्न-द्रष्टा अथवा विश्वामित्र की भाँति अपना संसार रचता है। उसमें प्रायः वर्तमान के प्रति असन्तोष की भावना रहती है। वह अपनी इच्छा के अनुकूल संसार को बदल लेता है—

'अपारे काव्यसंसारे कविरेव प्रजापतिः
यथास्मै रोचते विश्वं तथेदं परिवर्तते।।'

—'अग्निपुराण' (339 ।10)

स्वप्न में भी परिवर्तन होता है। स्वप्न-सम्बन्धी परिवर्तनों को फ्रायड ने 'Condensation' अर्थात् घनीकरण—जैसे व्यक्तियों को मिला देना अर्थात् एक के व्यक्तित्व या आकार में दूसरे का व्यक्तित्व या आकार मिला देना—और 'Displacement' अर्थात् स्थानान्तर करना कहा है। स्वप्न के परिवर्तन प्रायः अस्पष्टता लाते हैं और कुछ विकृति भी उत्पन्न करते हैं किन्तु कविता के परिवर्तन स्पष्टता और सुष्ठुता का सम्पादन करते हैं। कवि के स्वप्नों का आधार वास्तविक संसार अवश्य होता है किन्तु साधारण लोगों की अपेक्षा उसमें भावनाओं, स्मृतियों तथा अभिलाषाओं का अधिक मेल रहता है। कवि यदि जगबीती बात भी कहता है तो उसमें अपनी अभिलाषाओं और अपने आदर्शों का रंग दे देता है। स्वप्न की तरह कविता करने में चाक्षुष-प्रत्यक्ष की अपेक्षा मानसिक क्रियाओं का प्राधान्य होता है। कवि की रुद्ध और दबी हुई अभिलाषाएँ निर्झर के स्रोत की भाँति फूट पड़ती हैं और वह अपनी अभिलाषित संसार का स्वप्न-द्रष्टा की भाँति मानसिक प्रत्यक्ष कर लेता है। उसमें उसकी अहंभावना की तृप्ति हो जाती है। जो बातें वह अपनी प्रेयसी से कहना चाहता है, कविता में उनके शब्द-चित्र उपस्थित कर उनको मुखरित कर देता है; मानस के भरत आदि पात्रों में तुलसी की भक्ति-भावना बोलती हुई सुनाई पड़ती है। कविता की पंक्तियाँ कवि के दुःख-सुख की वाहिनी बन जाती हैं। कवि अपने भावों को व्यक्त करके कुछ हलकेपन और शान्ति का भी अनुभव करता है, शायद वह मिलन का सुख भी प्राप्त करने लगता है और किसी-न-किसी अंश में मनमोदकों से उसकी भूख भी बुझ जाती है।

फ्रायड के स्वप्न-द्रष्टा की भाँति कवि किन्ही अंशों में प्रतीकों (Symbols) से भी काम लेता है। कभी कामवासना पर भक्ति का आवरण डाल दिया जाता है और कभी-कभी कविगण ज्ञान और भक्ति पर वासना का शर्करावेष्टन चढ़ाकर उसको अधिक ग्राह्य बना देते हैं, कभी आध्यात्मिक आनन्द का भौतिक आनन्द की शब्दावली में चित्रण कर उसको लोकसामान्य के अनुभव की पहुँच में लाया जाता है। कवि के रूपक भी स्वप्न-के-से प्रतीक ही होते हैं। यदि वे किसी भाव के प्रतीक नहीं होते तो वे कवि के हृदय की उत्कण्ठा के तो चिह्न होते ही हैं। कवि जिस उत्कृष्ट रूप में अपने वर्ण्य-विषय को देखना चाहता है उसी के वह रूपक, उत्प्रेक्षा आदि अलंकार बना लेता है। उत्प्रेक्षा का अर्थ ही है उत्कट प्रेक्षण-इच्छा। रूपक का भी अर्थ है रूप का आरोप। रूपकों और उत्प्रेक्षाओं द्वारा कवि एक हल्के प्रकार से अपनी अभिलाषापूर्ति कर लेता है। स्वप्नों में भी प्रायः रूपकों का-सा आरोप रहता है। हम लोगों को प्रायः बदला हुआ-सा देखते हैं।

कवि की कल्पना कभी-कभी दिवा-स्वप्नों की भाँति असंकल्पित और अनियन्त्रित रूप से चलती है—**'बादल से बँधे आते हैं मजमूँ मेरे आगे'**– और कभी उनमें प्रयास से भी नए चित्र लाने पड़ते हैं। कवि को सम्बन्ध-ज्ञान से भी बहुत काम लेना होता है और उसके समतामूलक तथा विरोधमूलक अलंकार एक प्रकार के सम्बन्ध-ज्ञान से ही सम्बन्ध रखते हैं। जब कवि की कल्पना अधिक प्रबल हो जाती है और उसका प्रवाह कुछ-कुछ अनियन्त्रित रूप से चलता है तब उसको अंग्रेजी में फैंसी (Fancy) कहते हैं। ऐसी अवस्था में कवि चाहे दिवा-स्वप्न न देखे किन्तु एक के बाद एक सम्बन्ध की शृंखला तैयार होती चली जाती है। जहाँ उपमाओं की झड़ी लग जाती है, जैसी पन्तजी की 'छाया' या 'नक्षत्र' नाम की कविताओं में, वहाँ सम्बन्ध-ज्ञान ही काम करता है और कभी-कभी वह बहुत अनियन्त्रित प्रकार का होता है। स्वप्न में भी सम्बन्ध-ज्ञान बड़े अनियन्त्रित रूप से काम करता है जिसको हम अनियन्त्रण कहते हैं वह शायद लुप्त-सुप्त वासनाओं का नियन्त्रण होता है। अच्छी कविता में भी प्रायः भावनाओं का ही मनोराज्य रहता है, लेकिन उनमें स्वप्न की अपेक्षा बुद्धि का नियन्त्रण कुछ अधिक होता है। कभी-कभी स्वप्न-चित्रावली शब्द-चित्रों का रूप धारण कर कविता बन जाती है। अंग्रेजी साहित्य में कालरिज की 'Kublakhan' नाम की कविता इसका उदाहरण है।

स्वप्न और कविता में एक ही अन्तर यह भी है कि यद्यपि रस की अवस्था वेद्यान्तरशून्य मानी गई है तथापि कविता में प्रत्यक्ष संसार और उसकी कठोर वास्तविकता कम भुलाई जाती है।

कविता का उदय चाहे अवचेतना में हो किन्तु वह पल्लवित सजग चेतना में ही होती है। स्वप्न में व्यक्ति का अंश प्रधान रहता है और जाति की भावनाएँ कुछ अल्प मात्रा में मिलती हैं। कविता कै व्यक्ति में जाति की झलक रहती है। कविता-की-सी सामाजिकता भी स्वप्न् में नहीं है।

प्रायः सभी कविताएँ किसी-न-किसी प्रकार से कवि का स्वप्न होती हैं अर्थात् वह वास्तविकता को जिस रूप में देखता है या देखना चाहता है, इस बात की वे परिचायका होती हैं। कविता की अपेक्षा नाटक में स्वप्न-का-सा आत्मभाव का द्वेधीकरण (Splitting of personality) कुछ अधिक रहता है। कवि और विशेषकर नाटककार अपने को विभिन्न पात्रों की स्थिति में रख लेता है। स्वप्न में यह कार्य अचेतन रूप से किन्तु पूर्णता के साथ होता है।

कुछ कवियों का स्वप्न

स्वप्नों की भाँति कविताओं में भी भविष्य की स्थिति का संकेत रहता है और कभी-कभी उससे क्रियात्मक लाभ उठाया जा सकता है। कुछ कविताओं में पूर्वानुभूत सुखों

का वर्णन या प्राचीन गौरव का चित्र रहता है। ऐसी कविताओं को हम अतीत का स्वप्न कहेंगे। पन्तजी की **'ग्रन्थि'** को हम ऐसे ही स्वप्नों में रखेंगे। 'उत्तररामचरित' में भी ऐसे स्वप्न मिलते हैं। श्री मैथिलीशरणजी गुप्त **'भारत-भारती'** में हमारे देश के अतीत के स्वप्न अच्छे हैं। पंतजी की 'भावी पत्नी' नाम की कविता को हम दिवा-स्वप्न कह कहते हैं। इसमें उनकी आन्तरिक कल्पना का प्रत्यक्षीकरण हो गया है–

'नवल मधुऋतु-निकुञ्ज में प्रात,
प्रथम-कलिका-सी अस्फुट गात,
नील नभ-अन्तःपुर में, तन्वि!
दूज की कला सदृश नवजात;
मधुरता, मृदुता-सी तुम प्राण!
न जिसका स्वाद-स्पर्श कुछ ज्ञात;
कल्पना, ही जाने, परिणाम?
प्रिय, प्राणों की प्राण।'

–'गुंजन'

इस प्रकार कधि अपपे मन के उल्लास को व्यक्त करता है। एक अभिलाषा मूलक ध्वनि और गति का चित्र हिन्दी के होनहार कवि श्री चिरंजीलाल 'एकाकी' के 'रजनी' नामक एंकाकी नाटक से दिया जाता है–

'कल्पना-सी सुन्दर साकार
स्वर्ण-नूपुर की भर झंकार
गुलाबी चरणों से चल मौन
खोल दे मेरे उर का द्वार'

भक्त कवियों के स्वप्न–भक्तों ने अपने-अपने विश्वासों के अनुकूल मनोरथों के सुख-स्वप्न देखे हैं। रसखान का प्रसिद्ध सवैया जो नीचे दिया जाता है कवि की अभिलाषा का सुन्दर चित्र है। ऐसी अवस्थाओं में अभिलाषाओं का कथन-मात्र स्वप्न-की-सी आंशिक पूर्ति अवश्य कर देता है। देखिए रसखानजी कैसे आनन्द-विभोर हो सकते हैं–

'मानुष हौं तौ वही 'रसखानि', बसौं ब्रज गोकुल गाँव के ग्वारन।
जो पशु हौं तौ कहा बस मेरो, चरौं नित नन्द की धेनु मंझारन।।
पाहन हौं तौ वही गिरि को, जो धर्‌यो कर छत्र पुरंदर धारन।
जो खग हौं तौ बसेरो करौं नित, कालिन्दी कूल कदंब की डारन।।'

–'रसखान और उनका काव्य'

यह स्वप्न कवि की भावुकता और कथावार्त्ताओं में सुनी हुई बातों के सम्बन्ध ज्ञान से बना है। गोस्वामी तुलसीदासजी ने भी एक कर्त्तव्य-सम्बन्धी स्वप्न देखा है, वह अत्यन्त सुन्दर है–

'कबहुँक हौं यह रहनि रहौंगे।
श्रीरघुनाथ-कृपालु-कृपा तें सन्त-स्वभाव गहौंगो।।
यथा लाभ संतोष सदा काहू सों कछु न चहौंगो।
पर-हित-निरत निरन्तर मन क्रम बचन नेम निबहौंगो।

—'विनयपत्रिका' (पद 172)

इसमें चाक्षुष चित्र तो कम हैं किन्तु जीवन का आदर्श प्रतिबिम्बत है।

महात्मा भर्तृहरि ने अपने 'वैराग्यशतक' में गंगा-तीर पर किसी शिला के ऊपर पद्मासन बाँधकर बैठने का स्वप्न देखा है और अभिलाषा की है कि कब ऐसे बैठे हुए उनके शरीर से हिरण निर्भय होकर अपने सींगों की खुजली मिटाएँगे—

'गङ्गातीरे हिमगिरिशिलाबद्धपद्मासनस्य,
ब्रह्मध्यानाभ्यसनविधिना योगनिद्रागतस्य।
किं तैर्भाव्यं सुदिवसैर्यत्र ते निर्विशङ्का,
सम्प्राप्स्यन्ते जरठहरिणाः शृङ्गकण्डविनोदम।।'

—'भर्तृहरिशतकम्' (वैराग्यशतकात्)

भक्तों के मनोराज्य बड़े ही सुन्दर होते हैं। महात्मा सूरदास का स्वप्न सुनिए—

'ऐसेहिं बसिये ब्रज की बीथिन।
साधुनि के पनवारे चुनि-चुनि उदय जु भरिए सीतनि।।
पैंड़े में के बसन बीनि तन छाया परम पुनीतनि।
कुंज-कुंज तर लोटि-लोटि रचि रज लागै रंगी तनि।।
निसि दिन निरखि जसोदानंदन अरु जमुना जल पीतनि।
दरसन 'सूर' होत तन पावन, दरसन मिलत अतीतनि।।'

—'सूरपंचरत्न' (विनय)

कवि लोग हमेशा अपने ही स्वप्नों का वर्णन नहीं करते हैं वरन् वे योगी की भाँति दूसरे के शरीर में प्रवेश कर उसके स्वप्न देखकर मग्न होते हैं। वे अक्सर स्वयं छिपे रहकर दूसरे के मुख से अपनी बात कहलाते हैं। पण्डित माखनलाल चतुर्वेदी की 'फूल की चाह' शीर्षक कविता में कवि की राष्ट्रीय आत्मा के दर्शन मिलते हैं—

चाह नहीं, मैं सुरबाला के गहनों में गूँथा जाऊँ।
चाह नहीं, प्रेमी-माला में बिंध प्यारी को ललचाऊँ।।
चाह नहीं, सम्राटों के शव पर हे हरि! डाला जाऊँ।
चाह नहीं, देवों के सिर पर चढ़ूँ, भाग्य पर इठलाऊँ।।
मुझे तोड़ लेना बनमाली! उस पथ में देना तुम फेंक।
मातृभूमि पर शीश चढ़ाने जिस पथ जावें वीर अनेक।।'

—'माखनलाल चतुर्वेदी' (पुष्प की अभिलाषा)

भाव-तादात्म्य--दूसरे के भावों को अपना बना लेने को कुछ अंग्रेजी मनोवैज्ञानिकों ने 'Empathy' कहा है। 'Sympathy' में सहानुभूति होती है, 'Empathy' में भावतादात्म्य कर कवि स्वयं अपने को नायक की स्थिति में रख लेता है। बहुत-सी जगबीती कविताओं में भी 'Empathy' से ही काम लिया जाता है। इसी से कवि हर वर्ग का प्रतिनिधि होकर उसका स्वप्न देखने लगता है, जिस प्रकार, स्वप्नद्रष्टा अपनी जाग्रत अवस्था की सृष्टि का अपनी कल्पना में कुछ हेर-फेर के साथ पुनर्निमाण करता है उसी प्रकार कवि भी वास्तविकता को अपने भावों का रंग देकर चित्रित करता है। कवि की चित्रावली नितान्त उच्छृंखल नहीं होती, उसमें बुद्धितत्त्व के लिए स्थान रहता है।

करुणा के साथ वीभत्सता--कोई कवि जीवन में से सुन्दर चित्र लेते हैं और कोई करुण। स्वप्न और कविता दोनों में ही रुचि और भावनाओं के अनुकूल चुनाव रहता है। करुणा भी कोमल भावों को जाग्रत करती है, किन्तु सब स्थानों में शायद वह सौन्दर्य-भावना की तृप्ति न कर सके। अंचलजी की **'किरण-बेला'** में एक दुपहर का स्वप्न देखिए--

'गंदी स्तब्ध कोठरी में अनजान।
सो रहा अन्धा कुत्ता एक
वहीं मैली शैया
धानी चुनरी बिछाए लेटी नारी,
घायल चील-सी
अधनंगी अज्ञात,
किसी श्रमजीवी का अभिशाप,
चूसता फिर निचोरता सूखे स्तन
भूखा शिशु।'

--'किरण-बेला' (दोपहर की बात,)

इस स्वप्न में वास्तविकता है, करुणा है किन्तु इसके सौन्दर्य को योगी ही देख सकते हैं, साधारण मनुष्य नहीं। ऐसे चित्रों में भी सौन्दर्य को अवतरित करना सच्चे कलाकार का काम है। सच्ची सहानुभूति जाग्रत होने पर वीभत्स में करुण की सरलता आ जाती है। इस पर ज़ाग्रति में कलाकार और आलोचक दोनों को ही साधारण भाव-भूमि से ऊँचे उठने की आवश्यकता है।

सब स्वप्न झूठे नहीं होते। सबमें सत्य का कुछ-न-कुछ आधार अवश्य रहता है; किसी में कम, किसी में ज्यादा। छायावादी कवि जो प्रकृति को मानवी रंग में रँगा हुआ देखता है, रहस्यवादी जो परमात्मा से मिलन या विरह के गीत गाता है और प्रगतिवादी जो वर्तमान वर्गवाद को मिटाकर एक वर्गरहित समाज देखना चाहता है सभी अपनी-अपनी रुचि, शिक्षा, आशा-अभिलाषाओं के अनुकूल स्वप्नद्रष्टा हैं।

8. काव्य के वर्ण्य

रस, विभाग और भाव

भावपक्ष और कलापक्ष

काव्य के प्रायः दो पक्ष माने जाते हैं—भावपक्ष और कलापक्ष। भावपक्ष में काव्य के समस्त वर्ण्य-विषय आ जाते हैं और कलापक्ष में वर्णन-शैली के सब अंग सम्मिलित हैं। ये दोनों पक्ष एक-दूसरे के सहायक और पूरक होते हैं। भावपक्ष का सम्बन्ध काव्य की वस्तु से है और कला का सम्बन्ध आकार या शैली से है। वस्तु और आकार एक-दूसरे से पूथक् नहीं हो सकते। कोई वस्तु आकारहीन नहीं हो सकती है और न आकार वस्तु से अलग किया जा सकता है। वैसे तो व्यापक दृष्टि से भावपक्ष और कलापक्ष दोनों ही रस से सम्बन्धित हैं, क्योंकि कलापक्ष के अन्तर्गत जो अलंकार लक्षणा, व्यञ्जना और रीतियाँ हैं वे सभी रस की पोषक हैं तथापि भावपक्ष का रस से सीधा सम्बन्ध है। वह उसका अङ्ग है, कलापक्ष के विषय उसके सहायक और पोषक हैं।

रस

आचार्य विश्वनाथ ने रस को काव्य की आत्मा माना है। संक्षेप में तो रस आस्वा दनजन्य आनन्द को कहते हैं किन्तु पारिभाषिक शब्दावली में हम उसके रूप को इस प्रकार कहेंगे—विभाव, अनुभाव और संचारी भावों से मिलकर वासनारूप (संस्कार रूप) स्थायी भाव जब अपनी व्यक्त और पूर्ण परिपक्वावस्था को पहुँचता है तब वह आत्मा की सहज सात्त्विकता के कारण रस का आनन्दमय रूप धारण कर लेता है। आचार्य विश्वनाथ ने रस की व्याख्या इस प्रकार की है—

> **'विभावेनानुभावेन व्यक्त सञ्चारिणा तथा।**
> **रसतामेति रत्यादिः स्थायिभावः सचेतसाम्।।'**
>
> —'साहित्य दर्पण' (3।1)

रस-सामग्री

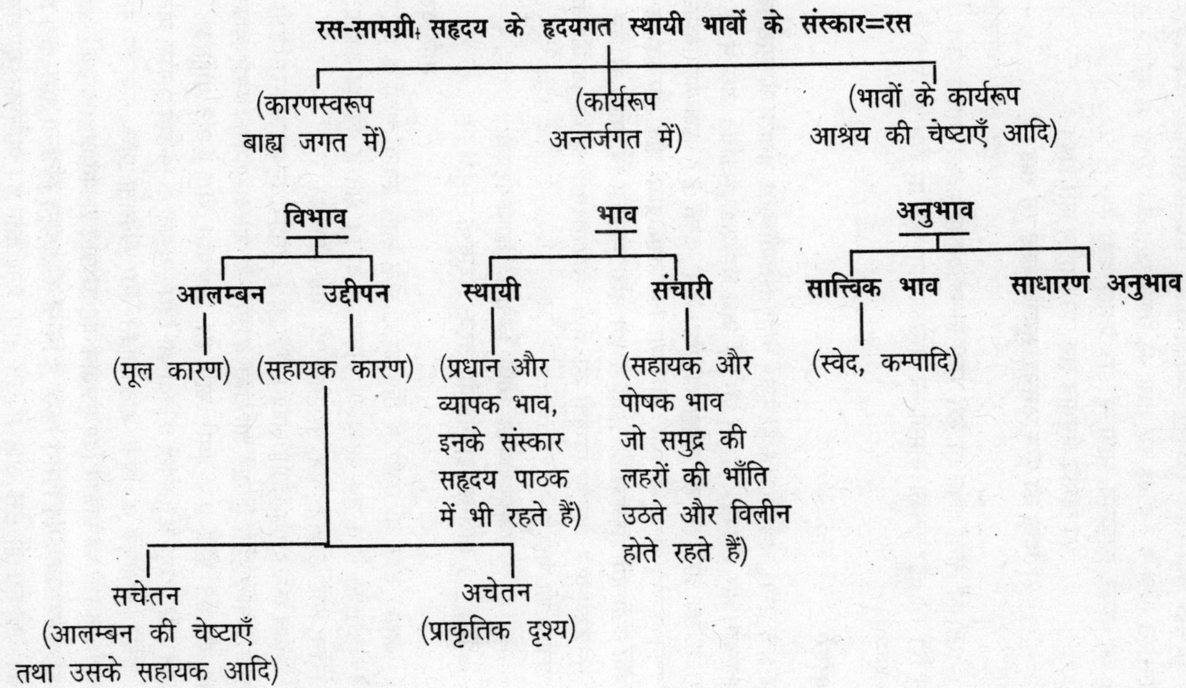
रस-सामग्री+ सहृदय के हृदयगत स्थायी भावों के संस्कार=रस
(कारणस्वरूप बाह्य जगत में)
(कार्यरूप अन्तर्जगत में)
(भावों के कार्यरूप आश्रय की चेष्टाएँ आदि)
विभाव
आलम्बन
उद्दीपन
(मूल कारण)
(सहायक कारण)
सचेतन
(आलम्बन की चेष्टाएँ तथा उसके सहायक आदि)
अचेतन
(प्राकृतिक दृश्य)
भाव
स्थायी
संचारी
(प्रधान और व्यापक भाव, इनके संस्कार सहृदय पाठक में भी रहते हैं)
(सहायक और पोषक भाव जो समुद्र की लहरों की भाँति उठते और विलीन होते रहते हैं)
अनुभाव
सात्त्विक भाव
साधारण अनुभाव
(स्वेद, कम्पादि)

अर्थात् विभाव अनुभावों (जिनमें सात्त्विक भाव भी शामिल हैं) द्वारा रति आदि स्थायी भाव जब सहृदय सामाजिकों के मन में व्यक्त होता है अर्थात् दूध से दही की परिणति की भाँति (**व्यक्तो दध्यादिन्यामेन रूपान्तरपरिणतो व्यक्तीकृत एवं**) रूपान्तरित होता है तब वह रस दशा को प्राप्त होता है। हिन्दी के कवियों ने इसी बात को अपने काव्यमय भाषा में इस प्रकार कहा है–

'जो विभाव अनुभाव अरु, विभचारिनु करि होई।
थिति की पूरन वासना, सुकवि कहत रस सोइ।।'

–देव कृत 'भावविलास'

रस का सीधा वर्णन तो नहीं होता किन्तु वह विभावादि सामग्री द्वारा व्यंजित होता है। रस और उसकी सामग्री का सम्बन्ध गत पृष्ठ पर दिए हुए चक्र से स्पष्ट हो जाएगा।

विभाव

भाव शब्द हमारे यहाँ व्यापक है, उसमें भाव (स्थायी और संचारी) के साथ विभाव (आलम्बन और उद्दीपन) भी आ जाते हैं जब यह शब्द सकुचित अर्थ में ले लिया जाता है तब वहाँ रस की अपूर्ण अवस्था माना जाता है। पहले हम विभाव का ही वर्णन करेंगे। काव्य की कोई सी विधा हो, उसमें प्रायः भाव और विभाव दोनों ही होंगे। आचार्य शुक्लजी के शब्दों में हम कह सकते हैं कि संसार में जैसे भावों की अनेकरूपता है वैसे ही विभावों की भी। 'साहित्यदर्पण' में विभाव की व्याख्या इस प्रकार की गई है–

'रत्याद्युद्‍बोधका लोके विभावाः काव्यनाट्ययोः।
आलम्बनोद्दोपनाख्यौ तस्य भेदावुभौ स्मृतौ।।'

–'साहित्यदर्पण'

अर्थात् लोक या संसार में रति, हास, शोक आदि स्थायी भावों के जो जाग्रत करने वाले होते हैं वे जब काव्य या नाटक में वर्णित होते हैं, विभाव कहलाते हैं। आलम्बन और उद्दीपन नाम से उनके दो भेद होते हैं।

भाव का उद्‍गम यद्यपि आश्रय में होता है तथापि उनका सम्बन्ध किसी बाह्य वस्तु से अवश्य होता है चाहे वह वस्तु कल्पित हो या वास्तविक। हमारे भाव जिस किसी के प्रति होंगे, वही हमारे भाव का आलम्बन होगा। यदि प्रगतिवाद कवि किसान और मजदूर को अपनी कविता का विपय बनाता है तो वही उसका आलम्बन है। उचित आलम्बन के बिना भाव शक्ति और सबलता प्राप्त नहीं कर सकते। आचार्य शुक्लजी की प्रतिभा विषय-प्रधान थी, इसलिए उन्होंने आलम्बन की अज्ञेयता के कारण रहस्यवाद का विरोध किया है किन्तु कोई वस्तु नितान्त अज्ञेय नहीं होती। उसकी अज्ञेयता ही उस अंश में उसे ज्ञेय बना देती है। आलम्बन के साथ ही

उद्दीपन का भी महत्त्व है, क्योंकि वे रस के जाग्रत रखने में सहायक होते हैं। भाव के जगाने में जो मुख्य कारण होते हैं वे तो आलम्बन कहलाते हैं, जैसे वीर के स्थायी उत्साह के लिए सामने खड़ा हुआ शत्रु आलम्बन है किन्तु सामने खड़ी हुई चतुरंग चमू और जुझाऊ बाजे, शत्रु की दर्पोक्तियाँ उसका गर्जना-तर्जना, शस्त्र-संचालन आदि चेष्टाएँ भी अपना महत्त्व रखती हैं वे उत्साह को जाग्रत रखने और उसे उद्दीप्त रखने में सहायक होती हैं। देवजी ने आलम्बन और उद्दीपन की इस प्रकार व्याख्या की है—

'रस उपजै आलम्बि जिहि, सो आलम्बन होइ।
रसहिं जगावै दीप ज्यों, उद्दीपन कहि सोइ।।'

—देव कृत 'भावविलास'

उद्दीपन दोनों ही इस प्रकार के होते हैं—(1) आलम्बनगत अर्थात् आलम्बन की उक्तियाँ और चेष्टाएँ आदि और (2) बाह्य अर्थात् वातावरण से सम्बन्ध रखने वाली वस्तुएँ। इनको हम चेतन और अचेतन कह सकते हैं। ऊपर के उदाहरण—चतुरंग चमू, जुझाऊ बाजे आदि बाह्य उद्दीपन हैं और शत्रु का गर्जना-तर्जना, दर्पोक्तियाँ आदि आलम्बनगत उद्दीपन हैं। उसी प्रकार यदि भय का आलम्बन शेर हो तो निर्जन वन और अन्धकार—ये बाह्य या वातावरण-सम्बन्धी उद्दीपन हैं और शेर का गर्जना, दाँत दिखाना, पंजा उठाना ये आलम्बनगत उद्दीपन होंगे।

आलम्बन—काव्य में, चाहे यह अनुकृत हो, चाहे प्रगीत और चाहे वह प्रबन्ध हो, चाहे वह मुक्तक, आलम्बन अवश्य रहता है। जिस प्रकार बिना खूँटी के कपड़े टिक नहीं सकते उसी तरह बिना आलम्बन के भाव स्थिर नहीं कर सकते। यही नाटक, महाकाव्य, उपन्यास, आदि में नायक, प्रतिनायक, नायिका आदि के रूप में आता है। इसी की शोभा, उदारता, वीरता, क्रूरता आदि का वर्णन कर भाव जाग्रत किए जाते हैं। हमारे यहाँ भाव की प्राधानता है किन्तु भाव के विस्तृत अर्थ में विचार भी शामिल हैं, नहीं तो नीति के छंदों को कोई स्थान न मिलेगा। सूर-तुलसी में कृष्ण और राम के शील, शोभा, शूरत्व, औदार्य आदि गुणों का भरपूर वर्णन है। इस शोभा के वर्णन में अप्रस्तुत रूप से उपमानों में प्रकृति का भी बहुत-सा अंश आ जाता है और जड़ तथा चेतना का साम्य उपस्थित कर दिया जाता है—

'देखि सखी अधरन की लाली।
मनि मरकत तें सुभग कलेवर ऐसे हैं बनमाली।।
मनो प्रात की घटा साँवरी तापर अरुण प्रकास।
ज्यों दामिनी बिच चमकि रहत है फहरत पीत सुबास।।
किंधौं तरुण तमाल बेलि चढ़ि जुग फल बिंबा पाके।
नासा कीर आइ मनो बैठो लेत बनत नहिं बनत नहिं ताके।।'

—'सूरपंचरत्न' (रूपमाधुरी)

सूर ने नेत्रों का वर्णन आलम्बनरूप से भी किया है और आश्रयरूप से भी। आलम्बनरूप में वे रूप का अंग रहते हैं और आश्रयगत होकर रूप-पिपासा की शान्ति के माध्यमरूप से वर्णित होते हैं—

आलम्बन पक्ष :

'ऊधो! हरिजू हित जनाय चित चोराय लयो।
ऊधो! चपल नयन चलाय अंगराग दयो।।'

× × ×

'सरद-बारिज सरिस दृग भौंह काम-कमान।
क्यों जीवहिं बेधे उर लगे विषम-दान?

× × ×

'मृगी मृगज लोचनी भए उभय एक प्रकार।
नाद नयनविष-तते न जान्यो भारन-हार।।

—'भ्रमरगीत-सार'

आश्रय पक्ष :

'लोचन टेक परे सिसु जैसे।
माँगत हैं हरि-रूप-माधुरी खोज परे हैं जैसे।
बारम्बार चलावत उतहीं रहन न पाऊँ वैसे।
जात चले अपुन हीं अब लौं राखे जैसे तैसे।'

—नयन (सूरदास कृत नयन-सम्बन्धी पदों का संग्रह,)

'अँखियनि यहई टेव परी।
कहा करौं बारिज-मुख ऊपर लागति ज्यौं भ्रमरी।।'

—नयन (सूरदास कृत नयन-सम्बन्धी संग्रह)

चरित्र-चित्रण

सौन्दर्य-वर्णन के साथ चरित्र-चित्रण का भी प्रश्न उपस्थित होता है। आलम्बन के आपे या आत्मभाव (Personality) में उसका रूप और चरित्र सभी कुछ आ जाता है। यद्यपि हमारे यहाँ नायक और विशेषकर नायिकाओं का वर्गीकरण हास्यास्पद कोटि तक पहुँच गया है और उनमें नायकों और नायिकाओं के सामान्य या ढाँचे (Types) उपस्थित करने की प्रवृत्ति दिखाई देती है तथापि हमारे यहाँ व्यक्तित्व की अवहेलना नहीं की गई है। नाटकों में तो व्यक्तित्व काफी निखरा हुआ रहता है। धीरोदात्त नायक एक सामान्य (Type) अवश्य है किन्तु राम और युधिष्ठिर का व्यक्तित्व भिन्न है, इसी प्रकार दुष्यन्त और अग्निमित्र दोनों ही वीरललित हैं किन्तु उनका व्यक्तित्व एक नहीं है।

सामान्य और व्यक्ति का समन्वय ही चरित्र चित्रण की मूल समस्या है।

यदि पात्र अधिक सामान्य की ओर जाता है तो उसका अस्तित्व नहीं रहता है और यदि वह सामान्य से बहुत हट जाता है तो पागल या विक्षिप्त कहलाने लगता है इसलिए सफल पात्र वे ही हैं जो सामान्य से दूर न होते हुए भी अपनी विशेषता बनाए रखते हैं और उसके कारण वे पहचाने जा सकते हैं। एक सफल पात्र में दोनों ही अंश होते हैं उसको जो कुछ समाज से परम्परागत सम्पत्ति के रूप में मिलता है वह उसका सामान्य अंश होता है और जो व्यक्ति स्वयं अपनी गाँठ का लाता है वह उसका वैयक्तिक भाग होता है, फिर भी कुछ पात्र सामान्य की ओर अधिक झुकते हुए होते हैं और कुछ व्यक्तित्व की ओर। सामान्य की ओर झुके हुए पात्र सरल होते हैं और व्यक्तित्व की ओर झुके हुए पात्र अपेक्षाकृत पेचीदा; किन्तु यह बात नियम रूप से नहीं स्वीकृत हो सकती है। आचार्य शुक्लजी ने मंथरा को सामान्य (Type) पात्र ही माना है। अपनी मालकिन की हित-कामना तथा इधर की उधर लड़ाने की प्रवृत्ति उसमें अन्य नौकरानियों-की-सी ही है किन्तु इन दो प्रवृत्तियों की साधना का प्रकार सबमें एक-सा नहीं होता है। इसमें व्यक्ति की विशेषता आ जाती है।

हमारे यहाँ उपन्यासों में प्रेमचन्दजी के पात्र सामान्य की ओर अधिक झुके रहते हैं। इसका यह अर्थ नहीं है कि उनमें व्यक्तित्व नहीं है। कुछ का तो व्यक्तित्व वड़ा स्पष्ट है, जैसे 'कर्मभूमि' में सलीम का। वह अपने कक्ष के मजिस्ट्रेटों से भिन्न है किन्तु वैसे लोग भी जीवन में मिल जाते हैं। जैनेन्द्रजी तथा इलाचन्द्र जोशी के पात्र साधारण से हटे हुए होते हैं। कुछ तो इतने हटे होते हैं (जैसे जैनेन्द्रजी के हरिप्रसन्न और सुनीता) कि विक्षिप्तता की कोटि को पहुँच जाते हैं। इलाचन्द्र जोशी के 'प्रेत और छाया' का नायक मानसिक विकृतियों का शिकार होने के कारण साधारण से हटा हुआ है। पात्र जितना पेचीदा होता है उतनी ही उसके मनोवैज्ञानिक अध्ययन की आवश्यकता होती है, शेखर ऐसा ही पात्र है। कुछ पात्रों में एक गुण ऐसा होता है, जो कि उनके चरित्र की कुञ्जी होती है और उसी के कारण वे सदा याद रहते हैं, जैसे 'स्कन्दगुप्त' की देवसेना अपने समय कुसमय के संगीत-प्रेम के लिए सदा याद करेगी।

चरित्र-चित्रण महाकाव्य, कथात्मक, मुक्तक, नाटक, उपन्यास, कहानी सभी में थोड़ी-बहुत मात्रा में होता है किन्तु सब में अलग-अलग प्रकार से। महाकाव्य में वैयक्तिक गुण तो रहते हैं किन्तु वे जाति के सामान्य गुणों की छायारूप होते हैं। नाटक, उपन्यास, कहानी आदि में व्यक्तित्व की मात्रा अधिक रहती है। उपन्यास में विश्लेषणात्मक (जिनमें लेखक स्वयं चरित्र का विश्लेषण कर देता है) के अतिरिक्त अभिनयात्मक पद्धति के चरित्र-चित्रण की (जिसमें पात्र स्वयं अपने बारे में कहता है या दूसरे उसके बारे में अपनी राय जाहिर करते हैं अथवा उसके कार्यों द्वारा चरित्र पर प्रकाश पड़ता है) गुंजाइश रहती है। नाटक में केवल अभिनयात्मक पद्धति

से ही काम लिया जाता है। एकांकियों और कहानियों में चरित्र का विकास तो दिखाने की गुंजाइश नहीं होती किन्तु उनमें प्रायः बने-बनाये चरित्र पर एक साथ प्रकाश डाला जाता है या यदि परिवर्तन हीता है तो एक साथ होता है, जैसा कि डॉक्टर रामकुमार वर्मा के 'रेशमी टाई' या 'अठारह जुलाई की शाम' में अथवा प्रेमचन्दजी के 'शंखनाथ' अथवा कौशिकजी की 'ताई' नाम की कहानी में। हमारे देश की प्राचीन काव्य और नाटकों में पात्र आदर्श की ओर अधिक झुके हुए थे किन्तु उनमें भी व्यक्ति की कमी न थी, हाँ उनमें विकास और परिवर्तन की गुंजाइश कम रहती थी। यह बात राम-कृष्ण आदि अवतारी पुरुषों पर अधिक लागू होती थी। मनुष्य के अन्तःकरण का परिचायक या तो उसका वार्तालाप होता है या उसका व्यवहार (यदि वह दिखावटी न हो) ये सब विभाव के ही अंग हैं।

प्राकृतिक दृश्य

विभाव-वर्णन में आलम्बन और उसकी चेष्टाओं के अतिरिक्त उद्दीपन रूप से प्राकृतिक दृश्य भी आते हैं। उद्दीपन उचित वातावरण ही नहीं उपस्थित करते वरन् रस को जाग्रत रखने और उसकी अनुभूति में तीव्रता प्रदान करने में भी सहायक होते हैं। उपन्यासों और नाटकों में जो देश-काल का वर्णन रहता है (नाटकों में यह वर्णन रंगमंच के संकेतों में रहता है) वह कथा को स्पष्टता प्रदान करने के लिए ही होता है किन्तु कहीं कहीं जहाँ प्राकृतिक दृश्यों का वर्णन आ जाता है वहाँ वह आलम्बन या उद्दीपन रूप से रस का भी उद्दीपक और पोषक होता है। मेरा अभिप्राय यह है कि उपन्यास आदि आज कल की उपज की साहित्यिक विधाओं का भी रस की दृष्टि से अध्ययन हो सकता है। नाटक की वस्तु की भाँति उपन्यास और कहानियों का अंकों और दृश्य में तो नहीं किन्तु सन्धियों, अवस्थाओं तथा अर्थप्रकृतियों में तो हो ही सकता है। प्रोफेसर कन्हैयालाल सहल और डॉक्टर सत्येन्द्र ने ऐसा उद्योग भी किया है। महाकाव्य में तो सन्धियों के रखने का विधान है ही, वह उपन्यास के उतार-चढ़ाव में भी दिखाया जा सकता है। जिस प्रकार रीतियाँ संगठन के सौष्ठव के कारण रस की उपकारक होती हैं उसी प्रकार कथा-वस्तु का संगठन भी रस का उपकारक होता है।

हमारे यहाँ प्रकृति का वर्णन प्रायः उद्दीपन रूप से हुआ है। शास्त्रीय विचार से प्रकृति के प्रति आलम्बन रूप से रति भाव रखना रस का उत्पादक नहीं, केवल भाव का ही उत्पादक होगा। शास्त्रीय पद्धति केवल दाम्पत्य रति को ही गौरवपूर्ण स्थान देती है किन्तु जिस प्रकार वात्सल्य ने अपना स्वतन्त्र अस्तित्व स्थापित कर लिया है उसी प्रकार प्रकृति भी अपना अस्तित्व स्थापित कर अपना एक विशेष रस बना लेगी या रति की शास्त्रीय परिभाषा को कुछ शिथिल करना पड़ेगा। आचार्य शुक्लजी ने प्रकृति के आलम्बन रूप से वर्णन का विशेष पक्ष लिया है और उन्होंने

हरी घास और बाँसों के झुरमुटों का काव्यमय वर्णन भी किया है–

'भूरी हरी-भरी घास, आस-पास फूली सरसों है,
पीली-पीली बिंदियों का चारों ओर है प्रसार।
कुछ दूर, विरल, सघन फिर और आगे,
एक रंग मिला चला गया पीत पारावार।।'

शुक्लजी का कथन है कि संस्कृत के कवियों ने प्रकृति के आलम्बन रूप से वर्णन की ओर अधिक ध्यान दिया है किन्तु वास्तविक बात यह है कि उसका चित्रण भी मानव प्रसंग में ही हुआ है। प्रकृति के स्वयं उसके लिए वर्णन बहुत कम हैं। (**'अस्त्युत्तरस्यां दिशि देवतात्मा हिमालयो नाम नगाधिराजः'**–'कुमारसम्भव' 1।1) से प्रारम्भ होनेवाला कालिदास के 'कुमारसम्भव' में दिया हुआ हिमालय का वर्णन बड़ा विशद और सूक्ष्म है किन्तु अठारहवें ही श्लोक पर जाकर हिमालय को मानवी रूप दे दिया जाता है और उसकी मेना से शादी करा दी जाती है–

'मेनां मुनीनामपि माननीयामात्मानुरूपां विधिनोपयेमे।

–'कुमारसम्भव' (1।18)

शायद इसीलिए आचार्य शुक्लजी ने भी इस बात से संतोष कर लिया कि जहाँ संश्लिष्ट वर्णन हो वहाँ आलम्बनत्व मान लेना चाहिए। प्रकृति के आलम्बनत्व-धर्म का पालन आजकल के छायावाद-युग में पर्याप्त रूप से हुआ। पंतजी से एक उदाहरण नीचे दिया जाता है–

'उड़ती भीनी तैलाक्त गंध, फूली सरसों पीली-पीली।
लो, हरित धरा से झाँक रही, नीलम की कलि, तीसी नीली।।'

–'आधुनिक कवि : 2' (ग्राम-श्री,)

ऐसे अधिकांश वर्णनों में प्रकृति का मानवीकरण भी स्वाभाविक रूप से हो जाता है। उदाहरण के लिए नीचे का वर्णन देखिए–

'अम्बर पनघट में डुबो रही–
तारा-घट ऊषा नागरी'

–'लहर' (पृष्ठ 10)

प्रकृति के मानवीकरण की इसीलिए और आवश्यकता पड़ जाती है कि जो हमारे भावों की आलम्बन बनेगी उसमें स्वयं हमारे भावों की झलक न हो तो प्रेम की एकांगिता एक दूषित रूप में प्रकट होने लगती है। प्रकृति के प्रति प्रेम को सार्थकता देने के लिए दो ही बाते हो सकती हैं या तो उसको मानवी रूप में देखा जाए या उसका चेतन आधार परमात्मा में माना जाए। ये दोनों बातें हमको पन्त और प्रसाद के प्राकृतिक वर्णनों में मिलती हैं। उद्दीपनरूप से वर्णन के लिए यह बात जरूरी नहीं है कि उसका चेतन आधार माना जाए। प्रकृति से उपदेश-ग्रहण करने की जो प्रवृत्ति है–जैसे तुलसीदासजी के वर्षा-वर्णन में है अथवा कुछ-कुछ

अन्योक्तियों में मिलती है,—वह भी प्रकृति को मानव-सम्बन्ध में देखना है। यही वैज्ञानिक और साहित्यक दृष्टिकोण में अन्तर है। वैज्ञानिक मनुष्य को भी प्रकृति के धरातल पर घसीट लाता है और साहित्यिक प्रकृति को भी मानव के समकक्ष बना लेता है।

यद्यपि प्राचीन कवियों ने प्रकृति का वर्णन आलम्बन रूप से काम किया है तथापि उन्होंने मानव-व्यापारों में प्रकृति का सहचार पूर्णरूपेण स्वीकार किया है। चन्द्रज्योत्स्ना और मलय-समीर रास-रस में और मिठास उत्पन्न कर देते हैं। इसीलिए तो नन्ददासजी ने अपनी 'रासपंचाध्यायी' में चन्द्रमा को रसरास सहायक कहा है—

'ताही छिन उड़राज उदित, रस-रास-सहाइक।
कुंकुम-मण्डित प्रिया-बचन, जनु नागर-नाइक।।
कोमल-किरन-अरुन नभ, वन में व्यापि रही यौं।
मनसिजखेल्यौ फागु घुँमरि घुरि रह्यौ गुलालज्यौं।।

—'रासपंचाध्यायी' (1।51, 52)

वर्षा और वसन्त विरहिणियों की विरह-वेदना को तीव्रता प्रदान करते हैं। यहाँ तक तो बात मनोविज्ञान के अनुकूल रहती है। सम्बन्ध-ज्ञान से प्राकृतिक दृश्य स्मृति को जागृत कर विरह पर सान चढ़ा देते हैं—

'बिन गुपाल बैरनि भई कुंजैं।
तब ये लता लगति अति सीतल, अब भई विषम ज्वाल की पुंजैं।।'

—'भमरगीत-सार' (पृष्ठ 37)

कृष्ण के मथुरा चले जाने पर सूर की गोपियाँ मधुवन से पूछती हैं **'मधुवन तुम कत रहत हरे'**—यहाँ तक भी कुशल है, जायसी ने तो सारी प्रकृति को विरह से व्याप्त दिखाया है। तालाब की मिट्टी की दरारें और गेहूँ का बीच में से फटा हुआ होना विरह का कारण ही बतलाया है। इसकी यही व्याख्या हो सकती है कि कवि विरह-वर्णन में इतना तन्मय हो गया है कि उसको चारों ओर विरह-ही-विरह दिखाई देता है। ऐसी बात कवि की अपेक्षा विरही पात्र के मुख से कहलाने में अधिक स्वाभाविकता रहती है।

प्रकृति में संवेदना देखने को रस्किन ने संवेदना को हेत्वाभास (Pathetic fallacy) कहा है। कालिदास ने मेघदूत में विरही यक्ष के द्वारा मेघ से संवेदना की याचना कराई है किन्तु उन्होंने स्वयं इस बात के अनौचित्य का अनुभव किया है और कहा है कि कामी लोग चेतन और अचेतन का अन्तर नहीं करते **'कामार्त्तहि प्रकृतिकृपणश्चेतनाचेतनेषु'** (पूर्वमेघ 5)। भक्त कवि नन्ददासजी ने इसी विचार को लेकर कहा है—

'को जड़, को चेतन कछू न जानत बिरही जन।'

—'रासपंचाध्यायी' (2।5)

इस बात का श्री कन्हैयालाल सहल ने अपनी 'समीक्षाञ्जलि' में 'संवेदना के हेत्वाभास' शीर्षक लेख में अच्छा विवेचन किया है। वैसे एकात्मवाद के आधार पर जड़ और चेतन में कम अन्तर रह जाता है। भारतीय धर्म एकात्मवाद के आधार पर जड़ और चेतन में कम अन्तर रह जाता है। भारतीय धर्म और दर्शन प्रकृति को चेतन से अनुप्राणित मानता है, इस दृष्टि से इस हेत्वाभास में कोई तीव्रता नहीं रहती है, फिर भी व्यावहारिक दृष्टि से अचेतन अवस्तुओं से चेतन-का-सा काम लेने को, जैसे मेघ और पवन को दूत बनाने को, औचित्य-विरुद्ध ही माना है। आचार्य भामह ने इन बातों को दोष माना है–

'अयुक्तिमद्यथा दूता जलभृन्मारुतेन्दवः।
तथा भ्रमरहारीतचक्रवाकशुकादयः।।'

–'काव्यालंकार' (1 ।42)

भामह ने बादल, वायु, चन्द्र, भौंरा, चक्रवाक, शुकादि सभी दूतों द्वारा सन्देश भेजना अयुक्तिमत कह दिया है। बुद्धिवाद का प्रभाव उस समय भी था।

संवेदना के हेत्वभास की बात को कालिदास भी जानते थे किन्तु विरह की तीव्रता के वर्णन में वह हेत्वाभास भी सत्य का परिचायक होता है। कभी-कभी जैसे श्रीरामचन्द्रजी के प्रश्न–**'हे खग-मृग! हे मधुकर श्रेनी। तुम देखी सीता मृगनयनी।।'** में चेतन-अचेतन का अभेद मन की वास्तविक विरहजन्य उन्माद-दशा का द्योतक होता है।

सूर ने भी कृष्ण के वियोगी में गोपियों के साथ जमुना को **'विरह-जुर-जारी'** कहलाया है–

'देखियत कालिंदी अति कारी।
कहियो, पथिक! जाए हरि सों ज्यों भई विरह-जुर-जारी'

–'भ्रमरगीत-सार' (पृष्ठ 107)

किन्तु जायसी और उनमें इसका अन्तर है कि सूर ने मधुबन और जमुना को ही लिया है जिनसे कि श्रीकृष्ण का विशेष सम्बन्ध था, उन्होंने जायसी की भाँति सारी प्रकृति को नहीं लिया।

इस प्रकार हम देखते हैं कि साहित्य में प्रकृति-वर्णन की जितनी विधाएँ हैं–(1) आलम्बनरूप से, जैसे संस्कृत-काव्यों में और कुछ गोस्वामीजी में जैसे रामपदांकित चित्रकूट को लेकर तथ शुक्लजी, प्रसादजी, पन्त, निराला आदि की रचनाओं में (2) उद्दीपन रूप से, जैसे हिन्दी कवियों के ऋतु-वर्णनों एवं बारहमासा आदि में, (3) मानवी व्यापारों के लिए अनुकूल पृष्ठभूमि के रूप में जैसे 'कामायनी' के आशा सर्ग में अरुणोदय श्रद्धा के अनुकूल सुरम्य पृष्ठभूमि तैयार कर देता है–**'उषा सुनहले तीर बरसती जय लक्ष्मी-सी उदित हुई'**, (4) अलंकार योजना में जैसे सूर आदि में कृष्ण क सौन्दर्य वर्णन में–**'मनो प्रात की घटा सांवरी तापर अरुन प्रकास।'**, (5) उपदेश-ग्रहण रूप से, जैसे अन्योक्तियों में–**'बाज पराये पानि पर तू पच्छीनु**

न मार।'–अथवा तुलसीदासजी के वर्षा और शरद-वर्णन में **'उदित अगस्त पन्थ-जल सोखा, जिमि लोभहिं सोषहिं सन्तोषा।'**,(6) मानवीकरण रूप से, जैसा निरालाजी की संध्या-सुन्दरी में **'दिवसावसान का समय, मेघमय आसमान से उतर रही है, वह सन्ध्या-सुन्दरी परी-सी, धीरे-धीरे-धीरे।'**(7) ईश्वरसत्ता की अभिव्यक्ति से, जैसे वर्ड्स्वर्थ प्रसाद-पन्त आदि में–

(क) **'प्राची के अरुण मुकुर में,**
सुन्दर प्रतिबिम्ब तुम्हारा।
उस अलस उषा में देखूँ,
अपनी आँखों का तारा।।'

–'प्रसाद' (आँसू)

(ख) **'एक ही तो असीम उल्लास**
विश्व में पाता विविधाभास;
तरल जलनिधि में हरित विलास;
शान्त अम्बर में नील विकास;
वही उर-उप्रु में प्रेमोच्छ्वास,
काव्य में रस, कुसुमों में बास;
अचल तारक पलकों में हास,
लोल लहरों में लास!'

–पन्त (आधुनिक कवि)

इन सबमें जड़-चेतन का सामंजस्य स्थापित कर प्रकृति को मानव के समकक्ष बनाने का मानवी दृष्टिकोण परिलक्षित होता है। इतना ही नहीं यह बात साहित्य की सहितता और समन्वय-बुद्धि का परिचायक भी है। केशव आदि ने (सेनापति ने भी श्लेष-प्रधान छन्दों में) केवल चमत्कार-प्रदर्शन के लिए जो प्रकृति-वर्णन किया है वह चाहे कवि के पण्डित्य के लिए हम से प्रशंसा के दो शब्द कहला ले किन्तु उसमें कवि का प्रकृति के प्रति प्रेमभाव नहीं दिखाई देता। केशव ने अर्क (अकौआ और सूर्य) के श्लेष के आधार पर दण्डक-वन में प्रलयकाल में सूर्यों-का-सा प्रकाश कराया है–**'बेर भयानक-सी अति लगै, अर्कसमूह जहाँ जगमगै' (रामचन्द्रिका, अरण्यकाण्ड)**–किन्तु इस बात में बिहारी ने सुबुद्धि का परिचय दिया है–

'गुनी गुनी सबकैं कहैं, निगुनी गुनी न होत।
सुन्यौ कहूँ तरु अरक तैं, अरक-समान उदीत।।'

–'बिहारी-रत्नाकर' (दोहा 351)

हमारे काव्यग्रंथों में प्रकृति को अलंकार तथा अलंकार्य दोनों रूपों में ऊँचा स्थान मिला है। महाकाव्यों में प्राकृतिक दृश्यों को भी नायक आदि के साथ आदि के साथ वर्ण्य विषयों में रखा है–आचार्य विश्वनाथ के अनुसार–

'सन्ध्यासूर्येन्दुरजनीप्रदोषध्वान्तवासराः।
प्रातर्मध्याह्नमृगयाशैलर्त्तुवनसागराः।।'

—'साहित्यदर्पण' (6।322)

केशवदासजी ने वर्ण्य-विषयों के वर्णन को भी अलंकार मानकर ऐसे विषयों की बड़ी लम्बी सूची दी है। उसमें रंग सफेद (कीर्ति, शरद्‌घन, चन्दन, हंस आदि), काला (जम्मू, जमुना, झील, मृगमद आदि,) पीला (चम्पक, वीररस, बृहस्पति, चपला, केशर आदि) आदि और उस-उस रंगवाली वस्तुएँ तथा गुण, जैसे सम्पूर्ण गोल, चंचल आदि के साथ उन गुणों से विशिष्ट वस्तुएँ भी गिनाई हैं, इनके साथ 'कविप्रिया' में भूमि के भूषण बनाते हुए प्राकृतिक वस्तुओं की भी सूची दी है, वह इस प्रकार है—

'देश नगर बन बाग गिरि, आश्रय सरिता, ताल।
रवि शशि सागर भूमि के भूषण ऋतु सब काल।।'

—'कविप्रिया' (छठा-प्रभाव-भूमिभूषणवर्णन)

इसके बाद उन्होंने एक-एक शीर्षक के अन्तर्गत आने वाली वस्तुएँ भी गिनाई हैं, जैसे वन के वर्णन में वे निम्नलिखित वस्तुएँ बतलाते हैं—

'सुरभी, इस बन-जीव बहु, भूतप्रेतमय भीर।
मिल्ल-भवन बल्ली-विटप, दववन बरणहुँ धीर।।'

—'कविप्रिया' (छठा-प्रभाव-भूमिभूपणवर्णन)

इस प्रकार रीतिकाल में काव्य के वर्ण्य-विषयों की परम्परा-सी बन गई थी। 'रामचन्द्रिका' में तो परम्परा का पालन किया ही गया है किन्तु 'रामचरितमानस' में भी प्रायः ये विषय आए हैं। 'रामचन्द्रिका' और 'कविप्रिया' में समान रूप से आए हुए ऐसे कुछ छन्दों की तालिका लेखक की 'हिन्दी-काव्य-विमर्श' पुस्तक के अन्त में देखी जा सकती है। स्वाभाविक रूप से भी महाकाव्यों में ये विषय आ ही जाते हैं किन्तु जहाँ ये वर्णन प्रसंग में घसीटकर लाए जाते हैं और एक बाँधी हुई परिपाटी के अनुकूल किए जाते हैं वहीं ये निन्द्य हो जाते हैं। इभ अर्थात् हाथी का वर्णन प्रत्येक वन के सम्बन्ध में सम्भव नहीं है और प्रत्येक वन में चन्दन के वृक्ष का भी वर्णन नहीं हो सकता। **'चन्दनं न वने-वने'** वर्णन निजी निरीक्षण पर आश्रित रहने चाहिए।

अनुभाव—विभावों के दर्शन में मन में जो भाव उत्पन्न होते हैं वे मन की चहार-दीवार में बन्द नहीं रहते हैं। वे अपना बाह्य प्रकाश, आश्रय की चेष्टाओं में चाहते हैं। उनके द्वारा ही भावों का अनुमान होता है। भावों के वे अनुमापक होते हैं—अनुभावों की 'साहित्यदर्पण' में इस प्रकार व्याख्या की गई है।

'उद्‌बुद्धं कारणैः स्वैबहिर्भावं प्रकाशयन्।
लोके यः कार्य्यरूपः सोऽनुभावः काव्यनाट्ययोः।।'

—'साहित्यदर्पण' (3।132)

अर्थात् आलम्बन, उद्दीपन अपने-अपने कारणों से उत्पन्न भावों को बाहर प्रकाशित करने वाली लोक में जो कार्यरूप चेष्टादि होती है, वे ही काव्य नाटकादि में निबद्ध होकर अनुभाव कहलाते हैं। दशरूपककार ने अनुभावों की परिभाषा इस प्रकार दी है।

'अनुभावो विकारस्तु भावसंसूचकात्मकः'

—'दशरूपक' (4 ।3)

अर्थात् अनुभाव भावों की सूचना देने वाले विकार (परिवर्तन) हैं। अनुभाव शब्द के व्युत्पत्यर्थ भी भाव के पीछे होनेवाले हैं। अनु का अर्थ पश्चात् है। ये लोक में कार्यरूप हैं किन्तु रस व्युत्पत्ति में ये भी कारण रूप हैं।

(जनान्तरेषु अनुमानयन् अर्थात् दूसरे लोगों में भावों का अनुमान कराते हुए) हमारे यहाँ नाटक के सम्बन्ध में इन बाह्य व्यंजकों का विशेष अध्ययन किया गया है। अनुभाव स्थायी और संचारीभाव दोनों के ही होते हैं। गुस्से में मुट्ठी बाँधना, होंठ फड़कना, नेत्रों का लाल हो जाना आदि अनुवाद हैं। एक विशेष प्रकार के अनुभाव हैं जिनको सात्त्विक भाव कहते हैं। उनके महत्त्व के कारण ही उनका विशेष उल्लेख होता है—

'विकाराः सत्त्वसम्भूताः सात्त्विकाः परिकीर्त्तिताः।
सत्वमात्रोद्भवत्वात्ते भिन्ना अप्यनुभावतः।'

—'साहित्यदर्पण' (3 ।134-35)

अर्थात् सत्त्व से उत्पन्न विकार (परिवर्तन) सात्त्विक भाव कहलाते हैं। सत्त्व भाव से उत्पन्न होने के कारण ये अनुभावों से अलग 'गोबलिवर्द' न्याय से निकाले गए हैं। गोबलिवर्द न्याय का अभिप्राय होता है किसी का विशेष रूप से उल्लेख करना जैसे 'गाएँ आ गईं' कहने में बैल भी आ जाते हैं किन्तु बैलों का विशेष रूप से उल्लेख भी किया जा सकता है गाएँ आ गईं, बैल भी आ गए। इसमें बैलों को मुख्यता मिल जाती है। इसी प्रकार के सात्त्विक भावों का अनुभावों के अन्तर्गत होते हुए भी विशेष उल्लेख होता है। सत्त्व का अर्थ सतोगुण है। 'दशरूपक' के टीकाकार धनिक ने सत्त्व की इस प्रकार व्याख्या की है—

'परगतदुःखहर्षाभावनायामत्यनतानुकूलान्तः करणंसत्वम्'

अर्थात् पराये सुख-दुःख में मन की अत्यन्त अनुकूलता को सत्त्व कहते हैं। सात्त्विक भाव आठ हैं—स्तम्भ (अंगों की निष्क्रियता), स्वेद, रोमांच, वेपथु (कम्प), स्वरभंग (गद्गद कंठ) वैवर्ण्य (मुँह का रंग फीका पड़ जाना), अश्रु, प्रलय (संज्ञाशून्यता आ जाना)।

भाव और विचार

रसात्मक वाक्य होने के कारण काव्य का मूल रूप रागात्मक या भावनात्मक है।

किन्तु उसमें भी भाव का विचारों से, जिनका बुद्धितत्त्व से विशेष संबंध है, नितान्त विच्छेद नहीं रहता। साहित्य में जहाँ शब्द और अर्थ के सहित होने का भाव रहता है वहाँ रागात्मक-तत्व-प्रधान भावों और बुद्धितत्व-प्रधान विचारों का भी सामंजस्य रहता है, चाहे गद्य और पद्य के रूपों में तत्वों की मात्रा का भेद हो। गद्य में विचारों की प्रधानता रहती है और पद्य में भावों की। यह गुण गद्य-प्रधान है, इसलिए हमारे सामने यह तपस्या उपस्थित हो जाती है कि विचार-प्रधान साहित्य का रस को काव्य की आत्मा मानने वाले विचारकों के रस-विधान में क्या स्थान होगा? प्राचीन पद्यात्मक साहित्य में भी विशेषकर नीति-ग्रन्थों में विचार की कमी नहीं थी। यद्यपि बहुत से नीति-ग्रन्थ शास्त्र के अन्तर्गत माने जाएँगे। तथापि नीति के कुछ छन्द अवश्य (जैसे भर्तृहरि के 'नीतिशतक' के) काव्य की कोटि में आ सकते हैं। आजकल उपन्यास, कहानी नाटक आदि में उद्देश्य को तत्त्व के रूप में प्रधानता दी जाती है। उद्देश्य का सम्बन्ध विचारों से है। क्या हम विचारात्मक साहित्य को रस के क्षेत्र से बाहर रखेंगे? हमारा मानसिक संस्थान बड़ा संकुल है। विचारों में थोड़ा-बहुत रागात्मक अंश अवश्य रहता है, इसी प्रकार भाव के साथ विचार भी अनुस्यूत पाए जाते हैं। दार्शनिक और साहित्य की विचारात्मक रचना में यही अन्तर है कि उसकी सृष्टि शुद्ध विचारात्मक होती है, साहित्यिक की सृष्टि विचारात्मक होती अवश्य है किन्तु उसके विचार भाव प्रेरित होते हैं। वे विचार कवि या साहित्यिक के जीवन के प्रति रागात्मक प्रतिक्रिया के फल होते हैं। साहित्यिक भाव-प्रेरित होकर ही जीवन को देखता है और उसके भावों के केन्द्र-विन्दुओं के सहारे विचार इकट्ठे होने लगते हैं, ठीक उसी प्रकार जिस प्रकार कि मिश्री के कूँजे में धागे और बाँस की खपच्ची के सहारे मिश्री के कण इकट्ठे हो जाते हैं। साहित्यिक के सैद्धान्तिक विवेचन सामान्य होते हुए भी व्यक्ति-आश्रित होते हैं और व्यक्तित्व नितान्त भाव-निरपेक्ष नहीं होता है।

आजकल के उपन्यास चाहे जितने विचार-प्रधान हों किन्तु मूल में भाव ही रहते हैं। आधुनिक समस्यात्मक नाटक भी अन्त में भावमूलक ही ठहरते हैं। यही हाल उपन्यासों का है। प्रेमचन्दजी के उपन्यासों में पीड़ित मानवता के प्रति करुणा और उसके उद्धार के लिए उत्साह की भावना रहती है, इसलिए वे वीररस के व्यापक रूप के अन्तर्गत समझे जाएँगे। इसी प्रकार साहस-प्रधान उपन्यास वीररस के ही काव्य कहे जाएँगे। चरित्र-प्रधान उपन्यासों के नायकों में जो भाव-प्रधान होगा उसी के अनुकूल उनका रस निर्धारित होगा। सेक्स-प्रधान उपन्यास शृंगाररस या उसके रसाभास का रूप माने जाएँगे। यदि किसी उपन्यास में किसी कुप्रथा की बुराई है तो वीभत्स में ही शामिल हो जाएगी किन्तु जो बुराई शोषक के कारण शोषित में आती है वह करुणा का ही विषय होती है। शोषक का मनोव्यापार वीभत्स का विषय बनेगा। हास्य-व्यंग्य-प्रधान उपन्यास या नाटक हास्यरस के उदाहरण कहे जाएँगे।

आजकल के उपन्यासों में यह निर्धारित करना तो कठिन हो जाता है कि

उनमें कौन-सा रस-प्रधान है किन्तु रस की दृष्टि से उनका विश्लेषण किया जा सकता है। कुप्रथाओं के प्रति जो विद्रोह हो वह वीर का ही रस समझा जाएगा। उसमें रौद्र, सात्त्विक क्रोध के रूप में और वीभत्स, अंगरूप, से आ सकते हैं। **'सेवा-सदन'** में वेश्याओं के उद्धार के सम्बन्ध में जो नायिका (सुमन) का उत्साह है वीर का ही रूप है। उसमें हिन्दू समाज में जो वेश्याओं के प्रति आदर-भावना है, वह वीभत्स का उदाहरण है। **'गवन'** का मूल उद्देश्य है—स्त्रियों के आभूषण-प्रेम तथा पुरुषों के वैभवप्रदर्शन का दुष्परिणाम और पत्नी का पतिवृत-प्रेरित नैतिक साहस और सुधार-भावना का उद्घाटन करना। रस की दृष्टि से इसको हम शृंगार-रसाभास से सच्चे शृंगार की ओर अग्रसर होना कहेंगे। अंगरूप से भयानक का भी समावेश हो गया है। पकड़े जाने का भय से कलकत्ते जाते हुए रमानाथ की भयाकुल मनोवृत्ति को दिखाने में मुंशी प्रेमचन्द पूर्णतया सफल हुए हैं।

नीति के दोहों, अन्योक्तियों आदि के सम्बन्ध में हम यही कह सकते हैं कि राजनीति के दोहे या छन्द तो वीर के ही अन्तर्गत आएँगे और कुछ शान्त से सम्बन्धित समझे जाएँगे। जहाँ तक सद्व्यवहार और मानवता का प्रश्न है वहाँ तक वह शान्तरस के ही विषय होंगे। कुछ उक्तियाँ राजनीति से सम्बन्धित होने के कारण वीररस की कही जाएँगी।

भाव—अपने संकुचित अर्थ में भाव अपरिपक्व रस को कहते हैं किन्तु व्यापक अर्थ में मन के विकार-मात्र को कहते हैं और उसमें स्थायी और संचारी दोनों ही भाव आ जाते हैं। इतना ही नहीं उन भावों के बाह्य व्यञ्जक अनुभाव और सात्त्विक भाव भी भाव की ही संज्ञा में आते हैं स्थायी भावों का सम्बन्ध हमारे जीवन की रक्षा तथा उससे सम्बन्धित हमारी प्रारम्भिक आवश्यकताओं से है। इनका विस्तार भी और इनकी तीव्रता भी दोनों ही अधिक दिखाई देती हैं। शृंगार, रौद्र, वीर और भयानक तथा वात्सल्य के स्थायी भावों से पशु-पक्षी भी प्रभावित मालूम होते हैं। सञ्चारी भावों का सम्बन्ध हमारी आत्मरक्षा से बिल्कुल सीधा नहीं है वरन् स्थायी भावों द्वारा है। रति, क्रोध, उत्साह, विस्मय आदि हमारी जीवनरक्षा से सम्बन्धित हैं। हर्ष, गर्व, दीनता, ग्लानि, व्रीड़ा (लज्जा), असूया (डाह—विशेषकर सपत्नी से) आदि गौण मनोवेग हैं और स्थायी भावों को पुष्ट करते हैं। इनका स्ततन्त्र अस्तित्व नहीं होता। ये दूसरे भावों के सहायक होकर ही जीवित रहते हैं। अन्य भावों से चाहे वे विरुद्ध हों और चाहे अविरुद्ध स्थायी भावों के तारतम्य में अन्तर नहीं पड़ता है। वे समुद्र की भाँति और भावों को भी अपने में मिला लेता है इस सम्बन्ध में दशरूपककार धनञ्जय ने लिखा है—

'विरुद्वै रविरुद्धैर्वा भावैर्विच्छिद्यते न यः।
आत्मभावं नयत्यन्यन्यान्स स्थायी लवणाकरः।।'

—'दशरूपक' (4।14)

इसी को रस का मूल माना गया है। साहित्यदर्पणकार ने भी कहा है कि जिसका विरुद्ध या अविरुद्ध भाव तिरोभाव करने में अर्थात् छिपाने या विलीन करने में असमर्थ रहते हैं और जो रसरूप अंकुर का कन्द (जड़) होता है, उसे स्थायी भाव कहते हैं–

'अविरुद्धा विरुद्धा वा
यं विरोधातुमक्षमाः।
आस्वादांकुरकन्दोऽसौ
भावः स्थायीति सम्मतः'

–'साहित्यदर्पण' (3।174)

हमारे यहाँ समीक्षा-क्षेत्र में स्थायी भावों और उनके संचारी भावों का क्षेत्र बड़ा विस्तृत है। ये संचारी भाव स्थायी भावों की रूपरेखा निश्चित कर उनमें रंग भरते हैं और उन्हें भी सफलता प्रदान करते हैं। स्थायी भाव तो अधिकतर अनुमित ही रहता है। वह अपने संचारियों से ही पहचाना जाता है। अनुभाव भी स्थायी भाव का अस्तित्व निश्चित कराते हैं। ये सभी भाव रस की अभिव्यक्ति में उसके कारणरूप से स्थान पाते हैं। एक रस के स्थायी भाव जब किसी दूसरे रस के अंग बनकर आते हैं, संचारी कहे जाते हैं, जिसे श्रृंगार के साथ हास्य, वीर के उत्साह के साथ, भयानक और वीभत्स इन भावों के अतिरिक्त रसाभास, भाव, भावाभास, भावोदय, भाव-शान्ति, भाव-सन्धि, भाव-शबलता, रस-मैत्री आदि सभी विषय भाव-जगत के विस्तार में समाविष्ट माने जाते हैं। भाव रस से स्वतन्त्र नहीं है और न भावों के बिना रस की स्थिति है। वे बीज-वृक्ष न्याय से एक-दूसरे को प्रकाशित करते हैं–**'न भावहीनोऽस्ति रसो न भावो रसवर्जितः'** ('नाट्यशास्त्र')

संचारी भाव–इनको व्यभिचारी भाव भी कहते हैं–व्यभिचारी शब्द 'वि' 'अभि' उपसर्गों तथा 'चर्' धातु से जो चलने के अर्थवाली होती है, बना है।

'विशेषादाभिमुख्येन चरन्ता व्यभिचारिणः
स्थायिन्युन्मन्चग्न निर्मग्नास्त्रय स्त्रिशच्च तद्‌भिदाः'

–'साहित्यदर्पण' (3।146)

अर्थात् जो विशेष रूप से (उत्कर्ष भाव) और अभिमुख्येन (अनुकूलता के साम्य) आते-जाते हैं वे व्यभिचारी कहलाते हैं। वे स्थायी भाव समुद्र में बुद्‌बुद की भाँति आविर्भूत और तिरोभूत होते रहते हैं। इनकी संख्या तैंतीस है। ये इस प्रकार हैं–

'निर्वेदावेगदैन्यश्रममदजड़ता औग्रामोहौ विबोधः
स्वप्नापस्मारगर्वामरणमलसतामर्षनिद्रावहित्था।
औत्सुक्योन्मादशंकाः स्मृतिमतिसहिता व्याधिसत्रासलज्जा
हर्षासूयाविषादाः समृतिचपलताग्लानिंचितावितर्काः।

–'साहित्यदर्पण', (3।147)

अर्थात् (1) **निर्वेद**–तत्त्वज्ञान के कारण जो अपने को धिक्कारना होता है उसे निर्वेद कहते हैं। तत्त्वज्ञान से उत्पन्न आत्मावमानना शान्त का स्थायी भाव होता है। अन्य अवस्थाओं में जैसे-नैराश्यादि में संचारी होता है। (2) **आवेग**–वर्षा, उत्पात, अग्नि, राजविप्लव, शस्त्र, सर्प, हाथी आदि के कारण उत्पन्न जो सम्भ्रम अर्थात् जो मानसिक व्याकुलता या घबराहट उत्पन्न होती है। (3) **दैन्य** (4) **श्रम**–रति, मार्ग-गमन की थकावट जो श्वास और निद्रा को लाती है उससे उत्पन्न मानसिक अवसाद को श्रम कहते हैं। थकावट चाहे भौतिक हो किन्तु वह एक विशेष मानसिक स्थिति पैदा कर देती है।(5) **मद**–सम्मोहन और आनन्द के मेल की मानसिक अवस्था, इसमें एक नशे-की-सी अवस्था होती है। इसके वश उत्तम प्रकृति का लेटा रहता है, मध्यम प्रकृति का हँसता है और गाता है और नीच प्रकृति का बकता और रोता है। (6) **जड़ता**–कर्तव्य-विमूढ़ता यह भौतिक तो होती है किन्तु मानसिक स्थिति से ही ऐसी दशा आती है। (7) **उग्रता**–दूसरे के शौर्य और अपराध से अर्थात् अनाचार से उत्पन्न जो प्रचण्डता आती है। (8) **मोह**–भय, दुःख आदि के कारण जो सिर चकराने और संज्ञा के खो बैठने-की सी मानसिक अवस्था होती है। (9) **विबोध**–स्वप्नावस्था के जाग्रत या चेतन हो जाने की जो मानसिक अवस्था होती है, यह एक भावात्मक अवस्था है जिसमें अपनी स्थिति का ज्ञान रहता है। (10) **स्वप्न**–यह भी भौतिक अवस्था है किन्तु यह भी निद्रा और जागरण के बीच मानसिक अवस्था है (11) **अपस्मार**–मूर्छा, यह भौतिक अधिक है किन्तु इसमें कुछ आवेग और संज्ञा-शून्यता की मानसिक अवस्था रहती है। इसमें अज्ञात और दमित वासनाओं का वेग रहता है। (12) **गर्व**–प्रभाव, विद्या सम्पत्ति और कुलीनता के अभिमान को गर्व कहते हैं। मद में मोह और आनन्द-सा रहता है, गर्व में कुछ तेजी रहती है। (13) **मरण**–अत्यन्त शैथिल्य की अवस्था साहित्य में वास्तविक मरण का कम वर्णन किया जाता है। साहित्यशास्त्रियों ने कहा है–**'ता विधि मरनों वरनिए, जामे रस न नसाय'** (14) **आलस्य**–श्रम, गर्भादि से जड़ता की मानसिक स्थिति उत्पन्न होती है उसे आलस्य कहते हैं। यह नायिकाओं का आभूषण भी कहा गया है; इस अवस्था में कुछ अच्छा नहीं लगता है। (15) **अमर्ष**–निन्दा, आक्षेप, अपमान, आदि से उत्पन्न क्रोध में आवेग और क्रियाशीलता की धमकी अधिक रहती है। अमर्ष में मानसिक कुढ़न और गर्व की भावना अधिक रहती है। (16) **निद्रा**–चेतनता का कली की तरह बन्द हो जाना यह एक भावात्मक मानसिक अवस्था है। (17) **अवहित्या**–भय, गौरव और लज्जा के द्वारा मन के हर्ष को छिपाने को अवहित्था कहते हैं। शकुन्तला को दुष्यन्त के साथ समागम का जो हर्ष हुआ था उसे उसने कण्व के आने पर छिपाने का प्रयत्न किया था, यह अच्छा उदाहरण है। (18) **औत्सुक्य**–इष्ट की अप्राप्ति के कारण प्रतीक्षा के समय की असहिष्णुता और चित्त की तपन। (19) **उन्माद**–कम्प, शोक, भय आदि में भाव की तीव्रता के कारण मन की आसाधरण स्थिति में अव्यवस्था

होती है और जिसका प्रकाश शब्दों और शारीरिक क्रियाओं में भी होने लगता है। (20) **शंका**–भावी अनर्थ की चिन्ता। (21) **स्मृति**–सादृश्य ज्ञान से पूर्वानुभव की मानसिक पुनरावृत्ति। (22) **मति**–नीति-मार्ग के अनुकूल आत्म-निश्चय। (23) **व्याधि**–ज्वरादि शारीरिक दुःख की चेतना जो विरहादि से उत्पन्न होती है। उन्माद, अपस्माार, व्याधि तीनों ही प्रायः भय, वियोग आदि की अप्रिय मानसिक अवस्थाओं से होते हैं। अपस्मार में अंग-विकृति, शैथिल्य मुख-फेन, हाथ-पैर पीटना होता है; उन्माद की अभिव्यक्ति आकृति और चाल-ढाल में अधिक होती है। अपस्मार की चेतना रहती है किन्तु अव्यवस्थित अपस्मार में कुछ सम्मोहन-की-सी दशा होती है। अपस्मार की अवस्था क्षणिक होती हैं उन्माद उससे कुछ अधिक स्थायी होता है। व्याधि शारीरिक अधिक होती है किन्तु उसके मानसिक कारण होते हैं और उसकी चेतना भी एक अवस्था की होती हैं। (24) **त्रास**–प्राकृतिक कारणों से भय उत्पन्न होता है उसे त्रास कहते हैं **निर्घातविद्युदुल्काद्यैस्त्रासः'** निर्घात वायु के वेग को कहते हैं, बिजली आदि भी इसी प्रकार के कारण हैं। (25) **व्रीडा**–लज्जा को कहते हैं अवहित्था में हर्ष का गोपन रहता है। यह एक मानसिक अवनति की दशा होती है, व्रीडा में अपराध के कारण सिर का अवनयन रहता है अर्थात् सिर झुका रहता है और आदमी बात संकोच के साथ करता है। उसकी बात में धृष्टता अर्थात् तेजी नहीं रहती है। (26) **हर्ष**–इष्ट-प्राप्ति पर मन का प्रमाद। (27) **असूया**–दूसरे की विशेषकर सपत्नी के सुख-वैभव से ईर्ष्या। (28) **विषाद**–उपायों के अभाव के कारण जो उत्साह का अभाव या निराशा उत्पन्न होती है उसे विषाद कहते हैं, यह करुण रस के स्थायी शोक से भिन्न है। शोक में घटना होने के पश्चात् नैराश्य रहता है। इसमें घटना से पहले नैराश्य रहता है। विषाद शोक से कुछ हलका होता है। (29) **धृति**–धैर्य, सफलता में उत्फुल्ल न होना और विषाद में खिन्न न होना। यह ज्ञान से उत्पन्न होता है। इसमें प्रसन्नता का भाव रहता है। मन की उत्तेजना और क्षोभ का अभाव रहता है। (30) **चपलता**–मात्सर्य, द्वेष, रागादि से उत्पन्न चित्त की अस्थिरता। यह धैर्य का उल्टा है। वीर में धृति रहती है और क्रोध में चपलता। (31) **ग्लानि**–रत्यादि या अन्य लज्जाजनक कार्यों से उत्पन्न मन की शिथिलता या असामर्थ्य का भाव। ग्लानि और श्रम दोनों में शैथिल्य रहता है किन्तु ग्लानि मानसिक अधिक होती है। ग्लानि में अनौचित्य के ज्ञान से शारीरिक शैथिल्य आता है। श्रम में भौतिकता अधिक होती है। बाहर का प्रभाव भीतर मन पर पड़ता है। ग्लानि में भीतर का प्रभाव बाहर पर अधिक पड़ता है। (32) **चिंता**–हित के अलाभ में उसकी प्राप्ति के लिए चित्त की विकलता। इसलिए प्रसादजी ने चिन्ता को **'अभाव की चपल बालिके'** कहकर सम्बोधित किया है। आशंका अधिकतर अनिष्ट की होती है। आशंका में अनिष्ट का भाव लगा रहता है। चिन्ता में सुख का अभाव है। श्रीकृष्ण के कंस के निमन्त्रण पर मथुरा जाने

में यशोदा को आशंका थी और कंस के मारे जाने पर उद्धव के हाथ सन्देशा भेजने में **'सन्देसों देवकी सो कहियो'** में चिन्ता है। (33) **वितर्क**–सन्देह के कारण विकल्पों पर विचार को कहते हैं। ये संचारी भाव हैं। इनके अतिरिक्त और भी संचारी हो सकते हैं।

शंका-समाधान–संचारी भावों के सम्बन्ध में एक शंका तो यह उपस्थित की गई है कि श्रम, स्वप्न, निद्रा, विरोध, अपस्मार, उन्माद, व्याधि संचारी भाव भौतिक हैं। इनका मन से सम्बन्ध नहीं है। इस शंका का हम किसी अंश में व्याख्या में निराकरण कर चुके हैं। श्रम की भौतिक स्थिति अवश्य है उसके अनुकूल मानसिक स्थिति भी है। यही हाल निद्रा, विबोध आदि का है। दूसरी शंका यह है कि उनमें से कुछ, जैसे शंका, त्रास, अमर्ष, और गर्व स्थायी भावों के मूल स्वरूप हैं। पहले दो का भयानक से, तीसरे का रौद्र से और चौथे का वीर से सम्बन्ध हो सकता है। शंका अनिष्ट की सम्भावना पर होती है। भय वास्तविक है, इनका अन्तर स्पष्ट है। त्रास और भय में कम अन्तर है किन्तु त्रास विशेष रूप से भौतिक कारणों से होता है। अमर्ष और क्रोध का अन्तर कुछ सूक्ष्म है। अमर्ष में अनिष्ट की अपेक्षा अपमान अधिक रहता है और उसमें चिढ़न या कुढ़न अधिक होती है। गर्व तो बिल्कुल स्वतन्त्र है। संचारी भाव यदि स्थायी भावों से पूर्व रूप भी कहे जाएँ तो भी अनुपयोगी नहीं क्योंकि पूर्व रूप विकसित रूप की अपेक्षा अधिक सुलभता से दूसरे रस का संचारी हो सकता है।

कुछ संचारी भाव, जैसे मति, स्मृति, वितर्क और अवहित्था ज्ञानमूलक हैं। इससे उनके भाव होने में कोई बाधा नहीं पड़ती है। प्रायः सभी भाव ज्ञानाश्रित होते हैं किन्तु मति और वितर्क में ज्ञान का पुट और अधिक रहता है। स्मृति में एक विशेष विकलता रहती है; अवहित्था में हर्ष आदि का पुट रहता है।

संचारियों की यह संख्या पूर्ण नहीं कही जा सकती, देव ने छल संचारी माना है। आचार्य शुक्लजी ने चकपकाहट का उल्लेख किया है। पश्चात्ताप, उदासीनता आदि भाव भी हो सकते हैं। 36 की संख्या न्यूनतम है जो लोग संचरियों का एक दूसरे में अन्तर्भाव करके संख्या को कम करने की सोचते हैं वे सूक्ष्म भेदों की ओर ध्यान नहीं देते।

शृंगार–रसों में शृंगाररस को मुख्यता दी जाती है। उसे रसराज भी कहते हैं। संयोगात्मक और वियोगात्मक उसके उभयपक्ष होने के कारण उसमें सुखद और दुःखद दोनों ही अनुभाव आ जाते हैं और उनका विस्तार बहुत बढ़ जाता है, इसलिए उसमें अधिक-से-अधिक (केवल चार को छोड़कर) संचारी भावों का समावेश हो जाता है। हमारे साहित्यकारों ने शृंगार के विभावों (नायक-नायिकाओं) का आवश्यकता से अधिक वर्णन किया है। शृंगार की रति में एक विशेष तन्मयता रहती है, यह तन्मयता का भाव सभी रसों में रहता है, किन्तु इसमें कुछ अधिक गहराई के साथ होती है, इसलिए भी शृंगार को प्रधानता मिलती है। रति का अर्थ व्यापक रूप

में लिया जाए तो सभी उत्तम भाव इसके अन्तर्गत आ जाते हैं। साहित्यदर्पण में जो इसका लक्षण दिया गया है उसमें उसे दाम्पत्य-रति में ही संकुचित नहीं किया है–**'रतिर्मतोनुकूलेऽर्थे मनसः प्रवणायितम्**–'साहित्यदर्पण', (3।176।) मन के अनुकूल अर्थ में मन को प्रेमार्द्र या द्रवीभूत होने को रति कहते हैं (**'नेक जु प्रियजन देखि सुनि आन भाव चित होय'**) इसीलिए वात्सल्य को भी इसके अन्तर्गत कर लिया जाता है। यह शब्द रबर की तरह लचीला है। इसमें मन की वृत्ति घोर ऐन्द्रिकता से लगाकर मन की उच्च-से-उच्च अवस्था तथा रहस्यवाद की ईश्वरोन्मुख प्रेम-दशा तक पहुँच जाती है–भरतमुनि ने कहा है **'यत्किञ्चिल्लोके शुचि मेव्यं दर्शनीयं वा तच्छृङ्गरिणोपमीयते'** (नाट्यशास्त्र–चौखम्बा सीरीज़, अध्याय 6, पृष्ठ 73) जो कुछ पवित्र है, दर्शनीय है उसकी शृंगार से उपमा दी जा सकती है। यद्यपि शृंगार के दोनों ही पक्ष हैं तथापि वियोग शृंगार को अधिक महत्ता दी जाती है। सूरदासजी ने कहा है–

> **'ऊधो! बिरहौ प्रेम करै।**
> **ज्यों बिनु पुट पट गहै न रंगहिं, पुट गहे रसहि परै।।**
> **जौ आँवों घट दहत अनल तनु तौ पुनि अमिय भरै।'**

–'भ्रमरगीत-सार' (पृ. 70)

संयोग शृंगार–फिर भी संयोग भी अपनी महत्ता रखता है। उसभ ब्रह्मानन्द तो नहीं लेकिन उनका सादृश्य अवश्य आ जाता है। उनमें मनोनुकूल उच्चतम अनुभव आ जाता है, तभी तो रहस्यवादी उसको ईश्वरोन्मुख प्रेम के रहस्यानुभव का उपमान बताते रहे हैं। कबीर से लगाकर, कबीर ही से क्या, उपनिपदों तक से रहस्यवाद में शृंगारिक भापा का प्रयोग हुआ है। उसमें प्रेम-पत्र के अतिरिक्त और कोई पार्थिव मूल्य नहीं रहते। रवि बाबू ईश्वर-मिलन में अलंकारों को भी बाधक मानते हैं और कहते हैं कि उनकी झंकार में प्रियतम का मन्द-मधुर स्वर नहीं सुनाई पड़ता है–

> **'तोमार काछे राखे नि आर साजेर अहंकार।**
> **अलंकार जे माझे पड़े मिलने ते आड़ाल करे,**
> **तोमार कथा ठाके जे तार मुखर झंकार।'**

–'गीताञ्जलि' (गीता 7)

सूर ने शृंगार की नीची-से-नीची और ऊँची-से-ऊँची दशाओं का वर्णन किया है। उन्होंने रति की अंकुरस्वरूपा प्रारम्भिक आकर्षणमयी जिज्ञासा का बहुत ही मनोरम वर्णन किया है। आचार्य शुक्लजी की भ्रमरगीत-सार की भूमिका से उन उद्धरणों को यहाँ अवतरित करने का मोह संवरण नहीं कर सकता–

(क) **'खेलने हरि निकसे ब्रज-खोरी।**

× ×

गए स्याम रवि-तनया के तट, अंग लसति चंदनि की खोरी।

औचक ही देखी तहँ राधा, नैन बिसाल भाल दिए रोरी।।

× × ×

सूर स्याम देखत ही रीझे, नैन नैन मिल परी ठगोरी।।'

—'भ्रमरगीत-सार' (भूमिका)

(ख) **'बूझत स्याम, ''कौन तू गौरी!**
कहाँ रहति, काकी तू बेटी? देखी नाहिं कहूँ ब्रज-खोरी।।''
''काहे को हम ब्रज तन आवति, खेलति रहति आपनी पौरी।
सुनति रहति श्रवनन नँद-ढोटा करत रहत माखन-दधि-चोरी।।''
''तुम्हरो कहा चोरि हम लैहैं? खेलने चलौ संग मिलि जोरी।''
सूरदास प्रभु रसिक-सिरोमनि, बातनि भुरइ राधिका भोरी।।'

—'भ्रमरगीत-सार' (भूमिका)

इन वर्णनों में अलंकारों के बिना ही सूर ने जो चमत्कार दिखाया है वह दूसरे कवि सारी कविता-कला को बटोरकर भी नहीं ला सकते हैं। इन वर्णनों में रति के साथ हर्ष संचारी की भी व्यंजना है, सूर ने रति की व्यंजना कृष्णा की अव्यवस्थित गोदोहन में कराई है—

'तुम पै कौन दुहावै गैया?
इत चितवत, उत धार चलावत, एहि सिखयो है मैया?'

—'भ्रमरगीत-सार' (भूमिका)

इसमें चापल्य संचारी क साथ कम्प सात्त्विक भाव भी व्यंजित है। कम्प के कारण धार भी सीधी नहीं पड़ती है। साथ ही कहनेवाली की तरफ से रति के आश्रित हास्य की भावना है। इसी प्रकार वाटिका के प्रसंग में मर्यादावादी तुलसीदास जी ने भी रति का पूर्व रूप बड़ी सुन्दर शव्दावली में व्यक्त किया है—

'तात जनकतनया यह सोई। धनुषजग्य जेहि कारन होई।।
पूजन गौरि सखी लेइ आई। करत प्रकासु फिरइ फुलवाई।।'

—'रामचरितमानस' (बालकाण्ड)

इस चौपाई द्वारा तुलसीदासजी ने रामचन्द्रजी के मन की दशा का वर्णन कर दिया है। जब मन किसी भाव से व्याप्त हो जाता है तब भाव की अभिव्यक्ति रुक नहीं सकती। रामचन्द्रजी के पास और कोई नहीं था, इसलिए उन्होंने अपने छोटे भाई को ही सखा-भाव से विश्वासपात्र बनाया। इसमें उनके मन का हर्ष, जो रति का पोषक है, सूचित होता है। इसमें पूर्वानुराग की गुण-कथन की अवस्था प्रकट होती है। **'करत प्रकासु फिरइ फुलवाई'**—इस छोटे से वाक्य में सीताजी के सौन्दर्य की प्र्ााितपूण्र अभिव्यिक्ति हो जाती है। प्रकाश में वर्ण की उज्ज्वलता ही नहीं वरन् व्यापक तथा उसके साथ आनेवाली चित्त की प्रसन्नता आदि सभी भाव आ जाते हैं। प्रकाश आशा का भी द्योतक है। **'फिरइ फुलवाई'** में सौन्दर्य के अनुकूल

वातावरण भी उपस्थित कर दिया जाता है। तुलसीदास मर्यादावादी थे। मर्यादा का इतना उल्लंघन भी सहन नहीं कर सकते थे, इसलिए उन्होंने तुरन्त ही स्थिति सम्हाल ली और नैतिकता की स्थापना कर दी—

'रघुबंसिन्ह कर सहज सुभाऊ। मन कुपंथ पगु धरै न काऊ।
मोहि अतिशय प्रतीत जिय केरी। जेहि सपनेहु पर नारि न हेरी।।'

—'रामचरितमानस' (बालकाण्ड)

इस चौपाई में तुलसीदासजी ने साहित्यशास्त्र में वर्णित मति संचारी भाव को भी उपस्थित कर दिया हैं। इसमें कार्य की नैतिकता का निश्चय रहना है। इसकी परिभाषा इस प्रकार दी गई है—

'शास्त्र चिंतन ते जहाँ, होई यथारथ ज्ञान।
करै शिष्य उपदेश जहँ, मति कहि ताहि बखान।'

—देवकृत 'भावविलास' (पृष्ठ 49)

देव ने उपालम्भों को भी मति के अन्तर्गत रखा है। 'शकुन्तला' नाटक में भी दुष्यन्त ने अपनी अन्तरात्मा की गवाही पर अपने प्रेम-व्यापार की नैतिकता प्रमाणित कर ली थी। वे कहते हैं जब कि मेरा शुद्ध मन भी इस पर रीझ गया है तब यह निश्चय है कि यह क्षत्रिय के विवाह करने योग्य है। सन्देह के स्थलों में सज्जनों के अन्तःकरण की वृत्ति ही प्रमाण होती है—

'असंशयं क्षत्रपरिग्रहक्षमा यदार्यमस्यामभिलाषि मे मनः।
सतां हि सन्देहपदेषु वस्तुषु प्रमाणमन्दःकरणवृत्तयः।'

—'अभिज्ञान शाकुन्तल' (1।21)

इधर सीताजी की मनोदशा का चित्रण देखिए—

'देखि रूप लोचन ललचाने। हरषे जनु निज निधि पहचाने।।
थके नयन रघुपति-छवि देखे। पलकन्हिहू परिहरीं निमेखे।।
अधिक सनेह देह भइ भोरी। सरद ससिहि जनु चितव चकोरी।।

—'रामचरितमानस' (वालकाण्ड)

इसमें **'ललचाने'** शब्द द्वारा अभिलापा की दशा प्रकट की गई है और हर्प संचारी है। इसमें स्तम्भ सात्त्विक भाव की भी व्यंजना हुई है। अव इस प्रसंग में अवहित्था (एक प्रकार की लज्जा जो हृदयगत हर्षादि भावों के छिपाने के प्रयत्न में व्यक्त होती है) और उत्कण्ठा संचारियों की भी छटा देखिए—

'देखन मिस मृग विहँह तरु फिरइ बहोरि बहोरि।
निरखि निरखि रघुबीर छबि बाढ़इ प्रीति न थोरि।।'

—रामचरितमानस' (वालकाण्ड)

इसमें मन की चंचलता भी व्यक्त होती है। संयोग शृंगार-सम्बन्धी इस सामग्री के सभी अंग हमको बिहारी के नीचे के दोहे में मिलते हैं। इसमें यद्यपि उतनी छूट मानसिकता प्रफुल्लता नहीं है जितनी कि सूर और तुलसी के उदाहरणों में है तथापि

इसमें एक साथ रस के सब अंग मिल जाते हैं, अनुमान से लगाने नहीं पड़ते हैं–

'सहित सनेह, संकोच, सुख, स्वेद, कंप, मुसकानि।
प्रान पानि करि आपनैं. पान धरे मो पानि।।''

–'बिहारी-रत्नाकर' (दोहा 265)

इसमें नायक और नायिका के एक-दूसरे में अनुरक्त होने के कारण उभयनिष्ठ रति है जो **'सनेह'** शब्द से प्रकट होती है। संकोच (व्रीड़ा) और सुख (हर्ष) संचारी हैं। स्वेद, कम्प से अनुभाव के अन्तर्गत सात्त्विक भाव हैं। मुस्कान भी हर्षसूचक अनुभाव है। इसमें पानों द्वारा आत्मसमर्पण का भी भाव आ गया है। सात्त्विक भावों के और भी बहुत-से उदाहरण बिहारी में मिल जाते हैं। स्वेद का एक उदाहरण लीजिए–

'हितु करि तुम पठयो, लगै वा बिजना की बाइ।
टली तपति तन की, तऊ चली पसीना-न्हाइ।।'

–'बिहारी-रत्नाकर' (दोहा 593)

इसमें हर्ष संचारी भी है और पंचम विभावना अलंकार भी है। संयोग-शृंगार के अन्तर्गत हाव भी आते हैं। इनके सम्बन्ध में आचार्य शुक्लजी का प्राचीन आचार्यों से मतभेद है। अन्य आचार्यों ने तो इनको एक प्रकार से भावों के सूचक ही माना है और इस कारण वे अनुभावों में ही आएँगे। आचार्य शुक्लजी, इनको उद्दीपन के अन्तर्गत रखते हैं।[2] हाव का लक्षण इस प्रकार से दिया गया है–

'होंहि जो काम विकार से, दम्पति तन में आव।
चेष्टा विविध प्रकार की, ते कहिए सब हाव।।

–लेखक के 'नवरस' पृष्ठ 234 में उद्धृत

भाव मन में रहते हैं। हाव वे भाव हैं जिनका कि भृकुटी, नेत्रादि द्वारा बाह्य व्यंजन होता है। नायिका आलम्बन भी हो सकती है और आश्रय भी। नायिका को यदि आश्रय माना जाए तब तो यह अनुभाव ही है किन्तु वह आश्रय रहती हुई भी नायक के लिए आलम्बन बन सकती है। इस दृष्टि से आलम्बन की चेष्टा होने के कारण ये उद्दीपन के अन्तर्गत गिने जाने चाहिए।

यहँ पर हाव का उदाहरण बिहारी से दिया जाता है–

'रही दहेंड़ी ढिग धरी, भरी मथनिया बारि।
फेरति करि उलटी रई, नई बिलोवनिहारि।।'

–'बिहारी-रत्नाकर' (दोहा 245)

विभ्रम हाव में प्रेम की विह्वलता के कारण उलटा होने लगता है। दहेड़ी पास रखी है लेकिन नायिका मथानी में पानी ही डालती है और उलटा रई से उसे बिलोने लगती है। यह व्यवहार नायिका के प्रेम का सूचक होने के कारण एक प्रकार का अनुभाव ही होगा किन्तु नायक के लिए इस प्रेम की सूचना उद्दीपन का काम करेगी।

वियोग शृंगार–वियोग में मिलन का अभाव रहता है। इसको विप्रलम्भ शृंगार भी कहते हैं। यह कई प्रकार का होता है। ये संक्षेप में नीचे दिए जाते हैं–

(क) **पूर्वानुराग**–यह अभाव मिलने के पूर्व का अभाव हो सकता है जिसे हम अयोग भी कह सकते हैं। इसको ही पूर्वानुराग कहते हैं, यह (1) श्रवण-दर्शन से जिसमें केवल गुण सुनने से, जैसे 'पद्मावत' में सुए के मुख से पद्मावती की प्रशंसा सुनकर रत्नसेन को हुआ था, (2) स्वप्न-दर्शन से, जैसे ऊषा को हुआ था, (3) चित्र-दर्शन से, जैसे ऊषा को चित्रलेखा ने अनिरुद्ध का चित्र बनाकर दिखाया था, दमयन्ती को हंस ने नल का चित्र दिखाया था और (4) प्रत्यक्ष दर्शन से, जैसा श्रीरामचन्द्रजी और सीता को पुष्प-वाटिका में हुआ था, होता है।

(ख) **मान**–मिलन के बीच में जो मिलन का अभाव रहता है उसे मान कहते हैं, यह स्थायी होता है। जो मान दम्पती में से किसी एक पक्ष के दोष या अपराध से होता है उसे ईर्ष्या-मान कहते हैं और जो केवल वियोग का आनन्द लेने और संयोग के सुख की तीव्रता देने के लिए होता है, उसे प्रणयमान कहते हैं।

(ग) **प्रवास**–जो अभाव परदेश-गमन से मिलन के पश्चात् होता है इसे प्रवास कहते हैं मान में एक ही स्थान में रहते हुए मिलन का अभाव रहता है, प्रवास में एक पक्ष दूसरे स्थान में पहुँच जाता है यह (1) कार्यवश, जैसे कृष्णजी के मथुरा चले जाने से, (2) शाप-वश जैसे 'मेघदूत' के यक्ष के सम्बन्ध में हुआ था और (3) भयवश भी होता है।

(घ) **करुणात्मक**–जब वियोग पराकाष्ठा तक पहुँच जाता है तब वह करुणात्मक कहलाता है। करुणात्मक का विभाजन आधार-मात्र का है, प्रकार का नहीं। पूर्वानुराग और प्रवास दोनों ही करुणात्मक हो सकते हैं। साधारण करुणा और करुणात्मक वियोग में यही अन्तर है कि साधारण करुणा में सदा के लिए वियोग होता है, मिलन की कोई आशा नहीं रहती है, करुणात्मक में मिलन की आशा रहती है। करुणात्मक में शृंगार का प्रकार होने के कारण रति का भाव लगा रहता है। करुणा में रति का अभाव हो जाता है। 'साकेत' में उर्मिला का विरह करुणात्मक वियोग का अच्छा उदाहरण है। 'उत्तररामचरित' में राम का वियोग भी करुणात्मक है। उसको व्यापक अर्थ में ही करुणा कहेंगे। वियोग शृंगार का भी स्थायी भाव रति ही है किन्तु उसमें दीनता, चिन्ता आवेग, पश्चात्ताप आदि संचारी उसे संयोग की रति से थोड़ा पृथक् कर देते हैं। उसमें विषाद तो रहता ही है किन्तु हर्ष संचारी भी रह सकता है। ऊधोजी जब गोपिकाओं को कृष्ण का सन्देश सुनाते हैं उस समय की दशा का नन्ददास जी इस प्रकार वर्णन करते हैं–

(क) **'सुनत स्याम को नाम ग्राम-गृह की सुधि भूली,**
भरि आनन्द-रस हृदय प्रेम-बेली द्रुम फूली।
पुलकि रोम सब अंग भये भरि आये जल नैन,
कंठ घुटे गद्‌गद गिरा बोले जात न बैन।
व्यवस्था प्रेम की।।'

–नन्ददासकृत 'भँवरगीत' (पद 3)

(ख) **'सुनि मोहन संदेश रूप सुमिरन ह्वै आयो,**
पुलकित आनन कमल अंग आवेस जनायो।
विह्वैल ह्वै धरनी परीं ब्रजबनिता मुरझाय,
दै जल छींट प्रबोधहीं ऊधौ बैन सुनाय।
सुनो ब्रजनागरी।।'

—नन्दासकृत 'भँवरगीत' (पद 6)

(क) में प्रेम के अनुभावों की बड़ी सुन्दर छटा दिखाई गई है। इसमें हर्ष संचारी के साथ स्मृति संचारी भी है। इसमें रोमांच (**'पुलकि रोम'**) , अश्रु (**'जल नैन'**), स्वरभंग (**'गद्गद गिरा'**), आदि अनुभाव हैं। (ख) में स्मृति, आवेग, अपस्मार आदि संचारी हैं। विह्वलता विषाद संचारी भी सूचित हो जाता है। इन दोनों में कृष्ण आलम्बन हैं और रति स्थायी भाव है।

सूर की गोपियों की वियोग-रति के सागर में नाना तरंगें उठती हैं। कभी तो वे आत्म ग्लानि से भरकर पछताती हैं—

'मेरे मन इतनी सूल रही।
वै बतियाँ छतियाँ लिखि राखीं जे नंदलाल कही।।
एक दिवस मेरे गृह आए मैं ही मथति दही।
देखि तिन्हें मैं मान कियो सखि सो हरि गुसा गही।।'

—'भ्रमरगीत-सार' (पद 371)

इन पंक्तियों में ग्लानि संचारी है। कभी बादलों को देखकर उनकी स्मृति तीव्र हो उठती है—**'गगन गिरा गोविन्द की सुनत नयन भरे वारि'**, कभी उद्दीपनों के सम्बन्ध में नाना प्रकार के तर्क करती हैं—

'किधौं धन गरजत नहिं उन देसनि?
किधौं वहि इंद्र हठिहि हरि बरज्यौ, दादुर खाए सेसनि।'

—'भ्रमरगीत-सार'

अथवा पत्र न आने पर उसका कारण सोचती हैं—**'मसि खूँटी, कागर जल भीजे, सर दव लागि जरे'** (वितर्क संचारी)। इन सब उक्तियों में दैन्य व्यंजित है। नन्ददासजी की गोपियों का प्रगट दैन्य देखिए, जिसके आगे मर्यादावाद भी पानी भरता है—

'प्रनत मनोरथ करन, चरन-सरसीरुह पिय के।
कहह घटि जैहै नाथ! हरत दुख हमरे जिय के।।
कहाँ हमारी प्रीती, कहाँ पिय! तुव निठुराई।
मनि पखार सौं खचै, दई तैं कछु न वस्याई।।'

—रासपंचाध्यायी' (3 ।8,9)

गोपियाँ जहाँ इतनी दीन हो सकती थीं वहाँ उनमें कृष्ण के प्रेम का गर्व भी था। यह गर्व हम सूर की गोपियों में कई रूपों में पाते हैं, कहीं तो वे कृष्ण

के कालेपन को उघटती हैं और कहीं गोकुल तथा मथुरा के रहन-सहन में अन्तर पर तथा कहीं कुब्जा की कुरूपता पर व्यंग्य कसती हैं—

'श्याम विनोदी रे मधुबनियाँ।
अब हरि गोकुल काहे को आवहिं चाहत नवयौवनियाँ।।
वे दिन माधव भूलि बिसरि गए गोद खिलाए कनियाँ
गुहि-गुहि देते नंद जसोदा तनक काँच के मनियाँ।।
दिना चारि तें पहिरन सीखे पट पीताम्बर तनियाँ।
सूरदास प्रभु तजी कामरी अब हरि भए चिकनियाँ।।'

—'भ्रमरगीत-सार' (पद)

इसके साथ ही दीनतापूर्ण त्याग को देखिए—

'बरजों न माखन खात कबहूँ, दैहौं देन लुटाय।
कबहूँ न दैहों उराहनो जसुमति के आगे जाय।।

× × ×

करिहौं न तुमसों मान हठ, हठिहौं न माँगत दान।
कहिहौं न मृदु मुरली बजावन करन तुमसों गान।'

—'भ्रमरगीत-सार'

अन्तिम पंक्ति में त्याग की पराकाष्ठा आ जाती है। सब भावों में रति-भाव लगा हुआ है, इसीलिए सब संचारी स्थायी भाव की पुष्टि करते हुए रसपरिपाक में सहायक होते हैं।

'भाषा, भूषन, भेष जहँ, उलटेई करि भूल।
उत्तर मध्यम अधम कहि, त्रिविध हास्य-रस मूल।।'

—देवकृत 'शब्दरसायन' (तृतीय प्रकाश)

हास्य

हास्य शृंगार का सहायक तो है ही कभी-कभी वीर का भी पोषक होता है किन्तु इसका स्वतन्त्र अस्तित्व भी है। इसका अध्ययन दो दृष्टियों से हो सकता है। **आलम्बन** की दृष्टि से और आश्रय की दृष्टि से। आलम्बन की दृष्टि से इसका मूल किसी प्रकार की विकृति में है—**'वागादिवैकृताच्चेतोविकासो हास इष्यते'**।[3] वह विकृति चाहे किसी मनुष्य में हो और चाहे उक्ति में हो इसकी विचित्रता चित्त में प्रसन्नता लाती है जो हँसी द्वारा प्रकट होती है। बर्गसन (Bergson) के मत से मनुष्य जहाँ अपनी स्वतन्त्रता से काम न कर मशीन की भाँति काम करता है वहीं हास्य का विषय बन जाता है। यह भी एक विकृति का ही रूप है। विकृति या उलटेपन को हम व्यापक अर्थ में लेंगे। जो प्रत्याशित (Expected) हो उसके विपरीत होना

ही उलटापन है। यह वेश-भूषा, चाल-ढाल में भी हो सकता है। शब्दों में भी जो हँसी-मजाक होता है वह प्रत्यशित से विलक्षण होता है। 'नाट्यशास्त्र' में कई प्रकार की विकृतियों का उल्लेख हुआ है–

'विपरीतालंकारे विकृता चारानिधानवेशैश्च।
विकृतैरर्थविशेवैहंसतीति रसः स्मृतौ हास्यः।।' –(6 ।49)

इसमें अलंकारों, आचरणों, नाम, वेश अर्थ विशेष आदि का उल्लेख हुआ है। हास्य के आश्रम की दृष्टि से उसमें एक प्रकार की श्रेष्ठता का भाव रहता है। विकृति जहाँ अनिष्ट की सीमा तक पहुँचती वहीं तक वह हास्य कही जाती है, उस सीमा का उल्लंघन करने पर वह करुणा में परिणत हो जाती है। जिन लोगों में संवेदना की मात्रा बढ़ी हुई होती है वे दूसरों की विकृति पर नहीं हँसते हैं। एक बदमाश लड़का किसी के गिरने में थोड़ी-बहुत चोट लग जाने पर भी हँसेगा किन्तु सज्जन नहीं। सज्जन तो तभी हँसेगा जब वह विकृति हानिकारक न हो।

मेकड्यूगैल का कथन है कि हास्य मनुष्य (आश्रय) की अत्यधिक संवेदनशीलता को सन्तुलित रख उसे मानसिक पीड़ा से बचाता है। मेरा विचार यह है कि विकृति से जो भयानक स्थिति उपस्थित हो जाती है किन्तु जब वह अनिष्ट की सीमा तक नहीं पहुँचती तब आश्रय को एक प्रकार का सुख होता है, वही हास्य में परिणत हो जाता है। हास्य प्रत्याशित से विलक्षण एक सुखद वैचित्र्य को उत्पन्न कर हमारी एकतानता (Monotony) सम्बन्धी ऊब को किसी अंश में दूर करता है और इस प्रकार चुटकलों और परिहासमय अनुकरणों (Parodics) में पीटी हुई लकीर से कुछ हटी हुई वात होती है। इसलिए उसके सुनने से प्रसन्नता होती है।

हास्य के अनुभाव रूप में आँख कुछ बन्द हो जाती है, मुँह खुल जाता है और थोड़ी आवाज भी होती है। शिष्ट लोगों के हँसने में कम-से-कम आवाज होती है। वे केवल मुस्कराते ही हैं। इसलिए हास्य की श्रेणी बाँधी गई है–श्रेष्ठों में स्मित (मुस्कराना) और हसित (जिसमें कुछ दाँत दिखाई पड़ जाएँ) बीच की श्रेणी के लोगों में विहसित (जिसमें हल्की मधुर आवाज भी सुनाई पड़े) और अवहसित (जिसमें हँसी के कसरण कंधे और सिर हिलने लगें) नीचे की श्रेणी में, अपहसित (जिसमें आँखों में आँसू आ जाएँ) एवं अतिहसित (जिसमें सारे अंग हिलने लगें) निम्न कोटि का अवहसित तक संस्कृत माना जा सकता है। 'नाट्यशास्त्र' में आत्मस्थ और परस्थ करके दो भेद और किए गए हैं। जब वक्ता स्वयं हँसे तब आत्मस्थ और जब वह दूसरों को हँसावे तब परस्थ **'यदास्वयंहसति तदात्मस्थः यदापरं हासयति तदा परस्थः'** (ना. शा. अ.) होता है।

किसी विकृतिपूर्ण परिस्थिति पर हँसना यह साधारण कोटि का हास्य होता

है। श्रीवास्तव जी की कहानियों और उपन्यासकारों में यह अधिक रहा है। कथोपकथन का हास्य श्रेष्ठ होता है, इसमें कभी तो कहने वाले की ओर से ही होता है और कभी उत्तर-प्रत्युत्तरों में होता है। जहाँ शाब्दिक चमत्कार अधिक होता है वहाँ उसे अंग्रेजी में 'Wit' कहते हैं। व्यंग्य (Satire) में कुछ तीखापन आ जाता है। हास्य शब्द व्यापक है। परिहास प्रायः पारस्परिक होता है और उपहास दूसरों का होता है।

परशुराम-संवाद में लक्ष्मणजी की हास्यमय उक्तियाँ (**'मातहिं पितहिं उरिन भय नीके। गुरु ऋण रहा सोच बढ़ जीके'**) रौद्ररस के लिए उद्दीपन का काम देती हैं किन्तु स्वयं लक्ष्मणजी के सम्बन्ध में वे वीर के संचारी रूप में समझी जाएँगी। शिवजी की बारात में भगवान् विष्णु का यह कथन **'वर अनुहार बरात न भाई, हँसी करैहो पर पुर जाई'**,–बड़े शिष्ट व्यंग्य का उदाहरण है। रहीम का यह दोहा –**'पुरुष पुरातन की बधू क्यों न चंचला होय'**–बड़े सुन्दर हास्य (Humour) का नमूना है। शाब्दिक चमत्कार के हास्य का नमूना हमें बिहारी के नीचे के दोहे में मिलता है–

'चिरजीवौ जोरी जुरै, क्यों न सनेह गँभीर।
को घटि ए वृषभानुजा, वे हलधर के वीर।।'

–'बिहारी-रत्नाकर' (दोहा 677)

(इसमें श्लेष का चमत्कार है। वृषभानुजा के दो अर्थ हैं, वृषभानु की पुत्री (जा) राधा और वृपभ=बैल की अनुजा =छोटी बहन। हलधर के वीर के दो अर्थ हैं बलराम के भाई और हल को धारण करनेवाले बैल के भाई)

परिहासमय अनुकरण (Parody) भी एक प्रकार की विपरीत अथवा अप्रत्याशित का उदाहरण होता है–

'आगे चले बहुरि रघुराई। पीछे लरिकन धूरि उड़ाई।।'

श्रृंगार के अन्तर्गत असूया संचारी से प्रेरित कुब्जा और कृष्ण के प्रति गोपियों द्वारा किए हुए व्यंग्य के उदाहरण भ्रमरगीत में प्रचुरता में मिलते हैं। दो-एक उदाहरण लीजिए–

(क) **'राम-जनम-तपसी जदुराई। तिहि फल बधू कूबरी पाई।।**
सीता-बिरह बहुत दुख पायो। अब कुबजा मिलि हियो सिरायो।।

–'भ्रमरगीत-सार' (पद 379)

(ख) **'गोकुल में जोरी कोउ पाई नाहिं मुरारि,**
मदन त्रिभंगी आपु हैं करी त्रिभंगी नारि।'

–नन्ददासकृत 'भँवरगीत' (पद 59)

कृष्णजी स्वयं भी तीन स्थान में टेढ़े हैं और उन्होंने अपने अनुकूल ही तीन जगह टेढ़ी स्त्री की।

करुण–

'बिनसे, ईठ, अनीठ सुनि, मन में उपजत सो (ग)।
आसा छूटे, चारि बिधि, करुन बखानत लोग।।'

—देव कृत 'शब्दरसायन' (चतुर्थ प्रकाश)

इसमें नष्ट नाश होता है और नाश के अन्यथा होने की आशा भी नहीं रहती है। इसमें चित्त की विकलता होती है। **'इष्टनाशादिभिश्चेतोवैक्लव्यं शोकशब्दभाक्'** (साहित्यदर्पण, 1।177)—इसमें इष्ट (जिसका नाश होता है) आलम्बन होता है। उसके शरीर का दाह आदि तथा उससे सम्बन्धित वस्तुएँ उद्दीपन होती हैं। जमीन पर गिरना, विश्वास, छाती पीटना अनुभाव है। निर्वेद, मोह, अपस्मार, व्याधि, ग्लानि, स्मृति, श्रम, विषाद, जड़ता, उन्माद आदि संचारी हैं।

शृंगार की भाँति यह रस भी रसराज कहे जाने का दावा करता है। भवभूति ने इसे ही प्रधानता दी है—**'एको रसः करुण एव'**। इसमें सहानुभूति के आधिक्य के कारण इसको श्रेष्ठता दी जाती है। रस की अवस्था में भी हमको सहानुभूति के साथ सर्वसाधारण की भाव-भूमि में आना पड़ता है। लक्ष्मणजी के शक्ति लगने पर श्रीरामचन्द्रजी के विलाप में करुणा की बहुत-सी सामग्री मिल जाती है—

दैन्य संचारी–

'जथा पंख बिनु खग अति दीना। मनि बिनु फनि करिवर कर हीना।।
अस मम जिवन बंधु बिनु तोही। जौं जड़ दैव जियावइ मोही।।'

—'रामचरितमानस' (लंकाकाण्ड)

निर्वेद और ग्लानि संचारी–

'जैहउँ अवध कवन मुँह लाई। नारि हेतु प्रिय भाइ गँवाई।।'

—'रामचरितमानस' (लंकाकाण्ड,)

स्मृति–

'सौंपेसि मोहि तुम्हहि गहि पानी। सब बिधि सुखद परम हित जानी।।'

—'रामचरितमानस' (लंकाकाण्ड)

इसमें ग्लानि भी मिली हुई है।

अनुभाव–'जड़दैव' शब्द में दैव-निन्दा अनुभाव तो आ ही गया है, अश्रु भी लीजिए–

'बहु विधि सोचत सोच-विमोचन। स्रवत सलिल राजिबदल-लोचन।।'

—'रामचरितमानस' (लंकाकाण्ड)

गद्य में भी करुण के बड़े सुन्दर उदाहरण मिलते हैं। रोहिताश्व के शव-दाह के समय शैव्या कहती है—

'......हाय! जिन हाथों से मीठी-मीठी थपकियाँ देकर रोज सुलाती थी, उन्हीं के हाथों

से आग धधकती चिता पर कैसे रक्खूँगी? जिसके मुख में छाले पड़ने के भय से कभी मैंने गरम दूध भी नहीं पिलाया, उसे हाय!.....

—'सत्य हरिश्चन्द्र' (चतुर्थ अंक)

इसमें भी स्मृति संचारी के साथ विषाद भी है।

रौद्र–

'प्रतिकूलेषु तैक्ष्ण्यस्यावबोधः क्रोध इष्यते।'

—'साहित्यदर्पण' (3।177)

इसका स्थायी भाव क्रोध है। अपने से प्रतिकूल विषय में तीक्ष्णता का अनुभव क्रोध कहलाता है। जिससे अपना अनिष्ट हो या जो कार्य में बाधक हो वही प्रतिकूल कहलाता है। इष्ट-सिद्धि में किसी प्रकार का विरोध क्रोध का कारण होता है। क्रोध ही परिपक्व होकर रौद्र रस बनता है–

'बिधि असाध-अपराध करि, उपजाबत जिय क्रोध।
होत क्रोध बड़ि रौद्र, जहँ बहु बाद-विरोध।।'

—देव कृत 'शब्दरसायन' (चतुर्थ प्रकाश)

क्रोध का आलम्बन अनिष्ट करनेवाला या अनुचित बात करनेवाला पुरुष होता है। उसकी चेष्टाएँ या उक्तियाँ (जैसे परशुराम-संवाद में लक्ष्मणजी की) उद्दीपन होती हैं। बिगड़ी हुई वस्तु भी उद्दीपन का काम देती है। दाँत पीसना, मुट्ठी दिखाना, मुँह लाल हो जाना, आत्म-प्रशंसा, हथियार चलाना आदि अनुभाव हैं और उग्रता, आवेग, मद, मोह, अमर्ष आदि संचारी हैं।

करुण में भी अनिष्ट होता है किन्तु करुण में अनिष्टकारक ऐसा होता है कि जिससे वश नहीं चलता है और जिससे बदला नहीं लिया जा सकता है। वीर और रौद्र में इस बात का अन्तर है। वीर में प्रसन्नता और धैर्य रहता है किन्तु रौद्र में विषाद ओर चंचलता। क्रोध के अनुभावों में आत्म-प्रशंसा और अस्त्रों का दिखलाना भी है। उनके उदाहरण 'रामचरितमानस' से दिए जाते हैं। लीजिए–

'बाल ब्रह्मचारी अतिकोही। बिस्व बिदित क्षत्रिय-कुल-द्रोही।।
भुजबल भूमि भूप बिनु कीन्ही। बिपुल बार महिदेवन्ह दीन्ही।।
सहस-बाहु भुज-छेदनि-हारा। परसु बिलोकु महीपकुमारा।।'

—'रामचरितमास' (बालकाण्ड)

इसमें गर्व संचारी भी मिला हुआ है। अनुचित बात कहने पर लक्ष्मणजी को रोष आया था, उसके अनुवाद देखिए–

'माखे लषन कुटिल भइँ भौंहें। रदपट फरकत नयन रिसौहें।।'

—'रामचरितमानस' बालकाण्ड'

वीर–

'रन-बैरी, सनमुख दुखी, भिक्षुक आये द्वार।
युद्ध दया और दान हित, होत उछाह उदार।।'

—देव कृत 'शब्दरसायन' (चतुर्थ प्रकाश)

इसका स्थायी भाव उत्साह है। कार्य के करने में आदि से अन्त तक उत्तरोत्तरस्थिरता अर्थात् दृढ़ता और प्रसन्नता का जो भाव रहता है उसे उत्साह कहते हैं। इसका 'साहित्यदर्पण' में लक्षण इस प्रकार दिया गया है--

'कार्यारम्भेपु संरम्भः स्थेयानुत्साह उच्यते।'

—'साहित्यदर्पण' (3।175)

यह केवल युद्ध में ही नहीं वरन् दान देने, दया करने आदि में भी होता है। जिसको जितना हो वही इसका आलम्बन होता है; उसकी चेष्टाएँ, फौज, हथियारों का प्रदर्शन आदि के उद्दीपन हैं। धृति, मति, तर्क स्मृति,गर्व आदि इसके संचारी हैं।

वीर के उद्दीपनस्वरूप महाकवि भूषण कृत महाराज छत्रसाल की 'करवाल' का वर्णन पढ़िए–

'निकसत म्यान तें मयूखैं प्रलै भानु कैसी,
फारैं तम-तोम से गयन्दन के जाल को।
लागति लपटि कंठ बैरिन के नागिन सी,
रुद्रहि रिझावै दै दै मुण्डन के माल को।।
लाल क्षितिपाल छत्रसाल महाबाहु बली,
कहाँ लौं बखान करौं तेरी करबाल को।
प्रतिभट कटक कटीले केते काटि-काटि,
कालिका सी किलकि कलेऊ देति काल को।।'

—मिश्रबन्धु-सम्पादित भूषण ग्रन्थावली ('छत्रसाल दशक' पृष्ठ 157)

परशुराम के आगमन पर श्रीरामचन्द्रजी का वीरोचित धैर्य (धृतिसंचारी) देखिए–

'सभय बिलोके लोग सब, जानि जानकी भीरु।
हृदय न हर्ष विषादु कछु बोले श्री रघुबीरु।।
नाथ संभु-धनु-भंजनि हारा। हुइहि कोउ एक दास तुम्हारा।।'

—'रामचरितमानस' (बालकाण्ड)

भयानक–

'घोर सत्रु देखे-सुने, करि अपराध, अनीति।
मिले सत्रु, भूतादि, ग्रह, सुमिरे उपजत भीति।।

भीति बढ़े रस-भयानक दृग-जल बेपथु-अंग।
चक्रित चित, चिंता, चपल विवरनता, स्वर-भंग।।'

—देव कृत 'शब्दरसायन' (चतुर्थ प्रकाश)

घोर शक्ति द्वारा अनिष्ट की सम्भावना देखने से चित्त में विकलता उत्पन्न होती है, वह भय कहलाता है। 'साहित्यदर्पण' में भय का लक्षण इस प्रकार दिया है—

रौद्रशक्त्या तु जनितं चित्तवैक्लव्यं भयम्

—'साहित्यदर्पण' (3।178)

वहीं इसका स्थायी भाव है। वीर और रौद्र में आश्रय अपनी हीनता का अनुभव नहीं करता है किन्तु भय में अपनी हीनता का अनुभव करता है। करुण में अनिष्ट हो ही जाता है। भय में अनिष्ट होने की प्रबल सम्भावना रहती है। रौद्र और वीर में आश्रय अनिष्टकारी को भगा देना चाहता है, भयानक में आश्रय खुद भागना चाहता है। वीभत्स में भी आश्रय कभी-कभी स्वयं भागना चाहता है किन्तु अपनी हीनता के कारण नहीं वरन् आलम्बन की असह्य हीनता के कारण। अद्‌भुत में भी आश्रय अपनी हीनता का अनुभव करता है किन्तु प्रसन्नता के साथ और उसके सामने से भागना तो नहीं चाहता है किन्तु आश्रय की बुद्धि चकरा जाती है। फिर भी यह अनुभव दुःखद नहीं होता। इसमें प्रायः प्रशंसा का भाव मिला रहता है। अद्‌भुत के आलम्बन नें लोकोत्तरता रहती है, उसके कार्यों की आश्रय व्याख्या नहीं कर पाता।

भयानक वस्तु की चेष्टाएँ, अन्धकार आदि भयानक रस के उद्दीपन होते हैं। विवर्णता (मुँह उतर जाना), गद्‌गद स्वर-भाषण, प्रलय, स्वेद , रोमांच, कम्प, इधर-उधर देखना आदि (इस सम्बन्ध में रस और मनोविज्ञान शीर्षक लेख पढ़िए) अनुभाव हैं। जुगुप्सा, आवेग, मोह, त्रास, ग्लानि, दीनता आदि संचारी हैं।

श्मशान में रात्रि की भयानकता का दृश्य हमको 'सत्य हरिश्चन्द्र' में मिलता है, इसमें हमको भयानक के उद्दीपन बड़े उग्ररूप में दिखाई पड़ते हैं—

'ररुआ चहुँ दिसि ररत डरत सुनि कै नर-नारी।
फटफटाइ दोउ पंख उलूकहु रटत पुकारी।।
अंधकारबस गिरत काक अरु चील करत रव।
गिद्ध-गरुड़-हड़गिल्ल भजत लखि निकट भयद रव।।'

—'सत्य हरिश्चन्द्र' (चौथा अंक)

उद्दीपन के लिए 'मालती-माधव' का निम्नोद्धृत गद्यांश पठनीय है। पिंजड़े में से शेर के भागने का वर्णन है। शेर आलम्बन है, उसकी चेष्टाओं का जो सजीव वर्णन है, वह उद्दीपन का काम करता है—

'अरे ओ भाई, मठ के रहनेवालो भागो!! भागो!!! यह देखो जवानी के चढ़ाव में, खींच-खींचकर साँकरें तोड़ सिंह लोहे के पिंजड़े से निकल गया है....कितने जीव मार डाले। कटारी ऐसे दाँतों से हड्डियाँ कटकटाकर चबाता हुआ मुँह बाए इधर उधर दौड़ रहा है। उनके मांस गले में भरकर गर्जना कर रहा है। उसकी डपट से सब लोग भाग रहे हैं।

—'मालती-माधव' (तृतीय अंक)

इसमें उद्दीपनों के साथ त्रास सञ्चारी है और भागने का अनुभाव है। अनुभाव का एक और वर्णन कविवर तोषनिधि से नीचे दिया जाता है—

'चहुँधा लखि ज्वाल फुलाहल भो पुर-लोग सबै दुःख ताप तयो।
यह लंक दशा लखि लंकपती अति संक दसौ मुख सूखि गयो।।'

—कविवर तोषनिधि (नवरस में उद्धृत, पृष्ठ 490)

इसमें मुख सूखना अनुभाव है। साथ ही शंका, विषाद और त्रास सञ्चारी व्यंजित हैं। गोस्वामीजी की 'कवितावली' में लंका-दहन के बड़े सुन्दर वर्णन आए हैं। उसमें भयानक रस का अच्छा परिपाक हुआ है। भय के सम्बन्ध में मोह संचारी का उदाहरण नीचे देखिए—

'अध ऊर्द्ध बानर, बिदसि दिसि बानर है,
मानहु रह्यो है मरि बानर तिलोकिए।
मूंदे आँखि हीय में, उघारे आँखि आगे ठाढ़ो,
धाइ जाइ जहाँ तहाँ और कोऊ को किए?'

—'कवितावली' (सुन्दरकाण्ड, छन्द 17)

भयावह वस्तु मन को इतना आक्रान्त कर लेती है कि जिधर देखो उधर वही दिखाई देती है। यही मोह या भ्रम है।

पाठक इन वर्णनों को पढ़कर देखेंगे कि भयानक के वर्णन में किस प्रकार रस आता है। साधारणीकरण के शास्त्रीय सिद्धान्त से तो हमें यह बात मिलती है कि वर्णन किसी व्यक्ति-विशेष से सम्बन्धित नहीं रहते जिससे कि हमको उसकी या अपनी हानि की आंशका हो। हमको यह भी न भूलना चाहिए कि यह वर्णन-मात्र है, पिंजड़े से भागा हुआ शेर हमसे बहुत दूर है, हमारा बाल भी बाँका नहीं कर सकता, न लंका की आग हमको झुलसा सकती है और न उसके किसी स्फुलिंग का हमारे छप्पर पर गिरने का डर है। हम निर्भय होकर भयानक रस के वर्णन पढ़ते हैं। इसके अतिरिक्त हमको भय की दशा में मानव-स्वभाव का अध्ययन करने को मिलता है, हमारी सहानुभूति जाग्रत होती है और एक प्रकार से हम अपनी आत्मा के विस्तार का अनुभव करने लगते हैं। इसी के साथ हमको इस बात की भी प्रसन्नता होती है कि हमारे कवि ने परिस्थिति को किस पूर्णता के साथ अपनी लेखनी के वश में किया है। जो सरकस के शेर के देखने में प्रसन्नता होती है

वही 'मालती-माधव' के पिंजड़े से भागे हुए शेर के दर्शन में। यही बात और भी दुःखद अनुभावों पर आश्रित रसों पर (जैसे करुण, रौद्र, वीभत्स) लागू होती है।

वीभत्स

इसका स्थायी भाव घृणा है। घृणा या जुगुप्सा का साहित्य-दर्पण में लक्षण इस प्रकार दिया है–

'दोषेणादिभिर्गर्हा जुगुप्सा विस्मयोद्भवा'

–'साहित्यदर्पण' (3 ।179)

अर्थात् दोष देखने से जो गर्हा अर्थात् त्यागने और निन्दा का भाव होता है उसे घृणा कहते हैं।

घिनौने दृश्य इसके आलम्बन हैं। उसमें कृमि, मक्खियाँ दुर्गन्ध आदि उद्दीपन हैं। मोह, अपस्मार व्याधि आदि संचारी हैं; थूकना, नाक सिकोड़ना, मुँह फेर लेना, आँख मींच लेना आदि इसके अनुभाव हैं। देवजी ने वीभत्स का इस प्रकार लक्षण दिया है–

'वस्तु घिनौनी देखि सुनि, घिन उपजै, जिय माँहि।
धिन बाढ़े वीभत्स-रस,चित की रुचि मिटि जाहि।।'

—देव कृत 'शब्दरसायन' (चतुर्थ प्रकाश, पृष्ठ 43)

संसार से वैराग्य उत्पन्न करने के कारण यह शान्तरस का सहायक होता है। जहाँ पर संसार से घृणा विवेक के कारण होती है वहाँ पर जुगुप्सा, विवेकजा कहलाती है और जहाँ साधारण रूप से होती है वहँ प्रायकी कहलाती है। वीभत्स के लिए यह आवश्यक नहीं कि मांस और कृमि का ही वर्णन हो वरन् यदि कोई नैतिक बुराई भी हो तो वीभत्स का आलम्बन बन जाएगी। सुधार के लिए वीभत्स का वर्णन आवश्यक हो जाता है। भारतेन्दु हरिश्चन्द्र का काशी का वर्णन इसी उद्देश्य से किया गया है–

'देखी तुमरी कासी, लोगो, देखी तुमरी कासी।
जहाँ विराजैं विश्वनाथ विश्वेश्वर जी अविनासी।।
आधी कासी भाट भँडेरिया बाम्हन औ ये संन्यासी।
आधी कासी रंडी मुण्डी राँड खानगी खासी।।
लोग निकम्मे भंगी गंजड़ लुच्चे जे-बिसवासी।
महा आलसी झूठे शुहदे बे-फिकरे बदमासी।

× × ×

'मैला गली भरी कतवारन सड़ी चमारिन पासी।
नीचे नल से बदबू उबलै, मनो नरक चौरासी।।'

—'प्रेमजोगिनी' (दूसरा गर्भाक)

आजकल के सुधारक भी तो ऐसे ही वर्णनों द्वारा समाज-सुधार की भावना जाग्रत करते हैं।

अद्भुत–विस्मय इसका स्थायी भाव है। इस भाव के परिपक्व होने पर अद्भुत रस उपस्थित होता है।

'आहचरज देखे सुने, बिस्मय बाढ़त चित्त।
अद्भुत-रस विस्मय बढ़े,अचल सचकित निमित्त।।'

–देव कृत 'शब्दरसायन' (चतुर्थ प्रकाश, पृष्ठ 45)

विस्यम का 'साहित्यदर्पण' में लक्षण इस प्रकार है–

'विविधेषु पदार्थेषु लोकसीमातिवर्तिषु
विस्फारश्चेतसो यस्तु स विस्मय उदाहृतः।'

–'साहित्यदर्पण' (3।179,180)

अर्थात् विविध पदार्थों में लोकोत्तरता देखकर जो फैलाव होता है उसे विस्मय कहते हैं।

अद्भुत वस्तु अथवा अद्भुत कर्म करनेवाला पुरुष आलम्बन है। उसके गुणों की महिमा उद्दीपन है। वितर्क, आवेग, मोह, हर्ष आदि इसके संचारी भाव हैं। इन संचारियों में हर्ष संचारी विशेष महत्त्व का है। विस्मय हर्षात्मक भाव है। 'नाट्य-शास्त्र' में कहा है–**'विस्मयो हर्ष सम्भवः'** अद्भुत रस का उदाहरण तभी उपस्थित होता है जबकि आलम्बन में कोई अद्भुत बात हो। सूक्ति-मात्र अद्भुत का उदाहरण नहीं बन सकता है–

'देखो माई दधि-सुत मैं दधि जात।
एक अचमो देखि सखी री, रिपु में रिपु जु समात।।'

–'सूरसागर' (ना. प्र. स., पृष्ठ 319)

यह अद्भुत रस नहीं है। इस कूट का अर्थ स्पष्ट कर देने पर कोई अचंभे की बात नहीं रह जाती। यह बात श्रीकृष्णजी के दधि खाने के सम्बन्ध में कही गई है। दधि-सुत का अर्थ है उदधि-सुत=चन्द्रमा अर्थात् मुख-चन्द्र में दधि जाता है। चन्द्रमा और कमल का बैर है। मुख में कर-कमल जाते हैं। कोई विद्वान ऐसा भी अर्थ लगाते हैं कि श्रीकृष्ण जी का हाथ काला था, काला राहु का रंग है। चन्द्रमा और राहु रिपु हैं। चन्द्रमा में राहु चला जाता है, इसलिए यह सूक्ति की संज्ञा में आएगा। अद्भुतरस का अब उदाहरण लीजिए–

'इहाँ उहाँ दुइ बालक देखा। मति भ्रप मोरि कि आन बिसेखा।'
'तन पुलकित मुख वचन न आवा। नयन मूंदि चरनन्हि सिर नावा।।'

–'रामचरितमानस' (बालकाण्ड)

'मति भ्रम मोरि कि आन बिसेखा' में वितर्क संचारी है। माता यह तर्क करती है कि मेरी मति में कुछ भ्रम हो गया है या कुछ और बात है। **'तन पुलकित**

मुख वचन न आवा' में रोमांच और स्वर-भंग अनुभाव (सात्त्विक भाव) हैं। इन अनुभावों में ही हर्ष संचारी सूचित होता है—

> **'केसव! कहि न जाइ का कहिए।**
> **देखत तव रचना विचित्र अति समुझि मनहिं मन रहिए**
> **सून्य भीत पर चित्र, रंग नहिं, तनु बिनु लिखा चितेरे।**
> **धोये मिटै न, मरै भीति-दुख, पाइय यहि तनु हेरे**

—'विनयपत्रिका' (पद 111)

इसमें विस्मय स्थायी तो है ही, साथ वितर्क संचारी भी व्यंजित है। **'केसव कहि न जाइ का कहिए'** में विस्मय के साथ माहात्म्य-कथन एक प्रकार का अनुभाव भी है किन्तु यहाँ अद्भुत शान्त का सहायक और पोषक होकर आया है।

अद्भुत रस का देवजी ने उदाहरण दिया है उसमें वृषभानुजी के यहाँ के चकित करनेवाले वैभव का वर्णन प्रशंसनीय है। यशोदाजी की दासी को मणि खचित मन्दिर में पड़े हुए राधाजी के प्रतिबिम्बों में असली राधाजी को पहचानने में कितनी कठिनाई हुई, यह दर्शनीय है—

> **'राधे को न्योति बुलाइबे को, बरसाने लौं हौं पठई नँदरानी,**
> **श्री बृषुभानु की संपत्ति देखि, थकी गतिऔ, मतिऔ अति बानी।**
> **भूलि गई मनि-मन्दिर में, प्रतिबिंबनि देखि विशेष भुलानी,**
> **चारि घरी लै चितौति-चितौति, मरू करि चन्द्रमुखी पहिचानी।'**

—देव कृत 'शब्दरसायन' (चतुर्थ प्रकाश)

इसमें स्तम्भ सात्त्विक भाव और मोह संचारी है।

अद्भुत रस के लिए भी रसराज होने का दावा किया गया है—

> **('रसे सारश्चमत्कारः सर्वत्राप्यनुभूयते।)**
> **तच्चमत्कारसारत्वेसर्वत्रऽप्यद्भुतो रसः।।**

—धर्मदत्त का मत ('साहित्यदर्पण' के तृतीय परिच्छेद में प्रारम्भिक चार कारिकाओं की व्याख्या के प्रसंग में कविराज विश्वनाथ द्वारा उद्धृत)

अर्थात् रस का सार चमत्कार में है, जो सर्वत्र दिखाई देता है। चमत्कार का सार होने के कारण सब जगह अद्भुत रस ही है।

आचार्य शुक्लजी ने ऊपर बललाए हुए अद्भुत रस और सूक्ति के आधार पर ही इस मत का निराकरण किया है। चमत्कार सूक्ति मात्र में होगा, वह अद्भुत रस नहीं हो सकता।

शान्त

नाट्यरस आठ माने गए हैं। भरतमुनि ने पहले आठ ही रस गिनाए हैं, पीछे से शान्तरस को गिनाकर उसके स्थायी भाव को और सबमें प्रधानता भी दी है (इस

बात पर सेठ कन्हैयालाल पोद्दार ने बहुत जोर दिया है) किन्तु पिछले आचार्यों ने भी जिस प्रकार शान्तरस का वर्णन किया है उससे प्रकट होता है कि शान्तरस को रसों में स्थान देने की परम्परा नहीं रही है। 'काव्यप्रकाश' में भी पहले आठ स्थायी भाव गिनाए गए हैं, पीछे से निर्वेद-प्रधान शान्तरस को गिनाया है--**'निर्वेदस्थायिभावऽस्तिः शान्तोऽपि नवमो रसः'** (काव्यप्रकाश, 4 ।35)। निर्वेद को संचारियों में पहले स्थान देने के सम्बन्ध में 'काव्यप्रकाश' में लिखा है कि अमंगलरूप होने के कारण निर्वेद को पहला स्थान नहीं देना चाहिए था किन्तु यह स्थायी भाव भी होता है इसलिए इसको पहला स्थान दिया गया है–

'निर्वेदस्यामंगलप्रायस्य प्रथममनुपादेयतवेऽप्युपादानं व्यभिचारित्वेऽपि स्वायिताऽभिधानार्य।'

–'काव्यप्रकाश' (4 ।34 के पश्चात् की वृत्ति)

प्रायः अमंगलरूप होने से निर्वेद का उल्लेख संचारी भावों के आदि में नहीं होना चाहिए था (अमंगलसूचक वस्तु को पहले नहीं रखते हैं) परन्तु वह स्थायी भाव भी होता है अतएव संचारी भावों में उसे पहला स्थान दिया गया है।

निर्वेद के दो भेद–यह बात विचारणीय है कि निर्वेद को भरतमुनि ने व्यभिचारी भावों में क्यों रखा? इसका एक उत्तर 'भक्तिरसामृत-सिन्धु' में दिया गया है कि जब उसकी उत्पत्ति तत्वज्ञान से होती है तब तो वह स्थायी भाव होता है और जब इष्ट के अनिष्ट हो जाने से प्राप्त होता है (**'तिया मुई धन सम्पत्ति नासी, मूड़ मुडाय भए संन्यासी'**) तब वह व्यभिचारी होता है।

प्रधान और गौण–दूसरी बात यह भी विवेचनीय है कि भरतमुनि ने शृंगार, रौद्र वीर, वीभत्स को प्रधान मानकर उनसे क्रमशः हास्य, करुण, अद्‌भुत और भयानक की उत्पत्ति बतलाई है, देखिए–

'शृंगाराद्धि भवेद्धास्यो रौद्रत्तु करुणो रसः।
वीराच्चैवाद्‌भुतोत्पत्ति बर्भित्साच्च भयानकः।।'

–नाट्‌यशास्त्र' (6 ।39)

इनसे सम्बन्धित मन की चार वृत्तियाँ भी मानी गई हैं–विकास का सम्बन्ध शृंगार और हास्य से है, विस्तार (फैलाव) का सम्बन्ध वीर और अद्‌भुत से है, विक्षेप (फेंकना झटका देना) का सम्बन्ध रौद्र और करुण से और क्षोभ (व्याकुलता खलबली) का सम्बन्ध वीभत्स और भयानक से है। मूल रसों के सम्बन्ध में ये वृत्तियाँ 'दशरूपक' की टीका में इस प्रकार दी गई हैं–

'शृंगारे विकासः वीरे विस्तारः वीभत्से क्षोभः रौद्र विक्षेपः'

–(पृष्ठ 97)

इस प्रकार शृंगार हास्य, वीर और अद्‌भुत में मन की वृत्ति सुखात्मक रहती है और रौद्र, करुण, वीभत्स और भयानक से मन की वृत्ति दुःखात्मक रहती है।

वैसे रस-दशा में सभी रस आनन्ददायक होते हैं। जिनमें जन्य-जनक भाव हैं वे विशेष रूप से भिन्न रस होते हैं। सुखद अनुभवों पर आधारित रसों का दुःखद अनुभवों पर आधारित रसों का कम मेल होता है।

इस प्रकार उन्होंने पहले परम्परानुकूल आठ ही रस माने हैं और निर्वेद को संचारी माना है। सम्भव है नवम रस की बात पीछे से सोची हो या अन्य किसी द्वारा बढ़ाई गई हो।

अन्य शंकाएँ–शान्त के रसों में स्थान दिए जाने के सम्बन्ध में 'साहित्यदर्पण' में कहा गया है कि जहाँ न सुख हो, न दुःख हो, चिन्ता हो, न द्वेष हो, न राग हो, न कोई इच्छा हो ऐसे रस को भारत आदि मुनीन्द्रों ने माना है।

'न यत्र दुःखं न सुखं न चिन्ता न द्वेषरागौ न च काचिदिच्छा।
रसः स शान्तः कथितो मुनीन्द्रैः सर्वेषु भावेषु शम प्रधानः।।'

—'साहित्यदर्पण' (3।249 की वृत्ति में उद्धृत)

ऐसे स्वरूप वाले शान्तरस में संचारी नहीं हो सकते और वह रस नहीं कहा जा सकता।

इसके उत्तर में कहा गया है कि तृष्णा के क्षय का सुख सब सुखों से बढ़कर होता है।

'यच्च कामसुखं लोके यच्च दिव्यं महत्सुखम्।
तृष्णाक्षयसुखस्यैते नार्हतः षोडशीं कलाम्।।'

—'ध्वन्यालोक' तृतीय उन्मेष की छब्बीसवीं कारिका की टीका से उद्धृत

फिर यह कैसे कहा जा सकता है कि उसमें सुख नहीं होता है। ध्वन्यालोककार ने तृष्णा क्षय के सुख के पोषण को ही शान्तरस का प्रधान लक्षण माना है—

'तृष्णाक्षयसुखस्य यः परिपोषस्तल्लक्षणो प्रतीयत एव'

—'ध्वन्यालोक' (3।26 की टीका)

इसके अतिरिक्त साहित्यदर्पणकार का कथन है—

'युक्तवियुक्तदशायामवस्थितोयः शमः स एव यतः।
रसतामेति दस्मिन् सञ्चार्यादेः स्थितिश्च न विरुद्धा।'

—'साहित्यदर्पण' (3।250)

अर्थात् राजर्षि जनक जैसे जीवन-मुक्त के लिए जो संसार के सब कार्य करते हुए भी योगी थे। (**यः कर्मणि का प्रियमणि एवं योगमभ्यसति स युक्तवियुक्त इत्युचते–हरिदास सिद्धान्त वागीश की टीका से**) शम का अनुभव सम्भव था (उसके लिए मोक्ष दशा ही आवश्यक नहीं) फिर संचारियों के ज्ञान में क्या बाधा? यह बात आठ रस माने जाने की परम्परा की ओर संकेत अवश्य करती है किन्तु रसों की संख्या को मानने के पक्ष में हैं।

शान्त रस को रस न मानने के सम्बन्ध में यह कहा गया है कि नट में

शम की साधना असम्भव है। नट स्वभाव से ही ही अमूल होता है उसमें शम कहाँ?

'शान्तस्य शमसाध्यत्वन्नाटे च तदसंभवात्।
अष्टावेव रस नाट्य शान्तस्तत्र न युज्यते।।'

—'रस गंगाधर' (पृष्ठ 29)

इसी उत्तर में कहा गया है कि नट निर्लिप्त है, जब वह करुण में दुःखी नहीं होता है और रौद्र में गुस्सा नहीं करता है—**कंचिन्न रसं स्वदते नटः'** (संगीत-रत्नाकर)—तब शान्तरस के अभिनय के लिए ही क्यों जरूरी समझा जाए कि वह शान्त रहे। शान्तरस का भी उनके अनुभावों द्वारा (पद्मासन लगाकर बैठना, नासाग्रदृष्टि करना, प्रसन्नमुद्रा धारण करना) अभिनय हो सकता है। इसलिए शान्त को काव्यरस ही नहीं, नाट्यरस भी माना जा सकता है। भरतमुनि द्वारा पहले आठ ही रस गिनाए जाकर पीछे से शान्तरस के उल्लेख होने की एक व्याख्या यह भी हो सकती है कि उन्होंने मूल रस को अलग रखना चाहा हो। रस में जो आनन्द रहता है वह शान्तरस का अंग जरूर है किन्तु रौद्र, भयानक आदि में जो क्षोभ और विक्षेप रहता है वह शान्त के साथ नहीं रहता है। शान्त को हम कठिनता से ही मूल रस मान सकते हैं। थोड़े विचार के साथ इसके स्वतन्त्र रस मानने में विशेष आपत्ति नहीं है।

विशेष

यह बात विवादस्पद अवश्य है कि नट को अभिनीत रस का वास्तविक अनुभव होता है या नहीं। कुछ लोगों का तो कहना है कि सफल नट वही है जो अभिनीत विषय का वास्तविक अनुभव करे। रूस में **'ओवरउमेगा'** एक स्थान है, वहाँ साल में एक बार ईसामसीह के जीवनवृत्त का अभिनय होता है। उन अभिनेताओं के लिए कहा जाता है कि वे अभिनीत विषय का वास्तविक अभिनय करते हैं। इसके विपरीत लोगों का कहना है कि नट वास्तविक दुःख का अनुभव किया करे तो पागल हो जाए। इस सम्बन्ध में एक अभिनेता का कथन है कि दूसरों को प्रभावित करने के लिए स्वयं अप्रभावित नहीं दिखाई पड़ना चाहिए (To move others one should appear not to be unmoved) लेकिन वास्तविक बात यह है कि यह बात बहुत कुछ अभिनेता के स्वभाव पर निर्भर रहती है। किन्ही में मनोवेग के श्रोत बिल्कुल ऊपर होते हैं, जरा-सी बात कहने में वे उबल पड़ते हैं और कुछ में गहरे होते हैं। जब तक निजी दुःख न हो तब तक वे रोते नहीं हैं। जिनमें बुद्धि का प्राधान्य होता है उनका अभिनय करते समय निरपेक्ष बने रहते हैं और जिनमें रागात्मकता का प्राधान्य होता है उनका अभिनय वास्तविक हो जाता है किन्तु वे उस वास्तविकता को एक ही अभिनय में आखिर तक कायम नहीं रख सकते और

न रोज-रोज उसको निभा सकते हैं।

शम शान्तरस का स्थायी भाव है, उसका 'साहित्यदर्पण' में लक्षण इस प्रकार दिया गया है–

'शमो निरीहावस्थायमात्मविश्रामजंसुखम्'

–'साहित्यदर्पण' (3 ।180)

अर्थात् निरीह (इच्छा रहित) अवस्था में आत्मा में विश्राम लेने का सुख शम कहलाता है।

संसार की निस्सारिता या परमात्मा इसका आलम्बन है। तीर्थ, पुण्याश्रम, वन, महापुरुषों का सत्संग इसके उद्दीपन हैं। रोमांच, अश्रु, पद्मासन लगाकर बैठना आदि इसके अनुभाव हैं। निर्वेद, हर्ष, स्मृति, मति, भूत-दया आदि इसके संचारी हैं।

संसार की असारता की ओर ध्यान आकर्षित कर उससे वैराग्य उत्पन्न करना और जीव को ईश्वरोन्मुख करना शान्तरस के पदों का मूल उद्देश्य रहता है। एक उदाहरण तुलसी से यहाँ दिया जाता है जिसमें संसार की निस्सारिता पर बल दिया गया है–

'मैं तोहिं अब जान्यो संसार!
बाँधि न सकहिं मोहि हरि के बल, प्रगट कपट-आगार।।1।।
देखत ही कमनीय, कछू नाहिंन पुनि किए बिचार।
ज्यों कदलीतरु-मध्य निहारत, कबहुँ न निकसत सार।।2।।

–'विनयपत्रिका' (पद 188)

नीचे के पद में गुण-कथन के साथ शान्तरस के अनुभावों को देखिए–

'अजहुँ आपने राम के करतब समुझत हित होइ।
कहुँ तू, कहँ कोसलधनी, तोको कहा कहत सब कोइ।।1।।
भोजन विभीषन को कहा, फल कहा दियो रघुराज!
राम गरीब निवाज के बड़ी बाँह-बोलकी लाज।।6।।

× × ×

'सजल नयन, गद्गद गिरा, गहबर मन पुलक सरीर।
गावत गुनगात राज के केहिकी न मिटी भव-भीर।। 8।।

–'विनयपत्रिका' (पद 193)

इन अन्तिम पंक्तियों में शान्तरस के अनुभाव हैं। इसमें रघुनाथ जी आलम्बन हैं। उनकी भक्तवत्सलता उद्दीपन है; स्मृति, दैन्य आदि संचारी इसमें व्यंजित हैं। इस प्रकार शान्तरस की पूर्ण सामग्री हो जाती है।

वात्सल्य और भक्ति

वात्सल्य को दसवाँ रस माना गया है किन्तु उसके सम्बन्ध में शान्तरस-का-सा ही

विवाद है। वस्त, पुत्रादि के विषय में रति को वात्सल्य कहते हैं। इसके सम्बन्ध में यह प्रश्न है कि शास्त्रकारों ने दाम्पत्य रति के अतिरिक्त अन्य रतियों को (रस नहीं) भाव माना है। इस हिसाब से भक्ति, वात्सल्य, राज-भक्ति, देश-भक्ति ये सब भाव माने जाएँगे।

रति शृंगार का स्थायी भाव है। 'साहित्यदर्पण' आदि में जो रति की परिभाषा है वह काफी व्यापक है और उसमें देवादिविषयक रतियाँ भी आ सकती हैं। मन के अनुकूल विषय में मन प्रेमार्द्र होने को रति कहते हैं–**'रतिर्मनोऽनुकूलेऽथेमनसः प्रवणायितम्'**–(साहित्यदर्पण, 3।176)–पुत्र राजा, ईश्वर आदि सब मन के अनुकूल विषय हैं किन्तु यह प्रश्न रह जाता है कि पुरुष-स्त्री के पारस्परिक आकर्षण के अतिरिक्त इन विषयों में भी मन उतना द्रवणशील हो सकता, वे देवादिविषयक रति का भाव मानेंगे किन्तु जो लोग यह मानते हैं कि मन उतना ही प्रेमार्द्र हो सकता है वे इनको शृंगार के व्यापक रूप के अन्तर्गत मान सकते हैं। भरतमुनि ने कहा भी है कि जो कुछ पवित्र है, शृंगार से उपमा देने योग्य है किन्तु शृंगार शब्द की व्युत्पत्ति **'शृंगहि मन्मथोद्भेदस्तदागमनहेतुकः'**–अर्थात् शृंग, मन्मथ या कामदेव को कहते हैं, उसके आगमन का कारण शृंगार कहलाता है में मन्मथ अर्थात् क़ामदेव शब्द लगा हुआ है, इसलिए वात्सल्यादि को इसके अन्तर्गत करने में थोड़ी बाधा पड़ती है, इसलिए वैष्णवों ने शृंगार को मधुर या माधुर्य रस कहा है।

माधुर्य शब्द में शृंगार का उज्ज्वल सार आ जाता है और यह शब्द व्युत्पत्ति की बाधा से मुक्त हो जाता है। वैसे भी शब्दों के व्यवहार में उनका इतिहास कम देखा जाता है। आजकल के मनोवैज्ञानिक वात्सल्य और भक्ति दोनों को ही काम-वासना के अन्तर्गत करने में संकोच नहीं करते। भक्ति को तो वे शृंगार का उन्नयन (Sublimation) अर्थात् ऊँचा उठा हुआ रूप मानते हैं। भक्ति को तो वे शृंगार की भी भौतिक प्रसन्नता का पूर्व रूप मानते हैं। भक्ति और वात्सल्य में शृंगार-की-सी कोमलता और मधुर चिन्ता अवश्य रहती है।

वात्सल्य, भक्ति आदि का भाव मानने या उनको शृंगार के अन्तर्गत मानने में उनका पूरा भान नहीं होता। उनके स्थायी भावों में वही कोमलता और तन्मयता है जो और रसों में। वात्सल्य का तो हमारी ही नहीं जाति की रक्षा से सम्बन्ध है। उसका हमारी प्रारम्भिक आवश्यकताओं से सीधा लगाव है। यह भाव जानवरों में भी होता है, इसलिए इसको स्वतन्त्र रस के रूप में स्वीकार किया है। इसका चमत्कार स्पष्ट है–**'स्फुटं चमत्कारितया वत्सलं च रसं विदुः'**–('साहित्यदर्पण', 3।251)

भक्तिरस को भरतमुनि ने शान्तरस के अन्तर्गत माना है। इसमें बाधा केवल इतनी है कि शान्त में वैराग्य रहता है और भक्ति में राग। इस आपत्ति का निराकरण इस प्रकार हो जाता है कि भक्ति में सांसारिक विषयों से विराग रहता है। राग केवल सच्चिदानन्द परमात्मा या उनके अवतारों में रहता है। कुछ आचार्य देवादि-विषयक

रति के अन्तर्गत रखकर इसे भाव कहते हैं, यह भक्ति की मर्यादा को घटाता है। भक्ति में भी श्रृंगार-की-सी ही नही नहीं वरन् उससे बढ़कर तन्मयता रहती है, इसलिए भक्तों ने उसे स्वतन्त्र स्थान दिया है। वैष्णवाचार्यों ने भक्ति को मुख्य रस मानकर इसके मुख्य भेदों में शान्त, दास्य, सख्य, वात्सल्य और मधुर (श्रृंगार) को माना है और गौण में हास्य, अद्‌भुत, वीर, करुण, रौद्र, भयानक और वीभत्स को स्थान दिया है। देश-भक्ति का इतना साहित्य बढ़ता जाता है कि कालान्तर में शायद उसको भी स्वतन्त्र स्थान देना पड़े। आजकल के मनोवैज्ञानिक तो भक्ति को भी श्रृंगार के अन्तर्गत रखना चाहते हैं।

वात्सल्य का वर्णन–इनका स्थायी भाव स्नेह है। पुत्रादि इसके आलम्बन हैं और उनकी चेष्टाएँ (तुतलाना आदि क्रियाएँ) , विद्या-प्रेम, शौर्यादि गुण, उसके खिलौने, कपड़े आदि भौतिक पदार्थ उद्दीपन हैं। उसका आलिंग:, सिर सूँघना, उसकी ओर देखना, थपथपाना रोमांच आदि अनुभाव है। शंका, हर्ष, गर्व आदि संचारी भाव है। वात्सल्य-वर्णन में सूरदासजी का स्थान सर्वोपरि है। वात्सल्य का वर्णन कृष्ण की चेष्टाओं के रूप में नीचे के पद में देखिए–

(क) **'हौं बलि जाऊँ छबीले लाल की।**
घूसरि घूरि घुटरुवनि रैंगनि, बोलनि बचन रसाल की।'

–'सूर पंचरत्न' (बालकृष्ण)

(ख) **'तनक मुख की तनक बतियाँ, बोलत है तुतराइ।**
जसोमति के प्रान-जीवन, उर लियौ लपटाइ।।'

–'सूरसागर' (ना. प्र. स., पृष्ठ 317)

(क) की पहली पंक्ति वात्सल्य का अनुभावरूप कही जा सकती है। यहाँ कवि का माता से तादात्म्य है और दूसरी में उद्दीपन है। (ख) की पहली पंक्ति में उद्दीपन है और दूसरी पंक्ति में अनुभाव है। दोनों में हर्ष संचारी भी व्यंजित हैं।

गोस्वामी तुलसीदास ने भी उद्दीपनरूप में श्रीरामचन्द्रजी की चेष्टाओं का बड़ा सुन्दर वर्णन किया है–

'कबहूँ ससि माँगत आरि करैं, कबहूँ प्रतिबिंब निहारि डरैं।
कबहूँ करताल बजाइकै नाचत, मातु सबै मन मोद भरैं।।
कबहूँ रिसिआइ कहैं हठिकै, पुनि लेत सोई जेहि लागि अरैं।
अवधेस के बालक चारि सदा तुलसी-मन-मन्दिर में बिहरैं।।

–'कवितावली' (बालकाण्ड)

अन्तिम पंक्ति इसे शान्तरस या भक्तिरस का रूप दे देती है।

निम्नोल्लिखित पद में माता की चिन्ता का जो वात्सल्य के संचारियों में से है बहुत ही उत्कृष्ट उदाहरण मिलता है। कृष्णजी अपनी असली माता-पिता के पास पहुँच जाते हैं किन्तु माता यशोदा की चिन्ता बनी रहती है। **'हौं तो धाय**

तिहारे सुत की' में बड़ा मार्मिक व्यंग्य है—

'सँदेशो देवकी सौं कहियो।
हौं तो धाय तिहारे सुत की कृपा करत ही रहियो।।
उबटन तेल और तातौ जल देखत ही भजि जाते।
जोइ जोइ माँगत सोइ-सोइ देते क्रम-क्रम करि न्हाते।।
तुम तौ टेव जानतिहि ह्वै हौ तऊ मोहिं कहि आवै।
प्रात उठत मेरे लाल लड़ैतेहि माखन-रोटी भावै।।

—'भ्रमरगीत सार' (पृष्ठ 146)

कृष्ण के काले होने पर बलारामजी उन्हें खिजाते हैं किन्तु यशोदाजी उनके कालेपन पर ही गर्व करती हुई कृष्ण के मन से हीनता-भाव दूर करने का प्रयत्न करती हैं। इसमें संचारी का अच्छा उदाहरण है—

'मोहन मानि मनायौ मेरौ।
हौं बलिहारी नंद-नंदन की, नैंकु इतै हँसि हेरौ।।
कारौ कहि-कहि तोहिं खिजावत, बरजत खरौ अनेरौ।
इंद्रनील मनि तैं तन सुन्दर, कहा कहै बल चेरौ।।
न्यारौ जूथ हांकि लै अपनी, न्यारी गाय निबैरौ।
मेरौ सुत सरदार सबनि कौ, बहुतै कान्ह बड़ेरौ।।'

—'सूरसागर' (ना. प्र. स., पृष्ठ 334)

वात्सल्य के गर्व और श्रृंगार के गर्व में थोड़ा अन्तर है। श्रृंगार का गर्व अपने सम्बन्ध में होता है किन्तु वात्सल्य का गर्व अपने के (अर्थात् पुत्रादि के) सम्बन्ध में होता है।

शंका संचारी का भी एक उदाहरण लीजिए—

'जसोदा बार-बार यों भाखै।
है ब्रज में कोउ हितू हमारो, चलत गोपालहिं राखै?
कहा काज मेरे छगन-मगन कौ, नृप मधुपुरी बुलायौ?
सुफलक-सुत मेरे प्राणहनन कौं कालरूप ह्वै आयौ?

—'सूर-सन्दर्भ'

'प्रियप्रवास' से यशोदाजी की वात्सल्यभरी चिन्ता का उदाहरण दिया जाता है। यशोदाजी बालकृष्ण को नन्दजी के साथ मथुरा भेजती हुई कहती हैं—

'खर पवन सतावे लाड़िले को न मेरे।
दिनकर-किरणों की ताप से भी बचाना।।
यदि उचित जँचे तो छाँह में भी बिठाना।
मुख-सरसिज ऐसा म्लान होने न पावे।।'

—'प्रियप्रवास' (पृष्ठ 53)

राधिका रानी के मन में उत्पन्न हुई आशंका का भी उदाहरण नीचे दिया जाता है—

'मधुपुर-पति ने है प्यार ही से बुलाया।
पर कुशल हमें तो है न होती दिखाती।।
प्रिय-विरह-घटाएँ घेरती आ रही हैं।
घहर-घहर देखो हैं कलेजा कँपाती।।'

—'प्रियप्रवास' (पृष्ठ 41)

भाव

भाव के व्यापक अर्थ में तो सभी रस-सामग्री और रस भी आ जाते हैं किन्तु भाव का एक विशेष अर्थ में भी प्रयोग होता है जिसमें वह अपूर्ण रस के रूप में आता है। साहित्य-दर्पणकार ने भाव की इस प्रकार व्याख्या की है—

'संचारिणः प्रधानानि देवादिविषया रतिः।
उद्‌बुद्धमात्रः स्थायी च भाव इत्यभिधीयते।।'

—'साहित्यदर्पण (3।260, 261)

जहाँ निर्वेद, मोह, वितर्क आदि संचारी भाव का वर्णन रस के अंगरूप न होकर अर्थात् स्थायी भाव के पोषक रूप से न होकर स्वतन्त्र रूप से हो—देव, पुत्र, मित्रादि विषयों में रति स्थायी भाव हो (शास्त्रीय दृष्टि से केवल दाम्पत्य-रति ही रति कहलाती है) अथवा स्थायी भाव उद्‌बुद्ध-मात्र होकर रह जाएँ अर्थात् अनुभाव आदि सामग्री से पुष्ट न हों—वहाँ इनकी भावसंज्ञा होती है।

स्थायी भाव प्रधान होते हुए भी बिना सहायता सामग्री के रस संज्ञा को प्राप्त नहीं होता है। ऊपर शृंगार, वात्सल्य आदि के सम्बन्ध में संचारियों के जो वर्णन आए हैं वे रस के अंग न होकर आए हैं, नीचे के वर्णन में स्मृति के साथ मोह संचारी है। यहाँ भाव को (**'भूले राज-काज भौन भीतरी को जायबो**) ही प्रधानता दी गई है, देखिए—

'यहे वृन्दावन वेई मंजु पुंजनि में,
गुंजनि के हार फूल गहिनो बनायबो।
वैही भाँति खेलि खेलि संग ग्वाल बालनि कै,
आनन्द मगन भए मुरली बजायबो।
मोरन को घोर मतंद पवन झकोरे अरु,
वंशीवट तट बैठि सारंग को गायबो।
इतना कहत ब्रज आँखन में आए गयो,
भूले राज-काज भौन भीतर का जायबो।'

—लेखक के 'नवरस' में उद्धृत (पृष्ठ 482)

इसमें रति भाव भी है किन्तु ब्रज के प्रति है। इस हिसाब से भी यह भाव ही है।

देवादिविषयक रति के उदाहरणों की कमी नहीं है किन्तु इस रति को भक्तिरूप से स्वतन्त्र स्थान ही देना अच्छा है। दरबारों में जो राजाविषक रति चाटुकारिता के रूप में दिखाई जाती है, उसे यदि भाव कहें तो कोई बुराई नहीं है। इसीलिए तो गोस्वामीजी ने कह दिया था–

'कीन्हें प्राकृत जन गुण गाना। सिर धुनि गिरा लागि पछिताना।।'

–रामचरितमानस' (बालकाण्ड)

उद्बुद्ध-मात्र स्थायी भाव–इसका उदाहरण नीचे दिया जाता है–

'कोसलराज के काज हौं आज त्रिकूट उपारि, भैं बारिधि बोरौं।
महा भुज-दण्ड द्वै अंडकटाह चपेट की चोट चटाक दै फोरौं।
आयुसुभंग तें जौ न डरौं, सब मीजि सभासद सोनित खोरौं।
बालि को बालक जौ 'तुलसी' दसहू मुख के रन में रद तोरौं।।'

–'कवितावली' (लंकाकाण्ड)

इसमें आयसु-भंग की आशंका के कारण उत्साह की पूर्णता में कमी आ जाती है। भाव ही रह जाता है, रस नहीं बनता।

रसाभाव और भावाभास–जो वस्तु जहाँ न हो वहाँ उसे मान लेना आभास कहलाता है। अनौचित्य के कारण रस विरस हो जाता है, इसीलिए वह रसाभास कहलाता है (**'अनुचित है रस भाव तहँ तै कहिए आभास'**)। इस औचित्य-निर्णय में रागात्मक तत्त्व के साथ बुद्धितत्त्व लग जाता है। आनन्दवर्द्धन ने कहा है अनौचित्य से बढ़कर रसभंग का कोई कारण नहीं होता है। औचित्य के समावेश ही में रस का रहस्य है–

'अनौचित्यादृते नान्यद् रसभंगस्य कारणम्।
प्रसिद्धौचित्यबन्धस्तु रसस्योपनिषत्परा।।'

–'ध्वन्यालोक' तृतीय उद्योत 10-14 तक की कारिकाओं की टीका में उद्धृत

वैसे तो औचित्य में अलंकार, रीति आदि सभी आ जाते हैं किन्तु रसाभास के सम्बन्ध में आलम्बन और आश्रयों के औचित्य पर ही अधिक बल दिया गया है। अभिनवगुप्त ने कवि की रसिकता विभावादि के औचित्य में ही मानी है–

'विभावाद्यौचित्येन बिना रसवत्ता कवेरिति।'

शृंगार का अनौचित्य–निम्नोल्लिखित प्रकार की रतियाँ शृंगार रस का आभास कही जाएँगी। उपनायकविषयक, मुनिविषयक, गुरु-पत्नीविषयक (जैसी चन्द्रमा की बृहस्पति की पत्नी में), बहुनायकविषयक, अनुभयनिष्ठ (जो एक ओर से ही हो), प्रतिनायकनिष्ठ, अधम पात्र अथवा तिर्य्यग् योनिनिष्ठ।

'अन्य अनौचित्य–गुरुजनों और वृद्धों के प्रतिहंसी और क्रोध, हास्य तथा रौद्र

का रसाभास होगा। इसी प्रकार अशक्त, शस्त्रहीन, स्त्री (ताड़का-वध के लिए श्रीरामचन्द्रजी को दोष दिया जाता है) और सज्जन के प्रति वीरता दिखाना वीररस का आभास होगा। (भरतजी के आगमन पर लक्ष्मणजी का लड़ने को तैयार हो जाना वीररस का आभास था। रामचन्द्रजी को समझाना पड़ा–**लखन तुम्हार** सपथ पितु आना। सुचि सुबन्धु नहि भरत समाना।' श्रेष्ठ पात्र में भय का दिखाना भयानक रस का आभास होगा। हमारे यहाँ के आचार्यों ने औचित्य और शालीनता का हमेशा ध्यान रखा है।

इसी प्रकार लज्जा, क्रोधादि भावों का भी प्रयास होता है। व्यर्थ क्रोध (अपुष्ट क्रोध) का उदाहरण दासजी से यहाँ दिया जाता है, इस दोहे में क्रोध और शंका व्यर्थ थी।

'दरपन में निज छाँह सँग, लखि प्रीतम की छाँह।
खरी ललाई रोस की, ल्याई अँखियन माँह।।'

–भिखारीदास कृत 'काव्यनिर्णय' (रसांग-वर्णन)

विजयी राजा के पति विजित की चाटुकारिता राजाविषयक रति का भावाभास होगा।

भावशान्ति, भावोदय, भावसंधि और भावशबलता–भाव-जगत् बड़ा संकुल माना गया है। कभी एक भाव की चमत्कारपूर्ण शान्ति हो जाती है, कहीं पर चमत्कार के साथ दूसरे भाव का उदय होता है और कभी दो भाव मिल जाते हैं। ये भाव एक साथ रहकर भाव के आश्रय को दोनों ओर खींचते हैं। अन्तर्द्वन्द्व आदि शब्द पाश्चात्य प्रभाव से आए हुए बताए जाते हैं किन्तु सन्धि भी अन्तर्द्वन्द्व का रूपान्तर है, अन्तर केवल मनोवृत्तियों का है। पाश्चात्य देशों की मनोवृत्ति संघर्षमय है। इसीलिए उसे वे अन्तर्द्वन्द्व (Internal Conflict) की बात कहते हैं। भारतीय मनोवृत्ति शान्तिमय है, इसलिए उसे वे भावसन्धि कहते हैं। जहाँ कई भाव एक-दूसरे के बाद उदय और शान्त होते रहते हैं वहाँ शबलता का उदाहरण उपस्थित होता है। भावसन्धि में केवल दो ही भाव होते हैं और एक साथ होते हैं। भावशबलता में कई भाव होते हैं और क्रमशः आते हैं। कुछ लोग बहुत भावों के एक साथ आने को ही भावशबलता कहते हैं। भावशान्ति और भावोदय सापेक्ष शब्द हैं। एक भाव की शान्ति दूसरे भाव के उदय से ही होती है किन्तु जहाँ शान्ति का अधिक महत्त्व होता है वहाँ भायशान्ति कहलाती है और जहाँ भाव के उदय का महत्त्व होता है वहाँ भावोदय होता है।

जब लक्ष्मणजी के शक्ति लगी थी उस समय विषाद का भाव छाया हुआ था। श्रीरामचन्द्रजी विलाप कर रहे थे किन्तु हनुमानजी के आ जाने से वह भाव एक साथ शान्त हो गया। वहाँ पर उस भाव की शान्ति में एक प्रकार का सुख मिलता है–

'प्रभुबिलाप सुनि कान, बिकल भए बानरनिकर।
आइ गयउ हनुमान, जिमि करुना महँ बीर रस।।'

–'रामचरितमानस' (लंकाकाण्ड)

भावोदय–जहाँ पर नए भाव का उदय ही अभीष्ट हो वहाँ वही चमत्कारिक

समझा जाएगा और भावोदय का उदाहरण होगा।

चक्रव्यूह के समय अर्जुन के न होने से पाण्डवों में निराशा का भाव छाया हुआ था। स्वयं अभिमन्यु भी हताश हो रहे थे–**'हिम्मत हरास है हतास हिय हारि रहे, सोचत उदास उत्तरेस हू सकाए से'**–किन्तु अभिमन्यु को माता के गर्भ में सुनी हुई चक्रव्यूह की बात याद आ जाने से उसमें एक नए उत्साह की जाग्रति होती है, यह भावोदय का अच्छा उदाहरण है–

'आई व्यूह-भेदन-क्रिया की सुधि ज्यौं ही किन्तु,
गर्भ मांहि अर्भक-दसा की बुधि जागी है।
'सरस' कहै, त्यौं सब्यसांची-सुत आनन पै,
औरै ओप आई जो कछूक कोप-पागी है।।
नयन-सरोजनि में आयौ नयौ रंग, अंग–
ओजनि समायो, चित्त-चिन्ता सब भागी है।
थरकन लागी रद-कोर कुटिलैहैं होय,
भौहें दोय, बीर-बाहु फरकन लागी है।।'

–रामचन्द्र शुक्ल 'सरस' रचित 'अभिमन्यु-वध' (पृष्ठ 4)

यहाँ पर नए जाग्रत भाव उत्साह को अधिक महत्त्व मिलता है, वीर में रौद्र सहायक रूप से मिला हुआ है।

भावसन्धि–जहाँ समान बल वाले दो भाव आकर मिल जाएँ वहाँ भावसन्धि होती है। दो भावों की उपस्थिति से संघर्ष अपने आप शुरू हो जाता है, उनमें से एक प्राधान्य चाहता है। बिहारीलाल जी का निम्नोल्लिखित दोहा इसका उदाहरण है–

'नई लगनि, कुल की सकुच, विकल भई अकुलाइ।
दुहूँ ओर ऐंची फिरति, फिरकी लौं दिनु जाइ।।'

–'बिहारी-रत्नाकर' (दोहा 205)

इसमें मन की खींच-तान शरीर में भी प्रकट हो जाती है। एक उदाहरण भिखारीदास जी के 'काव्य-निर्णय' से लीजिए–

'कंस दलन को दौर उत, इत राधा हित जोर।
चलि रहि सकै न स्याम चित, ऐंचि लगी दुहुँ ओर ।।'

–भिखारीदासकृत 'काव्यनिर्णय' (रसांग-वर्णन)

भावशबलता–कई भावों के एक दूसरे के पश्चात् आने का उदाहरण कुलपति मिश्र से नीचे दिया जाता है–

'दृग ललके राते भए, रूखे झलके भाय।
नेह भरे लखि लोचनन, सकुचे परसत पाय।।'

–लेखक के 'नवरस' में उद्धृत (पृष्ठ 591)

इसमें ललक द्वारा पहले उत्सुकता दिखाई गई है, फिर से उसके सन्तुलन

के लिए उदासीनता का भाव आ गया है किन्तु वह उदासीनता अधिक देर न ठहर सकी। नायिका की उदासीनता से प्रियतम नाराज न हो गए हों, इस भाव के परिहार के लिए ही उसमें दीनता आ गई है किन्तु दीनताजन्य हृदय की बढ़ी हुई उमंग को लज्जा ने रोक दिया है और उस लज्जा के ही अधिकार में चरण स्पर्श किए गए हैं।

भिखारीदास ने अपने 'काव्य-निर्णय' में जो उदाहरण दिया है उसमें कई भावों को एक साथ दिखाया गया मालूम पड़ता है, देखिए—

'हरि संगति सुख मूल सखि, ये परपंची गाऊँ।
तू कहि तौ तजि संक उत, दृग बचाइ द्रुत जाऊँ।।'

—भिखारीदास कृत 'काव्यनिर्णय' (रसांग वर्णन)

इसमें मिलन की उत्कण्ठा, बदनामी की आशंका, सखी के प्रति विश्वास, उत्कण्ठा पूरी न होने से उत्पन्न आवेग और साथ ही दैन्य भी है। इसमें देखे जाने की लज्जा का भाव भी है। शंका को दबा देनेवाला निश्चय और धैर्य के साथ अभिलाषापूर्ति के लिए उत्साह है।

केशवदासजी की 'रामचन्द्रिका' से उद्धृत नीचे के छन्द में भी भावशवलता का अच्छा उदाहरण मिलता है—

'ऋषिहि देखि हरषै हियो, राम देखि कुम्हिलाय।
धनुष देखि डरपै महा, चिन्ता चित्त डोलाय।।'

—'रामचन्द्रिका' (बालकाण्ड)

रस-दोष

यद्यपि काव्य के सभी दोष रस-दोष हैं क्योंकि वे रसानुभूति में बाधक होते हैं तथापि कुछ दोष ऐसे भी हैं जो रस से ही सीधा सम्बन्ध रखते हैं, उनका ही यहाँ उल्लेख किया जाएगा। 'साहित्यदर्पण' के अनुकूल रस-दोष इस प्रकार है—

1. स्वशब्दवाच्य दोष—रस या उसके स्थायी भाव का उसी शब्द द्वारा कथन अर्थात् जिस रस का वर्णन हो रहा हो, उसका नाम ले आना। यह बात इसलिए रखी गई है कि रस व्यंग्य है, वाच्य नहीं। रस के व्यंजित होने में जो आनन्द आता है वह उसके नाम ले देने में नहीं। यह रस और व्यंजना के पारस्पारिक सम्बन्ध का उदाहरण है। कुछ लोगों का मत है कि संचारी भावों का स्वशब्दवाच्यत्व इतना दोष नहीं माना जाता है, जहाँ पर विभाव अनुभाव द्वारा वह व्यंजित न हो सके वहाँ उसके नामोल्लेख में दोष नहीं होता। स्थायी भाव के स्वशब्दवाच्यत्व का एक उदाहरण लीजिए—

'शरद निशा प्रीतम प्रिया, विहरति अनुपम भाँति।
ज्यों-ज्यों रात सिरात अति, त्यों-त्यों रति सरसाति।।'

—लेखक के 'नवरस' से उद्धृत (पृष्ठ 608)

2. प्रतिकूल विभावादि का ग्रहण—अर्थात् विरोधी रसों के अनुकूल स्थायी भावों का वर्णन। विरोधी रस का साथ आना तो दोष है ही किन्तु उसकी सामग्री का आना भी दोष है; जैसे—**'मानं मा कुरु तन्वांङ्गि ज्ञात्वा यौवनमस्थिरम्'** (हे तन्वङ्गि! तू यौवन को अस्थिर जानकर मान मत कर)। यौवन की अस्थिरता शान्तरस का उद्दीपन है इसीलिए इसका शृंगार में उल्लेख दोष है।

3. क्लिष्ट कल्पना—अर्थात् विभावादि के सम्बन्ध में क्लिष्ट कल्पना वांछनीय नहीं होती, न उसमें अस्पष्टता या विकल्प के लिए स्थान है। इसका एक उदाहरण 'काव्य-निर्णय' से लीजिए—

'उठति गिरति फिर-फिर उठति, उठि-उठि गिरि-गिरि जाति।
कहा करौं कासौं कहौं, क्यों जीवै इहि राति।।'

—भिखारीदास कृत 'काव्यनिर्णय' (रसदोष-वर्णन)

इसमें यह नहीं मालूम होता कि किस कारण से स्त्री की यह दशा हुई। इसमें साधारण व्याधि और विरह और विरह की व्याधि में अन्तर करने की कोई बात नहीं है। एक उदाहरण और लीजिए—

'यह अवसर निज कामना किन पूरन करि लेहु।
ये दिन फिर ऐहें नहीं यह छनभंगुर देहु।।'

—पं. रामदहिन मिश्र के 'काव्यदर्पण' से उद्धृत (पृष्ठ 393)

यहाँ पर यह स्पष्ट नहीं है कि यह उक्ति वैराग्य की है या शृंगार की है।

4. अ-स्थान में रस की स्थिति—अर्थात् प्रसंग-विरुद्ध किसी रस को ले आना। जहाँ रोना-पीटना मच रहा हो वहाँ शृंगार की बात करना इसका उदाहरण होगा। श्री भिखारीदासजी ने इसके उदाहरण में एक सती होनेवाली स्त्री का वर्णन दिया है—

'सजि सिंगार सर पै चढ़ी, सुन्दरि निपट सुबेस।
मनो जीति भुवलोक सब चलि जीतन दिविदेस।।'

—भिखारीदास कृत 'काव्यनिर्णय' (रसदोष-वर्णन)

यहाँ पर सुन्दरता के वर्णन में दिवलोक जीतने का जो उल्लेख हुआ है उसमें शृङ्गारिक व्यंजना है, यदि नैतिक या आध्यात्मिक तेज से जीतने की बात होती तो कोई हानि न थी।

5. रस-विच्छेद—अर्थात् जहाँ एक रस चल रहा हो वहाँ उसके पूर्ण परिपाक से पहले ही उसके विपरीत किसी दूसरे रस की बात ले आना। इसके उदाहरण में साहित्यदर्पणकार ने 'महावीरचरित' का वह स्थल बतलाया है जहाँ पर परशुरामजी के साथ वीररसोचित वार्तालाप के समय, रनवास से कंकण खुलवाने का बुलावा आने पर, श्रीरामचन्द्र जी तुरन्त ही बड़ों की आज्ञा का सहारा लेकर भीतर जाने को तैयार हो जाते हैं। वही प्रसंग एक साथ समाप्त हो जाता है। इसमें भवभूति

के पक्ष में इतना ही कहा जा सकता है कि उस स्थल पर जनकजी और शतानन्दजी के आ जाने के कारण वातावरण अपेक्षाकृत शान्त हो गया था। यद्यपि उतना खिंचाव-तनाव नहीं रहा था फिर भी एक दबे हुए मनुष्य की भाँति तुरन्त भीतर चले जाना रामचन्द्रजी की प्रकृति के विरुद्ध-सा जँचता है।

6. रस की पुनः पुनः दीप्ति–'अति सर्वत्र वर्जयेत'–की बात यहाँ पर लागू होती है। रस-वर्णन की भी सीमा होती है, उसके बाद एक ही बात को (रूपकों, उपमाओं, वक्रताओं के बिना) सुनते-सुनते उसमें ऊब और शैथिल्य-सा आने लगता है। एक में अनेकता तथा क्षणे-क्षणे नवीनता रमणीयता के लिए आवश्यक है। **'कुमारसम्भव'** (चतुर्थ सर्ग) का रति-विलाप कुछ इसी प्रकार का है।

7. अंगी को भूल जाना–जो मुख्य है उसको भूल जाना रस-दोष माना गया है। 'रत्नावली' के चतुर्थ अंक में वाभ्रव्य के आ जाने पर राजा का सागरिका को भूल जाना इसका उदाहरण माना गया है। वस्तु को भूल जाना उसके प्रति स्नेह की कमी का द्योतक होता है। भिखारीदासजी ने एक ऐसी नायिका का उदाहरण दिया है जो नायक को सहेट-स्थल पर भेजकर स्वयं अपने खेल में लग जाती है, यह स्नेह की कमी के कारण है–

'पीतम पठै सहेट निज, खेलन अटकी जाइ।
तकितिहि आवत उतहि तैं, तिय मन-मन पछिताइ।।'

–भिखारीदास कृत 'काव्य निर्णय' (रसदोष-वर्णन)

8. अंग को प्रधानता देना–शृंगार में नायक-नायिका अंगी हैं। दूती, सखी आदि उद्दीपनरूप से अंग कहे जाते हैं। नायिका को प्रधानता न देकर उसकी दासी के रूप को प्रधानता देना इस दोष का उदाहरण होगा–

'दासी सौं मंडन समै, दर्पन माँन्यो बाम।
बैठ गई सो सामुहे करि आनन अभिराम।।'

–भिखारीदास कृत 'काव्य-निर्णय' (रसदोष वर्णन)

दासी दर्पण न देकर स्वयं सामने बैठ जाती है। इसमें दासी के मुख की उज्ज्वलता का वर्णन हुआ और नायिका की उपेक्षा हुई। केशवदास ने भी सीताजी की दासियों का वर्णन किया है। उसके सम्बन्ध में यह कहा जाता है कि दासियों का वर्णन इसलिए किया है कि जहाँ की दासी इतनी सुन्दर है वहाँ की रानी कितनी सुन्दर होगी। लेकिन श्री रामचन्द्रजी का उन दासियों के सौन्दर्य का वर्णन सुनना ही उनकी मर्यादा के विरुद्ध था।

9. प्रकृति-विपर्यय–साहित्य-शास्त्र में नायकों का प्रकृतियों के अनूकूल विभाजन किया गया है और प्रकृति के अनुकूल ही उनके द्वारा रस का परिपाक बतलाया है। कोई नायक अपनी प्रकृति के प्रतिकूल नहीं जा सकता। चरित्र-चित्रण की सीमाएँ उस समय भी स्वीकृति थीं। दिव्य में देवता आते हैं, अदिव्य में मनुष्य

और दिव्यादिव्य में अवतार गिने जाते हैं। दिव्य के लिए और रौद्र के सम्बन्ध में लोकोत्तर कार्यों का वर्णन बतलाया गया है। अदिव्य प्रकृतियों को लोकमर्यादा की सीमा में ही रहना पड़ता है। देवताओं का स्वभाव इस प्रकार बतलाया गया है–

'स्वर्ग पतालै जाइबो, सिन्धु उलंघन चाव।
भस्म ठानिबो क्रौध तें, तौ दिव्य सुभाव।।'

–भिखारीदास कृत 'काव्य-निर्णय' (रस-दोष-वर्णन)

अदिव्य के लिए शोक, हास, रति और अद्‌भुत विशेष रूप से बतलाए गए हैं। इनका वर्णन अवतारादि दिव्यादिव्य के सम्बन्ध में भी हो सकता है। देवताओं की रति का (विशेषकर सम्भोग श्रृंगार का) वर्णन करना रस-दोष माना गया है। **'कुमारसम्भव'** में यह दोष पूर्णतया पाया जाता है।

इस सम्बन्ध में कविवर भिखारीदासजी लिखते हैं–

'ज्यों बरनत पितु मातु को, नहिं स्रिंगार रस लोग।
त्यों सुरतादिक दिव्य में, बरनत लगै अजोग।।'

नायकों के चार प्रकार–नायकों के एक-दूसरे आधार पर चार विभाग किए गए हैं। ये चार प्रकार उनके अनुकूल रस सहित नीचे दिए जाते हैं–

1. धीरोदात्त–नायक नीतिवान्, गम्भीर उदार, स्थिर, दृढ़व्रत और क्षमावान् होता है। श्रीरामचन्द्रजी, महाराज युधिष्ठिर, महात्मा बुद्ध आदि इसके उदाहरण हैं। इस प्रकार के नायकों के लिए वीर रस विशिष्ट है।

2. धीरोद्धत–नायक मायावी, चपल, छली, आत्मश्लाघापरायण, अहंकारी और शूर होता है। रावण, मेघनाथ, परशुराम, भी आदि इसके उदाहरण हैं। इस प्रकार के नायकों के लिए लिए रौद्र रस उपयुक्त है।

3. धीरललित–नायक निश्चिन्त, विलासी, कलासक्त, सुखी और कोमल स्वभाव का होता है। महाराज दुष्यन्त और उदयन इसके उदाहरण हैं। इस प्रकार के नायकों के लिए श्रृंगार-रस-उपयुक्त है।

4. धीरप्रशान्त–नायक शान्त प्रकृति का होता है और उसमें नायक के सामान्य गुण (त्याग, कर्मनिष्ठता, कुलीनता, श्रीसम्पन्नता, शीलपरायणता आदि) विद्यमान होते हैं। ऐसा नायक क्षत्रिय नहीं हो सकता क्योंकि उसमें शान्ति का अभाव होता है। सात्त्विकवृत्ति-प्रधान ब्राह्मण अथवा वैश्य ऐसा नायक हो सकता है। 'मालती-माधव' में माधव और 'मृच्छकटिक' में चारुदत्त इसके उदाहरण हैं। इस प्रकार के नाटकों के लिए शान्तरस उपयुक्त होता है।

विशेष–इन सब में धीर गुण लगा हुआ है। हमारे यहाँ नायक को इतनी श्रेष्ठता दी गई है कि उसमें कम-से-कम धीरता का गुण होना आवश्यक है।

इन प्रकृतियों के प्रतिकूल वर्णन करना रस-दोष माना गया है, जैसे साहित्य-दर्पणकार

ने रामचन्द्रजी का बालि को पेड़ की ओट में मारना प्रकृति-विरुद्ध दोष बतलाया है।

यह विभाजन उस काल की संस्कृति के अनुकूल था। आजकल वर्णभेद से गुण निश्चित नहीं किया जाता है। इस विभाजन में सामान्य (Type) की ओर प्रवृत्ति अधिक है किन्तु फिर भी हर एक नायक अपनी विशेषता रखता है।

भारतीय समीक्षा में दोषों का वर्णन बिल्कुल पत्थर की लीक के रूप में नहीं रखा गया है। वह औचित्य के अनुकूल है। दोषों के वर्णन के साथ उनका परिहार भी बतलाया गया है।

रस-विरोध

रस में परस्पर मैत्री और विरोध माना गया है। शत्रु-रस एक-दूसरे के बाधक होते हैं। विरोध कई प्रकार का होता है। कुछ रसों का विरोध तो एक आलम्बन में होने से होता है, जैसे जिसके प्रति रति-भाव दिखाया जाए उसके प्रति वीरता का भाव दिखाना। कुछ रसों का विरोध एक आश्रय में होता है, जैसे वीर और भयानक का एक ही आश्रय में नायक को वीरतापरायण दिखाते हुए भयभीत दिखाना वीर रस का बाधक होगा। वीर में भय का स्थान नहीं। कुछ रसों का नैरन्तर (अर्थात् बिना किसी व्यवधान के बीच में आए) विरोधी रसों के बीच में किसी उदासीन रस आ जाने से यह विरोध नहीं रहता है, जैसे श्रृंगार का वीभत्स और शान्त से अथवा वियोग शृंगार का वीर से। हास्य और करुण का भी विरोध इसी प्रकार का है।

मित्ररस, जैसे श्रृंगार और हास्य एक-दूसरे का पोषण करते हैं। देवजी ने जन्य-जनक-भाव से रसों में इस प्रकार से मैत्री बतलाई है—

'होत हास्य सिंगार ते, करुण रौद्र ते जानु,
वीर जनित अद्भुत कहो, बीभत्स ते भयानु।
ये आपुस में मित्र हैं, जन्य-जनक के भाइ,
मित्र बरनिए, शत्रु तजि, उदासहू रस जाइ।'

—देव कृत 'शब्दरसायन' (चतुर्थप्रकाश)

देवजी ने विरुद्ध या शत्रुरस इस प्रकार गिनाए हैं—

'रिपु वीभत्स सिंगार को, अस भय रसु रिपु वीर।
अद्भुत रिपु रौद्रहि कहत, करुन हास्य रिपु धीर।।'

साहित्य दर्पणकार ने रस-विरोध इस प्रकार दिया है—

'**श्रृंगार** का विरोध **करुण**, वीभत्स, रौद्र, वीर और भयानक से।
हास्य का विरोध भयानक और करुण से।
करुण का विरोध हास्य और श्रृंगार से।
रौद्र का विरोध हास्य, श्रृंगार और भयानक से।

वीर का विरोध भयानक और शान्त से।

भयानक का विरोध शृंगार, वीर, रौद्र, हास्य और शान्त से।

शान्त का विरोध वीर, शृंगार, रौद्र, हास्य और भयानक से।

वीभत्स का विरोध शृंगार से।

इस योजना में अद्भुत को स्थान शायद इसलिए नहीं है कि उनके पूर्वजों ने अद्भुत को चमत्कार का रूप मानकर सब रसों में प्रधानता दी है। इस योजना में सभी प्रकार के विरोध आ गए हैं।

विरोध-परिहार

इन दोषों का तो सहज ही में परिहार हो जाता है। जिन रसों का एक आलम्बन नहीं हो सकता, उनको भिन्न-भिन्न आलम्बन के सहारे दिखाना दोष नहीं कहलाता, जैसे वीर-गाथाकाव्यों में नायिका (संयोगिता आदि) के प्रति शृंगार-भावना रहती है और उसके प्रतिकूल अभिभावकों (जयचन्द आदि) के प्रति वीरभावना का रहना कोई दोष नहीं कहलाता। इसी प्रकार आश्रय-दोष के सम्बन्ध में कहा जा सकता है। आश्रय बदल जाने से दोष का परिहार हो जाता है। वीर के आश्रय में उत्साह और आलम्बन या उससे सम्बन्धित लोगों में भय का दिखाना जैसा तुलसीदासजी ने यातुधानियों के सम्बन्ध में किया है या भूषण ने मुगल-रमणियों के सम्बन्ध में दिखाया है। जहाँ नैरन्तर का दोष हो वहाँ पर बीच में कोई उदासीन या दोनों के मित्ररस को ले आने से काम बन जाता है, इसका उदाहरण 'नागानन्द' नाटक से दिया गया है। शान्तरस-प्रधान नायक जीमूतवाहन के मलयवती नायिका से शृंगार की बात करने से पूर्व बीच में अद्भुत रस का आ जाना इस दोष का परिहार कर देता है। इसी प्रकार वियोग-विह्वल दुष्यन्त को इन्द्र की सहायता के लिए वीर-कार्य में प्रवृत्त करने के अर्थ इन्द्र के दूत के मातलि ने उसके प्रिय सखा विदूषक को पीटकर उसके करुण-क्रन्दन द्वारा दुष्यन्त का क्रोध-भाव जाग्रत किया था। यहाँ रौद्र के बीच में आ जाने से वियोग शृंगार और वीर का विरोध शमन हो गया था। एक मनोवृत्ति से दूसरे में ले जाना सहज कार्य नहीं है। 'शकुन्तला' नाटक में कालिदास ने कार्य को बड़ी कुशलता से निभाया है।

अन्य प्रकार–विरोध के शमन के और भी प्रकार हो सकते हैं, वे नीचे दिए जाते हैं–

'स्मर्यमाणो विरुद्धोऽपि साम्येनाथ विवक्षितः।
अङ्गिन्यङ्गत्वमाप्तौ यौ तौ न दुष्टौ, परस्परम्।।'

–'काव्यप्रकाश' (7।65)

अर्थात् जहाँ पर परस्पर-विरोधी रस में से एक प्रत्यक्ष न रहकर स्मरण किया जाए वहाँ चाहे समतापूर्वक वर्णन किया जाए या एक रस दूसरे रस का अंगी बना

दिया जाए तो भी ऐसे दो विरोधी रसों का एक साथ आना दोष का कारण नहीं होता। स्मर्यमाण होने में रस का बल कम हो जाता है। स्मर्यमाण रस एक प्रकार से दूसरे रस का अंग बन जाता है।

'काव्यप्रकाश' में जो उदाहरण दिया गया है वह बहुत सुन्दर नहीं मालूम होता है। साहित्यदर्पणकार ने भी उसी का उल्लेख किया है। मृत भूरिश्रवा की रणभूमि में कटी हुई बाँह को देखकर उसकी स्त्री कहती है—यह वही हाथ है जो कर्धनी को खींचा करता था इत्यादि—ऐसा रति-भाव का स्मरण करुणा के साथ मेल नहीं खाता है, उसकी वीरता का स्मरण किया जा सकता था। 'साकेत' में उर्मिला के विरह में अन्य रसों का स्मृति-रूप से वर्णन हुआ है। नीचे के अवतरण में उर्मिला वियोग-वर्णन के सिलसिले में स्मृति-रूप में विवाह के पूर्व की कथा कह रही है—

'कृति में हृढ़ कोमलताकृति,
मुनि के संग गए महाधृति।
भय की परिकल्पना बड़ी।
पथ में आकर ताड़का अड़ी।
प्रभु ने, वह लोक-भक्षिणी।
अबला ही समझी अलक्षिणी,
पर थी वह आततायिनी,
हत होती फिर क्यों न डाइनी।
सुख शन्ति रहे स्वदेश की,
यह सच्ची, छवि छात्र वेश की।।'

—'साकेत' (दशम सर्ग)

इस उद्धरण में वियोग शृंगार का तो स्थायित्व है ही वीर के साथ भयानक और वीभत्स भी आए हैं। **'अलक्षिणी' आततायिनी'**, आदि वीभत्स के ही आलम्बन हैं। इन रसों का प्रत्यक्ष वर्णन नहीं है।

साम्य-विवक्षा अर्थात् समानतापूर्वक (उपमान-उपमेय-रूप से) वर्णन की इच्छा से विरोधी रसों का वर्णन दोषयुक्त नहीं कहलाता है। इसका उदाहरण 'काव्यप्रकाश' में इस प्रकार दिया गया है—

'दन्तक्षतानि करजैश्च विपाटितानि प्रोद्भिन्नसान्द्रपुलकैर्भवतः शरीरे।
दत्तानि रक्तमनसा मुगराजवध्वा जातस्पृहैर्मुनिभिरप्यवलोकितानि।।'

—'काव्यप्रकाश' (7।65 का उदाहरण 337)

हे जिनराज, आपके घने रोमांचपूर्ण शरीर में सिंहनी के रक्त-लाभ की इच्छा से नख और दन्तों द्वारा किए हुए घावों को मुनि लोग भी बड़ी लालसा से देखते हैं। यहाँ पर नख और दन्त-क्षतों को शृंगारिक चित्रावली व्यंजित कर शान्तरस में शृंगार का उपमान रूप से वर्णन किया गया है। यह वर्णन उद्दीपन की समानता

पर किया गया है। भिखारीदास जी के 'काव्यनिर्णय' से एक उदाहरण दिया जाता है–

'भक्ति तिहारी यों बसै, मो मन में श्रीराम।
बसै कामिजन हियनि ज्यों, परम सुन्दरी बाम।।'

–भिखारीदास कृत 'काव्यनिर्णय' (रसदोष-वर्णन)

दूसरे भाव या रस के अंगरूप से विरोधी-रसों का वर्णन दोष का कारण नहीं होता है। यद्यपि आजकल बैरियों की हीनता और विशेषकर उनकी स्त्रियों की भयाकुल अवस्था का वर्णन करना मानवता और शिष्टता के विरुद्ध समझा जाता है तथापि एक साहित्यिक सिद्धान्त के निरूपण में उसे दे देना अनुचित न होगा। महाराज हिन्दूपति के बैरियों की स्त्रियों का दावाग्निपूर्ण कण्टकाकीर्ण वनों में विचरने का वर्णन देखिए–

'बेलिन के विमल बितान तनि रहे जहाँ, द्विजन को सोर कछु कह्यो ना परत है।
ता बन दवागिनी की घूमनि सों नैन, मुकतावली सी बारैं डारैं फूलन झरत है।।
फेरि फेरि अँगुठि छुपावै मिसु काँटनि के, फेरि फेरि आगे पीछे भाँवरै भरत है।
हिन्दुपतिजू सों बच्यो पाइ निज नाहैं, बैरिबनिता उछाहैं मानि व्याह सो करत है।।'

–भिखारीदास कृत 'काव्यनिर्णय' (रस-दोष-वर्णन)

उपर्युक्त छन्द भिखारीदासजी ने काव्यप्रकाश के **'क्रामन्त्यः क्षतकोमलांगुलिगल द्रक्तैः सदर्भाः स्थली'** (काव्यप्रकाश, 7।65 का उदाहरण 338) से शुरू होनेवाले उदाहरण के अनुकरण में लिखा है। इसमें भयानक और शृंगार कुछ-कुछ उपमानोपमेयरूप से राजा-विषयक रति-भाव के अंग होकर आए हैं, इसलिए दोष नहीं है। अंगभूत रसों का यहाँ स्वतन्त्र अस्तित्व नहीं है, इसीलिए विरोध नहीं होता है। ऐसे वर्णन अब हमारे हृदय को कम अपील करते हैं। विजेताओं की विजित द्वारा चाटुकारिता को तथा विजित देश की स्त्रियों के साथ कामुकता के व्यवहार को काव्य-प्रकाशकार ने भी भावाभास और रसाभास कहा है। भावाभास वाला अंश देखिए–

'अस्माकं सुकृतैहृ शोः निपतितोऽप्यौचित्यवारांनिधे।
विध्वस्ता विपदोऽखिलास्तदिति तैः प्रत्यर्थिभिः स्तूयसे।।'

–'काव्यप्रकाश' (5।45 का उदाहरण 119)

जिनकी स्त्रियों के प्रति कामुकता का व्यवहार किया जाता है वे ही विजेता से कहते हैं कि हे राजन्! आप हमारे पूर्वकृत पुण्यों के कारण दृष्टिगोचर हुए हैं। आप औचित्य का अनुकरण करनेवालों में श्रेष्ठ हैं। हमारी सब आपत्तियों का शमन हो गया–चाटुकार राजा की प्रशंसा में उसके बैरियों के दुर्भाग्य की बात कहता है। ऐसे विजित लोगों की, जो लात मारने वाले पद को भी चाटते हैं, इस युग में भी कमी नहीं। यह मनोवृत्ति अपेक्षाकृत क्षम्य है। भय क्या नहीं कराता किन्तु ऐसा भय उत्पन्न करने के लिए किसी की प्रशंसा करना सर्वथा निन्द्य है। पाठक इस

प्रसंगान्तर को क्षमा करेंगे। रस में औचित्य का हमेशा ध्यान रखना पड़ता है और चाटुकार लोग इस औचित्य का सर्वथा उल्लंघन कर जाते हैं।

रस में बाधक–प्रत्येक वर्णन रसकोटि को नहीं पहुँचता और न प्रत्येक अभिनय सामाजिक को रसदशा में पहुँचा सकता है। जहाँ विभाव, अनुभाव, संचारी आदि की स्थायी भाव के साथ पारस्पारिक अनुकूलता एक अवश्य उपकरण है वहाँ रस में बाधक कारण भी होते हैं, उनका अभाव आवश्यक माना गया है। अभिनवगुप्त ने सात बाधक कारण माने हैं–

1. प्रतिपत्ति में अयोग्यता अर्थात् असम्भावना के कारण विभावादि का वर्णन विश्वास योग्य न होना। कलाकार चाहे अघटित घटना का वर्णन कर दे किन्तु अघटनीय का वर्णन नहीं कर सकता।

2-3. अपने या पराए के सम्बन्ध से देश और काल से सीमित न होना।

4. वैयक्तिक सुख, दुःख से अभिभूत होकर रस-निष्पत्ति में बाधक होता है।

5. रस सामग्री में पूर्णता का न होना एक बाधक कारण माना गया है इसको प्रतीति के उपायों की विकलता अर्थात् अपूर्णता और सामक प्रस्फुटन का प्रभाव कहा है। भाषा की क्लिष्टता भी बाधक हो सकती है।

6. प्रधान की उपेक्षा और प्रधान को महत्त्व देना।

7. अनुभाव या संचारियों में यह निर्णय न हो सकना कि ये किसके हैं और किस स्थायी भाव से सम्बन्धित हैं? संक्षेप में असम्भावना न होनी चाहिए और न किसी प्रकार की अस्पष्टता।

ये रसानुभूति में बाधक होती है। मनुष्य को वैयक्तिक बन्धनों से न बँधा होना चाहिए। रस-निष्पत्ति के लिए यह भी आवश्यक है कि घटनाएँ देशकाल और अपने-पराए की संकुचित सीमा से बाँधी जावें।

विशेष–इस विरोध के वर्णन में रस शब्द अधिकांश में अपने स्थायी भाव का ही वाचक है क्योंकि यहाँ पर वास्तविक आलम्बनों और आश्रयों के भावों से सम्बन्ध है, पाठक या दर्शक के रस से नहीं।

सारांश

काव्य के वर्ण्य के अन्तर्गत विभाव और भाव दोनों ही आते हैं और वे दोनों मिलकर कला का भावपक्ष बनते हैं। रस का पता हम प्रायः उसके संचारियों और अनुभावों द्वारा ही लगाते हैं। काव्य के अध्ययन और रसास्वाद के लिए इस प्रकार का रस-विश्लेषण उपयोगी होगा। रस-विश्लेषण भारतीय समीक्षा का मुख्य अंग रहा है। रस पद्य का ही विषय नहीं, गद्य का भी विषय है। भावों के वर्णन में औचित्य का ध्यान अत्यन्त आवश्यक है। उसके बिना रस भी रसाभाव हो जाता है। दोषों से रस के परिपाक में बाधा पड़ती है। भावों के मिश्रण में शत्रुता और मैत्री का

भी ध्यान रखना पड़ता है। शत्रुता का प्रश्न रुचि मात्र का प्रश्न नहीं है, उसमें विचार से काम लेना पड़ता है। भारतीय समीक्षा में दोषों का विचार स्थिरतात्मक नहीं है वरन् वह गतिशील है। उसने ऐसे स्थल भी माने हैं जहाँ दोष गुण बन जाते हैं। श्रुति कटु दोष वीर में गुण बन जाता है।

संदर्भ

1. कहीं-कहीं 'भेध्यमुज्ज्वलं' भी पाठ है।
2. आचार्य शुक्लजी अपने 'गोस्वामी तुलसीदास' के नाम के ग्रन्थ में लिखते हैं–
   "हिन्दी के लक्षण ग्रंथों में 'हाव' प्रायः अनुभाव के अन्तर्गत रखे मिलते हैं। पर यह ठीक नहीं है, अनुवाद के अन्तर्गत केवल आश्रय की चेष्टाएँ आ सकती हैं। (आश्रय उसे कहते हैं जिसमें भाव की उत्पत्ति हो) आश्रय की चेष्टाओं का उद्देश्य किसी भाव की व्यंजना करना होता है। पर हावों का सन्निवेश किसी भाव की व्यंजना कराने के लिए नहीं होता, बल्कि नायिका के मोहक प्रभाव बढ़ाने के लिए, अर्थात् उसकी रमणीयता की वृद्धि के लिए होता है। जिसकी रमणीयता या चित्ताकर्षकता का वर्णन किया जाता है, वह 'आलम्बन' होता है। 'ह, व' नाम की चेष्टाएँ आलम्बनगत ही मानी जाएँगी और आलम्बनगत होने के कारण उसका स्थान 'विभाव' (यहाँ पर अभिप्राय उद्दीपन विभाव से है) के ही अन्तर्गत ठहरता है किन्तु शुक्लजी ने सीताजी की चेष्टाएँ ('पिय बन चित्तै भौह बाँकी') को राम के सम्बन्ध से होने के कारण आश्रयगत चेष्टाएँ अर्थात् अनुभाव माना है।
3. साहित्यदर्पण (3।175)

9. रस और मनोविज्ञान

विवेचना का आधार

रस का विवेचन पहले-पहले नाटकों के सम्बन्ध में भरतमुनि द्वारा हुआ है। हमारे यहाँ नाटक मनुष्य की क्रियाओं की अनुकृति नहीं है वरन् उनके द्वारा भावों की अनुकृति है। इसी सम्बन्ध में भरतमुनि ने अपने 'नाट्यशास्त्र' में भावों और रसों का विशद् विवेचन किया है। रस का प्रश्न काव्य की आत्मा के सम्बन्ध में भी उठाया गया है। आचार्य विश्वनाथ ने **'वाक्यं रसात्मकं काव्यम्'** कहकर रस को काव्य की आत्मा माना है।

भाव और मनोवेग

हमारे जीवन में भावों और मनोवेगों (Feelings and Emotions) का विशेष स्थान है। सुख और दुःख को हम भाव कहते हैं। रति, उत्साह, भय, क्रोध घृणा, विस्मय आदि मनोवेग हैं। मनोवेग सुखात्मक भी होते हैं और दुःखात्मक भी। रति, हास, विस्मय उत्साह सुखात्मक हैं ओर शोक, घृणा, भय, क्रोध आदि दुःखात्मक हैं। बहुत ऊँचे त्रिगुणातीत क्षेत्र में पहुँचे हुए लोगों की दृष्टि में ये मनोवेग द्वन्द्व और राग-द्वेष की संज्ञा में गिने जाकर चाहे हेय समझे जाएँ किन्तु साधारण लोक जीवन के व्यावाहरिक धरातल में ये हमारी ज्ञानात्मक और क्रियात्मक वृत्तियों को हलका गहरा रंग देकर उनमें एक निजत्व उत्पन्न करते हैं। हमको दुःख या सुख पहुँचाने के कारण ही संसार की वस्तुएँ हेय या उपादेय बनती हैं। हमारे मनोवेग चरित्र के विधायक और परिचायक होते हैं। वे हमारी क्रियाओं के प्रेरक चाहे न हों किन्तु उनको शक्ति ओर गति अवश्य देते हैं। इनमें हमारे व्यक्तित्व की छाप दिखाई पड़ती है।

साहित्य के भाव मनोविज्ञान के भावों से भिन्न होते हैं। ये भाव मन के उस विकार को कहते हैं जिसमें सुख-दुःखात्मक अनुभव के साथ कुछ क्रियात्मक प्रवृत्ति भी रहती है। यह मनोवेग का एक व्यापक रूप होता है जिसमें हलके और

गहरे, मन्द और तीव्र सभी प्रकार के भाव शामिल रहते हैं। इसकी व्यापकता में भाव का क्रियात्मक पक्ष भी वर्तमान रहता है। अनुभाव भी तो भाव ही कहलाते हैं।

इन भावों और मनोवेगों का अध्ययन मनोविज्ञान का विषय है। प्राचीन भारतवर्ष में आजकल-का-सा ज्ञान का विशेषीकरण न था, शायद इसलिए कि वे लोग ज्ञान की भिन्न-भिन्न शाखाओं के परस्पर-सम्बन्ध को स्थापित रखने में अधिक विश्वास रखते थे। उनके लिए ज्ञान एक अखण्ड वस्तु थी। वे उसे संश्लिष्ट रूप में ही देखना चाहते थे। यद्यपि प्राचीन वाङ्.मय में मनोविज्ञान नाम का कोई विशेष शास्त्र न था तथापि योग, न्याय आदि दर्शनों में तथा साहित्य-शास्त्र में मनोविज्ञान-सम्बन्धी प्रचुर सामग्री मिलती है। साहित्य में भावात्मक या रागात्मक तत्त्व की प्रधानता होने के कारण उस पर प्रकाश डालनेवाले काव्य की आत्मा रस के निरूपण में मनोवेगों से सम्बन्ध रखनेवाली बहुत कुछ सामग्री उपलब्ध हो सकती है।

रस मनोवेग नहीं वरन् वह मनोवेगों का आस्वादन है। जिस प्रकार आस्वादनकर्त्ता को आस्वाद्य वस्तु के सम्बन्ध में कुछ जानकारी भी प्राप्त हो जाती है (वह वस्तु कहाँ और कैसे उत्पन्न होती है), उसी प्रकार रस के विवेचनों में मनोवेगों का विश्लेषण भी मिलता है।

साधारणीकरण द्वारा दुःख में सुख

हमारे मनोवेग लौकिक अनुभव का विषय हैं किन्तु जब वे साहित्यिक देवताओं के सामने आस्वादन के लिए रखे जाते हैं तब उनकी पूजा की धूप या भपके में खिंचे हुए अर्क की भाँति एक दिव्य सौरभमय रूप हो जाता है। साहित्य-जगत् में हम भी देवताओं की भाँति भावना के ही भूखे रहते हैं। हम संसार में रहते हुए भी उससे ऊपर उठ जाते हैं। हम **'अयं निजः परो वा'** की क्षुद्र व्यक्तित्व वाली संकुचित मनोवृत्ति से परे दिखाई देते हैं और हमारे आस्वादित मनोवेगों की कटुता, तीव्रता, तीक्ष्णता, शुष्कता और स्थूलता जाती रहती है। निजत्व की भावना ही तो सुख-दुःख की धार को पैनी कर देती है। कुशल पाक-शास्त्री आक और नीम के पत्तों को भी सुस्वादु बना देता है। कवि की **'ह्लादैकमयी'** दिव्य वाणी का पारस-स्पर्श का रूप धारण प्राप्त कर हमारे लौहसदृश कठोर और दुःखद मनोवेग भी आनन्दमय स्वर्ण का रूप धारण कर लेते हैं। यह है विभावन या साधारणीकरण की रसायन, जिनके द्वारा मनोवेगों से **'ममेति वा परस्येति'** अपने-पराए का क्षुद्रत्व दूर कर दिया जाता है। इसी क्षुद्रत्व के दूर हो जाने से रसा दशा में एक विशेष सात्त्विकता रहती है जिसके कारण काव्यानन्द ब्रह्मानन्द सहोदर कहा जाता है। इनमें कौन ज्येष्ठ है और कौन लघु है, उसका ठीक उत्तर वही दे सकता है जिसने दोनों का अनुभव किया है। काव्यानन्द इस लोक का होता हुआ भी लोकोत्तर है, साधारण अनुभव से ऊँचा है।

दुःख का कारण तो ममत्व से ऊपर उठा हुआ ब्रह्मज्ञानी दुःख-सुख का अनुभव नहीं करता। जहाँ हम ममत्व से परे हुए वहाँ रस-दशा को प्राप्त होते हैं। **'वसुधैव कुटुम्बकम्'** की उदार मनोवृत्ति का परिचय साहित्य में ही मिलता है। दूसरे के अनुभव को अपना बनाना ही करुणा का मूल सिद्धान्त है। इसी को सहानुभूति कहते हैं, शायद इसीलिए महाकवि भवभूति ने कहा है—**'एको रसः करुण एव'** (उत्तररामचरित, 3।47)। दूसरे के अनुभव को अपना बनाने में अपनी आत्मा का विस्तार होता है, यही सुख का कारण बन जाता है—**'भूमा वै सुखम्'** अपने गोत्र को बढ़ते हुए देखकर किसको सुख नहीं होता है?

रस और स्वरूप

अब प्रश्न यह होता है कि रस मनोवेग नहीं तो फिर क्या वस्तु है? किसी वस्तु का आस्वादन करने पर जो आनन्द मिलता है उसे रस कहते हैं। साधारण भाषा में कहते हैं कि अमुक की कथा में **'बड़ा रस आया', कानों में रस पड़ रहा है', वे बड़े रसिक** हैं।' रसिया शब्द का अर्थ है— जिसके आस्वादन में आनन्द आवे। आनन्द लेनेवाले को भी रसिया कहते हैं, जैसे 'हनुमान-चालीसा' में **'राम-कथा सुनिवे को रसिया'**। संक्षेप में आस्वादनजन्य आनन्द को रस कहते हैं। **'रस्यते (आस्वाद्यते) इति रसः'** ('साहित्यदर्पण', 1।3 की वृत्ति)। दशरूपककार धनञ्जय ने भी रस को स्वादरूप कहा है। वह रसिक में भी रहता है—**'रसः स एव स्वादित्वाद्रसिकस्यैव वर्तनात्'** ('दशरूपकम', 4।38)। अब जरा शास्त्रीय परिभाषा भी लीजिए—

'विभावेनानुभावेन व्यक्तः सञ्चारिणा तथा।
रसतामेति रत्यादिः स्थायीभावः सचेतसाम्।।"

—'साहित्यदर्पण' (3।1)

विभाव (आलम्बन—स्थायी भाव को जाग्रत करने के मुख्य कारण, शृंगार के सम्बन्ध में नायक-नायिका, रौद्र के सम्बन्ध में शत्रु), उद्दीपन (अर्थात् सहायक कारण जो उस भाव को उद्दीप्त रखें—जैसे शृंगार में चाँदनी, गीतवाद्य और आलम्बन की चेष्टाएँ गर्वोक्तियाँ वा व्यंग्योक्तियाँ), अनुवाद (भावों के बाह्य व्यंजक—जैसे शृंगार में कम्प, स्वेद, रोमांच तथा रौद्र में मुँह लाल हो जाना—ये कार्यरूप होते हैं) तथा संचारी (स्थायी भावों का पुष्ट करनेवाले, उनके साथ रहनेवाले भाव—जैसे शृंगार में हर्ष, दैन्य, चिन्ता तथा करुण में दैन्य वा रौद्र में चापल्य) भावों से व्यक्त होकर स्थायी भाव सहृदयों के हृदय में रस को प्राप्त होता है। व्यक्त का अर्थ है दूध का दही हो जाना के सदृश परिणत हो जाना—**'व्यक्तो दध्यादिन्यायेन रूपान्तरपरिणतो'** ('साहित्यदर्पण' 3।1 की वृत्ति)। विभावादि कारण, अनुभावादि कार्य और संचारी आदि सहकारी सभी रस की निष्पत्ति में कारण होते हैं। यह एक प्रकार का सामूहिक प्रभाव है जो सहृदय लोगों पर, जिनके हृदय में स्थायी भावों के प्राक्तन या आधुनिक

संस्कार मौजूद हैं, पड़ता है। सहृदय पर जोर देकर हमारे आचार्यों ने मन की सक्रियता और ग्राहकता को स्वीकार किया है।

मनोवेग और विभिन्न मत

यह जान लेने के पश्चात् कि रस मनोवेग नहीं है वरन् साधारणीकरण के भपके में खिंची हुई उनकी भावना का समूहिक आस्वाद-मात्र है, अब हमको यह जानना चाहिए कि रस सिद्धान्त से मनोवेगों के मनोविज्ञान पर क्या प्रकाश पड़ता है? इसके लिए हमको पहले यह समझ लेना आवश्यक है कि मनोवेग किसे कहते हैं? इस सम्बन्ध में पाश्चात्य देशों के मनोविज्ञानकों में बहुत मतभेद है।

विलियम जेम्स का मत–पश्चिम के आचार्यों ने मनोवेग के बाह्य अभिव्यंजकों (External Expressions) पर अधिक जोर दिया है, यहाँ तक कि जेम्स और लेंग (James and Lange) ने तो मनोवेगों के बाह्याभिव्यंजकों के परिज्ञान को ही मनोवेग माना है। रोना एक स्वतःचालित क्रिया है। हम अश्रु मोचन इसलिए नहीं करते कि हम दुःखी हैं वरन् हम अपने को दुःखी इसलिए अनुभव करते हैं कि हमको अश्रुमोचन का परिज्ञान हो रहा है। भय हमको इसलिए प्रतीत होता है कि हमको कम्प और पैरों की पलायनोन्मुखता का भान होने लगता है–

'We feel sorry because we cry, angry because we strike, afraid because we tremble, and not that we cry, strike or tremble because we are sorry, angry and fearful, as the case may be.'

—William James (Psychology, Page 376)

विलियम जेम्स साहब ने शायद उन्हीं मनोवेग को ध्यान में रखा है जिनमें भौतिक अभिव्यंजकों का प्राधान्य है। वे शायद ऐसी परिस्थितियों को भूल गए जहाँ जरा-सी बात तीर का काम करती है और बिना अश्रु के भी विषम वेदना का दुःखद अनुभव सारी चेतना को व्यापत कर देता है। ऐसी अवस्था में भौतिक परिवर्तनों की अपेक्षा मानसिक बोध अधिक होता है। दो-एक कुत्तों पर ऐसे प्रयोग किए गए हैं कि उनके शारीरिक परिवर्तनों से सम्बन्ध रखनेवाले ज्ञान-तन्तु नष्ट कर दिए जाने पर भी उनमें मनोवेग के लक्षण दिखाई पड़े हैं! इसके अतिरिक्त एक ही प्रकार के अनुभाव या बाह्याभिव्यंजकों का दो विपरीत मनोवेगों से सम्बन्ध रहना सम्भव है–जैसे अश्रु विषाद और हर्ष दोनों ही के होते हैं। कम्प, प्रेम में भी होता है और भय में भी। यही हाल रोमाच का है।

हमारे यहाँ मनोवेगों के बाह्याभिव्यंजकों को पर्याप्त महत्त्व दिया गया है। रसशास्त्र का उदय ही बाह्याभिव्यंजकों के अध्ययन से हुआ है। रस-सिद्धान्त के मूल आचार्य हैं नाट्यशास्त्र के कर्त्ता भरतमुनि। उन्होंने अभिनय के सम्बन्ध में ही बाह्याभिव्यंजकों का अनुसंधान किया था किन्तु उनके सामने मनोवेगों का आन्तरिक

पक्ष गौण नहीं हुआ। अनुभाव कार्यरूप समझे गए, कारण रूप नहीं।

विलियम मेकड्यूगल का मत–विलियम मेकड्यूगल (Wliliam mecdugall) ने मनोवेगों को सहज प्रवृत्तियों में (Insitincts) का भावात्मक पक्ष माना है। सहज प्रवृत्तियों (जैसे डर से भागना या छिपना, चिड़ियों का घोंसला बनाना या बच्चे का स्तनपान करना) ज्ञानपक्ष, भावपक्ष और क्रियापक्ष तीनों ही लगे होते हैं।

शेंड का मत–**शेंड** (Shand) ने मनोवेगों को एक संस्थान माना है जिसमें कि ये सहज वृत्तियाँ भी शामिल हैं। उन्होंने मनोवेग को एक बड़े संस्थान यानी भावात्मक वृत्तियों (Sentiments) का अंग माना है। पाश्चात्य मनोविज्ञानवेत्ताओं ने मनोवेगों और भाववृत्तियों में अन्तर किया है। भाववृत्तियाँ स्थायी होती हैं और एक भाववृत्ति से सम्बन्ध रखनेवाले कई मनोवेग समय-समय पर जाग्रत हो सकते हैं, जैसे मैत्रीभाव एक भाववृत्ति है। मित्र के दर्शन से सुख, वियोग से दुःख उसके संकट में पड़ने से भय की आशंका और उसके दुःख में पड़ने से करुणा के मनोवेग उत्पन्न होते हैं। मनोवेग और भाववृत्ति का अन्तर शुक्लजी के एक वाक्य से स्पष्ट किया जा सकता है–**'बैर क्रोध का अचार या मुरब्बा है।'** क्रोध हर समय नहीं रह सकता, बैर की भाववृत्ति बहुत काल तक रह सकती है। उसके अन्तर्गत कभी क्रोध उत्पन्न होगा, कभी वीरता के भाव और शायद भय भी उत्पन्न हो सकता है।

नोट–अब मनोवेग के कार्य में मानसिक तत्त्व को भौतिक क्रिया का अनुगामी मात्र नहीं मानते। मन की भी प्रतिक्रिया भौतिक पर होती है। दोनों का क्रिया-प्रतिक्रिया का सम्बन्ध रहता है।

डॉ. भगवानदास का मत–डॉक्टर भगवानदास ने अपनी **'साइंस ऑफ दी इमोशन्स'** (Science of Emotions) नाम की पुस्तक में मनोवेगों को एक जीव के दूसरे जीव के प्रति भाव के परिज्ञान के साथ इच्छा का संयोग बतलाया है–'An emotion is desire plus the cognition involvod in the attitude of one Jiva towards another.' (Science of the Emotions, ch. IV-Pages 59-60)। उन्होंने सब मनोवेगों को आकर्षण या विकर्षण का रूप बतलाया है, जैसे घृणा विकर्षण का रूप है। बराबरवाले के प्रति आकर्षण प्रेम है, बड़ों के प्रति आकर्षण श्रद्धा है।

इस प्रकार हम इन सब दृष्टिकोणों को मिलाते हुए यह कह सकते हैं कि मनोवेग मन की वह भावपरक उद्वेलित अवस्था है जो किसी बाह्य या अन्तः (स्मृतिजन्य, कल्पनाजन्य और कभी-कभी शारीरिक) उत्तेजना के ज्ञान से उत्पन्न होकर शरीर की आन्तरिक स्थिति में परिवर्तन कर हमारी सहज वृत्तियों के सहारे कुछ प्रवृत्यात्मक या निवृत्यात्मक क्रियाओं को जन्म देती है। इस प्रकार मनोवेग में तीनों प्रकार की मानसिक क्रियाएँ ज्ञान (Knowing),भावना (Feeling) और संकल्प (Willing) रहती हैं। यह मात्रा घटती-बढ़ती रहती है। भावनापक्ष प्रायः सभी में प्रबल रहता

है किन्तु कुछ का सुखद और कुछ का दुःखद। इस प्रकार सारे मनोवेग भिन्न-भिन्न प्रकार के पात्रों के सम्बन्ध के आकर्षण और विकर्षण, राग और द्वेष के रूप हो जाते हैं। अपने बराबर के प्रति आकर्षण प्रेम, छोटे के प्रति आकर्षण वात्सल्य और बड़ों के प्रति आकर्षण श्रद्धा का रूप धारण कर लेता है। इसी प्रकार अपने से हीन के प्रति विकर्षण घृणा है, अपने से अधिक शक्तिशाली के प्रति विकर्षण भय है तथा बराबरवाले के प्रति विकर्षण क्रोध कहलावेगा। हास्यरस में ज्ञान का तत्त्व कुछ अधिक होता है, उत्साह और क्रोध में क्रिया का अधिकार होता है और निर्वेद में क्रिया का अभाव-सा रहता है। रति, हास्य आदि सुखद होते हैं और क्रोध, शोक घृणा आदि दुःखद होते हैं। निर्वेद और विस्मय में सुख और दुःख का समन्वय रहता है किन्तु रसरूप से सभी सुखद होते हैं।

रस और मनोवेग

रसों के वर्णन में स्थायी भावों द्वारा सूचित नौ या दस मनोवेग आ जाते हैं, अब यह देखना कि वे वर्णन कहाँ तक मनोवैज्ञानिक हैं। यहाँ पर हम ड्रमण्ड (Margeret Drummand) और मेलोन (Sydney Herbert Mellonc), के 'Elements of Psycholgy' नाम की पुस्तक से एक उद्धरण देते हैं जिसमें बतलाया गया है कि किसी मनोवेग के वर्णन में क्या-क्या बातें आवश्यक हैं–

(1) The nature of its object (the kind of situation which, when perceived, imagined or remembered. arouses it.)

(2) Its affective quality. pleasant, painful of practically indifferent, the massiveness of volume of the effection, its normal intensity.

(3) Mode of influencing the will (active tendencies involved).

(4) Bodily expression-(a) internal organic sensations, (b) muscular movements.

(5) Different modifications of the emotions (if any) at different stages of mental development.

—Elements of Psychology (page 226)

अर्थात्–

1. उसके विषय का वर्णन– जो परिस्थिति उस समय देखी गई हो, कल्पित की गई हो या स्मरण की गई हो।

2. उसका भावमूलक गुण अर्थात् वह सुखद हैं, दुःखद हैं अथवा उदासीनप्राय। भाव का विस्तार और उसकी गहराई।

3. संकल्प-शक्ति को प्रभावित करने का प्रकार, उससे संलग्न क्रियात्मक प्रवृत्तियाँ।

4. शारीरिक अभिव्यंजक–(क) आन्तरिक अवयव-सम्बन्धिनी संवेदनाएँ, (ख) पेशियों की क्रियाएँ।

5. भिन्न-भिन्न विकास की अवस्थाओं में मानसिक विकास के भिन्न-भिन्न धरातलों पर मनोवेगों के विविध रूप (यदि कोई हों)।

अब हमको देखना चाहिए कि हमारे रस-शास्त्र के आचार्यों ने भिन्न-भिन्न रसों का जो वर्णन किया है, वही इसी प्रकार है या और किसी प्रकार? हम एक-एक कलम (बात) को लेकर विवेचनात्मक दृष्टि से देखेंगे कि रस-शास्त्र का भवन तैयार करने में भरतमुनि को कितनी मनोवैज्ञानिक आधार-भूमि तैयार करनी पड़ी होगी।

1. विषय का वर्णन–यह हमारे रस-शास्त्रों में विभावों द्वारा होता है। ये रति आदि स्थायी भावों के कारण माने गए हैं, ये दो प्रकार के होते हैं–आलम्बन वे हैं जो स्थायी भाव की उत्पत्ति में मुख्य कारण होते हैं, उन्हीं पर स्थायी भाव अवलंबित होता है; उद्दीपन वे हैं जो गौण कारण होते हैं, वे रस को उद्दीप्त करते रहते हैं। आलम्बन और उद्दीपन ही उस परिस्थिति को बनाते हैं जिसके कारण कि स्थायी भाव की उत्पत्ति होती है। शेर का भय का आलम्बन है–उसका आलम्बनत्व तभी तक है जब तक कि वह भय की उपयुक्त परिस्थिति में दिखाई पड़ता है, अर्थात् जब वह बीहड़ वन की निर्जन निस्तब्धता में गरजकर चारों ओर की पहाड़ियों को प्रतिध्वनित कर रहा हो और कराल डाढ़ों को व्यक्त करता हुआ पंजा उठाए आक्रमण के लिए उद्यत हो, तभी वह हमारे भय का आलम्बन बनेगा। पिंजड़े में बन्द शेर हमारे मनोविनोद का कारण होता है। श्रीराधाकृष्ण की प्रेम-लीला के वर्णन में उपयुक्त वातावरण अपेक्षित रहता है। वृहदारण्य, चन्द्रज्योत्सना-धौत-धवल यमुना-पुलिन, चन्दन-चोबा से सुवासित शीतल मंद समीर, वंशीनिनाद, हासोल्लास, ये सब मिलकर प्रेम की अभिव्यक्ति में योग देते हैं। इनके स्थान में यदि नीचे भूभल और ऊपर धाम हो, चारों ओर लू चपेटा मार रही हो तो रतिभाव यदि काफूर न हो जाए तो मन्द अवश्य पड़ जाएगा। यदि उद्दीपन विभाव न हो तो स्थायी भाव शीघ्र ही शान्त हो जाएगा। आलम्बन की निष्क्रिय उपस्थिति से जी न ऊब जाए इसी से उसकी चेष्टाओं का उद्दीपन माना है। उस को उद्दीप्त रखने में देशकाल के साथ इनका भी महत्त्व है–

'उद्दीपनविभावास्ते रसमुद्दीपयन्ति ये।
आलम्बनस्य चेष्टाद्या देशकालादयस्तथा।।'

–'साहित्यदर्पण' (3।160,161)

परशुरामजी का क्रोध शीघ्र ही शान्त हो जाता यदि लक्ष्मणजी की गर्वोक्तियाँ उनको उत्तेजित न करती रहतीं। श्रीकृष्णजी का हँसना, किलकना, दौड़ना, गिर पड़ना, ये सब यशोदा के लिए उद्दीपन होंगे। हमारे यहाँ के आचार्यों के उद्दीपन विभावों को रस-सामग्री में मानकर परिस्थिति की संश्लिष्टता पर अधिक ध्यान रखा है।

वास्तव में चेष्टादि के उद्दीपन, आलम्बन से उसी भाँति अलग नहीं किए जा सकते, जिस प्रकार बिल्ली की 'म्याऊँ' बिल्ली से। अन्तर केवल इतना ही है कि आलम्बन में अपेक्षाकृत स्थायित्व है। तरंग समुद्र की होती है। तरंग का समुद्र नहीं है। हमारे यहाँ के आचार्यों ने परिस्थिति का पूर्ण वर्णन किया है।

विभावों के वर्णन आलम्बन के साथ आश्रय का भी वर्णन आ जाता है। जिसमें भाव की उत्पत्ति हो उसे आश्रय कहते हैं, जैसे लक्ष्मणजी को देखकर यदि परशुरामजी को क्रोध आता है तो परशुरामजी आश्रय कहलाएँगे। आश्रय के वर्णन के बिना भाव पक्ष अपुष्ट रहेगा। कवि-कर्म में भाव और विभाव-पक्ष दोनों का ही वर्णन आवश्यक है।

2. मनोवेगों का गुण–इसके सम्बन्ध में इतना ही कहना पर्याप्त होगा कि रस-शास्त्र के आचार्यों ने मनोवेगों या स्थायी भावों को केवल दुःखात्मक या सुखात्मक ही नहीं कहा है वरन् उसे सुख-दुःख का प्रकार भी बतला दिया है। श्रृंगार के स्थायी भाव प्रेम को सुखात्मक कहा है–**'मनोनूकूलेष्वर्थेषु सुखसवेदनं रतिः** (काव्य-प्रदीप, पृष्ठ 75), हास में चित्त का विकास बतलाया गया है–**'न्यंगवीड़ादिभिश्चेतोविकासो हास उच्चते'** ('काव्यप्रदीप,' पृष्ठ 80)। शोक में चित्त का वैक्लव्य दिखाया गया है–**'इष्टनाशादि-भिश्चेतोवैक्लव्यं शोकशब्दभाक्'** (साहित्यदर्पण, 3 ।177) और विस्मय में चित्त का विस्तार बताया गया है–**'विस्मयश्चित्तविस्तारो वस्तुमाहात्म्यदर्शनात्'** ('काव्यप्रदीप', पृष्ठ 84)। रसों का चित्त की वृत्तियों के आधार पर विभाजन भी किया गया है। हमारे संचारी भाव रस के सुख-दुःखात्मक होने पर प्रकाश डालते हैं, जैसे वीर में हर्ष संचारी रहता है।

3. और 4 क्रियात्मक प्रवृत्तियाँ और शारीरिक अभिव्यंजना–ने शास्त्र-वर्णित अनुभाव हैं। इनमें मुख की आकृति, स्वेद-कम्पादि सात्त्विक भाव जो शरीर की आन्तरिक क्रियाओं से सम्बन्ध रखते हैं और प्रेम में आलिंगन के लिए बाहुओं को फैलाना, भय में भागने या छिपने की चेष्टा करना, क्रोध में दाँत पीसना, मुट्ठी बाँधना, वीर में ताल ठोंकना इत्यादि सब चेष्टाएँ और क्रियाएँ सम्मिलित हैं। इस सम्बन्ध में हमको नायिकाओं के हावों का भी अध्ययन करना आवश्यक है। आचार्य शुक्लजी ने इनको उद्दीपन विभाव ही माना है, क्योंकि ये आलम्बन की चेष्टाएँ हैं। कुछ आचार्यों ने इनको अनुभाव माना है। मुख्यतया तो हाव उद्दीपन ही है किन्तु नायिका भी नायक के सम्बन्ध में आश्रय हो सकती है। इस तरह हाव अनुभाव कहे जा सकते हैं।

5. भय के अनुभाव–मनोवेग के बाह्य अभिव्यंजकों के सम्बन्ध में हमारे आचार्यों ने बड़े सूक्ष्म निरीक्षण का परिचय दिया है। हम एक उदाहरण से इसका स्पष्ट करना चाहते हैं। भय को मुख्य मनोवेग में माना गया है। डार्विन (Charles Darwin) के बतलाए हुए अनुभावों का रसग्रन्थों में कहे हुए अनुभावों से मिलान करने पर हमको

मालूम होगा कि इस विषय में हमारे आचार्य आधुनिक वैज्ञानिकों से कदम मिलाते हुए चल सकते हैं। पहले हम यहाँ के आचार्यों द्वारा किया हुआ वर्णन देते हैं—

'अनुभावोऽत्र वैवर्ण्य गद्गदस्वरभाषणम्।
प्रलयस्वेदरोमाञ्चकम्पदिक्प्रेक्षणादयः।।'

—'साहित्यदर्पण' (3।237)

अर्थात् इसमें वैवर्ण्य (मुँह का रंग फीका पड़ जाना), गद्गद स्वर होकर बोलना, अर्थात् टूटे शब्द बोलना, प्रलय (मूर्छा) रोंगटे खड़े होना, चारों ओर देखना आदि होते हैं। दूसरे आचार्यों ने और भी अनुभाव बतलाए हैं जो **'आदयः'** में शमिल कहे जा सकते हैं। इसी सम्बन्ध में हिन्दी का एक दोहा लीजिए—

'मुख शोषन, निश्वास बहु, भागि बिलोकनि फेरि।
तन गोपन, घुमनी शरण, चाह आदि किय टेरि।।'

—लेखक के 'नवरस' में उद्धृत (पृष्ठ 487)

भय का भागने और छिपने की सहज प्रवृत्तियों से सम्बन्ध है, वे दोनों इसमें आ गई हैं। भागने के साथ पीछे मुड़कर देखना भय की अवस्था में स्वाभाविक ही है। अंब जरा डार्विन का वर्णन पढ़िए—

'The frightened man at first stands like a statue, mosionless and breathless, or crouches down as if instinctively to escape observation. (तनगोपन)...for the skin instantly becomes pale, as during implicit faintness. (मूर्छा और वैवर्ण्य)...That the skin is much affected under the sense of great fear we see in the marvellous and inxplicable manner in which perspiration immediately exudes from it,' (स्वेद)

'...One of the best-marked symptoms is the trembling (कम्प) of all the muscles of the body, and this is often first seen in the lips. From this cause and from the dryness of the mouth, (मुखशोषन, गीता में भी इस अनुभाव का उल्लेख है **'मुखं च परिशुष्यति'**),...the voice becomes husky or indistinct, or may altogetber fail. **(गद्गद)**...The uncovered and protruding eye balls are fixed on the object of terror; or they may roll relentlessly from side to side*

-Charles Darwin 'Expression of the emotions in Man and Animals' (Pages 307-308).

भरतमुनि ने जो भय की दृष्टि बतलाई है उनमें यह बात और भी स्पष्ट हो जाती है—

'विस्फारितोभयपुटा भयकम्पिततारका।
निष्क्रान्तमध्या दृष्टिस्तु भयभावे भयान्विता।।'

—'नाट्यशास्त्र' (8।58)

भयभीत मनुष्य की आँखें खूब खुली रहती हैं। उनकी पुतलियाँ इधर-उधर घूमती हैं और दृष्टि मध्य में नहीं रहती यानी वह सामने नहीं देखता। भयभीत मनुष्य की गति बतलाते हुए भी भरतमुनि ने यही बात कही है–

'विस्फारिते चले नेत्रे विधुतं च शिरस्तथा।
भयसंयुक्तया दृष्ट्या पार्श्वयोश्च विलोकनैः।।'

–'नाट्यशास्त्र' (13।70)

साधारण अनुभावों के साथ सात्त्विक भाव भी माने गए हैं, जो हैं तो अनुभाव ही किन्तु साधारण से भी भिन्न हैं। पाश्चात्य आचार्यों ने अनुभावों के दो प्रकार माने हैं–एक तो वे जो बिल्कुल बाह्य और प्रत्यक्ष क्रियाओं से सम्बन्ध रखते हैं, जैसे भागना-दौड़ना-लौटना आदि इनका अभिनय सहज में हो जाता है; दूसरे वे हैं जो शरीर के भीतर के अवयवों से सम्बन्ध रखते हैं, जैसे रुधिर की शिराओं के संकुचित हो जाने से मुँह का पीला पड़ जाना, मुख का सूख जाना ये अपने-आप हो जाते हैं, इन पर हमारा अधिक वश नहीं होता, जैसे स्वेद। ऐसे ही अनुभावों को अलग करके उनको सात्त्विक भाव का नाम दिया गया है। इनका सम्बन्ध प्रायः 'Vasomotor' या 'Sympathetic Nerves' स्वःचालित संस्थानों (Automatic Systems) से है। वैवर्ण्य उत्पन्न करने के लिए भरतमुनि ने नाड़ियों का पीड़न या दबाना बतलाया है–**'मुखवर्णपरावृत्या नाड़ीपीड़नयोगतः**–('नाट्यशास्त्र', 7।104)। आजकल के लोग भी नाड़ियों के संकोच ही को इसका कारण मानते हैं। इस विषय में डार्विन का वर्णन पढ़िए–

'This paleness of the surface, however, is probably in large part or exclusively due to the Vasomotor center being affected in such a manner as to cause the contraction of the small arteries of the skin.'

—Charles Darwin 'Expression of the emotions in men and Animals' (Page 307)

सात्त्विक भाव के सम्बन्ध में आचार्यों का मतभेद है। साहित्यदर्पणकार ने इनका सम्बन्ध सत्त्व नाभ के आत्मा में विश्राम को प्राप्त होने वाले रस के प्रकाशक आन्तरिक धर्म से माना है–**'सत्वं नाम स्वात्मविश्रामप्रकाशकारी कश्चनान्तरोधर्मः'** ('साहित्यदर्पण,' 3।134) की वृत्ति)–दशरूपककार का भी ऐसा भी मत है, उन्होंने सत्त्व की इस प्रकार परिभाषा दी है–

'परगतदुःखहर्षादिभावनायामत्यन्तानुकूलान्तःकरणत्वं=सत्वम्'

–'दशरूपक' (4।5 की वृत्ति)

अर्थात् पराए दुःख और हर्प की भावनाओं में अन्तःकरण की अत्यधिक अनुकूलता सत्त्व कहलाती है, इसी से अश्रु रोमांचादि होते हैं। रजोगुण और तमोगुण से रहित मन को भी सत्त्व कहते हैं। शुद्ध मन से सम्बन्ध रखने के कारण ये

सात्त्विक कहलाते हैं, यह मत **'सरस्वतीकण्ठाभरण'** के रचयिता भोज का है।

सत्व का अर्थ प्राण का भी है। सात्त्विक का अर्थ प्राण अर्थात् जीवन-क्रिया से सम्बन्ध रखनेवाले भावों का लगाया जाए तो उनका (सात्त्विक भावों का) अलग उल्लेख होना सार्थक हो जाता है। 'रसतरङ्गिणी' का यही मत मालूम होता है–**'सत्वं जीवशरीरं तस्य धर्माः सात्त्विकाः'** (श्री रामदहिन मिश्र के 'काव्यदर्पण' में उद्धृत, पृष्ठ 74)।

5. भिन्न-भिन्न मानसिक दशाओं में मनोवेग के रूप–इस सम्बन्ध में हमारे यहाँ अधिक नहीं लिखा गया है। बालकों में क्रोध या भय जो रूप धारण करता है वह प्रौढ़ में नहीं। इस विषय में रस-सिद्धान्त को विशेष गति देने की आवश्यकता है। हमारे यहाँ रसों का विभाजन प्रकृतियों के अनुकूल अवश्य है किन्तु एक ही रस का भिन्न-भिन्न अवस्थाओं में विविध रूप नहीं बतलाया गया है। मनोवेग का सापेक्षत्व मानना पड़ेगा, इसके व्यावहारिक उदाहरण हमको साहित्य में मिलते हैं। भर्तृहरि ने 'शृंगार-शतक' में जिन बातों की प्रशंसा की है वैराग्य में उनकी बुराई की है। जो बात साधारण मनुष्य के लिए भयानक है वीर के लिए नहीं। भयानक की स्वल्प मात्रा में हमको साहस का आनन्द मिलता है।

हमारे यहाँ रसों के औचित्य-अनौचित्य का प्रश्न उठाकर भी बहुत महत्त्व का कार्य किया गया है। बड़ों की हँसी करना और कमजोर पर वीरता दिखाना रसाभास माना गया है। मनोवेगों के विवेचन में यह बड़ी देन है।

रस और सहज प्रवृत्तियाँ

मेक्डूयूगैल ने मनोवेगों का मूल सहज प्रवृत्तियों (Instincts) में माना है। मनोवेग स्वाभाविक प्रवृत्तियों के भावात्मक पक्ष हैं। इन प्रवृत्तियों की संख्या में मतभेद है। हमारे यहाँ के नौ या दस रसों के स्थायी भावों का सम्बन्ध भी इन सहज प्रवृत्तियों से दिखाया जा सकता है किन्तु यह नहीं कहा जा सकता कि इन स्थायी भावों की संख्या किसी विशेष सूची के अनुकूल है फिर भी सभी स्थायी भाव किसी-न-किसी सहज प्रवृत्ति से सम्बन्धित हैं।

हमारे यहाँ जो संचारी भाव माने गए हैं उनमें से कुछ तो इन स्वाभाविक प्रवृत्तियों से सम्बन्धित हैं किन्तु अधिकांश उनसे बाहर हैं। यही अन्तर स्थायी और संचारी भावों में है। संचारी भावों का सम्बन्ध इन नैसर्गिक प्रवृत्तियों या प्रारम्भिक आवश्यकताओं से सीधा नहीं है। स्थायी भावों का सम्बन्ध सीधा आत्मरक्षा से है। नीचे की सूची में रसों के स्थायी भावों का सम्बन्ध सहज प्रवृत्तियों से दिखाया जाता है–

1. शृंगार का सम्बन्ध प्रजनन (Pairing) और सामाजिक या एक साथ रहने की प्रवृत्ति (Social and Gregarious Instincts) से है।

2. हास्य का सम्बन्ध हास्य (Laughter) से है।

3. करुण के स्थायी शोक का सम्बन्ध आर्त्तप्रार्थना (Appeal) और अधीनता स्वीकृत (Submission) से है।

4. रौद्र का सम्बन्ध लड़ाई की प्रवृत्ति (Instinct or Combat) से है।

5. वीर का सम्बन्ध अस्तित्व-स्थापना (Assertive) और प्राप्तीच्छा (Acquisition) से है।

6. भयानक का सम्बन्ध भागने की प्रवृत्ति (Instinct of Escape) से है।

7. अद्‌भुत का सम्बन्ध औत्सुक्य (Curiosity) से है।

8. वीभत्स का सम्बन्ध विकर्षण (Repulsion) से है।

9. वात्सल्य का सम्बन्ध सन्तान-स्नेह (Parental Instinct) से है।

नोट—शान्तरस में कोई प्रवृत्ति नहीं होती, यदि हो सकती है तो अधीनता-स्वीकृति (Submission) की प्रवृत्ति। शायद इसीलिए शान्त को नाट्यरसों में नहीं माना है और वात्सल्य को स्वतन्त्र रस माना गया है।

संचारी भाव

हमने संचारी भावों के विषय में बहुत कम कहा है किन्तु उनका विशेष महत्त्व है। इनको व्यभिचारी भाव भी कहते हैं। इनकी परिभाषा 'साहित्यदर्पण' में इस प्रकार दी है—

'विशेषादाभिमुख्येन चरणद्व्यभिचारिणः।
स्थायिन्दुन्मग्ननिर्मग्नास्त्रयसिसंत्रशच्च तद्विदाः।।'

—'साहित्यदर्पण' (3।140)

विशेष रूप से अर्थात् मुख्यता के साथ चलने के कारण व्यभिचारी कहलाते हैं। ये स्थायी भाव में आविर्भूत और तिरोभूत होते रहते हैं। स्थायीभाव स्थिर रहता है किन्तु ये आते और जाते रहते हैं। व्यभिचारी मनुष्य भी व्यभिचारी इसीलिए कहलाता है कि वह विशेष रूप से आता-जाता रहता है या विविध स्थानों में आता-जाता है। व्यभिचारी भाव भी विविध रसों में आते-जाते हैं। आचार्य केशवदास ने रामराज्य में इन्हीं व्यभिचारियों का अस्तित्व माना है। वहाँ मनुष्य कोई व्यभिचारी नहीं था, भाव ही व्यभिचारी थे—**'भावै जहाँ व्यभिचारी'**। ये तैंतीस होते हैं।

स्थायी भाव

स्थायी भाव दबता नहीं है। संचारी डूबते-उछलते रहते हैं। देखिए साहित्य दर्पणकार क्या कहते हैं—

'अविरुद्धा विरुद्धा वा यं विरोधातुमक्षमाः।
आस्वादङ्क रकन्दोऽसौ भावः स्यायीति संमतः।।'

—'साहित्यदर्पण' (3।174)

अविरुद्ध या विरुद्ध भाव जिसको दबाने में असमर्थ रहते हैं, आस्वाद अर्थात् रस-रूपी अंकुर का जो कन्द (जड़) है वह स्थायी भाव कहलाता है।

हमारे यहाँ के आचार्यों ने मनोवेगों को टकसाली रुपयों की भाँति बिल्कुल अलग-अलग नहीं माना है। हर एक स्थायी भाव एक समुद्र के समान है जिसमें संचारी भावों की लहरें-सी उठती रहती हैं **'कल्लोला इव वारिधौ'**। मनोवेग (Emotion) गतिमान् संस्थान है। संचारी भाव उसकी गति के पद हैं। किन्तु इनके बदलते हुए भी मनोवेग का एक व्यक्तित्व रहता है वही स्थायी भाव का स्थायित्व है। संचारी भावों के कारण ही कभी कभी रस की पहचान की जा सकती है, जैसे वीर और रौद्र में आलम्बन और उद्दीपन प्रायः एक होते हैं किन्तु उनके संचारी अलग होते हैं। वीर में धृति (धैर्य) और हर्ष होते हैं, रौद्र में मद, उग्रता, चपलता आदि संचारी रहते हैं।

वास्तव में स्थायी भाव और संचारी भाव दोनों ही भाव हैं। यहाँ पर भाव मनोविज्ञान का शुद्ध भाव अभिप्रेत नहीं है वरन् इसका अभिप्राय साहित्य के भाव हैं जो अपनी प्रवृत्यात्मकता के कारण मनोवेगों के व्यापक रूप होते हैं। स्थायी भाव संचारियों की अपेक्षा अधिक स्थायी, व्यापक और हमारी प्रारम्भिक सहज प्रवृत्तियों के अधिक निकट होते हैं। पाश्चात्य मनोविज्ञान वर्गीकरण मौलिक (Primary) और व्युत्पन्न (Derived) इससे भिन्न है।

स्थायी भाव कब संचारी होता है—हमारे यहाँ के आचार्यों की यह विशेषता रही है कि न तो उन्होंने बाहरी कारणों में विच्छेद-बुद्धि से काम लिया, न मानसिक दशाओं में। बाहरी कारण उद्दीपन से मिलकर एक संश्लिष्ट स्थान का रूप धारण कर लेते हैं और स्थायी भाव तथा संचारी भाव भी मिलकर एक संस्थान बनते हैं। मनोवेग चाहे जितना मुख्य क्यों न हो अमिश्रित होना उसकी हीनता का चिह्न है। परिवर्तन जीवन का लक्षण है। केवल स्थायी भाव ही रहे तो जी ऊब उठे। सौन्दर्य के लिए भी तो नवीनता की आवश्यकता रहती है संचारी भाव स्थायी भाव को यही संजीवता देते रहते हैं। शृंगार रस के रसराजत्व का एक यह भी कारण है कि उनमें अधिक-से-अधिक संचारी भाव आ जाते हैं। रसों में संचारी ही संचारी नहीं होते वरन् दूसरे रस के स्थायी भी गौण होकर संचारी बन जाते हैं, जैसे शृंगार और वीर में हास, वीर में क्रोध और शान्त में वीभत्स (इसी प्रकार अन्य रसों का भी हो सकता है)।

रस की मैत्री और शत्रुता

भारतीय आचार्यों ने रसों की शत्रुता और मैत्री पर ध्यान दिलाकर हमको यह बतलाया है कि कौन रस किससे मेल खा सकते हैं। हास्य के साथ करुण का योग नहीं हो सकता, न शृंगार के साथ वीभत्स का। कुछ रस ऐसे हैं जिनका एक आलम्बन

में योग नहीं हो सकता। जिसके प्रति प्रेम दिखाया जाए, उसके प्रति वीरता के भाव नहीं दिखाए जा सकते, जैसे रावण ने किया था। एक ही आश्रय (भावों के अनुभवकर्त्ता) में वीर और भयानक का योग नहीं हो सकता।

रस-शास्त्र के आचार्यों ने यह भी विवेचन किया है कि दो साथ-साथ न आने वाले रसों को किस प्रकार साथ लाया जा सकता है। इस बात का व्यावहारिक उदाहरण हमको 'शकुन्तला' में मिलता है। महाराज दुष्यन्त शकुन्तला के वियोग में दुःखित बैठे थे। इन्द्र की ओर से मातिल उनसे सहयता माँगने के लिए आता है। वह दुष्यन्त के सखा और विदूषक माधव्य को पीटता है। यद्यपि दुष्यन्त अन्यमनस्क थे फिर भी सखा के आर्तनाद से उनका क्रोध जाग उठा और वे इन्द्रलोक जाने को तैयार हो गए।

मुख्य और गौण रस

दशरूपककार ने नाटक के आठ ही रस माने हैं। उनमें श्रृंगार, वीर, वीभत्स और रौद्र को मुख्य माना है और इनसे क्रमशः उत्पन्न हुए हास्य, अद्‌भुत, भयानक और करुण को गौण कहा है (भरतमुनि ने भी ऐसा माना है)। इन चार प्रधान रसों की मानसिक वृत्तियाँ भी मानी हैं। ये ही मनोवृत्तियाँ उनसे उत्पन्न गौण रसों में रहती हैं। इस प्रकार श्रृंगार और हास्य में विकास (जैसे कली खिल जाती है), वीर और अद्‌भुत में विस्तार (फैलाव जैसे धुआँ या हवा फैल जाती है, वीर अपनी सत्ता व्याप्त कर देना चाहता है अद्‌भुत में द्रष्टा का चित्त आलम्बन की महत्ता से व्याप्त हो जाता है), वीभत्स और भयानक में क्षोभ (जैसे पानी उबल उठता है), वीर-रौद्र तथा करुण में विक्षेप (इधर से उधर होना)की मनोवृत्तियाँ रहती हैं। यद्यपि एक रस से दूसरे के निकालने की बात्त बहुत वैज्ञानिक नहीं है तथापि इसमें दो बातें विशेष मूल्य रखती हैं, एक तो यह कि श्रृंगार और वीर का अनुभव विकास और विस्तार के कारण सुखद है तथा दूसरी यह कि वीभत्स और रौद्र का अनुभव क्षोभ और विक्षेप के कारण दुःखद है।

इन रसों के विश्लेपण में एक बात और देखी जा सकती है। इन जोड़ों में से एक में आश्रय की प्रधानता और एक दूसरे में हीनता और दीनता रहती है। श्रृंगार में आश्रय की दीनता अवश्य रहती है किन्तु पूर्ण प्रसन्नता के साथ। हास्य में आश्रय की प्रधानता रहती है। वीर में आश्रय अपनी श्रेष्ठता का अनुभव करता है, अद्‌भुत में आश्रय अपनी हीनता के साथ आलम्बन की श्रेष्ठता की मानसिक स्वीकृति देता है। वीभत्स में आश्रय की श्रेष्ठता रहती है, वह आलम्बन को नीचा और हेय समझता है। भयानक में आश्रय अपनी हीनता को स्वीकार करता हुआ उससे भागता हैं वीभत्स से भी लोग भागते हैं किन्तु अपनी श्रेष्ठता के साथ। रौद्र में आश्रय अपने को बड़ा समझता है, करुण में वह दीन हो जाता है। यह बात

संचारियों के अध्ययन से स्पष्ट हो जाएगी।

हमारे यहाँ का स्थायी और संचारियों का विभाजन चारों खूँट पाश्चात्य के मनोविज्ञान के विभाजन से नहीं मिलता है। विभाजन का आधार भिन्न है। हमारे यहाँ का विभाजन का आधार रस परिपाक है। पाश्चात्य आधार मनोवैज्ञानिक है। हमारे यहाँ के विवेचन की महत्ता इस बात की है कि वे लोग भावों के बाह्य अभिव्यंजकों का यथातथ्य वर्णन कर सकें और अपने सूक्ष्म निरीक्षण का परिचय दे सकें। इसके अतिरिक्त वे लोग इसका ठीक-ठीक विश्लेषण कर सकें कि कौन से स्थायी भाव के साथ कौन से संचारी भाव आते हैं और किन-किन रसों का विरोध है और किन की मैत्री है। स्थायी भाव संचारियों की अपेक्षा अधिक प्राथमिक शुद्ध, अमिश्रित और स्थायी हैं। यह बात केवल मोटे तौर से ही कही जा सकती है।

पाश्चात्य मनोविज्ञान के अनुकूल रस-सिद्धान्त की पूरी-पूरी व्यवस्था नहीं हो सकती है। रस-सिद्धान्त हमारे देश की उपज है और वह हमारे देश के दार्शनिक विचारों से प्रभावित है। रस उस आत्मत्व पर अवलम्बित है जिसका सहज गुण आनन्द है। यह चिन्मय, अखण्ड, प्रकाशमय और वेद्यान्त-शून्य है अर्थात् उस समय दूसरी वस्तु का ज्ञान नहीं रहता है। यह अवस्था केवल मन को माननेवालों की कल्पना में नहीं आ सकती। आजकल का मनोविज्ञान (Psychology) अर्थात् साइक (Psyche) यानी आत्मा का विज्ञान कहलाती है किन्तु उसमें आत्मा के उसी प्रकार दर्शन नहीं होते जिस प्रकार कि दुकान के मालिक की मृत्यु के पश्चात् उसके नाम पर चलती हुई और विज्ञापित दुकान में उसका पता नहीं चलता।

10. रस-निष्पत्ति

रस सूत्र की व्याख्या

'नाट्यशास्त्र' के रचयिता ख्यातिनामा भरतमुनि रस सिद्धान्त के मूल प्रवर्तक माने गए हैं। उनका ग्रन्थ अपने क्षेत्र में अद्वितीय है किन्तु उन्होंने रस के सम्बन्ध में जो बतलाया है वह ऐसा गोल-मटोल है कि उसके वास्तविक आकार के सम्बन्ध में मनचाही कल्पना की जा सकती है। भरतमुनि का मूल सूत्र इस प्रकार है–

'विभावानुभावव्यभिचारिसंयोगाद्रसनिष्पत्तिः'

–'नाट्यशास्त्र'

अर्थात् विभाव (नायक-नायिका आदि आलम्बन और वीणा-वाद्य, चन्द्रज्योत्स्ना, मलय-समीर आदि उद्दीपन), अनुभाव (अश्रु स्वेद कम्प आदि भावसूचक शारीरिक विकार और चेष्टाएँ), व्यभिचारी भाव (हर्ष, मद, उत्कण्ठा, असूया आदि) रति, शोक, उत्साह आदि स्थायी भावों के सहचारी भाव) के संयोग से रसव की प्राप्ति होती है। इसमें 'संयोग' और 'निष्पत्ति' शब्द विवाद के विशेष विषय रहे हैं। यह सूत्र आचार्यों के मस्तिष्क के लिए व्यायामशाला बन गया है। इसकी व्याख्या करनेवालों में चार आचार्य मुख्य हैं। उनके नाम इस प्रकार हैं। इसकी व्याख्या करनेवालों में चार आचार्य मुख्य हैं। उनके नाम इस प्रकार हैं–(1) **भट्टलोल्लट,** (2) **श्री शङ्कुक,** (3) **भट्टनायक,** (4) **अभिनवगुप्त**। इनके मतों का पृथक्-पृथक् संक्षेप में विवेचन किया जाएगा।

1. भट्टलोल्लट का उत्पत्तिवाद–इस सूत्र के प्रथम व्याख्याता हैं भट्टलोल्लट। ये मीमांसा-सिद्धान्त के माननेवाले थे। उनका मत है कि इत्यादि स्थायी भाव नायिकादि विभावों द्वारा उत्पन्न होकर तथा उद्यान, चन्द्रज्योत्स्नादि स्थायी उद्दीपन द्वारा उद्दीप्त होकर (जैसे जलाई हुई आग घी से और तेज हो जाती है) एवं कटाक्ष भुजक्षेप, अश्रु रोमांचादि अनुभावों अर्थात् बाह्य व्यंजकों द्वारा प्रतीतियोग्य अर्थात् जानने योग्य बनकर (व्यक्त होकर और उत्कण्ठादि व्यभिचारियों द्वारा पुष्ट होकर दुष्यन्त, रामादि अनुकार्यों में (उन पात्रों में जिनका कि नट अनुकरण करते हैं) रसरूप से रहता है। रूप

की समानता के कारण नट में वह रस आरोपित होकर सामाजिकों (दर्शकों) को उनके (नटों के) अभिनय कौशल द्वारा चमत्कृत कर देता है, अर्थात् उनको प्रसन्न कर देता है–

''ललनादिभिरासम्बनाविभावैः स्थायी रत्नादिको जनितः, उद्यानादिभिरुद्दीपन विभावैरुद्दीपितः, अनुभावैः कटाक्षभुजक्षेपणादिभिः प्रतीतियोग्यः कृतः, व्यभिचारिभिरुत्कठादिभिः परिपोषितो रामादावेनुकार्येरसः। नटे तु तुल्यरूपतानुसंधानवशादारोध्यमाणः सामाजिकानां चमत्कारहेतुः।''

–काव्यप्रदीप

यह मत 'काव्यप्रकाश' के वर्णन से मिलता-जुलता है किन्तु 'काव्यप्रकाश' में भट्टलोल्लट की व्याख्याप में अनुकार्य के नीचे अनुकर्त्ता नट तक का उल्लेख है 'मुख्यया वृत्या रामादाथनुकार्ये तद्रूपतानुसन्धानान्नतकेऽपि प्रतीयमानो रसः'–'काव्यप्रकाश', (4।28 की वृत्ति में भट्टलोल्लट के मत से)। इसलिए 'काव्यप्रकाश' के टीकाकार लिख दिया करते हैं 'सामाजिकैरिति शेषः'। सामाजिक का स्पष्ट उल्लेख 'काव्यप्रकाश' में नहीं है किन्तु व्यंजित अवश्य है। व्यंग्यार्थ की पूर्ण अभिव्यक्ति के लिए ही 'काव्यप्रकाश' का उद्धरण न देकर 'काव्यप्रदीप' का उद्धरण दिया गया है। जो लोग भट्टलोल्लट के मत को नट से आगे नहीं ले जाते वे गलते नहीं हैं। वे 'काव्यप्रकाश' के शब्द के आगे नहीं जाना चाहते।

'अभिनव भारती' के और 'काव्यप्रकाश' के निरूपण में एक यह विशेष अन्तर है कि उसके अनुकूल भट्टलोल्लट अनुभावों को रस की उत्पत्ति का श्रेय देते हैं। अनुभाव का अर्थ है विभावों से उत्पन्न, अभिनव के मत से वह संचारी का विशेष स्वरूप है।

मत का सारांश–इस मत में निम्नल्लिखित बातों की विशेषता है–

(i) स्थायी भाव का सूत्र में उल्लेख नहीं है किन्तु इस मत में उसका रस के मूल रूप से पृथक् उल्लेख हुआ है, स्थायी भाव के साथ संयोग माना गया है।

(ii) यह स्थायी भाव आलम्बन विभावों से उत्पन्न होता है (इसी से इसको उत्पत्तिवाद कहते हैं) एवं व्याभिचारी भावों से पुष्ट होकर अनुभावों द्वारा व्यक्त होकर अनुकार्य में रसरूप से रहता है। निष्पत्ति का अर्थ उत्पत्ति है।

(iii) नट में यह रहता नहीं हैं वरन् रूप की समानता के कारण उसमें आरोप होता है, इसीलिए इसको आरोपवाद भी कहते हैं। श्री कन्हैयालाल पोद्दार ने ऐसा ही कहा है।

(iv) अभिनव की कुशलता से आरोपित स्थायी भाव सामाजिकों में चमत्कार का कारण बन जाता है।

भट्टलोल्लट के अनुसार रस की मूल रूप से रामादि अनुकार्यों में उत्पाद्योत्पादक तथा कार्य-कारण-भाव से उत्पत्ति होती है। नट की अनुकृति की सफलता से उत्पन्न

सामाजिक के मन में चमत्कार जन्य आनन्द रस बन जाता है।

भट्टलोल्लट के मत की समीक्षा–भट्टलोल्लट ने रस के लौकिक विषयगत पक्ष को महत्ता दी है। विभाजन के लिए भी कुछ सामग्री अपेक्षित होती है, लोल्लट ने उसकी ओर संकेत किया है। कवि-कल्पना के भी नायक-नायिकाओं का कोई-न-कोई आधार लोक में होता है। इसमें रस की निराधारता तो नहीं रहती है किन्तु प्रश्न यह उपस्थित होता है कि मूल अनुकार्य पहले तो हमारी पहुँच से बाहर रहते हैं और दूसरे भाव हममें किस प्रकार की उत्पत्ति करते हैं। वे लज्जा या ईर्ष्या भी उत्पन्न कर सकते हैं? इसका उत्तर देने के लिए भट्टनायक की आवश्यकता थी। लोल्लट की व्याख्या में एक शास्त्रीय दोष तो यह निकाला गया कि स्थायी भाव का उल्लेख भारत के सूत्र में नहीं है। उन्होंने स्थायी भाव को रस से पृथक् नहीं माना है, इसीलिए उन्होंने अपने सूत्र में उल्लेख नहीं किया है। यह ऐसी वस्तु भी नहीं है जो पहले अपुष्ट रूप से रहती हो और पीछे से पुष्ट होकर रस का रूप धारण करे। विभावादि के बिना मूल आश्रय में स्थायी रूप हो ही नहीं सकता फिर उनसे उसकी पुष्टि कैसी?

इस सम्बन्ध में दूसरी आपत्ति यह उठाई गई है कि स्थायी भाव कार्य नहीं है। यदि यह कार्य माना जाए तो विभावादि को निमित्त कारण माना जाएगा। निमित्त कारण (जैसे कुम्हार) के नष्ट होने पर कार्य बना रहता है किन्तु विभावादि के नष्ट होने पर रस नहीं रहता है। विभावादि कारक वा जनक कारण भी नहीं हो सकते और न वे ज्ञापक कारण ही हो सकते हैं। ज्ञापक कारण (जैसे अँधेरे में रखे हुए घट का दीपक) तो तभी हो सकता है जबकि ज्ञाप्य पहले वर्तमान हो। भट्टलोल्लट तो उत्पत्ति मानते हैं। यदि मान भी लिया जाए कि रस उत्पन्न होता है तो भी यह प्रश्न रहता है कि वह दर्शक में किस प्रकार संक्रमित होता है। वास्तव में बात यह है कि जहाँ रति होगी वहाँ रस होगा, रति यदि दुष्यन्त आदि में है तो सामाजिक में रस कहाँ से आ सकता है? यदि यह कहा जाए कि अनुकरण की सफलता से आता है तो अनुकार्य को देखे बिना अनुकरण को सफल या विफल किस प्रकार कहा जा सकता है? अनुकार्य हमारी पहुँच से परे है। अनुकर्ता में उसका आरोप होता है। आरोपित रस दर्शकों में भी जिस चमत्कार को उत्पन्न करेगा उसमें आधार के मिथ्यात्व की कसक रहेगी। साहित्यदर्पणकार ने अनुकार्य में रस मानने में दोष वतलाते हुए कहा है कि अनुकार्य का रस उसी में सीमित रहेगा और यह लौकिक होगा। उसके द्वारा दुःख से सुख की व्याख्या नहीं हो सकती। रोहिताश्व के मरने पर शैव्या को वास्तविक ही शोक हुआ होगा। उस स्थिति में आनन्द कहाँ?

2. श्रीशंकुक का अनुमितिवाद–इन आपत्तियों से बचने के लिए श्रीशंकुक ने अपना अनुमितिवाद निकाला। वे नैयायिक थे। उन्होंने रस की आपत्ति गम्यगमक-भाव

से मानी है। नट जब नाटकादि में रामादि अनुकार्यों के भावों का ज्ञान प्राप्त कर अपनी शिक्षा और अभिनय के अभ्यास द्वारा रंगमंच पर कारण (विभाव), कार्य (अनुभाव), सहचारी (संचारीभाव) को अपनी कला में प्रदर्शित करता है तब वे (विभाव अनुभाव) कृत्रिम होते हुए भी ऐसे नहीं माने जाते और इन नामों से पुकारे भी जाते हैं, अर्थात् नट को रामादि विभाव कहते हैं और उसके भुजक्षेप, अश्रु आदि अनुभावों को राम के ही अनुभाव कहते हैं—**'कृत्रिमैरपि तथाऽनभिमन्यमानैविभावा-दिशब्दव्यपदेश्यैः'** ('काव्यप्रकाश', 4।28 की वृत्ति में श्रीशंकुक के मत से)। उन्हीं विभावादि के संयोग से अर्थात् गम्य-गमक-भाव से अथवा अनुमेयानुमापक-भाव से (विभावादि गमक या अनुमान करानेवाले हैं और रत्यादि स्थायी भाव गम्य हैं अर्थात् अनुमान किया जाता है) स्थायी भाव का अनुमान किया जाता है (अर्थात् नट के अभिनय को देखकर दर्शक अनुमान करते हैं कि उसमें रति वा क्रोध वा उत्साह है)। यद्यपि रत्यादि भाव अनुमति-मात्र हैं और वास्तव में वे नट में होते भी नहीं हैं तथापि वे सामाजिकों की वासना (पूर्वानुभवजन्य संस्कारों) द्वारा वर्ण्यमाण होकर सामाजिक में रस का अर्थ गम्य-गमक-भाव है।

सामाजिक के अनुमान का आधार मिथ्या होता है किन्तु वह नितान्त निरर्थक नहीं होता है। उसमें अर्थक्रियाकारित्व (व्यावहारिक उपयोगिता) रहता है। रज्जु के सर्प को देखकर भी भय उत्पन्न हो जाता है और कभी-कभी भयवश मृत्यु भी हो जाती है। कुज्झटिक अर्थात् कुहरे को धुआँ समझकर आग का अनुमान कर लिया जाता है (चाहे पीछे से अनुमाता को अपनी भूल पर लज्जित होना पड़े)। सामाजिक लोग चित्रतुरंगन्याय (तस्वीर के घोड़े की भाँति जो कागज होते हुए भी घोड़ा कहा जाता है और घोड़ा न होते हुए भी उसके घोड़ेपन से इन्कार नहीं किया जा सकता है) नट को राम, दुष्यन्त आदि मानने लगते हैं। उनकी यह प्रतीति विलक्षण होती है। न तो यह राम को राम कहने-का-सा सम्यक् ज्ञान है, न यह राम को राम न समझकर कृष्ण समझने-का-सा मिथ्या ज्ञान है, न 'यह राम है, अथवा राम नहीं'-का-सा संशय-ज्ञान है और न 'यह राम-का-सा है', ऐसा सादृश्य-ज्ञान है। यदि यह प्रश्न किया जाए कि जब चित्रतुरंगन्याय का ज्ञान चारों प्रकार के किसी ज्ञान में नहीं आता तो उसकी सम्भावना ही क्या, तो उसका यह उत्तर दिया जाएगा कि जो चीज होती है वह यदि किसी शास्त्र की व्याख्या में न आए तो शास्त्र की ही कमी है—**'प्रत्यक्षे कि प्रमाणं'**। यद्यपि साधारणतया अनुभाव-मात्र से सुख-दुःख की प्रतीति नहीं होती (अग्नि के अनुमान से चाहे आशा बँध जाए किन्तु ठण्ड दूर नहीं होती) तथापि नाटक में नट की कला के सौन्दर्य के कारण (सौन्दर्यबलात्) और सामाजिकों के पूर्वानुभवजन्यसंस्कारों के कारण **'सामाजिकानां वासनया चर्व्यमाणो रसः'**—'काव्यप्रकाश' (4।28 की वृत्ति में श्रीशंकुक के मत से) वह अनुमान भी रस की कोटि को पहुँच जाता है। अभिनव-गुप्त द्वारा 'अभिनव-भारती' में अनुमान

की अपेक्षा अनुकरण पर अधिक बल दिया गया है। उन्होंने सामाजिकों के चर्वण को भी मानसिक अनुकरण का ही रूप माना है।

मत का सारांश–'काव्यप्रकाश' के अनुकूल श्रीशंकुक के मत का सारांश इस प्रकार है–

(i) वास्तविक रूप से अनुकार्यों (दुष्यन्त, शकुन्तला, रामादि) को ही विभाव कह सकते हैं, उनके ही अनुभावों और संचारियों को अनुभाव और संचारी कहेंगे।

(ii) नट इनका अनुकरण करता है। सामाजिक लोग चित्रतुरंगन्याय से नट को ही अनुकार्य समझकर उसके अनुभावादि (क्रोध में दाँत पीसकर मुट्ठी दिखाना, शोकावेग में बाल नोंचना, छाती ठोकना, जमीन पर गिर पड़ना आदि) द्वारा उसमें स्थायी भाव का अनुमान कर लेते हैं।

(iii) यद्यपि अनुमान का आधार कृत्रिम होता है तथापि नट की कला के कौशल से पूर्वानुभव के संस्कार से युक्त सामाजिकों के मन में वह स्थायी भाव का अनुमान ही रस बन जाता है।

(iv) इस मत के अनुसार नट का चित्रतुरंगन्याय दुष्यन्त से तादात्म्य कर उसके अनुभावादि द्वारा गम्य-गमक वा अनुमाप्य-अनुमापक-भाव से सामाजिक द्वारा रस की अनुमति होती है।

श्रीशंकुक के मत की समीक्षा–श्रीशंकुक ने दो बातों पर जोर दिया है, एक अनुकरण दूसरा अनुमान। विवेचन करने पर श्रीशंकुक की दोनों ही आधारशिलाएँ बालुका-निर्मित प्रतीत होने लगती हैं। पहली बात तो यह है कि न स्थायी भाव का और न सहचारियों का ही अनुकरण हो सकता है, यदि अनुकरण हो सकता हैं, तो वेश-भूषा और अनुभावों का। अनुकार्य के अभाव में यह वेश-भूषा और मनोभावों का अनुकरण किसी व्यक्ति विशेष का नहीं होता है और यदि होता है तो किसी दूसरें समान व्यक्ति का। समुद्रोल्लंघन आदि के उत्साह का मानसिक प्रत्यक्ष तो साधारण मनुष्य को हो भी नहीं सकता, (शायद इसी तरह की विचारधारा भट्टनायक को साधारणीकरण की ओर ले गई हो) अनुकरण का कौशल भी दर्शक अपने अनुभव से ही जाँच सकता है।

अनुमान के सम्बन्ध में सबसे बड़ी आपत्ति यह है कि मिथ्या के आधार पर सत्य की प्रतीति नहीं हो सकती। सत्य का तो एक ही रूप होता है, असत् के अनेक रूप हो सकते हैं। मिथ्या या भ्रम के आधार का अनुभव नहीं कहा जा सकता। चित्रतुरंगन्याय से चित्र के घोड़े को घोड़ा अवश्य कहेंगे किन्तु जब तक हम फिर तीन वर्ष के बालक न बन जाएँ, **'चल रे घोड़े सरपट चल'** कहकर उस पर चढ़ने का साहस न करेंगे। मृग-तृष्णा के जल से कोई स्नान नहीं कर सकता है।

दूसरी कठिनाई यह है कि अनुमान बुद्धि का विषय है और व्यवहित (Indirect) होता है। हम धुआँ ही देखते हैं, अग्नि नहीं देखते हैं और यह धुआँ भी मिथ्या

हो तब तो वास्तविकता से दो श्रेणी पीछे हट जाते हैं। विचार या भाव सीधे प्रत्यक्ष अनुभव के आधार पर व्यंजना द्वारा भावना के विषय बनते हैं। सामाजिकों की वासना तो अनुभव को रंग देगी किन्तु अनुमान अनुमान ही रहेगा।

इन बातों के अतिरिक्त दो बातों की कठिनाई और है। इस मत से न तो इस बात की व्याख्या होती है कि दूसरों की रति सामाजिकों की रति किस प्रकार हो सकती हे (सीता आदि पूज्य पात्रों के प्रति सामाजिकों की रति हो ही नहीं सकती) और न इस बात की व्याख्या होती है कि दुःखात्मक अनुभवों (जैसे भय और क्रोध में) भयानक और रौद्र रस की प्रतीति किस प्रकार हो सकती है, विशेषकर जब रस आनन्दरूप माना गया है।

3. भट्टनायक का भुक्तिवाद–भट्टनायक का कथन है कि रस की न तो प्रतीति (अनुमिति) होती है (जैसा श्रीशंकुक ने माना है), न उत्पत्ति होती है (जैसा भट्टलोल्लट ने कहा है) और न अभिव्यक्ति (जैसा कि अभिनवगुप्त ने उसके पीछे माना है) होती है। अनुभव और स्मृति के बिना रस-प्रतीति नहीं हो सकती।

दर्शक या पाठक एक उभयतोपाश में पड़ जाता है। यदि वह अनुकार्यों से तादात्म्य करता है तो उसे शायद औचित्य की सीमा का उल्लंघन कर लज्जा का सामना करना पड़े और यदि अपने को भिन्न समझता है तो प्रश्न होता है कि दूसरों की रति से उसे क्या प्रयोजन **'द्वाम्यां तृतीयो'** बनने का अंस्पृहणीय मूर्ख पद वह क्यों ग्रहण करे?

भट्टनायक ने काव्यादि द्वारा रस-निष्पत्ति में तीन व्यापार माने हैं। पहला अभिधा जिसके द्वारा शब्दार्थ का ज्ञान होता है। दूसरा भावकत्व-व्यापार जिसके द्वारा विभावादि तथा रत्यादि स्थायी भाव साधारणीकृत होकर मेरे वा पराए, शत्रु के वा मित्र के ऐसे बन्धनों से मुक्त होकर उपभोगयोग्य बन जाते हैं, सीता जनकतनया या रामकान्ता न रहकर रमणी-मात्र बन जाती है। तीसरे, भट्टनायक के अनुकूल साधारणीकृत स्थायी भाव का उपभोग होता है। भोग के व्यापार को भट्टनायक ने भोजकत्व कहा है। काव्य में तीन व्यापार होते हैं किन्तु नाटक में पिछले दो व्यापार ही रहते हैं। भोजकत्व में रजोगुण और तमोगुण का नाश होकर जो दुःख और मोह के कारण होते हैं शुद्ध सतोगुण का उद्रेक होने लगता है और चित्तवृत्तियों के शान्त हो जाने से वही आनन्द का कारण होता है। यह मत के अनुकूल है। भट्टनायक ने संयोग का अर्थ भोज्य-भोजक-भाव लिया है और निष्पत्ति का अर्थ भुक्ति माना है–

'तस्माद्विभावादिभिः संयोगाद्भोज्याभोजकभावसम्बन्धाद्रसस्य निष्पत्तिर्भुक्तरिति सूत्रार्थः।'

–'काव्यप्रदीप'

भट्टनायक के मत के व्याख्याताओं में से किसी-किसी ने संयोग का अर्थ साधारणीकृत विभावादि के साथ सम्यक् योग लिया है।

मत का सारांश–भट्टनायक की विशेषता यही है कि उन्होंने दुःख से सुख क्यों और सामाजिक के नायिकादि विभावों में आनन्द लेने की समस्या को हल करने के के लिए अभिधा, भावकत्व और भोजकत्व तीन व्यापार माने हैं। भावकत्व द्वारा अपने और पराए के भेद को दूर करके उसके भाग की समस्या को हल किया है।

इस मत के अनुसार काव्य नाटक के विभावादि अभिघा द्वारा बोधगम्य होते हैं। उसके पश्चात् विभावादि भावकत्व द्वारा मेरे-पराए के बन्धनों से मुक्त होकर अर्थात् साधारणीकृत होकर सहृदय के उपभोगयोग्य बनते हैं। रस निष्पत्ति का अर्थ विभावादि भोज्य-भोजक भाव से मुक्ति है।

भट्टनायक के मत की समीक्षा–भट्टनायक के सम्बन्ध में अभिनवगुप्त ने इतना ही कहा है कि उन्होंने काव्य में ऐसे दो नए व्यापारों को स्थान दिया है जिनका कि शास्त्र में कोई प्रमाण नहीं है। भावना या साधारणीकरण को मानते हुए भी अभिनव ने कहा है कि उसका काम व्यंजना या चर्वणा से पूरा हो जाता है और भोजकत्व स्वयं रस-निष्पत्ति ही है। एक तरह से दोनों को ही ध्वनन का व्यापार अर्थात् व्यंजना के अन्तर्गत माना है–

'त्र्यंशायामपि भावनायां कारणांशे ध्वननमेव निपतति। भोगोऽपि न काव्यशब्दे क्रियते अपि तु...लोकोत्तरो ध्वननव्यापार एव मूर्धाभिषिक्तः।'

–'ध्वन्यालोक' की टीका

4. अभिनवगुप्त का अभिव्यक्तिवाद–अभिनवगुप्त के अनुकूल रति आदि स्थायी भाव सहृदय सामाजिकों के अन्तःकरण में वासना या संस्काररूप से अव्यक्त दशा में वर्तमान रहते हैं। काव्य में वर्णित विभावादि के पठन-श्रवण से अथवा नाटकादि के दर्शन से वे संस्काररूप स्थायी भाव उद्‌बुद्ध अवस्था को प्राप्त होकर वा अभिव्यक्त होकर विघ्नों के (जैसे वर्ण्य वस्तु की असम्भावना, वैयक्तिक भावों का प्राधान्य आदि) अभाव में सहृदयों के आनन्द का कारण होता है। सतोगुण के प्रभाव को अभिनवगुप्त ने भी माना है। इस प्रकार अभिनवगुप्त भी भट्टनायक की भाँति इस अंश में सांख्यवादी हैं। क्योंकि वेदान्त भी जो अभिनवगुप्त का दार्शनिकवाद है, किसी अंश तक सांख्य की मान्यताओं को स्वीकार करता है। अभिनवगुप्त ने वासना को विशेष महत्त्व दिया है। वासना के अस्तित्व से काव्य-नाटक के आनन्दास्वादन की ग्राहकता आती है। वासनाशून्य मनुष्यों को तो साहित्यदर्पणकार ने लकड़ी के कुन्दों वा पत्थरों के समान संवेदनाशून्य कहा है। सामाजिक को ही रसास्वाद होता है, देखिए–

'सवासनानां सभ्यानां रसस्यास्वादनं भवेत्।
निर्वासनास्तुरंगान्तः काष्ठकुड्याश्मसन्निभाः।।'

–धर्मदत्त की उक्ति (आचार्य विश्वनाथ द्वारा 'साहित्यदर्पण' के तृतीय परिच्छेद की आठवीं कारिका की वृत्ति में उद्धृत)

वे वासनाएँ या संस्कार प्राकृत भी होते हैं और नवीन भी। प्राकृत अथवा

पूर्व जन्म के संस्कारों के सम्बन्ध में कविकुल-गुरु-कालिदास 'अभिज्ञान शाकुन्तल' में दुष्यन्त से कहलाते हैं कि सुन्दर वस्तुएँ देखकर और मीठे वचन सुनकर सुखी लोग भी जब उदास हो जाएँ तब यह समझना चाहिए कि जन्मान्तर के प्रेम के स्थिर भाव (संस्कार) अज्ञानपरूप से हमारे मन में जाग उठे हैं, देखिए–

'रम्याणि वीक्ष्य निशम्य मधुरांश्च शब्दा-
न्पर्य्युत्सुकीभवति यत्सुखितोऽपि जन्तुः।
तच्चेतसा स्मरति नूनमबोधपूर्व
भावस्थिराणि जननान्तरसौहृदानि।'

–'अभिज्ञानशाकुन्तल'

इस श्लोक में प्राकृत संस्कारों के रूप में रहनेवाले स्थायी भावों के जाग्रत हो जाने की बात स्पष्ट हो जाती है। इसके द्वारा यह भी व्यक्त होता है कि उनके जगाने के लिए कुछ सामग्री चाहिए (सुन्दर वस्तुओं को देखना या मधुर बातों को सुनना)।

मत का सारांश–

(i) अभिनवगुप्त रस की निष्पत्ति सामाजिक में मानते हैं।

(ii) सामाजिकों में स्थायी भाव वासना वा संस्काररूप से स्थिर रहते हैं।

(iii) वे साधारणीकृत विभावादि द्वारा उद्बुद्ध हो जाते हैं। ये विभावादि के संयोग के कारण अव्यक्तरूप में अभिव्यक्त हो जाते हैं, करीब-करीब उसी तरह जिस तरह कि जल के छींटें पड़ने से मिट्टी की अव्यक्त गंध व्यक्त हो जाती है।

(vi) काव्यादि का पाठ, नाटकों का अभिनय सहृदयों के स्थायी भावों की जाग्रति के साधन होते हैं। पाठकों और दर्शकों को अपने ही उद्बुद्ध स्थायी भावों का शुद्ध रूप में तन्मयता के कारण चित्त की वृत्तियों के एकाग्र हो जाने से ब्रह्मानन्द-सहोदर अखण्ड रस का आनन्द मिलने लग जाता है।

(v) अभिनवगुप्त के मत से संयोग का अर्थ व्यंग्य-व्यंजक है और निष्पत्ति का अर्थ है अभिव्यक्ति। इस मत के अनुसार सामाजिक के हृदय में वासना-रूप में स्थायी भाव विभावादि द्वारा व्यंग्य-व्यंजक भाव से अभिव्यक्त हो जाते हैं, ठीक उसी प्रकार जिस प्रकार कि मिट्टी की अव्यक्त गन्ध जल की छीटें पड़ने से व्यक्त हो उठती है।

धनंजय का मत–अभिनवगुप्त के मत को उनके अनुवर्ती आचार्यों में से अधिकांश ने माना है। धनंजय का मत एक प्रकार से उनके ही मत का स्पष्टीकरण है–

'विभावैरनुभावैश्च सात्त्विकैर्व्यभिचारिभिः।
आनीयमानः स्वद्यत्वं स्थायीभावो रसः स्मृतः।।'

–'दशरूपक'

अर्थात् स्थायी भाव, विभाव, सात्त्विक और व्यभिचारी भावों द्वारा आस्वाद्य होकर

रस बन जाता है।

आगे चलकर यह भी स्पष्ट कर दिया गया है कि रस सामाजिक को ही प्राप्त होता है, क्योंकि वह वर्तमान है। न वह अनुकार्यों में रहता है, क्योंकि वह वर्तमान नहीं रहते हैं अर्थात् मर-मुल्तान चले जाते हैं और न वह कृति (काव्यादि) में रहता है, क्योंकि उसका वह उद्देश्य नहीं है। उसका उद्देश्य तो विभावादि को सामने लाना है, जिनके द्वारा स्थायी भाव प्रकाश में आता है। न रसद्रष्टा द्वारा अनुकर्त्ताओं के अनुभव की प्रतीति है, क्योंकि जैसा कि लौकिक व्यवहार में होता है कि दूसरों की रति देखने से लज्जा, ईर्ष्या आदि भिन्न-भिन्न भावों की उत्पत्ति होगी। वास्तव में दर्शक की अवस्था उस बालक-की-सी होती है जो मिट्टी के हाथी से खेलता हुआ अपने ही उत्साह का आनन्द लेता है। उसी प्रकार अर्जुन आदि का वर्णन पढ़कर या अभिनय देखकर पाठक वा दर्शक अपने ही हृदयस्थ स्थायी भावों का आनन्दस्वादन करते हैं, देखिए—

'क्रीड़तां श्रुष्मयैर्यद्वद्बालानां द्विरदादिभिः।
स्वोत्साहः स्वदते सद्वच्छ्रोतृणमर्जुनादिभिः।।'

—'दशकरूपक' (4 ।41,42)

धनंजय का अभिनवगुप्ताचार्य से केवल इतना ही अन्तर है कि धनंजय ने व्यंजना को नहीं माना है। तात्पर्यवृत्ति से ही काम चलाया है और भी अभिनवगुप्त ने व्यंजना को मुख्यता दी है।

अन्य मत–'रसगंगाधर' में इन मतों के अतिरिक्त कई और मतों का उल्लेख किया गया है, उनमें से एक जो संसार को रज्जु के साँप की भाँति मिथ्या माननेवाले शंकर वेदान्त से सम्बन्ध रखता है, विशेष रूप से उल्लेखनीय है। रस की यह व्याख्या शुक्ति (सीप) में रजत (चाँदी) की भ्रान्त अनुभूति के आधार पर चलती है। सीप को जब हम चाँदी समझते हैं तब एक विशेष दोष के कारण सीप के सीपपने पर पर्दा-सा पड़ जाता है और रजत का उस पर आरोप हो जाता है, अर्थात् हमारी चित्तवृत्ति रजत-प्रधान हो जाती है। वह अनुभव सदसत् से विलक्षण अनिर्वचनीय होता है। हम जब वास्तविक दुष्यन्त और शकुन्तला की रति का वर्णन पढ़ते हैं या नाटक में उसका अभिनय देखते हैं तब उसमें वास्तविक दुष्यन्त-शकुन्तला की रति पर पर्दा पड़ जाता है और एक नई परन्तु अनिर्वचनीय रति की सृष्टि होंती है जो हमारे चित्त को व्याप्त कर लेती है। आत्मा का प्रकाश पड़ने से वह रसरूप हो जाती है।

मतों की तुलना और देन

चारों आचार्यों के मत का संक्षेप अगले पृष्ठ पर दी हुई सारिणी में देखिए। भट्टलोल्लट और श्रीशंकुक दोनों ही अनुकार्यों को महत्त्व देते हैं। ये लोग रस की लौकिक विषयगत

रस-निष्पत्ति

	आचार्य	दार्शनिक मत	वाद	रस की स्थिति	संयोग का अर्थ निष्पत्ति का अर्थ
1.	**भट्टलोल्लट**	मीमांसक	उत्पत्तिवाद या आरोपवाद	मूल रूप से अनुकार्यों में रहता है। नटादि अनुकर्त्ताओं में आरोप होता है। गौण रूप से सामाजिकों में अनुकरण के चमत्कार से।	कार्य-कारण-भाव उत्पत्ति
2.	**श्रीशंकुक**	नैयायिक	अनुमितिवाद	नट के अनुभावादि द्वारा अनुकार्यों में अनुमेय, गौण रूप से सामाजिकों में अनुकरण के चमत्कार से। नट और अनुकार्य का चित्रतुरंगन्याय से तादात्म्य मानते हैं।	गम्य-गम्यक भाव अनुमिति अथवा अनुमाप्य अनुमापक-भाव।
3.	**भट्टनायक**	सांख्यवादी	भुक्तिवाद	अभिधा, भावकत्व द्वारा आलम्बनादि साधारणीकृत होकर सामाजिक के भोग का विषय बनते हैं (भोजकत्व)	भोज्य-भोजक-भाव भुक्ति (आस्वाद)
4.	**अभिनवगुप्त**	वेदान्ती	अभिव्यक्तिवाद	व्यंजनावृत्ति द्वारा (भावकत्व और भोजकत्व अनावश्यक है) सहृदय सामाजिक में स्थायी भावों के संस्कारों की विभावादि के योग से अभिव्यक्ति, जिस प्रकार जल के योग से मिट्टी की अव्यक्त गन्ध व्यक्त हो जाती है।	व्यंग्य-व्यंजक-भाव (अभिव्यक्ति)

स्थिति को प्रकाश में लाते हैं और साधारीकरण के लिए जो लौकिक आधार चाहिए उसकी ओर संकेत करते हैं (रस की लौकिक स्थिति मानने में कठिनाइयाँ अवश्य रहती हैं)। 'काव्यप्रकाश' में जो भट्टलोल्लट का मत दिया है उससे यह प्रतीत होता है कि नट में रस का आरोप तो करते हैं किन्तु थ सामाजिक को चमत्कृत करने की बात को स्पष्ट न कर अनुमेय रखते हैं। 'काव्यप्रकाश' के टीकाकारों ने उसे स्पष्ट कर दिया है। श्रीशंकुक के मत में (वह भी 'काव्यप्रकाश' में वर्णित) सामाजिक स्पष्ट रूप से आ जाता है और कुछ अधखुली-सी जबान से उसकी वासना का भी (जो पीछे से अभिनवगुप्त के मत की आधारशिला बनती है) उल्लेख हो जाता है। भट्टलोल्लट के मत के अनुसार नट में दुष्यन्तादि की रति का आरोप किया जाता है। और श्रीशंकुक के अनुसार उसमें अनुमान किया जाता है। आरोप निराधार भी हो सकता है किन्तु अनुमान में किंचित आधार रहता है। इन दोनों की देन इतनी ही है कि ये लोग कल्पना को नितान्त निराधार होने से बचाए रखते हैं। वे आजकल के उपन्यासों के कल्पित पात्रों की व्याख्या कुछ कठिनाई ही से कर सकते हैं। कल्पना का जो वास्तविक आधार होता है उसकी ओर ये संकेत अवश्य कर देते हैं।

यद्यपि साधारणीकरण की मूल भावना की क्षीण झलक नट के अनुकरण में (नट दुष्यन्त का साधारण राजारूप से ही अनुकरण करता है, दुष्यन्त को तो वह जानता नहीं) रहती है तथापि इस सिद्धान्त को पूर्ण विकास देने का श्रेय भट्टनायक को ही है। भोजकत्व में सामाजिक के कर्त्तव्य की ओर संकेत रहता है और उसके रस के मूल अर्थ आस्वादकत्व की भी सार्थकता हो जाती है किन्तु उन्होंने सामाजिक में ऐसे किसी गुण का संकेत नहीं किया जिसके कारण सामाजिक में भोजकत्व की सम्भावना रहती है। इस कमी को अभिनवगुप्त ने पूरा किया है। उसने यह भी स्पष्ट कर दिया है कि सामाजिक अपनी रति का आस्वाद लेता है, विभावादि का वर्णन उसे जाग्रत करता है। रस में व्यंजना-वयापार की प्रधानता बतलाकर अभिनव ने कृति और पाठक दोनों को महत्त्व दिया है। व्यंग्यार्थ उसके बोधक की अपेक्षा रखता है।

काव्य का रस न तो नालियों में बहा फिरता है और न ईख के रस की भाँति निष्पीड़ित होता है, जैसे कि कभी-कभी केशवादि के काव्य में दिखाई देता हैं, वह तो काव्यगत विभावादि द्वारा उद्‌बोधित एवं रजोगुण-विमुक्त सतोगुण-प्रधान आत्मप्रकाश से जगमगाते हुए सहृदय के वासनागत स्थायी भाव का आस्वादजन्य आनन्द है। व्यक्तिगत संसार साधारणीकृत होकर टाइप या साँचे बन जाते हैं। टाइप व्यक्ति और साधारण के बीच की चीज है। इन साँचों से मिलने के कारण अखण्ड चिन्मय आत्मप्रकाश में भी वीर, शृंगारादि के भेद दिखाई पड़ते हैं। वह आनन्द फैलाता है, चित्त को व्याप्त कर लेता है, इसी कारण रस कहलाता है।

11. साधारणीकरण

मूल प्रवृत्ति

हमारा लौकिक अनुभव क्षणिक और देश काल से आबद्ध होता है किन्तु हम उससे संतुष्ट न रहकर उसे व्याप्क और स्थायी बनाना चाहते हैं। देश के सम्बन्ध में व्यापकता और काल के सम्बन्ध में शाश्वतता हमारी आत्मा की सहज प्रवृत्ति है। विज्ञान में निरीक्षण और परीक्षा द्वारा मनुष्य अपने क्षणिक अनुभवों को नियम का रूप देकर उन्हें देशकाल के बन्धनों से मुक्त कर देता है। इसी प्रकार साहित्य में भी वह अपने हृद्गत क्षणिक उद्वेगों और उद्गारों में शाश्वत वासनाओं से सम्बद्ध रसों की झाँकी देखता है। उसकी आत्मा का सहज आनन्द दुःखद अनुभवों में भी सुख का अनुभव करता है किन्तु इस आनन्दानुभव का उत्तराधिकार प्राप्त करने के लिए हमको व्यक्तित्व के बन्धनों से ऊँचा उठाना पड़ता है। विज्ञान में जिस प्रवृत्ति द्वारा हम विशेष से सामान्य पर जाते हैं उसी प्रवृत्ति द्वारा साहित्य में कवि,अपनी मौलिक अनुभूति को साधारीकरण द्वारा व्यापकता प्रदान करता है। हमारा अहंकार और दुःख की अनुभूति का कारण होता है। अंहकार ही में दुःखरूप ईर्ष्या का मूल है। वही दूसरे के सुख में सुखी होने में बाधक होता है। इसी ममत्व-परत्व की भावना को दूर करने के लिए भारतीय समीक्षा-क्षेत्र में साधारणीकरण के सिद्धान्त का उदय हुआ है। साधारणीकरण के सम्बन्ध में विभिन्न आचार्य एकमत नहीं हैं। कोई तो विभावों का साधारणीकरण और आश्रय से तादात्म्य मानते हैं, तो कोई सम्बन्धों से स्वतन्त्रता को महत्त्व देते हैं। कोई-कोई विद्वान् पाठक के हृदय में ही रस-रहस्य निहित बतलाते हैं।

भट्टनायक का मत–ये विभावों के पूर्ण साधारणीकरण के साथ स्थायी भावों में विशिष्ट सम्बन्धों से मुक्त होने को साधारणीकरण मानते हैं। भट्टनायक का मत काव्यप्रकाश की टीका 'काव्यप्रदीप' में इस प्रकार बतलाया गया है–

'भावकत्वं साधारणीकरणम्। तेन ही व्यापारेण विभावादयः स्थायी च साधारणी क्रियान्ते। साधारणीकरणं चैतदेव यत्सीतादिविशेषणां कामनीत्वादिसामान्येनोपस्थितिः।

स्थाम्यनुभावादिनां च सम्बन्धिविशेषानवच्छिन्नत्वेन।' —'काव्यप्रदीप'

अर्थात् भावकत्व साधारणीकरण है। उस व्यापार से विभावादि और स्थायी का भी साधारणीकरण होता है। साधारणीकरण क्या है—सीतादि और विशेषों का कामनीरूप से उपस्थित होना, सीता सीता नहीं वरन् कामनी-मात्र रह जाती है। स्थायी अनुभावों के साधारणीकरण का अर्थ है—सम्बन्ध -विशेष से स्वतन्त्र होना अर्थात् मेरे या पराए के बन्धन से मुक्त होना। अभिनवगुप्त ने भट्टनायक के मत का उल्लेख करते हुए लिखा है—

'निविड़निजमोहसंकटतानिवारणकारिणा विभावादिसाधारणीकरणात्मना अभिधातो द्वितीयेनांशेन भावकत्वव्यापारेण भाव्यमानो रसः।'

इसमें बतलाया गया है कि भावकत्व द्वारा भाव्यमान होकर अर्थात् आस्वादयोग्य बनाया जाकर रस की निष्पत्ति होती है। भावकत्व को अभिधा के बाद का द्वितीय व्यापार कहा है और अपनी संकीर्णता निवारण करनेवाले विभावादि के साधारणीकरण को ही भावकत्व की आत्मा कहा है। साधारणीकरण और भावकत्व एक वस्तु है। विभावादि में अनुभव, संचारी, स्थायी सभी आ जाते हैं।

साधारणीकरण और व्यक्तिवैचित्र्यवाद

साधारणीकरण और व्यक्तिवैचित्र्यवाद के सम्बन्ध में जो समस्या आचार्यजी ने उठाई है उसका वास्ताविक महत्त्व है। वह साधारणीकरण के स्पष्टीकरण के लिए आवश्यक है। उन्होंने बतलाया है कि 'क्रोचे' के मत के अनुसार काव्य का काम है—कल्पना में बिम्ब (Images) या मूर्त्त भावना का उपस्थित करना, बुद्धि के सामने कोई विचार या बोध (Concept) लाना नहीं (तर्क, दर्शन, विज्ञान हमारे सामने बोध उपस्थित करते हैं), कल्पना में जो-कुछ उपस्थित होगा वह व्यक्ति या वस्तु या वस्तु-विशेष ही होगा। सामान्य या जाति की तो मूर्त्त भावना हो ही नहीं सकती, इसका समाधान शुक्लजी नीचे के शब्दों में इस प्रकार करते हैं—

"साधारणीकरण का अभिप्राय यह है कि पाठक या श्रोता के मन में जो व्यक्ति विशेष या वस्तु विशेष आती है तो वह जैसे काव्य में वर्णित 'आश्रय' के भाव का आलम्बन होती है वैसे ही सब सहृदय पाठकों या श्रोताओं के भाव का आलम्बन हो जाती है।"

तात्पर्य यह है कि आलम्बन रूप में प्रतिष्ठित व्यक्ति, समान प्रभाव वाले कुछ धर्मों की प्रतिष्ठता के कारण, सबके भावों का आलम्बन हो जाता है।"

—'चिन्तामणि : भाग 1'

इस सम्बन्ध में मेरा इतना ही विनम्र निवेदन है कि व्यक्ति कुछ समान धर्मों की ही प्रतिष्ठता के कारण नहीं वरन् अपने पूर्ण व्यक्तित्व की प्रतिष्ठा में सहृदयों का आलम्बन बनता है। साधारण धर्म (पतिव्रता) की प्रतिष्ठा तो 'सीता' और 'डैस्डी

मोना' (Desdimona) में कुछ-कुछ एक-सी है किन्तु उनका व्यक्तित्व भिन्न है। कृष्ण की अनन्यता के साधारण धर्म में सूर और नन्दास की गोपियाँ एक-सी हैं किन्तु ऊधो के साथ बातचीत में तथा व्यवहार में वे भिन्न हैं। अपनी-अपनी विशेषताओं के साथ वे हमारी रसानुभूति का विषय बनाती हैं। हमारी समस्या इस बात की है कि व्यक्तित्व बनाए रखते हुए हम उसे किस प्रकार रसानुभूति का विषय बना सकते हैं। साहित्य में चाहे वह पाश्चात्य हो और चाहे भारतीय, व्यक्तित्व को खोकर साधारण गुणों-मात्र से काम नहीं चलता है किन्तु हाँ भोजकत्व के लिए अपने-पराए के सम्बन्ध से मुक्त होना आवश्यक है।

विशेष

अति सामान्यीकरण की प्रवृत्ति का दोष आचार्य शुक्लजी ने साहित्य में न्याय के के प्रभाव पर लादा है। न्याय में शब्द का संकेत-ग्रहण (अर्थ) जाति का ही माना गया है, यह कहना न्याय-शास्त्र के कर्त्ता और विशेषकर वार्तिककार के साथ अन्याय करना है। न्यायसूत्र के निम्नोल्लिखत सूत्र में पदार्थ के सम्बन्ध में व्यक्ति, आकृति और जाति तीनों को महत्त्व दिया गया है–

'व्यक्तियाकृतिजतयस्तु पदार्थः'

–'न्यायसूत्र' (2 ।2 ।68)

इसकी व्याख्या में बतलाया गया है कि जब सामान्य गुणों के सम्बन्ध में कहा जाता है, जैसे 'गाय सीधा जानवर है' तब शब्द जाति का बोधक होता है। जब हम कहते हैं 'गाय लाओ' तब वह शब्द डित्थ आदि व्यक्ति का परिचायक होता है। जब हम कहते हैं कि 'मिट्टी की गाय बनाओ' तब आकृति का द्योतक होता है।

अभिनवगुप्त का मत–

(1) विभावादि लोक में प्रमदा (स्त्री), उद्यान आदि कहलाते हैं और काव्य में वे ही विभावादि कहलाते हैं।

(2) साधारणीकृत हो जाने के कारण इनके सम्बन्ध में मेरे हैं वा शत्रु के हैं अथवा उदासीन के हैं ऐसी सम्बन्ध-स्वीकृति रहती है और मेरे नहीं हैं, शत्रु के नहीं हैं वा उदासीन के नहीं, ऐसी सम्बन्ध की अस्वीकृति रहती है–

'मवैवैते शत्रोरैवैते तटस्थस्यैवैते, न ममैवैते न शत्रोरेवैते न तटस्थस्यैवैते इतिसम्बन्धविशेषस्वीकारपरिहारनियमानध्यवसायात साधारण्येन प्रतीतैरभिव्यक्तः।'

–'काव्यप्रकाश' (28वीं कारिका की वृत्ति)

संक्षेप में ममत्व-परत्व के सम्बन्ध से स्वतन्त्र होना ही साधारणीकरण है।

(3) उनके द्वारा सामाजिक के वासनागत स्थायी भाव जाग्रत हो उठते हैं। उस समय ये व्यक्ति के होते हुए भी व्यक्ति के नहीं रहते और अपने आकार

से भिन्न भी नहीं होते अर्थात् अपना निजत्व नहीं खोते हैं।

(4) सामाजिक का मन उस समय वेद्यान्तरसम्पर्क शून्य होता है और उसका सीमित या संकुचित प्रमाता भाव अर्थात् ज्ञाता होने का भाव जाता रहता है—

'तत्कालविगलिपरिमितप्रमातृभाववशोन्मिषितवेद्यान्तरसम्पर्कशून्यापरिमित-भावेन।'

—'काव्यप्रकाश' (28वीं कारिका की वृत्ति)

(5) वह भाव सकल सहृदयों के अनुभव का एक-सा विषय होता है **'सकल सहृदयसंवादभाजा'**—'काव्यप्रकाश', (28वीं कारिका की वृत्ति)।

(6) वह चर्व्यमाण होकर अर्थात् आस्वादित होकर रसरूप हो जाता है। रस का अनुभव अखण्ड और प्रपानक रस (पन्ने) की भाँति अपनी निर्माण-सामग्री (पन्ने के सम्बन्ध में खटाई, इलायची, मिश्री, काली मिर्च आदि और रस के सम्बन्ध में विभावानुभावादि) से स्वतन्त्र होता है।

नोट—इसमें आश्रय के साथ तादात्म्य की बात नहीं आती वरन् पाठक का सब सहृदयों से समान भाव बतलाया है। इसमें सभी चीजों का साधारणीकरण माना गया है। साधारणीकरण का अर्थ है सम्बन्धों का साधारणीकरण। जिस प्रकार तर्कशास्त्र में धूम और अग्नि को साथ-साथ देखकर उसको देश-काल के बन्धनों से मुक्त करके, सार्वकालिक बना लेते हैं कि जहाँ-जहाँ धुआँ है वहाँ-वहाँ अग्नि है, वैसे ही साधारणीकरण में भयादि और कम्पादि के सम्बन्ध को व्यक्तियों के सम्बन्ध से मुक्त करके, सार्वदेशिक और सार्वकालिक बना लेते हैं। अभिनवगुप्त कहते हैं—**'तत एव न परमितमेव साधारण्यमपितु विततं व्याप्तिग्रह इव धूमाग्न्योर्भयकम्पयोरेव वा'**—इसमें लेख के पहले पैरे में दिए हुए मेरे इस कथन की, कि विज्ञान के नियम-निर्माण और साहित्य के साधारणीकरण में एक ही प्रवृत्ति है, पुष्टि हो जाती है। मम्मट का मत अभिनवगुप्त के मत से भिन्न नहीं मालूम पड़ता है।

विश्वनाथ का मत—'साहित्यदर्पण' आचार्य विश्वनाथ ने विभावों के साधरणीकरण के साथ उसके फलस्वरूप पाठक या दर्शक का आश्रय के साथ तादात्म्य माना है—

'व्यापारोऽस्ति विभावादेनाम्ना साधारणीकृतिः।।
तत्प्रभावेण यस्यासन्पाथोधिप्लवनादयः।
प्रमाता तदभेदेन स्वात्मानं प्रतिपद्यते।।'

—'साहित्यदर्पण' (3 19,10)

अर्थात् विभावादि का जो साधारणीकरण-व्यापार है उसके प्रभाव से प्रमाता समुद्रोलंघन आदि उत्साह का अनुभव जो उसमें नहीं होता है, हनुमानादि के साथ अभेदरूप से अपने में कर लेता है। इसमें विभावों के साधारणीकरण के साथ आश्रय से पाठक के तादात्म्य की बात आ जाती है। साहित्यदर्पणकार ने आगे चलकर

जो स्पष्टीकरण किया है वह अभिनवगुप्त के मत के अनुकूल है, देखिए—

'परस्य न परस्येति ममेति न ममेति च।
तदास्वादे विभावादेः परिच्छेदो न विद्यते।।'

—'साहित्यदर्पण'

अर्थात् रसानुभूति में विभावादिकों के सम्बन्ध में—ये मेरे हैं अथवा मेरे नहीं हैं, दूसरे के नहीं हैं—इस प्रकार का विशेषीकरण नहीं होता है। इस व्याख्या में दर्शक या पाठक को ही मुख्यता मिल जाती है। इसमें तादात्म्य और अतादात्म्य का भी प्रश्न नहीं रहता।

नोट—विश्वनाथ ने विभावन को तो जैसा भट्टनायक ने माना है वैसा ही माना है, किन्तु उन्होंने इसके अतिरिक्त अनुभावन और संचारण नाम के दो और व्यापार माने हैं। रसादि को आस्वाद योग्य बनाना विभावन है, यही भट्टनायक का भावकत्व है। इस प्रकार विभावन किए हुए इत्यादि को रस रूप में लाना अनुभावन है, उनका सम्यक् रूप से चारण करना संचारण कहलाता है।

लेकिन इसमें यह समझना कि विभाव, अनुभाव और संचारियों के नाम इसी आधार पर रखे गए हैं, ठीक न होगा। हाँ, इससे एक बात अवश्य प्रकट होती है कि विश्वनाथ ने स्थायी भावों को भी उतनी ही मुख्यता दी है। इस प्रकार 'साहित्यदर्पण' में आलम्बन, आश्रय, स्थायी आदि और पाठक, सबका ही साधारणीकरण होता दिखाई पड़ता है।

डॉ. श्यामसुन्दरदासजी का मत—बाबूजी ने आचार्य केशवप्रसाद मिश्र का अनुकरण करते हुए साधारणीकरण का सम्बन्ध योग की 'मधुमती-भूमिका' से, जिसमें कि परप्रत्यक्ष होता है, लगाया है। उस दिशा में वितर्क नहीं रहता। इन शब्दों की व्याख्या के लिए यहाँ बाबूजी के उद्धरण से कुछ अंश देना आवश्यक है—

'मधुमती-भूमिका चित्त की वह विशेष अवस्था है जिसमें वितर्क की सत्ता नहीं रह जाती। शब्द, अर्थ और ज्ञान इन तीनों की पृथक् प्रतीति वितर्क है। दूसरे शब्दों में वस्तु, वस्तु का सम्बन्ध और वस्तु के सम्बन्धी इन तीनों के भेद का अनुभव करना ही वितर्क है।.............इस पार्थक्यानुभव को अपर प्रत्यक्ष भी कहते हैं। जिस अवस्था में सम्बन्ध और सम्बन्धी विलीन हो जाते है; केवल वस्तु-मात्र का आभास मिलता रहता है उसे पर प्रत्यक्ष या निर्वितर्क समापत्ति कहते हैं। जैसे, पुत्र का केवल पुत्र के रूप में प्रतीत होना है। इस प्रकार प्रतीत होता हुआ, पुत्र प्रत्येक सहृदय के वात्सल्य का आलम्बन हो सकता है।'' —'साहित्यालोचन'

योग-सूत्रों पर व्यास-भाष्य का उद्धरण देते हुए वे लिखते हैं कि 'मधुमती-भूमिका' का साक्षात्कार करते ही साधक की शुद्ध सात्त्विकता देखकर देवता अपने-अपने स्थान से उसे बुलाने लगते हैं—

'.....इधर आइए, यहाँ रमिए, इस भोग के लिए लोग तरसा करते हैं, देखिए

कैसी सुन्दर कन्या है।'

—'साहित्यालोचन'

आगे चलकर बाबूजी लिखते हैं—

''योगी की पहुँच साधना के बल पर जिस मधुमती-भूमिका तक होती है उस भूमिका तक प्रातिभ ज्ञान-सम्पन्न सत्कवि की पहुँच स्वाभावतः हुआ करती है।''

—'साहित्यालोचन'

इस सम्बन्ध में एक विनोद की बात लिख देना चाहता हूँ (यद्यपि मुझे इसके लिखने में संकोच अवश्य होता है, क्योंकि अपनों से बड़े और विशेषता स्वर्गीय लोगों की बात के सम्बन्ध में विनोद करना हास्यरसाभास है) कि **'मधुमती-भूमिका'** को प्राप्त कवियों और सहृदयों के लिए यह निमन्त्रण देवताओं की ओर से अब नहीं आता, नहीं तो वे देह का भी मोह छोड़ दें। यह विनोद की बात है किन्तु वास्तव में बात यह है कि कवि का सृजनानन्द और सहृदय का काव्यरसास्वाद स्वर्ग-भोग से कम नहीं है। इसके लिए स्वर्ग जाने का भी कष्ट नहीं करना पड़ता। बाबूजी कवि और पाठक की चित्तवृत्तियों का एकतान-एकलय हो जाना ही साधारणीकरण मानते हैं, देखिए—

'...कवि के समान हृदयालु सहृदय (आजकल का समीक्षक, समालोचक या Critic) भी (और मैं कहूँगा साधारण पाठक भी) जब उसी भूमिका(मधुमती-भूमिका) का स्पर्श करता है, तब उसकी भी वृत्तियाँ उसी प्रकार एकतान, एकलय हो जाती हैं, (जिसके लिए पारिभाषिक शब्द साधारणीकरण है) और उसे भी वही संगीत सुनाई पड़ने लगता है—उसी आनन्द की झलक मिलती है। इस साधारण अवस्था में पहुँचाने की शक्ति उसे कुछ तो कवि की दृष्टि की विशेषता और कुछ अपने संस्कार दोनों ही यथातथ्य प्रदान करते हैं।'

—'साहित्यालोचन'

इस प्रकार बाबूजी कवि और पाठक दोनों के ही हृदय का साधारणीकरण मानते हैं, जैसा कि उन्होंने शुक्लजी से मतभेद प्रगट करते हुए लिखा है।

आवश्यक समाधान

इस सम्बन्ध में कुछ बातों के लिए सतर्क कर देना आवश्यक है। पहली बात तो यह है कि 'मधुमती-भूमिका' की इतनी प्रशंसा से यह न समझ लेना चाहिए कि वह योग की बहुत ऊँची अवस्था है; यह दूसरी ही श्रेणी है, इसके दो श्रेणियाँ और हैं। 'मधुमती भूमिका' के प्रलोभनों को बचाने के लिए ही उनका संकेत किया गया है। योगी उनमें नहीं पड़ता है। दूसरी बात यह है कि इस भूमिका के लिए पूर्व जन्म के संस्कारों के अतिरिक्त कवि के लिए भी कुछ अभ्यास और साधनों की अपेक्षा है, यद्यपि वह योग की साधना नहीं होती। रसदशा, रससृष्टि या रसास्वाद के समय ही रहती है। (इस बात की ओर बाबूजी ने भी संकेत कर दिया है कि

संयोगी इस अवस्था को मन चाहे जितनी देर ठहरा सकता है)। तीसरी बात यह है कि यह अवस्था 'मधुमती-भूमिका' के सदृश्य हो सकती है, 'मधुमती-भूमिका' नहीं (माधुर्य गुण का 'मधुमती-भूमिका' से कोई सम्बन्ध नहीं है, उससे ओज का भी उतना ही सम्बन्ध है)। असली बात यह है कि कवि की रस दशा और योगी की 'मधुमती-भूमिका' के कारणों में भेद हैं, इसीलिए दोनों कार्य भी एक नहीं हो सकते।

शुक्लजी से मतभेद–साधारणीकरण के सम्बन्ध में **'बड़े महत्त्व के भ्रम'** शीर्षक देकर बाबूजी कहते हैं–

'एक दूसरे विद्वान–(शुक्लजी, शिष्टतावश उनका नाम बाबूजी ने यही लिखा है, देखिए 'चिन्तामणि': भाग 1, पृष्ठ 308) लिखते हैं–"जब तक किसी भाव का कोई विषय इस रूप में नहीं लाया जाता कि वह सामान्यतः सबके उसी भाव का आलम्बन हो सके तब तक उसमें रसोद्बोधन की पूर्ण शक्ति नहीं आती। इसी रूप में लाया जाना हमारे यहाँ 'साधारणीकरण' कहलाता है।"

–'साहित्यालोचन'

इस पर् आलोचना करते हुए बाबूजी कहते हैं–

"साधारणीकरण से यहाँ यह अर्थ लिया गया है कि विभाव, अनुभाव आदि को साधारण रूप देकर सामने लाया जाए।....साधारणीकरण तो कवि अथवा भावुक की चित्तवृत्ति से सम्बन्ध रखता है। चित्त के एकतान और साधारणीकृत होने पर उसे सभी कुछ साधारण प्रतीत होने लगता है।"

–'साहित्यालोचन'

अतः यह मत भी ठीक नहीं है। यह उद्धृत मत भट्टनायक का माना जाता है, पर आचार्यों अन्तिम सिद्धान्त तो यही है जो हमने माना है। हमारा हृदय साधारणीकरण करता है।

इस सम्बन्ध में मतभेद हो सकता है। शुक्लजी के मत को **'महत्त्व का भ्रम'** कहना उचित नहीं है जबकि बाबूजी स्वयं स्वीकार करते हैं कि यह भट्टनायक के मत के अनुकूल है। इसके अतिरिक्त--'साधारण रूप देकर सामने लाया जाय'–यह कार्य तो कवि द्वारा ही होता है और जब वे लिखते हैं–**'साधारण अवस्था में पहुँचने की शक्ति कुछ तो कवि दृष्टि की विशेषता और कुछ अपने संस्कार दोनों यथातथ्य प्रदान करते हैं'**–तब वे कवि के कार्य को तो स्वीकार करते ही हैं। कवि का प्रभाव तो हम तक उसकी कृति द्वारा ही आता है। वास्तविक बात यह है कि शुक्लजी के इस सिद्धान्त के निरूपण में उनके मन में बसे हुए तुलसीदास के राम झाँकते हुए दिखाई पड़ते हैं जो सबके एक समान आलम्बन का साधारणीकरण नहीं चाहते वरन् वे ऐसा आलम्बन ही चाहते हैं जो सबका आश्रय बन सके। शुक्लजी की प्रतिभा विषयगत है। बाबूजी विषयी (यहाँ विषयी का अर्थ कामी नहीं है) के हृदय

को साधारणीकरण का श्रेय देते हैं। शुक्लजी का मत अभिनवगुप्त के सिद्धान्त से भी ज्यादा दूर नहीं है। **'सकल सहृदयसंवादभाजा'** (अभिनवगुप्त के शब्द हैं–**'हृदय-संवादात्मक सहृदयत्वबलात्'**) का यही अर्थ है। अभिनवगुप्त भी विभावों का साधारणीकरण कम-से-कम सम्बन्धों से स्वतन्त्रता के रूप में मानते हैं।

आचार्य शुक्लजी का मत–भट्टनायक के मत की विवेचना करते हुए हम शुक्लजी के मत का उल्लेख कर चुके हैं। आलम्बन के साधारणीकरण का अर्थ उन्होंने आलम्बनत्वधर्म का साधारणीकरण कर लिया है अर्थात् आलम्बन ऐसा हो जाता है कि वह समान रूप से सबका आलम्बन बन सके। यह अभिनवगुप्त के मत के अनुकूल है किन्तु वे साहित्यदर्पणकार के मत का भी मोह छोड़ने को तैयार नहीं हैं। दोनों मतों से प्रभावित शुक्लजी के उद्धरण नीचे दिए जाते हैं–

(i) अभिनवगुप्त से प्रभावित : 'व्यक्ति तो विशेष ही रहता है; पर उसमें प्रतिष्ठा ऐसे सामान्य धर्म की रहती है जिसके साक्षात्कार से सब श्रोताओं या पाठकों के मन में एक ही भाव का उदय थोड़ा या बहुत होता है।'

–'चिन्तामणि : भाग 1'

(ii) 'साहित्यदर्पण' से प्रभावितः 'साधारणीकरण' का अभिप्राय यह है कि पाठक या श्रोता के मन में जो व्यक्ति-विशेष या वस्तु आती है वह जैसे काव्य में वर्णित 'आश्रय' के भाव का आलम्बन होती है वैसे ही सब सहृदय पाठकों या श्रोताओं के भाव का आलम्बन होती है।

–'चिन्तामणि : भाग 1'

'साहित्यदर्पण' के मत का ही आश्रय लेकर वे आगे लिखते हैं–

'साधारणीकरण' के प्रतिपादन में पुराने आचार्यों ने (अभिनवगुप्त ने नहीं) श्रोता (या पाठक) और आश्रय (भावव्यंजना करने वाला पात्र) के तादात्म्य की अवस्था का ही विचार किया है...'

–'चिन्तामणि : भाग 1'

(i) और (ii) में इस बात का अन्तर हो जाता है कि (i) के अनुसार पाठक या श्रोता काव्य के आश्रय के साथ नहीं बाँधा जाता। उसका सब सहृदयों के साथ भावसाम्य होता है। (ii) में उसे काव्य के आश्रय के साथ बँध जाना पड़ता है। यदि आश्रय के साथ तादात्म्य हो जाता है तो प्रायः सब लोगों के साथ भी उसका तादात्म्य हो जाता है किन्तु शुक्लजी ने दिखलाया है कि ऐसी भी अवस्थाएँ होती हैं जहाँ आश्रय के साथ तादात्म्य नहीं हो सकता है वरन् कवि व अन्य सहृदयों के साथ उसका भाव-सादृश्य हो जाता है। उदाहरणार्थ सीता की भर्त्सना करते हुए रावण के साथ किसी का तादात्म्य नहीं हो सकेगा और न परशुराम के साथ कोई लक्ष्मण पर क्रोध कर सकेगा। ऐसी अवस्था में पाठक का कवि के व्यक्त व अव्यक्त भाव से या शीलद्रष्टा के रूप में सब सहृदयों के साथ तादात्म्य हो जाता है।

ऐसी भी अवस्थाएँ होती हैं जहाँ कोई आश्रय नहीं होता है, जैसे पाठकजी के 'काश्मीर सुषमा' वर्णन में, किन्तु इनमें कवि ही आश्रय होता है और इसमें कोई विशेष कठिनाई भी नहीं पड़ती है। रावण या परशुराम वाले उदाहरणों में भी अगर हम दूसरे पक्ष अर्थात् सीता या लक्ष्मण से तादात्म्य करें तो समस्या इतनी उग्र नहीं रहती—आश्रय और आलम्बन तो सापेक्ष शब्द हैं यह दूसरी बात है कि हमारा पुरुष-गौरव स्त्री के साथ तादात्म्य करना न स्वीकार करे। स्त्रियाँ तो उस दशा में सीता के साथ भाव-तादात्म्य करती ही होंगी। अभिनवगुप्त के मत में कठिनाई की कम गुंजाइश रह जाती है क्योंकि उसमें कवि के आश्रय के साथ पाठक को नहीं बाँधा जाता। स्वयं शुक्लजी का निजी मत भी इसके अनुकूल है। वे भी सम्बन्धों का ही साधारणीकरण मानते हैं—**'रसमग्न पाठक के हृदय में यह भेद-भाव नहीं रहता है कि यह आलम्बन मेरा है या दूसरे का है'**—किन्तु वे आलम्बन में ऐसे गुणों की विषयगत सत्ता (Objective Existence) चाहते मालूम पड़ते हैं जिसके कारण वह सबका आलम्बन बन सकें।

डॉ. नगेन्द्र का मत—जहाँ आचार्य शुक्लजी आलम्बन में सामान्य गुणों की विषयगत सत्ता में विश्वास करते दिखाई देते हैं वहाँ डॉ. नगेन्द्र काव्य के विषय को कवि की भावाना ही मानते हैं। उसका अभिप्राय यह है कि विषय (रामादि) का वास्तविक रूप तो प्रज्ञात ही रहता है किन्तु कवि अपनी-अपनी भावना के अनुकूल उसका वर्णन करते हैं। उसी भावना का साधारणीकरण होता है और पाठक कवि की साधारणीकृत भावना का आस्वाद करता है, देखिए—

'हम काव्य की सीता से प्रेम करते हैं और काव्य की यह आलम्बनरूप सीता कोई व्यक्ति नहीं है, जिससे हमको किसी प्रकार संकोच करने की आवश्यकता हो, वह कवि की मानसी सृष्टि है अर्थात् कवि की अपनी अनुभूति की प्रतीक है। उसके द्वारा कवि ने अपनी अनुभूति को हमारे प्रति संवेद्य बनाया है। बस, इसलिए जिसे हम आलम्बन कहते हैं वह वास्तव में कवि की अपनी अनुभूति का संवेद्य रूप है। उसके साधारणीकरण का अर्थ है कवि की अनुभूति का साधारणरणीकरण जो भट्टनायक और अभिनवगुप्त का प्रतिपाद्य है।'

—'रीतिकाव्य की भूमिका'

डॉ. नगेन्द्र की प्रतिभा विषयीगत है। वे कवि को महत्त्व देते हैं और विषय के अस्तित्व को मिटा-सा देते हैं। यद्यपि यह बात किसी अंश में ठीक है कि राम-सीतादि का रूप विभिन्न कवियों की भावनाओं की अभिव्यक्ति पर ही आश्रित रहता है तथापि जनता के मन में भी परम्परागत संस्कारों से एक सामान्य भावना बनी रहती है, वही आलम्बन का विषयगत अस्तित्व है। जो बात सबके मन में वर्तमान हो वह मानसिक रहती हुई विषयगतता (Objectivity) धारण कर लेती है। जो बात किसी व्यक्ति-विशेष के ही मन की धारणा हो वह वैयक्तिक या विषयीगत

(Subjective) कहलाती है। कवि की भावना जहाँ तक उस विषयगत सत्ता अथवा जनसाधारण के मन की भावना से साम्य रखती है वहाँ तक जनता के हृदय में साधारणीकरण सहज में हो जाता है और रसास्वाद में सुविधा होती है और जहाँ कवि की वैयक्तिक धारणा जनता की धारणा से मेल नहीं खाती है वहाँ रसास्वाद में बाधा पड़ती है। कवि का व्यक्तित्व यदि बहुत ही प्रबल हो तब जनता की भावना में हेर-फेर हो सकता है, अन्यथा नहीं। यह हेर-फेर भी धीरे-धीरे होता है, इसलिए कवि को लोक-हृदय की पहचान की आवश्यकता बतलाई गई है।

वास्तव में साधारण पाठक जनता में प्रचलित भावनाओं का उत्तराधिकार लेकर आता है। उस पर कवि का भी प्रभाव पड़ता है और उसके मन का चित्र कवि और जनता की भावनाओं का मिश्रित फल होता है। इसके अतिरिक्त कुछ, जैसे महाराणा प्रताप, शिवाजी, महात्मा गांधी अपना विषयगत अस्तित्व भी रखते हैं। गौडसे ने भी माहत्मा गांधी की महत्ता स्वीकार की थी। आलम्बन का यदि बाहरी जगत में नहीं तो जनता के हृदय में अस्तित्व रहता है। काल्पनिक पात्रों का भी कम-से-कम व्यक्तिरूप से नहीं तो गुणरूप से जनता के हृदय में अस्तित्व रहता है। आलम्बन का विषयगत अस्तित्व बिल्कुल उठाया नहीं जा सकता। यदि विषयगत अस्तित्व जनता के हृदय में न हो तो इतनी जल्दी साधारणीकरण भी न हो।

कवि की देन

लौकिक सामग्री को आस्वाद योग्य बनाने में कवि को बहुत-कुछ काट-छाँट करनी पड़ती है और गाँठ का भी नमक-मिर्च-मसाला मिलाने की आवश्यकता होती है (यह भी एक प्रकार का साधारणीकरण है) किन्तु इसकी मात्रा में भी आचार्यों का मतभेद है। राजशेखर कवि को ही महत्ता देते हैं, उनका कथन है कि चित्रकार आकार के अनुकूल ही चित्र बनाता है, देखिए—

'स यत्स्वभावः कविस्तदनुरूपं काव्यं।
यादृशाकारश्चित्रकारस्तदाकारं तदाकारमस्य चित्रम्।।'

—डॉक्टर दास गुप्त के 'काव्य-विचार' से उद्धृत

किन्तु एक-दूसरे आचार्य (भोज) पात्र को प्रधानता देते हैं। उनका कथन है कि कवि की वाणी का ...ड़ा-सा चमत्कार यदि वह लोकोत्तर नायक का वर्णन करता है, तो वह विद्वानों के कानों का अभूषण बन जाता है—

'कवेरल्पापि वागवृत्तिर्विद्वत्कणवितंसति।
नयको यदि वर्ण्येते लोकोत्तरो गुणोत्तरः।।'

—डॉक्टर दास गुप्त के 'काव्य-विचार' से उद्धृत

प्रातःस्मरणीय गोस्वामीजी ने भी अपनी कृति की श्रेष्ठता के लिए नायक

को ही महत्ता दी है–

'एहि महँ रघुपति नाम उदारा। अति पावन पुरान-स्रुति सारा।।
भनिति भदेस वस्तु भल वरनी। राम-कथा जग-मंगल करनी।।'

–रामचरितमानस' (बालकाण्ड)

यह मात्रा का प्रश्न है, इसमें अन्तर होना स्वाभाविक है। कवि की कृति कितनी ही काल्पनिक क्यों न हो उसके लौकिक आधार की विषयगत सत्ता को अवश्य स्वीकार करना पड़ेगा। यद्यपि मर्यादापुरुषोत्तम श्रीरामचन्द्रजी के सम्बन्ध में महर्षि वाल्मीकि, गोस्वामी तुलसीदास तथा गुप्तजी की भावनाएँ भिन्न-भिन्न हैं तथापि श्रीरामचन्द्रजी के जीवन का मूल रूप एक-सा ही है। जनसाधारण के भाव उनके सम्बन्ध में मिश्रित हैं, कोई उनको ईश्वर माने या न माने। कुछ लोगों ने उनको शृंगारिक भावनाओं का केन्द्र बनाया, किन्तु जनसाधारण के हृदय में वह स्थान नहीं पा सका। गुप्तजी के इस कथन में कि –**'राम तुम्हारा चरित स्वयं ही काव्य है, कोई कवि बन जाए सहज सम्भाव्य है'**–बहुत कुछ सत्य है। कवि अपने ही चश्मे से संसार को देखता है। वह कच्चा सामान संसार से लेता है और उसे पका कर आस्वाद-योग्य बना पाठक को देता है।

साधारणीकरण के सम्बन्ध में हमारे यहाँ के आचार्यों ने थोड़े-बहुत अन्तर के साथ तीन बातों पर बल दिया है–(1) विभावादिकों का (जिसमें स्थायी भाव भी शामिल हैं) साधारणीकरण, (2) पाठक का आश्रय व कवि के साथ तादात्म्य, (3) सब पाठकों का समान रूप से प्रभावित होना–इन तीनों ही बातों का पारस्परिक सम्बन्ध है।

विभावादि जब विशेष सम्बन्धों से मुक्त हो जाते हैं तभी वे सब सहृदयों की भावना के समान रूप से विषय बनते हैं। जहाँ पाठक या श्रोता का काव्य के आश्रय के साथ तादात्म्य हो वहाँ बहुधा आपस में भी भावसाम्य हो जाता है अर्थात् वे समान रूप से प्रभावित होते हैं और उनका कवि की भावना से भी तादात्म्य हो जाता है। साधारणीकरण द्वारा कवि, कविता के आश्रय और पाठक भावना के एक सूत्र में बँध जाते हैं। कवि जितना जनता की भावनाओं के निकट आता है उतना ही पाठकों के साथ उसका भाव-तादात्म्य होता है, किन्तु इसका यह अर्थ नहीं कि कवि जनता के भावों के आगे नहीं जाता। कवि और जनता में आदान-प्रदान होता रहता है। कवि जनता से प्रेरणा ग्रहण करता है और वह धीरे-धीरे जनता के भावों में भी परिवर्तन करता है। साधारणीकरण का अभिप्राय है–आलम्बन का व्यक्तित्व बनाए रखते हुए उसको ऐसे रूप में उपस्थित करना कि वह मेरे-पराए के बन्धनों से मुक्त हो जाए और सब हृदयों की भावना का समान रूप से विषय बन सके। पाठकों की वे भावनाएँ देश-काल के बन्धनों से मुक्त होती हैं तभी वे दुःखात्मक होने से बची रहती हैं और अखण्ड सात्त्विक आनन्द का सृजन करती हैं।

पाश्चात्य समीक्षक और साधारणीकरण

पाश्चात्य समीक्षकों के सम्बन्ध में मेरा ज्ञान सीमित है, (इसका यह अर्थ नहीं कि भारतीय समीक्षकों के सम्बन्ध में सीमित नहीं है) किन्तु मेरा ख्याल है कि उन्होंने विभावादि के साधारणीकरण की अपेक्षा तादात्म्य पर अधिक ध्यान दिया है। इसमें आश्रय और कवि दोनों के साथ तादात्म्य की बात आ जाती है। सब पाठकों के समान रूप से प्रभावित होने का भी कहीं-कहीं उल्लेख है। तादात्म्य का प्रश्न 'Empathy' के रूप में आया है, इसको हिन्दी में भाव-तादात्म्य कह सकते हैं। सहानुभूति में सहृदय और भोक्ता के दो व्यक्तितत्व रहते हैं। भाव-तादात्म्य में थोड़े काल के लिए दोनों का व्यक्तित्व एक हो जाता है; यह शब्द मनोविज्ञान से लिया गया है, इसीलिए यहाँ इसकी व्याख्या में ए. ई. मैन्डर (A. E. Mander) की एक मनोविज्ञान की पुस्तक का उद्धरण देना उचित समझता हूँ–

'Empathy connotes the state of the reader or spectator who has lost for a while his personal self-consciousness and is identifying himself with some character in the story or screen.'

—Psychology for Every man or woman (page 59)

अर्थात् भाव-तादात्म्य या तदनुभूति पाठक व दर्शक की वह मानसिक दशा है जिसमें कि वह थोड़ी देर के लिए अपनी वैयक्तिक आत्म-चेतना को भूलकर नाटक या सिनेमा (उपन्यास भी) के किसी पात्र के साथ अपना तादात्म्य कर लेता है। साहित्यदर्पणकार ने पाठक या दर्शक के आश्रय के साथ तादात्म्य को विभावादि के साधारणीकरण का फल माना है।

इस भावतादाम्य से प्रसन्नता क्यों होती है, इस सम्बन्ध में उपयुक्त लेखक (A. E. Mander) का कथन है कि तादात्म्य के द्वारा दर्शक की कोई प्रारम्भिक आवश्यकता जिसकी पूर्ति उसके वास्तविक जीवन में नहीं होती (जैसे जंगल में शेर मारना, दुश्मन को घुटने टिका देना, चोरी का पता लगा लेना आदि) पूर्ण हो जाती है। क्रोध, शोक और भय का अनुभव भी (यदि उसके साथ वैयक्तिक क्षति न हो) हमारी आवश्यकताओं में से है।

मनोवैज्ञानिकों ने वास्तु-कला (भवन-निर्माण-कला) में आनन्द लेने की बात की व्याख्या कुछ-कुछ इसी सिद्धान्त पर की है। अच्छे सुदृढ़ विशाल खम्भों में हम इसलिए आनन्द लेने लगते हैं कि हम उनमें अपना प्रक्षेपण (Projection) कर उनके भार सँभालने की शक्तिजन्य प्रसन्नता का अनुभव करने लग जाते हैं।

कुछ समीक्षकों ने इस तदनुभूति को कल्पना का सर्वोत्तम रूप माना है–

'We have only one way of imagining things from the inside and that is putting ourselves inside them.'—

अर्थात् वस्तुओं की भीतरी कल्पना का एक ही मार्ग है और वह है अपने को उनमें रख देना। छायावाद का प्रकृति-वर्णन कुछ-कुछ इसी प्रकार का है।

आई. ए. रिचार्ड्स (I. A. Richards) अपनी पुस्तक 'Principals of Literary Criticism' (आलोचना के सिद्धान्त) के दो अध्यायों—'A Theory of Communication' अर्थात् भाव-प्रेषण की एक कल्पना और 'The Normality of the Artist' अर्थात् कलाकार की सर्वसाधारणानुकूलता—की समस्या के बहुत निकट पहुँच गए हैं। वे इस बात को मानकर चलते हैं कि मनुष्य की (अर्थात् कहने वाले और सुनने वाले दोनों की ही) प्रवृत्तियाँ प्रायः एक-सी होती हैं, इसी कारण कवि समान भावों की जाग्रति करने में समर्थ होता है। जहाँ पर कवि का अनुभव पाठक के अनुभव के साथ ऐक्य नहीं रखता (शुक्लजी का दिया हुआ उदाहरण दुहराते हुए हम कहेंगे, जैसे कोई कवि किसी कुरूप और फूहड़ स्त्री को प्यार करे) वहाँ पर उसको सफलता न मिलेगी। इसमें अनुभवों के पूर्ण तादात्म्य की आवश्यकता नहीं। वे कहते हैं कि छोटी-मोटी विषमताएँ कल्पना के बल से दूर की जा सकती हैं। कलाकार की यथासम्भव विलक्षण मनोवृत्ति को 'Eccentric' न होना चाहिए। इसके साथ इन्होंने यह भी बतलाया है कि किस हद तक कवि विलक्षण हो सकता है। उनका कहना है कि जिन बातों में अधिकांश लोग एक-मत हैं उनमें उसे अनुकूलता प्राप्त करनी चाहिए और जिनमें एकता न हो उनमें वह भी थोड़ी स्वतन्त्रता ले सकता है। जिन बातों में लोग उसकी विलक्षणता से अपनी प्रवृत्तियों में विशेष उथल-पुथल न पाकर उनमें सामंजस्य की सम्भावना देखते हैं, उनमें लोग उसका अनुकरण करने लग जाते हैं। इसीलिए कवियों को समानधर्मी सहृदय पाठकों की आवश्यकता रहती है। क्रान्तिकारी कवियों को धीरे-धीरे ही जनता के हृदय में प्रवेश करना पड़ता है। जनता की मनोवृत्ति बदलती अवश्य है, किन्तु क्रमशः।

क्रान्ति में सफल वही कवि होता है जो जनता के हृदय की ध्रुव धारणाओं के साथ मिली हुई कुछ अस्थिर भावनाओं की पहिचान रखता है। उसके साथ वह ध्रुव धारणाओं को भी थोड़ा स्पर्श कर लेता है। अछूतोद्धार के लिए लोग शबरी, निषाद, वाल्मीकि का सहारा पकड़ते हैं। श्रीरामचन्द्रजी की बुराई के लिए भवभूति ने ताड़का-वध का और केशव ने विभीषण का उदाहरण लिया है। तुलसी ने भी दबी जबान से बालि-वध की निन्दा की है। किन्तु यदि कोई श्रीरामचन्द्रजी के पावन चरित्र में सोलह आना दूषण दिखाने की कोशिश करे (जैसा माइकिल मधुसूदनदत्त ने किया) तो उसके साथ भाव-तादात्म्य कठिनाई से ही हो सकेगा जब तक कि कवि का कबीर-का-सा विशेष जोरदार व्यक्तित्व न हो।

क्रोचे (Croce) ने भी कवि और पाठक के तादात्म्य की समस्या उठाई है। उनका कथन है कि डान्टे (Dante) का रसास्वाद करने के लिए हमको उसके ही धरातल तक पहुँचना चाहिए। इसीलिए उसने कवि के दो व्यक्तित्व माने हैं—एक

लौकिक और दूसरा आदर्शमूलक। लौकिक व्यक्तित्व में कवि और पाठक का भिन्न व्यक्तित्व रहता है और कलाकार के आदर्शमूलक व्यक्तित्व में कवि और पाठक का तादात्म्य हो जाता है। इस विषय से सम्बन्धित क्रोचे को उद्धरण इसी पुस्तक के 'अभिव्यंजनावाद एवं कलावाद' शीर्षक अध्याय में आगे देखिए।

सारांश

संक्षेप में हम यह कह सकते हैं कि साधारणीकरण व्यक्ति का नहीं (उसकी मुख्य विशेषताओं की सम्पन्नता अक्षुण्ण रहती है यदि आलम्बन बिल्कुल सामान्य बन जाता है तो उसका कोई अस्तित्व ही नहीं रहता है।) वरन् उसके सम्बन्धों का होता है। जल, वायु, नीलाकाश की भाँति उस पर किसी का विशेषाधिकार नहीं रहता। उसमें न ममत्वजन्य दुःख और न परत्वजन्य ईर्ष्यादि भावों की गुंजाइश रहती है। कवि भी अपने निजी व्यक्तित्व से ऊँचा उठकर साधारणीकरण हो जाता है। वह लोक का प्रतिनिधि होकर (जब वह निजी भावों की अभिव्यक्ति करता है। तब वह भी लोक में शामिल हो जाता है) भावाभिव्यक्ति करता है। पाठक का साधारणीकरणी इस अर्थ में होता है कि वह अपने व्यक्ति के क्षुद्र बन्धनों को तोड़कर लोकसामान्य की भाव-भूमि में आ जाता है, उसका हृदय कवि और लोक-हृदय (जिसमें विशेष परिस्थितियों को छोड़कर काव्य का आश्रय भी आ जाता है) के साथ प्रतिस्पन्दित होने लगता है। अपने व्यक्तित्व की अनुभूति रसास्वाद में बाधा मानी गई है।

भावों का साधारणीकरण इस अर्थ में होता है कि उनसे भी **'अयं निजः परो वा'** की भावना जाती रहती है और इस कारण उनमें लौकिक अनुभव की स्थूलता, कटुता, तीक्ष्णता और रुक्षता नहीं रहती है। एकात्मवाद के अधिक प्रचार के कारण भारतीय मनोवृत्ति सामान्य की ओर अधिक झुकी हुई है। एकात्मवाद के कारण अनुभवों और प्रवृत्तियों की एकता तथा भावों के तादात्म्य को दृढ़ भित्ति मिल जाती है, किन्तु साधारणीकरण के प्रवाह में वैयक्तिक विशेषताओं को न बहा देना चाहिए। कवि की विशेषताएँ ही जनता की मनोवृत्ति बदलती हैं। पाश्चात्य देशों में व्यक्ति का मान है। हमको भी उसे भूलना न चाहिए।

प्राचीन आदर्शों और वर्तमान आदर्शों में इस बात का अन्तर हो गया है कि पहले नायक प्रख्यात और उच्चकुलोद्भव होता था और अब 'हीरो' किसान भी उपन्यास का नायक बन जाता है। पहले प्रख्यात नायक इसीलिए रहता था कि जिससे सहृदय पाठकों का सहज में तादात्म्य हो जाए, अब लोगों की मनोवृत्तियाँ कुछ बदल गई हैं। अभिजात्य का अब उतना मान नहीं रहा है, इसीलिए 'हीरो' के सम्बन्ध में पाठकों का सहज में ही तादात्म्य हो जाता है। पात्र के कल्पित होने से भी उसके साधारणीकरण में बाधा नहीं पड़ती क्योंकि वह प्रायः अपनी जाति का प्रतिनिधि होता है।

साधारणीकरण क्या होता है?

मनुष्य में साधारणीकरण की प्रवृत्ति स्वाभाविक है। इसके आधार में भारतीय एकात्मकवाद है। सब मनुष्यों का अनुभव अपनी-अपनी विभिन्नता रखता हुआ भी एक होता है, इसीलिए हम शेक्सपीयर के काव्य में आनन्द ले सकते हैं और पाश्चात्य देशों वाले कालिदास में। मनुष्य अपने अनुभव को देश-काल में सीमित नहीं रखना चाहता है, वह उसे व्यापक बनाना चाहता है। व्यापक बनने में ही उसके स्थायित्व की आशा रहती है। इसी के साथ हमारी आत्म-रक्षा का भी व्यावहारिक प्रश्न लगा रहता है। हम मनुष्य-जाति के अनुभव से लाभ उठाकर संसार में अपना काम चलाते हैं। विज्ञान के नियम भी अनुभव में साधारणीकरण का ही रूप हैं। तर्कशास्त्र की व्याप्ति भी साधारणीकरण का ही दूसरा नाम है। मेरे कहने का अभिप्राय है कि जो प्रवृत्ति विज्ञान के नियम-निर्माण और तर्कशास्त्र के कवि-ग्रहण में है वही साधारणीकरण में है। मनुष्य भेद और अनेकता से सन्तुष्ट नहीं होता, वह एकता चाहता है। एकता मन की एक प्रारम्भिक माँग है जिसका परिचय हमको सभी क्षेत्रों में मिलता है।

उपयोगिता

साधारणीकरण की उपयोगिता काव्यानुशीलन की उपयोगिता है। उसके द्वारा हमारी सहानुभूति विस्तृत हो जाती है। हम दूसरे के साथ भाव-तादात्म्य करना सीखते हैं। हमारे भावों का परिष्कार होकर उनका पारस्परिक सामंजस्य[1] भी होने लगता है। शृंगार, जो लौकिक अनुभव में विषयानन्द का रूप धारण कर लेता है, काव्य में परिष्कृत हो आत्मानन्द के निकट पहुँच जाता है। काव्यानुशीलन करने वाले की रति भी सात्त्विकोन्मुखी हो जाती है। काव्य के अनुशीलन से व्यक्ति ऊँचा उठ जाता है और उसके जीवन में सन्तुलन आ जाता है।

सन्दर्भ

1. डॉ. श्यामसुन्दर के मत से।

12. कवि और पाठक के त्र्यात्मक व्यक्तित्व

कवि के हृदयगत रस

संस्कृत के आचार्यों ने रसानुभूति अधिकांश में सहृदय पाठक या दर्शक में मानी है। लोकमत भी कुछ ऐसा ही है—**'कविःकरोति काव्यन रसं जानन्ति पण्डिताः'** यद्यपि यह बात किसी अंश में ठीक है कि हमारे यहाँ कवि के हृदयगत रस का विवेचन बहुत कम हुआ है तथापि हमारे देश के मनीषी इससे नितान्त उदासीन नहीं थे। गोस्वामीजी का **'स्वान्त मुनि सुखाय'** कवि के हृदयगत रस का ही पर्याय है। नाट्यशास्त्र के कर्त्ता भरतमुनि भाव की व्याख्या करते हुए इस प्रकार लिखते हैं—

'वागङ्गमुखरागैश्च सत्त्वेनाभिनयेन च।
कवेरन्तर्गत भावं भावयन् भाव उच्यते।।'

—'नाट्यशास्त्र'

अर्थात् कवि के अन्तर्गत भाव की जो वाचिक, आंगिक, मुखरागादि तथा सात्त्विक अभिनय द्वारा आस्वाद योग्य बनाता है, वह भाव कहलाता है। इस सम्बन्ध में भारतीय परम्परा में कविता के आरम्भ पर विचार कर लेना आवश्यक है।

महर्षि वाल्मीकि का **'मा निषाद प्रतिष्ठां त्वमगमः शाश्वती समाः'** वाला भारतीय काव्य का आदि श्लोक कवि के शोक से द्रवीभूत हृदय का ही तो श्लोक रूप है—**'क्रौञ्चद्वन्द्ववियोगोत्थः शोकः श्लोकत्त्वमातः'**। कविवर पंत जी ने भी कहा है—**'वियोगी होगा पहला कवि, आह से निकला होगा गान'**। अब प्रश्न यह होता है कि क्या कवि अपने दुःखात्मक अनुभवों को सीधा रस-रूप में प्रवाहित कर देता है? क्या कवि का अनुभव लौकिक ही रहता है या उसका अनुभव भी साधारणीकृत होकर आस्वाद योग्य बनता है? ऊपर उद्धृत किए हुए श्लोक पर अभिनवगुप्त की टीका के एक उद्धरण से, जो सुप्रसिद्ध दार्शनिक डॉक्टर एस. एन. दास गुप्त के बंगाली भाषा में लिखे हुए **'काव्य विचार'** नाम के ग्रन्थ में उद्धृत है, यह स्पष्ट है कि अभिनवगुप्ताचार्य कवि के हृदयगत भाव को भी साधारणीकरण

बतलाते हैं। वे कवि के लौकिक अनुभव को आस्वाद का विषय नहीं मानते। उनके मत में पाठक की भाँति कवि के हृदयंगत तत्सम्बन्धी संस्कारों को देश-काल के बन्धन से मुक्त कर अस्वादयोग्य बनाया जाता है, देखिए–

'बागंगमुखरागात्मनाभिनयेन सत्वलक्षणेन चाभिनयेन करणेन कवेः साधारणं तदापि वर्णनानिपुणस्य यः अन्तर्गतोऽनादिप्राक्तनसंस्कार प्रतिभानमया न तु लौकिक विषयजः रागान्ते एक देशकालादिभेदाभावात् सर्वसाधारणीभावेन आस्वादयोग्यः तं भावयन् आस्वादयोग्यी कुर्वन् भावश्चित्तवृत्तिलक्षण एव उच्चते'।

–डॉक्टर दास गुप्त के 'काव्य-विचार' में उद्धृत

अभिनवगुप्त के इस कथन से यह स्पष्ट है कि कवि अपने लौकिक अनुभव को नहीं देता है, वह नट के अभिनय द्वारा साधारणीकृत हो आस्वाद योग्य बनता है। प्रश्न यह है कि क्या वियोगी कवि की आह सीधी ही आती है अथवा साधारणीकृत होकर वाल्मीकि का क्रौञ्चद्वन्द्ववियोगोत्थित शोक किस प्रकार श्लोक बना?

कवि के दो व्यक्तित्व

वास्तव में कवि के दो व्यक्तित्व होते हैं– एक लौकिक और दूसरा साधारणीकृत सहानुभूतिपूर्ण कलाकार का व्यक्तित्व। इसके अतिरिक्त उसका (भावक का) तीसरा व्यक्तित्व भी होता है। लौकिक व्यक्तित्व में यह साधारण मनुष्य की भाँति सुख में हँसता है और दुःख में रोता है किन्तु उसका (कलाकार का) व्यक्तित्व उसके रोने में भी एक सुरीला राग भर देता है। उसके निजी व्यक्तित्व का सुख-दुःख कलाकार को बल अवश्य दे देता है, किन्तु कलाकार का व्यक्तित्व–**'अयं निजः परो वा'**–की लघु चेतना से ऊँचा होता है। लौकिक व्यक्तित्व में देश-काल का परिच्छेद रहता है और उसके अनुभव में उपादेयता, हेयता, आकर्षण-विकर्षण की निजी भावना रहती है। उसके साथ यह विचार रहता है कि यह अनुभव कुछ काल और बना रहे या क्षण-भर भी न रहे। कलाकार का व्यक्तित्व साधारणीकृत है। वह अपने अनुभव को निजत्व या परत्व से परे पाता है। उसमें वह उसका शुद्ध रूप में आस्वाद करता है। वह आनन्दित होता है और अपने आनन्द का परिप्रेषण करता है। क्रोचे ने भी कलाकार के दो व्यक्तित्व (एक लौकिक और दूसरा आदर्श) माने हैं, देखिए, 'काव्य में अभिव्यंजनावाद' शीर्षक लेख।

मैं अपना उदाहरण देकर इस बात को स्पष्ट कर देना चाहता हूँ, पाठक इस आत्मविज्ञापन को क्षमा करें। 1939 की घोर वर्षा की बाढ़ में जब मेरा घर जल से परिवेष्टित हो गया था और मुझे उसके भावी अस्तित्व में शंका होने लगी थी उस समय मैं हँसने का प्रयास भी नहीं कर सकता था, किन्तु थोड़ी देर बाद जब वह शंका मेरे मन से ओझल हो गई तब मेरे भीतर का कलाकार जाग उठा और मैं उस समय भूल गया कि मेरे सर्वस्व (मेरी सारी उम्र की कमाई मकान में ही

लगी थी) के नाश होने की सम्भावना है। मैं नाना प्रकार की कल्पनाओं में मग्न हो गया। मैं नारायण (नाराः (जल) 'अयनंयस्य') 'कामायनी' के मनु से अपनी तुलना करने लगा।

काव्य का अनुभव कल्पना का मुधमय संजीवन रस लेकर पीछे से आता है। वर्ड्सवर्थ (Wordsworth) ने कहा है–'Poetry is the spontaneous overflow of emotions recollected in tranquility'— अर्थात् काव्य शान्ति के समय स्मरण किए हुए मनोवेग का आत्मप्रेरित प्रवाह है। प्रायः अधिकांश लोगों का कलाकार का व्यक्तित्व उनके निजी व्यक्तित्व के पीछे रहता है किन्तु कुछ लोगों में कलाकार का व्यक्तित्व निजी व्यक्तित्व को दबाए रखता है। सत्यनारायणजी वर्षा-वारि-बिन्दुओं द्वारा धोये-ध ोये पातों की कमनीय सुषमा से प्रभावित होकर कविता करने में इतने मग्न हो गए थे कि परीक्षा-भवन में समय पर पहुँचने की उनको चिन्ता ही न रही।

कवि जब अपने लौकिक अनुभव का सीधा परिप्रेषण नहीं करता है तब तो उसमें कल्पना का मधु मिल ही जाता है तथा वह दुःखद अनुभव हो जाता है और वह सीधा परिप्रेषण तभी करता है जब कि उसके कलाकार का व्यक्तित्व, जो परिस्थिति के क्षुद्र बन्धनों से मुक्त होता हैं, उसके लौकिक व्यक्तित्व को दबा लेता है। वाल्मीकिजी का शोक श्लोक में इसलिए परिणत हो गया कि उनके उस शोक में कलाकार की सहानुभूति और लोकानुकम्पा का पुट था। वह वैयक्तिक था वरन् लोकसामान्य भाव-भूमि से ऊँचे उठे हुए साधारणीकृत व्यक्ति के हृदय का उद्गार था, इसीलिए वह काव्य के रस-रूप में प्रवाहित हो सका। कवि जितना बड़ा होता है उतना ही उसका कलाकार उसके लौकिक व्यक्तित्व को आविभूर्त रखता है। वाल्मीकि में उस समय दोनों व्यक्तित्व मिल गए थे।

कवि जब अपनी वैयक्तिक हानि का वर्णन करता है तब उसमें भी उसके कलाकार का व्यक्तित्व मिला रहता है। कविवर टेनीसन **'इन मेमोरियम'** नाम का शोक-काव्य जिसको उसने अपने मित्र की मृत्यु पर लिखा था, इसका अच्छा उदाहरण है। उसके व्यक्तिगत शोक ने कलाकार को बल अवश्य दिया किन्तु उसके रोने में और साधारण मनुष्य के रोने में अन्तर था। उसका व्यक्तिगत शोक मित्रता के सम्बन्धों और मृत्युजन्य शोक की साधारण भावना प्रकट करने का एक अवसर बन गया था। कवि की आह व्यक्ति की आह नहीं होती वरन् कवि की कल्पना से अनुरंजित समाज की आह होती है। कवि की आह से गान ही निकलता है, रुदन नहीं। कवि अपने तीसरे व्यक्तित्व में अपनी कृति का भी आस्वाद लेता है।

उपसंहार

इसी प्रकार पाठक या दर्शक के भी तीन व्यक्तित्व होते हैं। एक तो उसका लौकिक व्यक्तित्व जिसमें वह अपने निजी सुख-दुःख, शारीरिक चिन्ताओं आदि का अनुभव

करता रहता है; दूसरा रसास्वादन का साधारणीकृत व्यक्तित्व जो देश-काल के क्षुद्र बन्धनों से परे होता है। रसिक भूखा रहकर भी काव्यास्वाद में कुछ काल तक के लिए अवश्य (मेरे प्रगतिशील भाई मुझे क्षमा करें) मग्न रह सकता है। रसिक अपने लौकिक अनुभव में भी कभी-कभी रसास्वाद कर सकता है किन्तु वह तभी होता है जब कि उसमें सात्त्विकता का प्राधान्य होता है। ममत्व और अहंकार से परे होना ही सात्त्विकता है।

साहसी लोगों को भय आदि के स्थलों में भी आनन्द आता है। उस समय वे निजी व्यक्तित्व और शारीरिक कुशल-क्षेम का ध्यान छोड़ देते हैं किन्तु यह सब लौकिक आनन्द ही है। सुखद अनुभवों से सम्बन्धित शृंगारादि रसों की सहानुभूति के सदृश आचार्य शुक्लजी ने इसको रसानुभूति का एक नीचा प्रकार माना है—**'चिन्तामणि'** (भाग 1, पृष्ठ 339)। लौकिक आनन्द में व्यक्ति के लिए उपादेयता का भाव लगा रहता है। यह लौकिक और रसानभूति की बीच की दशा है। काव्यानन्द इससे भिन्न होता है। ऐसे ही बीच की दशा नाटक देखते समय उपस्थित हो जाती है जबकि नाटक के पात्रों को दर्शक वास्तविक समझ लेता है। कहा जाता है कि जब 'नीलदर्पण' नाटक का पहले-पहल अभिनय हुआ था तब एक सज्जन नाटक में प्रदर्शित गोरों के अत्याचार से इतने दुःखित हुए कि वे अपना निजी व्यक्तित्व भूलकर और नाटक को असलियत मानकर स्टेज पर जूता लेकर पहुँच गए और अत्याचारी को मारने लगे। यह तादात्म्य की पराकाष्ठा है किन्तु साधारणतया भी दर्शकों में आश्रय-के-से अश्रु, रोमांचादि के अनुभाव प्रकट हो जाते हैं। यह बीच की ही दशा है। वास्तविक रसानुभूति की दशा कुछ ऊँची है। उसमें पाठक का साधारणीकृत व्यक्तित्व ही रहता है।

13. काव्य के विभिन्न रूप

पाश्चात्य परम्परा

काव्य के कई प्रकार के भेद किए गए हैं। जहाँ के स्वभाव और वृत्तियों में भेद है वहाँ काव्य में भी, जो उसकी भावप्रधान प्रतिक्रिया की अभिव्यक्ति है, भेद होना आवश्यक है। भेद के कई आधार हैं। यूरोप वालों ने व्यक्ति और संसार को अलग करके काव्य के दो भेद किए हैं—एक विषयीगत (Subjective) जिसमें कवि को प्रधानता मिलती है और दूसरा विषयगत (Objective) जिसमें कवि के अतिरिक्त सृष्टि को मुख्यता दी जाती है। पहले प्रकार के काव्य को लिरिक (Lyric) अर्थात् वैणिक गीत अथवा भावप्रधान कहा गया है और दूसरे प्रकार को अनुकृत (महाकाव्य जिसका प्रतिनिधि रूप है) या प्राक्कथनात्मक (Narrative) कहा गया है। यह विभाजन प्रायः कविता (पद्य) का है। गद्य का भी ऐसा विभाजन किया जा सकता है। गद्य-काव्य को हम भावप्रधान कहें और शेष को अनुकृत या वर्णनात्मक किन्तु गद्य में विचारात्मक सामग्री का वही अंश लेंगे जिसे वास्तव में काव्य कह सकें।

काव्य का यह विभाग युंग के बतलाये हुए अन्तर्मुखी (Introvert) और बहिर्मुखी (Extrovert) प्रकारों के अनुकूल बैठता है। अन्तर्मुखी वे लोग होते हैं जो अपने को ही मुख्यता देकर संसार से उदासीन रहते हैं और बहिर्मुखी वे लोग होते हैं जो अपनी अपेक्षा संसार की अधिक परवाह करते हैं। अन्तर्मुखी गीत-काव्य अधिक लिखते हैं और बहिर्मुखी अनुकृत काव्य की ओर प्रवृत्त होते हैं।

यद्यपि यह विभाजन मनोवैज्ञानिक है तथापि सदोष है। गेय तो अनुकृत काव्य भी हो सकता है (जैसे रामायण), मुख्यता वैयक्तिक भावना की है। इस विभाग के बीच की रेखा निर्धारित करना बहुत कठिन है। कोई अनुकृत काव्य ऐसा नहीं जिसमें वैयक्तिक भावनाओं को प्रधानता न मिली हो और कोई ऐसा गीतकाव्य नहीं जिसका बाह्य संसार से सम्बन्ध न हो और जिसमें प्राक्कथन का थोड़ा-बहुत आधार न हो। फिर भी हम यह कह सकते हैं कि जिस काव्य में जिस बात की प्रधानता हो उस काव्य को हम उसी नाम से पुकारेंगे। नाटक को प्रायः बीच का

स्थान दिया जाता है। वह विषय-प्रधान तो है ही और इसमें कवि के तो नहीं किन्तु पात्रों के भाव महाकाव्य की अपेक्षा अधिक रहते हैं।

भारतीय परम्परा

भारतीय परम्परा में काव्य का कई आधारों पर विभाजन किया गया है। पहला आधार इन्द्रियों को प्रभावित करने का है; जो काव्य अभिनीति होकर देखा जाए वह दृश्य काव्य है, जो कानों द्वारा सुना जाए वह श्रव्य काव्य कहलाता है। यद्यपि श्रव्य काव्य पढ़े भी जाते थे वाल्मीकि रामायण के लिए कहा गया है कि वह पढ़ने और गाने दोनों में मधुर है—**'पाठ्ये गेये च मधुर प्रमाणैस्त्रिभिरान्वितम्'**—(वाल्मीकीय रामायण, बालकाण्ड 4।8) तथापि उनका प्रचार प्रायः गायन द्वारा ही हुआ करता था। वाल्मीकि रामायण के गेय गुण की भूरि-भूरि प्रशंसा की गई है—**'मध्येसभं समीप स्थाविदं काव्यमगायताम्। तक्छुत्वामुनयः सर्वे वाष्पपर्याकुलेक्षणाः'**—वाल्मीकीय 'रामायण' (बालकाण्ड 4।15)। ऐसा मालूम पड़ता है कि प्राचीन काल में काव्य के प्रचार के दो ही साधन अधिक प्रचलित थे—एक तो मूर्त्त अभिनय द्वारा जिसमें नेत्र और श्रवण दोनों को प्रभावित करना और दूसरा श्रोताओं के मन तक केवल श्रवणेन्द्रिय द्वारा पहुँच करना। उस समय वैयक्तिक जीवन इतना बढ़ा हुआ नहीं था कि लोग काव्य का आस्वाद कमरे में वैठकर ही करें। उन दिनों काव्य की सामाजिकता बढ़ी हुई थी।

दृश्यकाव्य—दृश्यकाव्य में जनसाधारण भी आनन्द ले सकते थे, श्रव्यकाव्य पठित समाज के लिए ही था। इसीलिए उसको पाँचवाँ वेद कहा है जिसमें कि शूद्र अर्थात् अल्प बुद्धि के लोग भाग ले सकें—

'न वेदव्यवहारोऽयं संश्रावरूः शूद्रजातिषु।
तस्मात् सृजापरं वेदं पञ्चमं सार्ववर्णिकम्।।''

—'नाट्यशास्त्र' (1।12)

कालिदास ने 'मालविकाग्निमित्र' में आचार्य गुणदास से कहलाया है कि नाटक सब प्रकार की बुद्धि और रुचि के अनुकूल होता है—**'नाट्यं भिन्नरुचेजनस्य बहुधाप्येकं समाराधनम्'** (मालविकाग्निमित्र, 1।4)। दृश्यकाव्य में देखने वाले को कल्पना पर अधिक जोर नहीं देना पड़ता, उसमें भूत भी वर्तमान की भाँति घटित होता हुआ दिखाई देता है। महाकाव्य, उपन्यास, विषय-प्रधान श्रव्यकाव्यों आदि में भूत का वर्णन भूतकाव्य के रूप में ही किया जाता है। दृश्यकाव्य में कवि परमात्मा की भाँति अपनी सृष्टि में अनुमेय रहता है, वह प्रत्यक्ष नहीं होता। श्रव्यकाव्य में पाठक और श्रोता का सीधा सम्बन्ध रहता है। दृश्यकाव्य में द्रष्टा और नाटक के पात्रों के बीच में कोई व्यवधान नहीं रहता। दृश्यकाव्य की सृष्टि की अनुकृति जीते-जागते पात्रों द्वारा होती है। उसमें गीत, वाद्य, दृश्य-विधान काव्य के प्रभाव को बढ़ाने में एक विशेष उद्दीपन का काम करते हैं। वहाँ पर शब्दों को पात्रों की

भावभंगी और चेष्टाओं द्वारा अधिक अर्थव्यक्ति प्राप्त हो जाती है। श्रव्यकाव्य में शब्द ही मानसिक चित्र उपस्थित करते हैं इसलिए उसमें ग्राहक-कल्पना का अधिक काम पड़ता है। श्रव्यकाव्य में वर्णन और प्राक्कथन (Narration) का प्राधान्य रहता है, दृश्य में कथोकथन और क्रिया-कलाप का। श्रव्यकाव्य में भी कथोपकथन रहता है किन्तु अपेक्षाकृत कम। दृश्यकाव्य में आजकल के बढ़ते हुए मंच के संकेत श्रव्यकाव्य के वर्णन का स्थान लेते जा रहे हैं।

नाटक में कवि एक प्रमुख अंग अवश्य है किन्तु उसकी सफलता में उसके अतिरिक्त नट, नाटक, व्यवस्थापक, गायक, वाद्य मंच-दृश्य और दर्शक भी योग देते हैं। नाटक एक बड़ी संकुल कला है। कवि को इन सबका ध्यान रखना पड़ता है। वह दर्शकों के भय, अवधान-शक्ति और रुचि से बँधा रहता है। उसे पहले से ही इन सब अंगों की कल्पना कर लेनी पड़ती है। नाटक में जहाँ द्रष्टा की कल्पना पर कम बल पड़ता है वहाँ स्रष्टा की कल्पना पर अधिक भार रहता है।

कुछ लोग नाटक के लिए अभिनय को आवश्यक नहीं मानते। वे कहते हैं कि जिस प्रकार धन एक उत्तेजक वस्तु है (कवि के लिए धन की लालसा आवश्यक नहीं) उसी प्रकार अभिनेयता भी एक उत्तेजना-मात्र है। नाटक में भी कवि की अभिव्यक्ति का ही प्राधान्य है, मंच तो एक उपकरण-मात्र है। इस कथन से नाटक को श्रव्य से पृथक् काव्य की विधा स्वीकार करने में बाधा नहीं पड़ती है। उसमें जो कार्य-कलाप दृष्टिगोचर हो सकता है उसका वर्णन नहीं होता है। नाटक का जब अभिनय नहीं होता तब पाठकों की कल्पना पर अधिक बल रहता है। यद्यपि बहुत-से ऐसे नाटक हैं जो कक्ष-नाटक (Closet Dramas) कहे जा सकते हैं तथापि नाटक की पूर्णता अभिनय में ही है। नाटक शब्द का अर्थ भी नट से सम्बन्ध रखने वाला है। रूपक जो नाटक के लिए व्यापक शब्द है वह भी अभिनय से ही सम्बन्ध रखता है–**'रूपारोपात्तु रूपकम्'** ('साहित्यदर्पण')। नाटक रूप के आरोप के कारण रूपक कहलाता है। जो वस्तु जिसमें न हो उसमें देखना ही आरोप कहलाता है।

गद्य और पद्य

आकार के आधार पर श्रव्य के पद्य, गद्य और मिश्रित (जिसका चम्पू एक भेद है) तीन विभाग किए गए हैं। गद्य की अपेक्षा पद्य में संगीत और छन्द प्रधान आकार-सम्बन्धी भेद में अभेद की मात्रा अधिक रहती है। पद्य में आजकल नियम और नाप-तोल का उतना मान नहीं रहा जितना श्रवण-सुखदाता के। छन्द-लय के ढाँचे-मात्र हैं वे सर्वसुलभ हैं। निराला, पन्त जैसे कुशल कवि छन्द के बिना भी लय की साधना करते हैं। यह भेद नितान्त आकार का नहीं वरन् भाव का भी है। पद्य में गद्य की अपेक्षा भाव का प्राधान्य रहता है, गद्य का सम्बन्ध 'गद्' धातु से है, वह बोलचाल की स्वाभाविक भाषा है। पद्य का सम्बन्ध पद में है, इसलिए

उसमें नृत्य-की-सी गति रहती है। वह भाव की गति और शक्ति के साथ बहती है।

प्रबन्ध और मुक्तक–बन्ध के आधार पर प्रबन्ध और मुक्तक नाम के दो विभाग किए गए हैं। प्रबन्ध में तारतम्य और पूर्वापर सम्बन्ध रहता है। मुक्तक काव्य के छन्द स्वतःपूर्ण होते हैं। वे एक-दूसरे की अपेक्षा नहीं करते। प्रबन्धकाव्य में वर्णन, प्राक्कथन, पारस्परिक सम्बन्ध और सामूहिक प्रभाव का प्राधान्य रहता है। मुक्तक में एक-एक छन्द के साज-सम्हार पर अधिक ध्यान दिया जाता है।

महाकाव्य और खण्डकाव्य–जीवन की अनेकरूपता और एकपक्षता के आधार पर महाकाव्य और अखण्डकाव्य नाम के दो भेद किए गए हैं। महाकाव्य में एक निश्चित आकार के अतिरिक्त विषय की महानता और उदात्तता रहती है। उसका नायक व्यक्ति की अपेक्षा जाति का प्रतिनिधि अधिक रहता है। 'रघुवंश' में रघुवंशी राजाओं के गुण बतलाए गए हैं, वे भारतीय मनोवृत्ति के साररूप हैं। खण्डकाव्य में जीवन के एक ही पहलू या एक ही घटना को महत्ता दी जाती है। महाकाव्य के आधार-सम्बन्धी नियम (आठ सर्ग से अधिक होना, एक सर्ग में एक ही छन्द का होना, प्रत्येक सर्ग के अन्त में आगामी सर्ग की कथा सूचना होना), उसकी महत्ता, प्रबन्ध-सुष्ठुता और सम्बद्धता के द्योतक हैं। महाकाव्य के रस (शृंगार, वीर, शान्त) और उसके नेता की श्रेष्ठता उसमें उदात्त भावों की व्यंजना करती है।

मुक्तक काव्य भी कई प्रकार का होता है। आकार की दृष्टि से दो भेद हैं–एक पाठ्य और दूसरा गेय जिसको प्रगीत भी कहते हैं। गेय में पाठ्य की अपेक्षा वैयक्तिकता, भावात्मकता और आत्मनिवेदन का पक्ष अधिक रहता है। जहाँ वर्णन संगीतमय और हृदय के वैयक्तिक उल्लास के साथ होता है वहाँ वर्णनात्मक छन्द भी प्रगीतकाव्य की कोटि में आते हैं। सूरदास के लीला-सम्बन्धी पद इसके उदाहरण हैं। उनमें **'सूर के प्रभु'** आदि की छाप लगाकर सूरदासजी अपना निजी सम्बन्ध स्थापित कर लेते हैं। तुलसीदासजी की 'विनयपत्रिका' महादेवी निराला आदि के गीत इसी कोटि में आएँगे। कुछ मुक्तकों में, जैसे 'गीतावली', 'विनयपत्रिका' आदि में सिलसिला रहता है किन्तु प्रत्येक पद स्वतन्त्र होने के कारण ये भी मुक्तक की कोटि में आते हैं। इस युग में प्रबन्धकाव्य की अपेक्षा मुक्तक का अधिक मान है। इसका मूल कारण है, वैयक्तिकता का प्राधान्य। पिछले युग का कवि अपने व्यक्तित्व को अपने उपास्य के व्यक्तित्व में समाविष्ट कर सकता था, आजकल का कवि अपने को प्राधान्य देता है।

गद्य के रूप

यद्यपि प्रबन्ध और मुक्तक का विभाग प्रधानतया पद्य का है तथापि गद्य में भी यह विभाजन लागू हो सकता है। उपन्यास महाकाव्य का स्थानापन्न होकर और कहानी खण्डकाव्य के रूप में, गद्य के प्रबन्धकाव्य कहे जा सकते हैं। महाकाव्य

उपन्यास की अपेक्षा इतिहास के अधिक निकट है। उसमें व्यक्ति को जाति की प्रधानता रहती है। महाकाव्य में व्यक्ति को महत्त्व मिलता है किन्तु जाति के प्रतिनिधि के रूप में। नाटक और उपन्यास में व्यक्तियों को स्वयं उनके ही कारण मुख्यता मिलती है। इतिहास में कार्य-कलाप पर अधिक ध्यान रखा जाता है किन्तु उपन्यास और नाटकों में बाह्य कार्य-कलाप के अतिरिक्त उनके प्रेरक आन्तरिक भावों पर भी बल दिया जाता है। गद्यकाव्य तो मुक्तक की कोटि में आएँगे। उनकी स्थिति निबन्ध और जीवनी के बीच-की-सी है। समस्त संग्रह की दृष्टि से एक-एक निबन्ध मुक्तक कहा जा सकता है। किन्तु निबन्ध के भीतर एक विशेष बन्ध रहता है (यद्यपि उनमें निजीपन और स्वच्छन्दता भी रहती है)। वैयक्तिक तत्त्व की दृष्टि से गद्य के विभागों को हम इस प्रकार श्रेणीबद्ध कर सकते हैं–उपन्यास, कहानी (काव्य के रूप में उपन्यास की अपेक्षा काव्यत्व और निजी दृष्टिकोण अधिक रहता है), जीवनी (यह इतिहास और उपन्यास के बीच की चीज़ है, इसका नायक वास्तविक होने के कारण अधिक व्यक्तित्वपूर्ण होता है।) निबन्ध। (इसमें विषय की वस्तुगतता (Objectivity) के साथ वर्णन की वैयक्तिकता रहती है), पत्र (इनमें दृष्टिकोण नितान्त निजी होता है। ये व्यक्ति के होते हैं और व्यक्ति के लिए ही लिखे जाते हैं, इनको पढ़े चाहे कोई।), गद्यकाव्य के तो ये सभी रूप हैं किन्तु गद्यकाव्य विशेष रूप से गद्यकाव्य है। इन विधाओं का पूर्ण विवरण इसके दूसरे भाग 'काव्य के रूप' में पढ़ सकते हैं। यहाँ पर दिए हुए चक्र से उपर्युक्त विभाजन हो जाएगा–

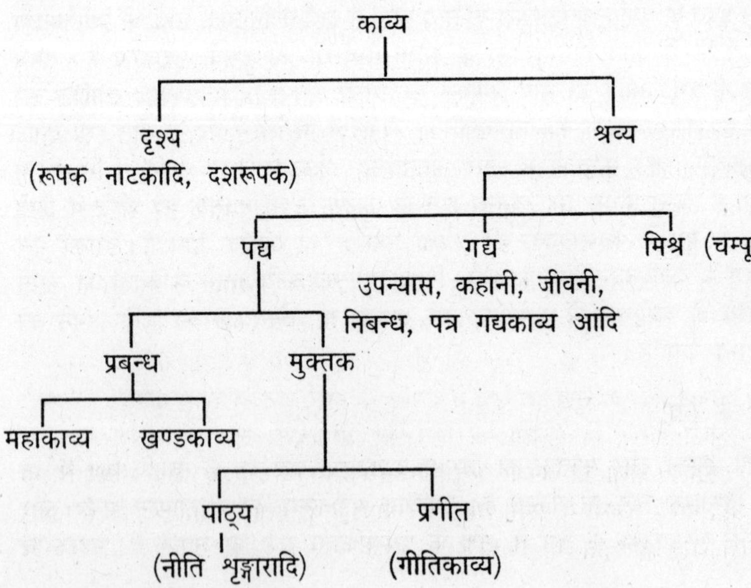

14. काव्य का कलापक्ष

(शैली के शास्त्रीय आधार-स्तम्भ)

अभिव्यक्ति की आवश्यकता

आत्माभिव्यक्ति की इच्छा मनुष्य में स्वाभाविक है। यह उसकी सामाजिकता का परिणाम है। वह अपने हृदय के आनन्द को दूसरों तक पहुँचाकर उसका मिल-बाँटकर उपभोग करना चाहता है। यदि दूसरे साथी न भी हों तो उसे अपने भावों और विचारों को मूर्तिमान् होते हुए देखकर प्रसन्नता होती है, यही कलाओं की प्रेषणीयता (Communicability) है। मनुष्य के लिए अभिव्यक्ति उतनी ही आवश्यक है जितना कि पुष्प के लिए विकसित होना, इसीलिए (Creative Necessity) सृजन की (अदम्य) आवश्यकता, कला की एक मूल प्रेरणाओं में मानी गई है। **'गूँगे के गुड़'** की भाँति मन-ही-मन आनन्द लेने वाले कबीर और दादू भी अपने हृदय के उल्लास को अपने तक सीमित न रख सके, साधारण शब्दों ने काम न दिया तो रूपकों और अन्योक्तियों का सहारा लिया गया। गूँगा भी 'सैना-बैना' का प्रयोग किए बिना नहीं रह सकता। **'स्वान्तःसुखाय रघुनाथ गाथा'** के लिखने वाले गोस्वामी तुलसीदासजी को अपनी कृति के 'बुधजनों' में आदर पाने की तथा सुजनों को प्रसन्नता देने की गौण रूप से तो अवश्य चिन्ता रही–

'भाग छोट अभिलाषु बढ़ करउँ एक बिस्वास।
पैहहिं सुख सुनि सुजन सब खल करिहहिं उपहास।।'

–'रामचरितमानस' (बालकाण्ड)

उनका स्वान्तः सुख इस बात में था कि वे अपने इष्टदेव की मर्यादापूर्ण लीलाओं तथा उनकी विमल विरुदावली का गान करें और दूसरे लोग भी उनके साथ गा सकें। इसीलिए शैली की अपेक्षा वस्तु को अधिक महत्त्व देते हुए भी (**'कवित विवेक एक नहिं मोरे'**) तुलसी ने अपने समय की प्रायः सभी प्रचलित शैलियों को अपनाया ही नहीं वरन् अलंकृत भी किया।

भाव-प्रेषण की समस्या

इस समस्या को आई. ए. रिचर्ड्स (I. A. Richards) ने अपनी 'प्रिन्सीपिल्स ऑफ क्रिटिसिज्म' (Principal of Criticism) नाम की पुस्तक में उठाया है। क्या एक व्यक्ति अपनी मनोदशा या प्रभाव को दूसरे में स्थानान्तरित कर सकता है? वैसे तो अपनी मनोदशा का ज्यों-का-त्यों दूसरे में पहुँचा देना कठिन कार्य है। हम यह भी नहीं कह सकते कि दो मनुष्यों के मन में लाल रंग का एक-सा विचार है किन्तु इसका व्यावहारिक प्रमाण यह है किसी वस्तु को जो लाल है सभी लाल कहते हैं। सूक्ष्म मनोदशाओं के सम्बन्ध में यह प्रश्न कुछ जटिल हो जाता है। अध्यात्मवादी वेदान्ती लोग चाहे सब जीवों की ब्रह्म में एकता मानें किन्तु व्यवहार में भेद मानते हैं। सम्भव है कि किसी अलौकिक साधन से एक के भाव दूसरे में पहुँच जाएँ किन्तु साधारण मनुष्यों के पास भाषा का ही साधन है। भाषा द्वारा हमारे भाव दूसरे के मन में उसी प्रकार पहुँच जाते हैं जिस प्रकार टेलीफोन की विद्युत-तरंगों के सहारे हमारी आवाज दूसरी जगह पहुँच जाती है या रेडियो द्वारा सब जगह पहुँच जाती है, ग्राहक-यन्त्र चाहिए।

इस अभिव्यक्ति के सम्बन्ध में आई. ए. रिचर्ड्स से प्रेरणा लेकर यह कहा जा सकता है कि जितना व्यक्ति का विचार सुगठित होगा, जितनी भाषा में मूर्तता होगी और जितनी पाठक की वर्णित विषयों की जानकारी होगी, उसी मात्रा में समान भावों के उत्पन्न करने में सफलता मिलेगी। इसीलिए हमारे यहाँ पाठक को सहृदय कहा गया है। पाठक की ग्राहकता पर तो वहुत-कुछ निर्भर है किन्तु लेखक और कवि के भावों की स्पष्टता, तीव्रता, सुगठितता और उनको व्यक्त करनेवाली भाषा की व्यंजना-शक्ति प्रेषण को सफल बनाने वाले कारणों में गिनी जाती है। जिस प्रकार हम अपने समाज-विशेष में किसी जाने-पहचाने मनुष्य के सम्बन्ध में अपने प्रभावों को दूसरे तक सफलता से पहुँचा सकते हैं उस प्रकार भाषा द्वारा ऐसे चित्रों को उपस्थित करके, जिनसे सब लोग परिचित हों, हम अपनी भावभिव्यक्ति में अधिक सफल हो सकते हैं। इसीलिए साधारणीकरण की तथा सबको अपील करने वाले गुणों, रूपकों आदि की आवश्यकता होती है। यद्यपि जितने दो व्यक्तियों के हृदय सुसंस्कृत होंगे उतना ही अच्छा भाव-प्रेपण होगा तथापि सफल कवि की संजीवनी शक्ति मुर्दों को नहीं तो अधमरों को अवश्य जीवित कर सकती है।

जैसा कि हम कह सकते हैं, शैली का महत्त्व अपने प्रभावों को समान रूप से दूसरों तक पहुँचाने में है, यह पूरा-पूरा तो सम्भव नहीं किन्तु अधिकांश में अवश्य सम्भव है। जिस प्रकार एक कवि अपनी रचना के सृजन में तथा पीछे से उनको पढ़कर भाव-मग्न हो जाता है, वैसे ही उसकी कलम के जादू से सृजित भाव-लहरी में पाठक भी अवगाहन कर सकते हैं।

वस्तु और आकार

काव्य के लिए दो वस्तुएँ अपेक्षित हैं–'वस्तु' (Matter) और उसकी अभिव्यक्ति का 'प्रकार' (Manner)। वस्तु की अभिव्यक्ति के प्रकार को ही शैली कहते हैं। अभिव्यक्ति के साधन बदलते रहते हैं। जिस प्रकार मनुष्य का व्यक्तित्व उसकी चाल-ढाल ; वेश-भूषा और शरीरिक एवं बोलचाल की विशेषताओं में निहित रहता है, उसी प्रकार वह उसकी लेखन-शैली में भी तिल में तेल की भाँति नहीं (क्योंकि तिलों को कोल्हू में निष्पीड़न करना पड़ता है) वरन् पुष्प में सौरभ की भाँति व्याप्त ही नहीं वरन् उसके द्वारा प्रकट होता रहता है, तभी तो कहा गया है–'Style is the man' अर्थात् शैली ही मनुष्य (व्यक्ति) है।

व्यक्ति के साथ ही शैली का अपने विषय से भी **'गिरा-अर्थ जल-बीचि सम'** अटूट सम्बन्ध है। वस्तु और शैली का पार्थक्य उतना ही असम्भव है जितना कि 'म्याऊँ' की ध्वनि का बिल्ली से। 'म्याऊँ' बिल्ली की अभिव्यक्ति है और बिल्ली को 'म्याऊँ' के नाम से पुकारना व्यक्ति, विषय और अभिव्यक्ति की एकता का एक ज्वलन्त उदाहरण है। तलवार की धातु और उसका आकार-प्रकार जिसमें उसका स्थूलत्व भी शामिल है, अलग नहीं किया जा सकता है। यदि वस्तु (Matter) है तो उनका कोई-न-कोई आकार (Form) होगा और यदि आकार है तो वह किसी-न-किसी पदार्थ का होगा। वस्तु से भिन्न आकार रेखागणित की वस्तु चाहे हो किन्तु वास्तविक जगत् में उसका अस्तित्व कठिन है।

साक्षेप महत्त्व

यद्यपि वस्तु और आकार को एक-दूसरे से पृथक करने की असम्भवता को प्रायः सभी स्वीकार करते हैं तथापि उनके अपेक्षाकृत महत्त्व पर लोगों का मतभेद है। तुलसीदास-सदृश कवि वर्ण्य वस्तु को ही महत्त्व देते हैं और केशव-जैसे पण्डित अलंकारों को काव्य का परमावश्यक उपकरण मानतें हैं। यह बात किसी अंश में मान्य हो सकती है कि रचना-काल का कौशल नगण्य वस्तु को भी चमका दे सकता है तथापि यदि वस्तु महान् हो तो उत्तम कलाकार के हाथ में रचना 'रामचरितमानस' की भाँति मणि-कांचन-संयोग का उदाहरण बन जाती है।

व्युत्पत्ति

शैली शब्द का सम्बन्ध शील से है जिसका अर्थ स्वभाव है। किसी काम के किसी विशेष प्रकार से करने की पद्धति को शैली कहते हैं। शैली लिखने, पढ़ने, खुदाई, गाने, बजाने सभी चीज की हो सकती है। मनुस्मृति के श्लोक पर कुल्लक भट्ट की टीका में शैली शब्द प्रणाली या पद्धति के अर्थ में आया है–**'प्रायेण आचार्याणामियां शैली यत्सामान्येनाभिधायविशेषेण विवृणोति**। अब यह कुछ-कुछ लिखने के ढंग

में विशिष्ट हो गया है।

अंग्रेजी का 'Style' शब्द लैटिन भाषा के 'Stylus' शब्द से, जिसका अर्थ कलम है, बना है। चित्रकारी में शैली को प्रायः **'कलम'** ही कहते हैं, जैसे राजपूती कलम, काश्मीरी कलम। 'स्टाइल' एक लोहे की कलम होती थी जिससे कि मोम की पट्टिकाओं पर शब्द अंकित किए जाते थे। 'कलम' का अर्थ लक्षणा द्वारा लेखन शैली हो गया। 'कलम' का सम्बन्ध व्यक्ति या लेखक से होने के कारण उसमें वैयक्तिकता कुछ अधिक है। शैली शब्द का तो अर्थ कुछ संकुचित हुआ और 'Style'....। अर्थ कुछ व्यापक बना, अब दोनों शब्द प्रायः पर्यायरूप से व्यवहृत होते हैं। संस्कृत शब्द रीति, शैली, और स्टाइल (Style) दोनों से अधिक व्यापक है। यह 'रीङ्.' धातु से जिसका अर्थ गति है, बना है।

शैली शब्द के दो-तीन अर्थ हैं—एक तो वह अर्थ है जिसमें कि यह कहा जाता है कि 'शैली ही मनुष्य है' (Style is the man), यहाँ इस अर्थ में शैली अभिव्यक्ति का वैयक्तिक प्रकार है। दूसरे अर्थ में शैली अभिव्यक्ति के सामान्य प्रकारों को कहते हैं। भारतीय समीक्षा-शास्त्र की रीतियाँ इसी अर्थ में शैलियाँ हैं। तीसरे अर्थ शैली वर्ण की उत्तमता को कहते हैं। जब हम किसी रचना के सम्बन्ध में कहते हैं। 'यह है शैली' अथवा किसी की विगर्हणा करते हुए कहते हैं कि 'यह क्या शैली है' या 'वे क्या जानें कि शैली क्या है' तब हम उसको इसी अर्थ में प्रयुक्त करते हैं। यद्यपि शैली से निजीपन और व्यापकत्व अर्थात् शैली की जातियाँ दोनों ही द्योतित होते हैं तथापि दोनों ही छोरों की सीमाएँ हैं। शैली में न तो इतना निजीपन हो कि वह सनक की हद तक पहुँच जाए और न इतनी सामान्यता हो कि वह नीरस और निर्जीव हो जाए। शैली अभिव्यक्ति के उन गुणों को कहते हैं जिन्हें लेखक या कवि अपने मन के प्रभाव को समान रूप में दूसरों तक पहुँचाने के लिए अपनाता है। अच्छी शैली में व्यक्तित्व और निर्वैयक्तित्व का सम्मिश्रण वांछनीय है। चाहे जितना उद्योग करें वह अपनी शैली में से अपने व्यक्तित्व को निकाल नहीं सकता, फिर भी विषय को भी उसे इतना व्यक्तित्व देना चाहिए कि वह स्वयं बोलने-सा लगे। इस विषय में 'मिडिल्टन मरे' (Middleton Murry) का शैली के सम्बन्ध में निम्नल्लिखित वाक्य पठनीय है—

'It (highest style) is combination of the maximum of personality with maximum of impersonality, on the one hand it is a concentration of peculair and personal emotion, on the other hand it is a complate projection of this personl emotion in to the created thing'

—J. Meddleton Murry ('the problem of style' page 35)

मरे साहब कलाकार के व्यक्तित्व को कृति में इस प्रकार उतारना चाहते हैं कि वह कलाकार का व्यक्तित्व न रहकर स्वयं कृति का व्यक्तित्व बन जाए।

शैली कोई एक ठप्पा नहीं है जिसकी ऊपर से छाप लगा दी जाए। कलाकार के विचारों और भावों के साथ ही उसका विकास होता है और कलाकार के व्यक्तित्व के साथ संसार की गतिविधि की छाप रहती है। शैली में संसार और कलाकार की क्रिया-प्रतिक्रिया की झलक रहती है। शैली को समझने के लिए कलाकार का जीवन के प्रति दृष्टिकोण समझना चाहिए। कलाकार के दृष्टिकोण के अनुकूल ही उसकी अनुभूति होगी और उसके अनुकूल ही उसकी अभिव्यक्ति होगी।

शैली में व्यक्तित्व और सामान्यता

कुछ लोगों की ऐसी धारणा है कि भारतीय समीक्षकों ने वैयक्तिक शैली की ओर ध्यान नहीं दिया। उन्होंने सामान्य (टाइपों) का विवेचन किया है, यह धारणा मिथ्या है। वास्तव में उन्होंने वैयक्तिक शैली की अनेकता स्वीकार की है और उसका व्यक्ति के स्वभाव के साथ सम्बन्ध भी माना है। आचार्य दण्डी ने कहा है–**'अस्त्यनेको गिरां मार्गः सूक्ष्मभेदः परस्परम्'** (काव्यादर्श, 1।40)। व्यक्तियों की शैली अनेक होते हुए भी उनमें कुछ सामान्य गुण होते हैं। व्यक्ति भी वर्गों में बाँटे जा सकते हैं। इसी प्रकार शैलियों के भी वर्ग होते हैं। हर एक व्यक्ति में उनका पृथक् रूप होता है किन्तु उसका वर्णन नहीं किया जा सकता। दण्डी ने कहा है कि वैदर्भी और गौड़ी रीतियों के मार्ग भिन्न-भिन्न हैं किन्तु अलग-अलग कवि में उनके जितने भेद हो सकते हैं वे नहीं कहे जा सकते हैं। गन्ने, दूध और गुड़ के मिठास में अन्तर अवश्य होता है किन्तु उसका वर्णन स्वयं सरस्वती भी नहीं कर सकती, देखिए–

> **'इति मार्गद्वयं भिन्नं तत्स्वरूपनिरूपणात।**
> **तथादास्तु न शक्यन्ते वक्तुं प्रतिकवि स्थिताः।।**
> **इक्षुक्षीरगुडादीनां माधुर्यस्यान्तरं महत्।**
> **तथापि न तदाख्यातुं सरस्वत्यापि शक्यन्ते।।'**

–'काव्यादर्श' (1।101,102)

आचार्य कुन्तल ने इस बात को स्पष्ट करते हुए इसका सम्बन्ध व्यक्ति के स्वभाव से स्थापित किया है। वे कहते हैं कि शक्तिमान् और शक्ति का भेद नहीं किया जा सकता। व्यक्ति के सुकुमारादि स्वभाव के अनुकूल ही उसकी शैली होती है किन्तु वैयक्तिक शैली की विभिन्नता के कारण उसका विभाजन नहीं हो सकता, इसीलिए उसके तीन मोटे विभाग किए गए हैं–

'कविस्वभावभेदनिबन्धनत्वेन काव्यप्रस्थानभेदः समञ्जसतां गाहते। सुकुमार स्वभावस्य कवेः तथाविधैव सहजाशक्तिः समुद्भवति, शक्तिशक्तिमतोरभेदात्.....यद्यपि कविस्वभावभेदनिबन्धनत्वादनन्तभेदभिन्नत्वमनिवार्य, तथापि परिसंख्यातुमशक्यत्वात् सामान्येन वैविध्यमेवोपद्यते।'

शैली ही मनुष्य है (Style is the man)—यह सिद्धान्त कुन्तल के विवेचन पर लेने के पश्चात् नया नहीं मालूम पड़ता।

यह अवतरण वी. राघवन की 'Studies on some Concepts of Alankarshastra' से लिया गया है। मेरे पास जो 'वक्रोक्तिजीवित' है उसमें यह अवतरण नहीं है। 'वक्रोक्तिजीवित' एक खण्डित पुस्तक के आधार पर सम्पादित है। उनका संस्करण पीछे का होगा, जो किसी दूसरी हस्तलिखित पुस्तक के आधार पर सम्पादित किया गया होगा। मेरी प्रति में यह बतलाया गया है कि तीन मार्ग दिग्दर्शन के रूप से ही बतलाए गए हैं। सारे सत्कवियों के कौशल के प्रकार किसी की भी शक्ति नहीं है—**'एवं मार्गत्रितयलक्षणं दिङ्मात्रमेव प्रदर्शितम्। नपुनः साकल्येन सत्कविकौशलप्रकाराणां केनचिदपि स्वरूपमभिधातुं पार्यते'** (वक्रोक्तिजीवित, प्रथमोन्मेष, पैंतीसवीं और छत्तीसवीं कारिका की वृत्ति से)—इसमें शैली के व्यक्तित्व की स्वीकृता है।

रस से सम्बन्ध

हमारे यहाँ के आचार्यों ने इस तत्त्व को यूरोप की अपेक्षा कुछ अधिक महत्त्व दिया है। कवि-कुल-गुरु कालिदास ने वाक् और अर्थ के मेल को(**'वागर्थाविव सम्पृक्तौ'**) पार्वती-परमेश्वर के मेल का उपमान बतलाया है। हमारे आचार्यों ने तो वाणी और अर्थ को काव्य का शरीर मानकर रस को उसकी आत्मा माना है, इसलिए उन्होंने वैदर्भी, पांचाली, गौड़ी आदि रीतियों को गुणों के आश्रित माना और गुणों को भी रस का धर्म मानकर उनका सम्बन्ध ठीक काव्य की आत्मा से स्थापित कर दिया। मम्मटाचार्य का कथन है कि जिस प्रकार शौर्यादि आत्मा के ही गुण हैं, आकार के नहीं, उसी प्रकार माधुर्य आदि गुण भी काव्य की आत्मा के हैं—

'आत्मन एव हि यथा शौर्यादयो नाकारस्य तथा रसस्यैव माधुर्यादयो गुण न वर्णनाम्।'

—'काव्यप्रकाश' (8 ।66 की वृत्ति)

माधुर्य और ओज का वर्णों और पदों से भी उतना सम्बन्ध है जितना कि शूरता का एक सुगठित शरीर से। सुगठित शरीर शूरता का द्योतक अवश्य होता है किन्तु शूरता एक मानसिक गुण है। इसी प्रकार यद्यपि माधुर्य की अभिव्यक्ति 'ण' को छोड़कर टवर्ग एवं महाप्राणरहित स्पर्श तथा वर्ग के अन्तिम वर्ण से युक्त वर्णों वाली समास रहित अथवा अल्प समास वाली कोमलकान्त पदावली द्वारा होती है, ओजगुण का प्रकटीकरण ट वर्ग-प्रधान एवं वर्ग के पहले, दूसरे और तीसरे-चौथे वर्णों के संयुक्त वर्णों जैसे—वरक्ख, भरत्थ, स्वच्छ, बग्घी, क्रुद्ध, युद्ध आदि द्वित और महाप्राण एवं लम्बे-लम्बे समास वाले पदों द्वारा होते हैं तथापि इनका सम्बन्ध पाठकों और श्रोताओं और कुछ-कुछ लेखकों और कवियों की भी मनोवृत्ति से है। इस प्रकार

शैली कोई ऊपरी चीज नहीं जिसकी छाप वस्तु के ऊपर लगा दी जाए। जिस प्रकार आत्मा की अभिव्यक्ति के लिए शरीर आवश्यक है उसी प्रकार रस के अभिव्यक्ति के लिए शैली आवश्यक है। शैली रस से संश्लिष्ट है, केवल अध्ययन के लिए पृथक् की जा सकती है।

शैली का व्यापक गुण

भारतीय समीक्षा में शैली का सम्बन्ध केवल भाषा से ही नहीं वरन् अर्थ से भी है। इसीलिए गुण-दोष शब्द अर्थ दोनों के ही माने गए हैं। अलंकारों में भी शब्द और अर्थ दोनों को ही महत्त्व दिया गया है। इसी दृष्टि से हम शैली के विभिन्न अंगों का अध्ययन करेंगे और उनके आधार पर शैली के गुणों एवं प्रकारों का विवेचन करने का उद्योग करेंगे। इस वर्णन के पूर्व हम शैली के एक व्यापक गुण पर प्रकाश डाल देना उचित समझते हैं। यह है अनेकता में एकता और एकता में अनेकता। एकता के बिना अनेकता, विरोध, वैषम्य और अव्यवस्था का रूप धारण कर लेती है और बिना अनेकता के एकता रंक और दरिद्र है। अनेकता में एकता द्वारा सम्बद्धता और सुसंगठन के गुण द्योतित होते हैं और एकता में अनेकता द्वारा सम्पन्नता प्रतिपादित होती है। सुसम्बद्ध सम्पन्नता अर्थात् थोड़े में बहुत की व्यंजना, शैली का मूल गुण है लेकिन वह हो प्रसाद युक्त क्योंकि अति गूढ़ व्यंजना का निषेध किया गया है। इसीलिए हमारे काव्य में ध्वनि और व्यंजना को विशेष महत्ता दी गई है। सुसमन्वित एवं सुसम्पन्न एकता अच्छी शैली का व्यापक आदर्श है। **भगवान् भी 'एकाकी न रमते'।**

अनेकता में एकता का सिद्धान्त शैली के सभी अंगों में दृष्टिगोचर होता है। भाषा और भाव की अन्विति के साथ में भाव-भाव की भी अन्विति रहती है। अनेकता में एकता सौन्दर्य का लक्षण है।

शास्त्रीय आधार

भारतीय साहित्यशास्त्र में यद्यपि रस को काव्य की आत्मा माना गया है तथापि काव्य के अभिव्यक्ति-पक्ष की उपेक्षा नहीं की गई है। रस की स्थिति श्रोता या पाठक में मानी गई है। इस कारण से अभिव्यक्ति-पक्ष को विशेष महत्त्व मिला है। भारतीय अलंकार शास्त्र के मुख्य अंग हैं—गुण एवं दोष जिनके आने से रस का क्रमशः उत्कर्ष और अपकर्ष होता है, रीति अलंकार, वक्रोक्ति, लक्षणा, व्यंजना आदि शब्द-शक्तियाँ ये सभी अंग रस की सृष्टि और उसके उत्कर्ष बढ़ाने में सहायक होते हैं। अब हम इनका संक्षेप में वर्णन करेंगे।

गुण

शौर्यादि की भाँति रस के उत्कर्ष-हेतुरूप स्थायी धर्मों को गुण कहा गया है। अलंकार भी उत्कर्ष के हेतु हैं किन्तु अस्थायी हैं। गुण दोषों के अभाव-मात्र नहीं हैं । उनका भावात्मक पक्ष भी है, इसीलिए इन दोनों का पृथक वर्णन किया गया है। जिस प्रकार दोषों का न होना मात्र सौन्दर्य नहीं है उसी प्रकार दोषभाव मात्र गुण नहीं हैं। इस बात को अधिकांश आचार्यों ने स्वीकार किया है। काव्य की परिभाषा में मम्मट पहले **'अदोषौ' और फिर 'सगुणौ'** कहा है। बहुत-सा पुस्तकों में (काव्यप्रकाश, वाग्भटालंकार आदि में) पहले दोषों का वर्णन है फिर गुणों का। वाग्भट ने तो स्पष्ट कह दिया है कि दोष न रहते हुए गुणों के बिना शब्द और अर्थ शोभा नहीं उत्पन्न कर पाते–

'अदोषावपि शब्दार्थों प्रशस्येते न यैर्विना।'

–'वाग्भटालंकार(3 ।1)

गुणों की संख्या–भरत, वामन आदि आचार्यों ने शब्द और अर्थ के दश-दश गुण माने हैं और भोज ने तो उनकी संख्या चौबीस तक पहुँचा दी है किन्तु मम्मट ने इन दशों को माधुर्य, ओज, प्रसाद तीन के ही भीतर लाने का प्रयत्न किया है, यद्यपि इस प्रयत्न में उसको आंशिक ही सफलता मिली है। पहली बात तो यह है कि इन दश गुणों की व्याख्या के सम्बन्ध में धर्म के तत्त्व की भाँति यही कहा जा सकता है कि **'नैकोमुनिर्यस्यचः प्रमाणम्'** और मम्मट ने यदि वामन के बतलाए हुए गुणों की अन्विति तीन में कर दी है तो उससे और आचार्यों के बतलाये हुए गुणों में नहीं होती। इसके अतिरिक्त इन दस या बीस गुणों में हमको शैली के बहुत से तत्त्व और प्रकार मिल जाते हैं।

तीन गुण–मुख्य रूप से तीन गुण माने जाते हैं–माधुर्य, ओज और प्रसाद। इनका सम्बन्ध चित्त की तीन वृत्तियों से है–(1) माधुर्य का द्रुति, द्रवण-शीलता या पिघलाने से है, (2) ओज का दीप्ति से अर्थात् उत्तेजना से और (3) प्रसाद का विंकास से अर्थात् चित्त को खिला देने से है। प्रसाद का अर्थ ही है प्रसन्नता। प्रसाद तो सभी रचनाओं के लिए आवश्यक गुण है, इसीलिए जहाँ माधुर्य और ओज का तीन-तीन रसों से सम्बन्ध माना है वहाँ प्रसाद का सभी रसों से माना है। सूखे ईंधन में अग्नि के प्रकाश अथवा स्वच्छ कपड़े में जल की झलक की भाँति प्रसादगुण द्वारा चित्त में एक साथ अर्थ का प्रकाश हो जाता है और चित्त को व्याप्त कर लेता है–

'शुष्केन्धनाग्निवत्स्वच्छजलवत्सहसैवयः।
व्याप्नोत्यन्यत्प्रसादोऽसौ सर्वत्र विहितस्थितिः।।'

–'काव्यप्रकाश' (8 ।70, 71)

प्रसाद का सम्बन्ध सब रसों के साथ मानना इस बात का द्योतक है कि अर्थ की स्पष्टता को शैली में कितना महत्त्व दिया गया है। क्लिष्टत्व, अप्रयुक्त व अप्रतीत्व आदि दोष भी अर्थ की स्पष्टता से ही सम्बन्ध रखते हैं। ध्वनिवादियों ने रस को असंलक्ष्यक्रमव्यंग्यध्वनि माना है। इसका भी यही अभिप्राय है कि रस में भी व्यंग्यार्थ का शुष्क ईंधन में अग्नि की भाँति एक साथ अभिव्यक्त होना अभीष्ट है। प्रसाद गुण माधुर्य और ओज दोनों के साथ रह सकता इसीलिए उसके दो उपमान अग्नि और जल दिए गए हैं। अग्नि का सम्बन्ध ओज से है और जल का सम्बन्ध माधुर्य से। उसे (जल को) रस भी कहते हैं, विरोध माधुर्य और ओज का है। एक का सम्बन्ध चित्त की कोमलवृत्तियों से और दूसरे का सम्बन्ध कठोर वृत्तियों से है। जैसा कि ऊपर बतलाया है इन वृत्तियों के अनुकूल इनका सम्बन्ध रसों से किया गया है। माधुर्यगुण—सम्भोग, शृंगार, करुण विप्रलम्भ और शान्त में क्रमशः बढ़ता है और ओजगुण वीर, वीभत्स और रौद्र में क्रमशः उत्कर्ष को प्राप्त होता है।

मम्मटाचार्य ने वृत्तियों और रीतियों को एक माना है—**'ऐतास्तिस्रो वृत्तयःवामनादीनां मते वैदर्भीगौड़ीपाञ्चाल्याख्या रीतयो मताः'** ('काव्यप्रकाश', 9।81 के पूर्वार्द्ध की वृत्ति)। वृत्ति और रीति में साधारणतया तो भेद नहीं किया जाता किन्तु इनमें थोड़ा भेद अवश्य है। वृत्तियों का विभाजन रचना के गुण पर है और रीतियों का वर्गीकरण देश या प्रान्त के आधार पर है। रीतियों का सम्बन्ध यद्यपि गुणों से है तथापि उनमें रचना के बाह्य रूप पर अधिक बल दिया गया है। वृत्तियों में मानसिक पक्ष की ओर भी संकेत रहता है। इस भेद को रुय्यक ने अधिक स्पष्टता प्रदान की है।

वृत्तियों का सम्बन्ध अर्थ से है। नाटकों में भी वृत्तियाँ मानी गई हैं। उनमें भाषा के अतिरिक्त अभिनय-सम्बन्धी सभी बातें आ जाती हैं। नाटकों में चार वृत्तियाँ मानी गई हैं इनको रसों से इस प्रकार सम्बन्ध माना गया है—

1. **कैशिकी**—शृंगार और हास्य।
2. **सात्वती**—वीर, रौद्र और अद्भुत।
3. **आरभटी**—भयानक, वीभत्स और रौद्र।
4. **भारती**—करुण और अद्भुत।

'शृंगारे चैव हास्य च वृत्तिः स्याद् कैशिकीति सा।
सात्वती नाम सा ज्ञेया वीररौद्रद्भुताश्रया।।
भयानके च वीभत्से रौद्रे चारभटी भवेत्।
भारती चापि विज्ञेया करुणाद्भुतासंश्रया।।'

—'नाट्यशास्त्र' (22।65,66)

आचार्य राजशेखर ने प्रवृत्ति और रीति में इस प्रकार अन्तर किया है—**'तत्र**

वेशविन्यासक्रमः प्रवृत्तिः, तिलासविन्यासक्रमो वृत्तिः, वचन विन्यासक्रमोरीतिः' प्रवृत्तियों का भेद वेशविन्यास पर निर्भर है। वृत्तियों का विभाजन कथन के ढंग पर अवलम्बित है। भोज ने अपने 'सरस्वतीकण्ठाभरण' में रीति का साहित्य के मार्गों से अर्थात् रचना के ढंगों से सम्बन्ध बतलाया है। रीति शब्द रीङ्. धातु से जिसका अर्थ चलना है, बना है–**'रीङ्. गताविति धातोः सा व्युत्पत्या रीतिरुच्यते'**। भोज ने वृत्ति का सम्बन्ध विकास, विक्षेप, संकोच और विस्तार मनोदशाओं से अर्थात् मन पर पड़े हुए प्रभावों से माना है। रीति का सम्बन्ध बाहरी वर्ण-विन्यास से अधिक है, वृत्ति का मन से –

'या विकाशेऽथ विक्षेपे संकोचे विस्तरे तथा।
चेतसो वर्तयित्री स्यात् सा वृत्तिः सापि षड्.विधा।।'

–'सरस्वतीकण्ठाभरण' (2 ।34)

भोज ने मध्यम आरभटी और मध्यम कैशिकी दो और वृत्तियाँ मानी हैं। हमको यह समझ लेना चाहिए कि बाहरी आकार भीतरी मनोवृत्ति के ही अनुकूल होता है। काव्य-प्रकाशकार का भी यही मत है इसलिए उन्होंने रीति और वृत्ति में अन्तर नहीं किया है।

एक बात अवश्य है कि दोनों रीतियाँ और वृत्तियाँ शैलियों के वर्ग से सम्बन्ध रखती हैं। अंग्रेजी शब्द 'Style' वर्ग और व्यक्ति दोनों की शैली के लिए आता है। यह बात रीतियों और वृत्तियों में नहीं है। व्यक्ति की शैली के लिए शैली शब्द का ही व्यवहार होगा। रीतियों और वृत्तियों के विभाजन को भामह ने कोई महत्त्व नहीं दिया। इस नाम-भेद करने को उसने बुद्धिहीनों को भेड़ियाधसान कहा है–

'गौड़ीयमिदमेतत्तु वैदर्भमिति किं पृथक।
गतानुगतिकन्यायान्नानाख्येयममेधसाम्।।'

–'काव्यालंकार' (1 ।32)

हमारे यहाँ के कुछ आचार्यों में भेदों के न मानने की आधुनिक प्रवृत्ति पाई जाती है।

दश गुण–वामन आदि द्वारा स्वीकृत शब्द और अर्थ के दश-दश गुणों का वर्गीकरण यद्यपि बहुत वैज्ञानिक नहीं है तथापि उसके द्वारा शैली के गुणों और प्रकारों पर अच्छा प्रकाश पड़ता है। इन गुणों का क्रम और उनकी व्याख्या भिन्न-भिन्न आचार्यों ने भिन्न-भिन्न रूप से की है। यहाँ पर 'रसगंगाधर' के क्रम के अनुसार गुणों के नाम दिए जाते हैं–

'श्लेषः प्रसादः समता माधुर्य सुकुमारता।
अर्थव्यक्तिरुदारत्वमोजःकान्तिसमाधयः।।'

–'रसगंगाधर' (पृष्ठ 25)

श्लेष के सम्बन्ध में कहा गया है कि वह गुण है जिसमें एक जाति के

वर्ण पास रखे जाएँ, प्रसाद वह गुण है जिसके द्वारा चुस्त और शिथिल रचनाएँ बारी-बारी से लाई जाएँ, समता वह गुण है जिसके द्वारा एक ही प्रकार की रचना आरम्भ से अन्त तक रहे। माधुर्य और सुकुमारता करीब-करीब माधुर्यगुण से मिलते हैं। अर्थव्यक्ति तीन गुण वाले प्रसाद का नामान्तर है। उदारता और ओज, ओज के अन्तर्गत हैं। कान्ति शोभा का विशेष नाम है। यह एक प्रकार से शैली की पौलिश-सी है। प्रसादगुण की भाँति समाधि में गाढ़ और शिथिल रचनाएँ बारी-बारी से आती हैं, केवल क्रम का अन्तर है। प्रसाद में पहले शिथिल, फिर गाढ़त्व और फिर शिथिलता रहती है। गाढ़त्व और शिथिलता को आरोह और अवरोह कहते हैं।

शैलियों के विभिन्न रूप

इन गुणों से कम-से-कम छः प्रकार की शैलियों का पता चलता है। वे रचनाएँ गाढ़त्व या शैथिल्य एक-सा रहता है अथवा जिनमें बारी-बारी से आता है, उनके दो प्रकार होते हैं—एक में पहले शैथिल्य और पीछे गाढ़त्व और दूसरी में पहले गाढ़त्व और पीछे शैथिल्य—कान्ति वाली शैली, ओज प्रसाद और सरलता वाली शैली। काव्यप्रकाश से प्रौढ़ि नाम की एक शैली का पता चलता है जिसमें समास, सुगाढ़ (Compact) तथा व्यास अर्थात् फैली हुई शैली का मिश्रण रहता है। एक पद के अर्थ में वाक्य की रचना करना व्यास शैली कहलाती है और वाक्य के अर्थ में एक पद की रचना समास शैली कहलाती है। व्यास और समास आजकल के नाम नहीं हैं—

'पदार्थे वाक्रचनं वाक्यार्थे च पदाभिधा।
प्रौढ़िर्व्यसिसमासौ च सभिप्रायत्वमस्य च।।'

—'काव्यप्रदीप'

अर्थ के सम्बन्ध में इन गुणों का विवेचन इतना लाभदायक न होगा किन्तु उनका भी अध्ययन निष्फल न जाएगा।

दोष और शैली की आवश्यकताएँ

दोषों के विचार से हमको यह बात स्पष्ट होती है हमारे आचार्यों ने शैली के सम्बन्ध में अर्थ और शब्द की ओर पूरा-पूरा ध्यान दिया है। उसी के साथ औचित्यों पर भी पूरा विचार किया है। यद्यपि वाक्य विचार की इकाई (Unit of Thought) है तथापि दोष शब्द और वाक्य दोनों के ही माने गए हैं। इन दोषों के अध्ययन से हमको शैली-सम्बन्धी निम्नोल्लिखित तथ्य मिलते हैं। दोष इसलिए बताए गए हैं कि उसमें रचना को बचाए जाए। यहाँ दोनों के आधार पर कुछ नियम रचना-सम्बन्धी वांछनीय तत्त्वों के रूप में दिए जाते हैं। नियमों के साथ ही उनके उल्लंघन से

जो दोष उत्पन्न होते हैं उनका उल्लेख कोष्ठक में किया गया है–

1. क्लिष्टत्व, अप्रतीतत्व तथा अप्रयुक्तदोष–रचना का सरल और सुबोध होना (क्लिष्टत्वदोष) वांछनीय है और उसमें ऐसे शब्दों का प्रयोग न होना चाहिए जो परिभाषाषिक अर्थ में विषय के ज्ञाताओं द्वारा ही समझे जाएँ (अप्रतीतत्वदोष) अथवा अप्रचलित हों (अप्रयुक्तदोष) रचना के लिए शब्दों की पूरी छान-बीन कर लेनी चाहिए कि वे अर्थव्यक्ति की सामर्थ्य रखते हैं या नहीं।

2. अश्लीलत्व तथा ग्राम्यत्व दोष–रचना का गौरव अश्लील शब्दों द्वारा (अश्लीलत्वदोष) या ग्रामीण शब्दों द्वारा (ग्राम्यत्वदोष) बिगाड़ना वांछनीय नहीं है।

3. अधिकपदत्व तथा न्यूनपदत्वदोष–रचना चुस्त रहनी चाहिए। न उसमें अधिक पद हों (अधिकपदत्वदोष) और न न्यून पद (न्यूनपदत्वदोष) हों।

4. विपरीत रचना तथा श्रुतिकटुत्वदोष–रस से अनुकूल शब्दावली का प्रयोग होना चाहिए। (विपरीतरचनादोष), शब्दों को साधारणतया भावानुकूल होना वांछनीय है। शृंगाररस की रचनाओं में कठोर वर्णन न आना चाहिए (श्रुतिकटुत्वदोष) किन्तु वीर और रौद्र रस में श्रुतिकटुत्वदोष भी गुण हो जाता है।

5. च्युतिसंस्कृतिदोष–रचना की व्याकरण-समस्त होना चाहिए (च्युतिसंस्कृतदोष) किन्तु व्याकरण की शुद्धता-मात्र को रचना को सौष्ठव समझ लेना ठीक न होगा।

6. अभवन्मतसम्बन्ध, दूरान्वय, समाप्तपुनरात्तं, त्यक्तपुनःस्वीकृत तथा गर्भित दोषत्व–वाक्य का अन्वय ठीक होना चाहिए (अभवन्मतसम्बन्ध और दूरान्वयदोष)। वाक्य के समाप्त हो जाने पर, उसके सम्बन्ध की बात फिर न लाई जाए या उसके बीच में दूसरी बात न आ जाए (समाप्तपुनारात्त, त्यक्तपुनःस्वीकृत और गर्भितदोष), यही बात अनुच्छेदों के सम्बन्ध में भी लागू हो सकती है। वाक्य के सामाप्त हो जाने पर फिर उसमें पूँछ लगा देना उसे शिथिल वाक्य बना देता है।

7. अक्रमत्व तथा दुष्क्रमत्वदोष–वाक्य में संगति और क्रम होना चाहिए। किसी वस्तु की महत्ता दिखाकर उसकी हीनता न दिखाई जाए या उसके विपरीत न किया जाए (व्याहत) और उत्थान-पतन एक क्रम से हो। इस सम्बन्ध में अक्रमत्व और दुष्क्रमत्व आदि दोष अध्ययन करने योग्य हैं, जैसे–**राजन्, मुझे घोड़ा दो न हो तो हाथी ही दो** (दुष्क्रमत्व)।

अलंकार

अलंकार भी शैली की उत्कृष्टता में सहायक होते हैं। वे इतने ऊपरी नहीं हैं जितने कि समझे जाते हैं। उनका भी रस से सम्बन्ध है। इनकी भी उत्पत्ति हृदय के उसी उल्लास से होती है जिससे कि काव्य-मात्र की–(नारी के भौतिक अलंकारों को धारण करने में भी एक मानसिक उल्लास के अभाव में विधवा स्त्री अलंकार नहीं धारण करती)–इसीलिए हृदय की ओज या उल्लास अलंकारों के मूल में माना जाएगा।

अलंकार रसानुभूति में भी सहायक होते हैं। उपमा, रूपक आदि मानसिक चित्रों द्वारा स्पष्टता ही प्रदान नहीं करते वरन् अर्थान्तरन्यास, दृष्टान्त, प्रतिवस्तूपमा, उदाहरण आदि अलंकारों द्वारा विचारों की पुष्टि करते हैं। भ्रान्ति, सन्देह, स्मरण उत्प्रेक्षा आदि अलंकारों द्वारा सादृश्य को नाना रूपों में उपस्थित किया जाता है। इसी प्रकार क्रम या यथासंख्य अलंकारों द्वारा रचना में क्रम उपस्थित करते हैं तथा व्यतिरेक, विभावना, असंगति, विषम, व्याघात द्वारा विरोध का चमत्कार उत्पन्न किया जाता है और दिखाया जाता है कि ब्रह्मा की सृष्टि से कवि की सृष्टि में विलक्षणता है। अन्योक्ति, समासोक्ति, पर्यायोक्ति एवं सूक्ष्म, विहित आदि द्वारा उक्तिवैचित्र्य और वचनचातुर्य का चमत्कार दिखाया जाता है। कारणमाला, एकावली, मालादीपक और सार आदि शृंखलामूलक अलंकारों द्वारा प्रभाव को बढ़ाया जाता है। लोकोक्ति द्वारा भाषा में एक सजीवता लाई जाती है। शब्दालंकारों द्वारा शब्द माधुर्य की सुष्टि की जाती है।

वक्रोक्ति (अलंकार नहीं)

वक्रतापूर्ण प्रयोगों से कथन में एक विशेष विदग्धता आ जाती है। कुन्तल ने गुण, रीति, अलंकार आदि सभी को वक्रोक्ति के अन्तर्गत कर दिया है। वक्रता का अर्थ एक प्रकार का सौन्दर्य है। कुन्तल ने शब्द और अर्थ के तथा शब्द शब्द के एवं अर्थ अर्थ के सामंजस्य पर बहुत बल दिया है। साहित्य का अर्थ ही है सहित होना–साम्य होने का भाव।

तीन मार्ग–कुन्तल ने शैली के तीन मार्ग माने हैं–एक सुकुमार, दूसरा विचित्र (यह विभाजन देशों आदि पर निर्भर न रहकर गुणों पर निर्भर है) तथा तीसरा मध्यम मार्ग जो इन दोनों के बीच का है। सुकुमार मार्ग में रस और भाव की प्रधानता रहती है और विचित्र मार्ग में उक्ति और अलंकारों को मुख्यता मिलती है। सुकुमार मार्ग में स्वल्प और मनोहर विभूषण होते हैं और वे यत्नपूर्वक नहीं लाए जाते हैं–**'अयत्नविहित स्वल्पविभूषणा'**–इसका सौन्दर्य सहज होता है। इसमें माधुर्यगुण की प्रधानता रहती है जो समास-रहित पदों द्वारा व्यंजित होता है। समास के कारण प्रसादगुण में भी बाधा पड़ती है। इस मार्ग का दूसरा गुण है प्रसाद। इसके द्वारा अर्थबोध सहज ही में हो जाता है। उन्हीं अर्थों द्वारा रस व्यंजित होता है। प्रसाद के साथ वक्रता उसी मात्रा में रह सकती है जिसमें कि वह अर्थबोध में बाधक न हो तीसरा गुण है लावण्य, इसका सम्बन्ध शब्दों और वर्णों से है। अनुप्रासादि अलंकार इस गुण को लाने में सहायक होते हैं। इस मार्ग का चौथा गुण है आभिजात्य, इसमें शब्दों की सुकुमारता और शालीनता के साथ गठन का भी सौष्ठव रहता है।

विचित्र मार्ग में अलंकारों का प्राधान्य होता है; एक अलंकार दूसरे से गुम्फित रहता है। सुकुमार शैली में स्वकीया-का-सा सहज अलंकरण होता है। विचित्र शैली में गणिका-का-सा कृत्रिम साज-शृंगार और अलंकारों का प्रदर्शन पाया जाता है।

इन दोनों से मिलता जुलता बीच का मार्ग मध्यम मार्ग कहलाता है।

इन तीनों शैलियों के उदाहरणों में बतलाया है कि कालिदास और सर्वसेन की रचनाएँ सुकुमार मार्ग की कही जाएँगी। बाणभट्ट, भवभूति और राजशेखर की रचनाएँ दूसरे मार्ग (विचित्र मार्ग) की हैं और मातृगुप्त, मायूराज और मंजीर की रचनाएँ मध्यम मार्ग की उदाहरण कही जाएँगी। हिन्दी में भी सुर, तुलसी सुकुमार मार्ग के कहे जाएँगे और केशव, बिहारी आदि विचित्र मार्ग के समझे जाएँगे।

विशेष–कुन्तल का यह विभाजन बहुत अच्छा है किन्तु पूर्ण नहीं कहा जा सकता। यह दो प्रकार की मनोवृत्तियों का द्योतक है। वैसे तो सुकुमार मार्ग वैदर्भी से समानता रखता है और विचित्र मार्ग गौड़ी के अनुकूल है किन्तु ये समानताएँ पूरी-पूरी नहीं हैं। गौड़ी में ओज की मात्रा रहती है, वह विचित्र में आवश्यक नहीं है।

छन्द

भावमयी भाषा में जो स्वाभाविक गति आ जाती है छन्द उसी का बाहरी आकार है। छन्द में वर्ण नृत्य की भाँति ताल और लय के आश्रित रहते हैं। छन्द भाषा को भावानुकूल बनाकर पाठक में एक विशेष ग्राहकता उत्पन्न कर देते हैं। शब्दों की ध्वनि द्वारा ही (शब्दों के जाने बिना भी) थोड़ी-बहुत अर्थ व्यंजना हो जाती है। छन्दों द्वारा जो सौन्दर्य का उत्पादन होता है उसके मूल में भी अनेकता में एकता का सिद्धान्त है। छन्द में शब्दों और वर्णों के विभेद में स्वरों की या मात्राओं की गणना का (वर्णों के लघु-गुरु-क्रम होने में, जैसे वर्ण-वृत्तों में होता है अथवा मात्राओं की समानता में, जैसे मात्रिक छन्दों में) साम्य रहता है। भेद में अभेद उच्चारण और श्रवण-सम्बन्धी इन्द्रियों को भी सुखकर होता है। नियम लय का ही आकार है। मुक्तक छन्द में जो नियमों से परे होते हैं, बँधे हुए आकार के बिना ही लय की साधना होती है। तुक का अब इतना मान नहीं जितना पहले था। तुक स्मरण रखने में सहायक होती थी। गद्य में अधिक तुकबन्दी दोष ही हो जाती है। गद्य में गति और लय होती है किन्तु वह पद्य की भाँति पूर्णतया व्यक्त नहीं होती है।

वृत्तियों और रीतियों का विभाजन

रीतियों का विचार भामह, दण्डी और कुन्तल ने मार्गरूप से किया। दण्डी के मत से वैदर्भी सब गुणों से सम्पन्न मानी गई है और गौड़ी में इसके अधिकांश गुणों का वैपरीत्य बतलाया गया है। वामन ने गौड़ी का ओज-प्रधान एक विशिष्ट शैली माना है। वामन ने इन मार्गों को रीति कहा है। उन्होंने शैली की परिभाषा इस प्रकार की है–**'विशिष्टा पदरचना रीतिः'** ('काव्यालंकार', 1।2।7)–और विशेष का अर्थ बतलाया है, गुणसम्पन्न–**'विशेषो गुणात्मा'**। वामन ने पांचाली एक तीसरी

रीति मानी। प्रारम्भ में इन रीतियों का देश-विदेश से सम्बन्ध रहा। जिस प्रान्त के लोगों ने जिस प्रकार की शैली में विशिष्टता प्राप्त की थी उसी प्रकार की शैली उस देश के नाम पर अभिहित हुई। वैदर्भी का विदर्भ देश (बरार) से, गौडीय का बंगाल से, पांचाली का पांचाल से अर्थात् पंजाब से और लाटीया का लाट देश (गुजरात) से सम्बन्ध था।

यूरोप में भी यूनानी सभ्यता से प्रभावित तीन-भू-भागों के आधार पर 'क्विन्टीलियन' (Quintelian) ने तीन रीतियाँ मानी हैं–(1)एटिक (Attic), (2) एसिएटिक (Asiatic) रोडियन (Rhodian)। एटिक का सम्बन्ध यूनान की राजधानी एथेंस से था। यह वैदर्भी के समान थी। एसिएटिक का सम्बन्ध एशिया में स्थित यूनानी उपनिवेश से था। यह गौडीय के समान शब्द-बाहुल्यपूर्ण किन्तु निस्सार थी और रोडियन का सम्बन्ध 'रोड्स' (Rhodes) से है, इसमें दोनों का मिश्रण था। कुन्तल के मार्गों और मम्मट की वृत्तियों में यह देश का सम्बन्ध छूट गया।

यद्यपि भामह के मत से, रीतियों ओर वृत्तियों का विभाजन करना और उनको भिन्न-भिन्न नाम देना बुद्धिहनों का **'अमेधसाम्'** काम है तथापि रीतियों का शैली से विशेष सम्बन्ध होने के कारण उनका जान लेना आवश्यक है, उनमें बहुत-कुछ सार है। गुणों के द्वारा रीतियों और वृत्तियों का रस से सम्बन्ध है। वे रस की उपकर्त्री मानी गई हैं। रस के अनुकूल ही उनका वर्ण-विन्यास रक्खा गया है। माधुर्य गुण व्यंजक वर्णों और पदों से सम्बन्ध रखने वाली और वृत्ति को 'उपनागरिका' कहते हैं और ओजगुण के अभिव्यंजक और पदों वाली रचना को 'पुरुषा' कहते हैं। इन दोनों से भिन्न वर्णों वाली वृत्ति को 'कोमल' कहते हैं। वामन के मत से इनको वैदर्भी, गौड़ी और पांचाली कहते हैं। इनके अतिरिक्त लाट देश (गुजरात) की लाटी, अवन्ती और मगध की मागधी रीतियाँ भी मानी गई हैं। साहित्यदर्पणकार ने पदों के संगठन या संयोजन को रीति कहा है। उन्होंने इनको **'अंगसंस्थाविशेषयत्'** अर्थात् मुखादि आकृति को विशेषता समान बतलाकर रस की उपकार करने वाली कहा है और उनके विचार भेद माने हैं–

'पदसंघटना रीतिरङ्गसंस्थाविशेषवत्।
उपकर्त्री रसादीनां सा पुनः स्याच्चतुर्विधाः।।'

–'साहित्यदर्पण' (9।1)

साहित्यदर्पणकार कविराज विश्वनाथ की मानी हुई चार रीतियाँ इस प्रकार हैं–

1. वैदर्भी–माधुर्य व्यंजक वर्णों से युक्त तथा समास-रहित वा छोटे समासवाली ललित रचना।

2. गौड़ी–ओज अर्थात् तेज को प्रकाश में लाने वाले वर्णों से युक्त, बहुत-से समास और आडम्बरों से बोझिल उत्कट रचना।

3. **पांचाली**–दोनों से बचे हुए वर्णों से युक्त पाँच या छः पद के समासों वाली रचना।

4. **लाटी**–वैदर्भी और पांचाली के बीच की रचना।

अभिधा, लक्षणा और व्यंजना

हम पहले ही कह चुके हैं कि सामंजस्य ही शैली का प्राण है। लक्षणा और व्यंजना भाषा की ऐसी शक्तियाँ हैं जिनसे भाषा सप्राण हो जाती है। इनका सम्बन्ध अर्थ से है और इनके द्वारा अर्थ में चित्रोपमता और सजीवता आती है। भाषा की तीन शक्तियाँ मानी गई हैं–अभिधा, लक्षणा, व्यंजना। अभिधा से साधारण अर्थ व्यक्त होता है। लक्षणा द्वारा अर्थ के विस्तार से भाषा में रबड़ की भाँति खिंचकर बढ़ जाने की शक्ति आती है। बँधे-बँधाए अर्थों को कुछ विस्तार और भिन्नता देने में जो बाधा पड़ती है उसका लक्षणों द्वारा शमन हो जाता है और भाषा में एक विशेष प्रकार की गतिशीलता आ जाती है। शब्दों के अल्प व्यय अर्थ-बाहुल्य में सुलभता होती है और वाग्वैदग्ध्य आ जाता है। कभी-कभी वाक्य में प्रस्तुत शब्दों में अभिधा से प्राप्त अर्थों में भी चमत्कार उत्पन्न हो जाता है। व्यंजना में शब्दों का आधार लक्षणा से भी कम हो जाता है और शब्द से संकेत पाकर अर्थ उमड़ पड़ता है। व्यंजना के सहारे निबन्ध में झंकार पैदा हो जाती है और शैली में प्राणों की स्वयं प्रतीति होने लगती है। वह शक्ति वाक्य-रचना में ऐसा प्रभाव पैदा कर देती है कि पाठक लेखक से तादात्म्य अनुभव करने लगता है। व्यंजना में यह बात अत्यन्त वांछनीय है कि अर्थ-व्यंग्य रहते हुए भी शब्द कहीं दुरूह न हो जाएँ। अपरिपक्व और अधूरे लेखक व्यंजना का यथार्थ प्रयोग नहीं कर सकते और जो इसका सहज प्रयोग कर सकते हैं वे अपने प्रत्येक वाक्य को सारगर्भित प्राणवान् और सशक्त बना देते हैं। आचार्यों ने इन प्रधान शक्तियों के भी कई विभेद किए हैं। शैली में इस प्रकार भाषा और भाव का सामंजस्य इन तीनों शक्तियों के द्वारा होता है। इनके विशेष वितरण के लिए **'शब्द-शक्ति'** वाला अध्याय पढ़िए।

पाश्चात्य आचार्यों के मत

यद्यपि ऊपर बताया हुआ एकता में अनेकता और अनेकता में एकता वाला शैली का व्यापक आदर्श पूर्व और पश्चिम में एक-सा ही है तथापि उस आदर्श की पूर्ति के साधनों एवं रूपों का विवेचन भिन्न-भिन्न प्रकार से हुआ है। इसी कारण लोग पूर्वी और पाश्चात्य मतों का भेद कर लेते हैं। शैली के सम्बन्ध में पाश्चात्य आचार्यों ने काफी सोचा है किन्तु वहाँ के सम्बन्ध में भी यही कहा जा सकता है कि **'नैकोमुर्न्यिस्य वचः प्रमाणम'**। यहाँ पर हम अंग्रेजी के उद्धरण न देकर श्री करुणापति त्रिपाठी लिखित 'शैली' नाम की पुस्तक से दो मत उद्धृत करते हैं। एक मत के

अनुसार जो पाठक के मस्तिष्क पर पड़े हुए प्रभाव को मुख्यता देता है, शैली के गुण इस प्रकार दिए गए हैं—

व्याकरण से सम्बन्ध शुद्धता के अतिरिक्त स्पष्टता (पारस्पिक्विटी) सजीवता (विवेसिटी), लालित्य (ऐलिगन्स), उल्लास (ऐनीमेशन) और लय (म्यूजिक) इन पाँचों गुणों का होना आवश्यक है।'

—शैली (श्रीकरुणापति त्रिपाठी)

दूसरा मत मिंटो का है। उस मत के अनुसार नीचे लिखे गुण आवश्यक हैं—

सरलता (सिम्प्लिसिटी), स्वच्छता (क्लीयरैन्स), प्रभावोत्पादकता (स्ट्रेंथ), मर्मस्पर्शिता (पैथोस), प्रसंग-सम्बन्धता (हार्मनी) और स्वरलालित्य (मैलोडी)।'

—शैली (श्रीकरुणापति त्रिपाठी)

तत्त्वों के अनुकूल गुण

इस सम्बन्ध में शैली के बौद्धिक और रागात्मक गुणों का भी उल्लेख हुआ है। मेरी समझ में काव्य के तत्त्व को ध्यान में रखते हुए शैली के गुणों के चार विभाग कर लेने चाहिए—(1) रागात्मक, (2) बौद्धिक, (3) कल्पना-सम्बन्धी, (4) भाषा-सम्बन्धी। पहले तीन आन्तरिक होंगे और चौथा बाह्य कहा जा सकता है। रागात्मक गुणों में प्रभावोत्पादकता, मर्मस्पर्शिता, सजीवता और उल्लास कहे जा सकते हैं। बौद्धिक गुणों में संगति क्रम और सम्बद्धता स्थान पाएँगे। कल्पना-सम्बन्धी गुणों में चित्रोपमता मुख्य है। भाषा या शैली में व्याकरण की शुद्धता, सरलता, स्पष्टता, स्वच्छता, लालित्य, लय, प्रवाह आदि गुण उल्लेखनीय हैं। (यहाँ शैली से शैली के बाहरी रूप से अभिप्राय है) अच्छी शैली में प्रायः ये सभी गुण वांछनीय हैं किन्तु विषय के अनुकूल इनका नयूनाधिक्य हो जाता है।

शैली के आन्तरिक और बाह्य दोनों प्रकार के गुणों की आवश्यकता है। सबसे पहले हृदय में उल्लास चाहिए। उसके बिना तो शैली में न गति आएगी और न लय, न ओज और माधुर्य। उल्लास के साथ ही विचार में संगति, क्रम और सम्बद्धता आवश्यक है, तभी शैली में स्वच्छता और स्पष्टता आएगी। यदि शैली में बौद्धिक नियमों का पालन नहीं होता है। तो उसमें प्रसाद गुण का अभाव रहेगा। विचारों की उलझन भव्य भाषा के आवरण में ढकी नहीं जा सकती। सुन्दर शरीर आन्तरिक गुणों के बिना मन में उतना ही आकर्षण उपस्थित करता है। जितना कि विष-रस भरा कनक-घट। अन्तर और बाह्य का साम्य ही साहित्य शब्द की सार्थकता प्रदार्न करता है।

15. शब्द-शक्ति

शक्ति की व्याख्या

'शब्द' शब्द अपने विस्तृत अर्थ में पृथक् शब्दों का ही द्योतक नहीं होता है वरन् उसके अन्तर्गत वाणी का समस्त व्यापार आ जाता है। इस दृष्टि से वाक्य भी शब्द के ही अंग माने जाएँगे। शब्द तथा वाक्यों की सार्थकता उनके अर्थ में है। अर्थवान् शब्द ही शब्द कहलाते हैं। जिस शक्ति या व्यापार द्वारा अर्थ का बोध होता है उसे शक्ति कहते हैं (**'शब्दार्थसम्बन्धः शक्ति'**)। जितने प्रकार के अर्थ होंगे उतने ही प्रकार की शक्तियाँ होंगी। शब्द के प्रायः तीन प्रकार के अर्थ माने जाते हैं–

''पदवाचक अरु लाच्छनिक, व्यंजक तीन विधान।
तातें बाचक भेद को, पहिले करौं बखान।।''

–भिखारीदास कृत 'काव्य-निर्णय'

1. वाच्यार्थ वा अभिधार्थ अर्थात् मूल अर्थ जो प्रायः कोषों में मिलता है, जैसे **'अश्व'** का 'घोड़ा' अथवा 'गर्दभ' का अर्थ 'गधा', ये अर्थ किसी पदार्थ, भाव या क्रिया की ओर निशिचित संकेत करते हैं।

2. लक्ष्यार्थ या लाक्षणिक अर्थ जैसे किसी मनुष्य के लिए हम कहें 'यह गधा है' तो उसका अर्थ होगा कि 'वह मूर्ख है'।

3. व्यंग्यार्थ, 'सन्ध्या हो गई' वह वाक्य भौतिक घटना की ओर तो संकेत करता ही है किन्तु इसका अन्य अर्थ भी ध्वनित होता है, अर्थात् विद्यार्थी के लिए पाठ बन्द कर देना चाहिए अथवा गृह-लक्ष्मी के लिए दीपक बाल देना चाहिए।

इन्हीं तीनों अर्थों के अनुकूल शब्द की तीन शक्तियाँ मानी गई हैं–अभिधा, लक्षण और व्यंजना। कोई-कोई आचार्य तात्पर्य नाम की एक चौथी शक्ति भी मानते हैं। यद्यपि अर्थ-ग्रहण में वक्ता, श्रोता और शब्द तीनों का ही योग रहता है (शब्द ही वक्ता और प्रोता का मानसिक सम्पर्क कराते हैं) तथापि ये शक्तियाँ शब्द की ही हैं।

अभिधा

अभिधा वृत्ति द्वारा ही शब्द का मूल या मुख्य अर्थ जाना जाता है। इसके द्वारा ही शब्द के वाचक अर्थ का अर्थात् उन वस्तुओं, भावों और क्रियाओं का, जो उससे द्योतक होती हैं, ज्ञान होता है। अब यह देखना है कि अभिधा द्वारा शब्द और अर्थ का सम्बन्ध किस प्रकार का है? न्याय ने यह सम्बन्ध सांकेतिक माना है और इसे ईश्वरेच्छा पर निर्भर रखा है–**'अस्मात् पदादयमर्थो बोद्धव्य इति ईश्वरेच्छा संकेतः शक्ति' (तर्क संग्रह, शब्द-प्रमाण)**–इस पद से यह अर्थ लेना चाहिए, ऐसी ईश्वर की इच्छा को शक्ति कहते हैं। नव्य न्याय ने इच्छा शब्द को व्यापक बनाकर ईश्वरेच्छा में सीमित नहीं रखा, वरन् उसमें मनुष्येच्छा को भी शामिल किया है। न्याय के अनुकूल शब्द अनित्य है। वैयाकरण तथा मीमांसक शब्द और अर्थ दोनों को नित्य मानते हैं।[1] व्यवहार में दोनों मतों में (विशेषकर वैयाकरण और प्राचीन नैयायिकों में) विशेष अन्तर नहीं है। नव्य न्याय ने मनुष्येच्छा को भी शामिल कर नये शब्दों के निर्माण की सम्भावना स्वीकार की है। इच्छा-मात्र को भी मानना आपत्ति से खाली नहीं क्योंकि शब्दों का निर्माण मनुष्यों के किसी समझौते पर निर्भर नहीं है। स्वाभाविक रूप से ही शब्द और अर्थ का मेल हो जाता है। जो लोग शब्द और अर्थ को नित्य मानते हैं वे लोग भाषा की परिवर्तनशीलता की उपेक्षा करते हैं। कालान्तर में शब्दों का अर्थ संकोच (जैसे मृग पहले जानवर मात्र को कहते थे, जैसे शाखामृग; पीछे से एक जानवर विशेष के लिए प्रयुक्त होने लगा) और विस्तार(जैसे प्रवीण शब्द से पहले वीणा बजाने की निपुणता का बोध होता था, फिर उससे सब बात की निपुणता का बोध होने लगा) को प्राप्त हो जाता है और कभी-कभी बदल भी जाता है। आजकल जब हम **'वागर्थाविव सम्पृक्तौ'** की बात कहते हैं तब हम शब्द की स्वाभाविक अर्थबोधकता पर ही ध्यान देते हैं। उसके नित्यत्व और अनित्यत्व का प्रश्न हमारे मन से बाहर रहता है। शब्द और अर्थ को हम नित्य इसी अर्थ में कह सकते हैं कि मनुष्य में शब्द बनाने और उसके द्वारा घोषित करने की शक्ति स्वाभाविक है और यह काल क्रम में विकसित हो जाती है।

शब्द किसका वाचक होता है–अर्थबोधं में किसकी ओर संकेत किया जाता है? यह प्रश्न विविध दर्शनों में मतभेद का विषय रहा है। मीमांसक लोग अर्थबोध जाति का ही मानते हैं। उनका कथन है कि 'गौ' कहने से 'गौ' जाति का बोध होता है किन्तु जब हम कहते हैं कि **'गौ लाओ'** तब जाति नहीं लाई जाती अथवा 'गौ को खूँटे से बाँधो' उस समय भी जाति को खूँटे से नहीं बाँधते, किसी व्यक्ति को ही बाँधते हैं। व्यक्ति के सम्बन्ध में यह आपत्ति उठाई जाती है कि व्यक्ति अनन्त है, जब शब्द किसी एक व्यक्ति का वाचक होता है तब वह किसी दूसरे व्यक्ति का किस प्रकार वाचक हो सकता है और जब हम यह कहते हैं कि 'डित्थ

नाम की श्वेत गौ घास चर रही है'—तब 'श्वेत' भी यदि व्यक्ति के लिए ही आता है तब क्या, 'डित्थ', 'श्वेत' और 'गौ' तीनों ही शब्द पर्यायवाची होकर एक ही व्यक्ति के लिए आते हैं?

एक व्यक्ति के लिए तीन शब्दों का प्रयोग लाघव के विरुद्ध है। न तो निरी जाति मानने से ही काम चलता है और न केवल व्यक्ति के मानने से ही अर्थ-सिद्धि होती है, इसलिए न्याय ने जाति-विशिष्ट व्यक्ति में संकेत ग्रहण किया है अर्थात् शब्द जाति के आधार पर व्यक्ति-विशेष की ओर संकेत करता है। इस मत में व्यक्ति और सामान्य का समन्वय हो जाता है। वैयाकरण लोगों ने सांकेतिक अर्थ, जाति, गुण, क्रिया और यदृच्छा चारों प्रकार का माना है। 'डित्थ नाम की श्वेत गौ चलती है'—यहाँ 'डित्थ' यदृच्छा अर्थात् इच्छापूर्वक दिया हुआ व्यक्ति का नाम है, 'श्वेत' गुण है, 'गौ' जाति है और 'चलती है' क्रिया है। नाम भी चार प्रकार के माने गए हैं—जो नाम जाति के आधार पर रखे जाते हैं वे जातिसूचक कहलाते हैं, जैसे यदुनाथ, रघुनाथ। जो केवल इच्छा पर रखे जाते हैं वे यदृच्छा कहलाते हैं, जैसे मुट्टू; जो गुण के आधार पर रखे जाते हैं वे गुणसूचक कहलाते हैं, जैसे श्याम और जो क्रिया के आधार पर रखे जाते हैं वे क्रियासूचक होते हैं, जैसे गिरधारी, कंसारि। नामों का इस प्रकार विभाग मान लेने से पाश्चात्य शास्त्र में उठाया हुआ प्रश्न कि नामवाचक शब्द (Proper Names) गुणवाचक (Conootative) होते हैं या नहीं, मिट जाता है। यह समस्या केवल यदृच्छा नामों के सम्बन्ध में हो सकती है। मीमांसक लोग तो डित्थ आदि व्यक्तिवाचक नामों को भी जातिवाचक मानते हैं। उनका कहना है कि जितने आदमी डित्थ शब्द का उच्चारण करते हैं उन विभिन्न प्रकार के उच्चरित शब्दों में डित्थित्व रहता है। बौद्ध लोग 'गौ' शब्द को, गौ को अन्य पशुओं से पृथक् करनेवाले अभावात्मक गुणों का, जिसे वे अपोह कहते हैं, संकेत मानते हैं। वास्तव में शब्द का संकेत या तो जातिविशिष्ट व्यक्ति में मानना चाहिए या अवसर और प्रसंग के अनुकूल व्यक्ति, जाति, आकृति, क्रिया आदि में मानना ठीक होगा।

अभिधा की मुख्यता—देवजी ने इन तीनों वृत्तियों में अभिधा की मुख्यता मानी है, देखिए—

'अभिधा उत्तम काव्य है, मध्य लच्छना लीन।
अधम व्यंजना रस कुटिल, उलटी कहत नवीन।।'

—'शब्दरसायन' (षष्ठम, प्रकाश, पृष्ठ 72)

यह कथन केवल इसी अर्थ में सार्थक हो सकता है कि लक्षणा और व्यंजना, अभिधा पर ही आश्रित रहती हैं। लक्षणा में भी अभिधार्य से योग रहता है और व्यंजना भी अभिधा के आधार पर ही चलती है, जो व्यंजना लक्षणामूला रहती है अथवा जो व्यंजना पर भी चलती है वह भी अन्त में अभिधा के ही आश्रय में कही

जाएगी किन्तु चमत्कार की दृष्टि से व्यंजना ही मुख्य है। उसमें कवित्व की मात्रा अधिक रहती है। रस में भी उसका ही काम पड़ता है। कभी-कभी अभिधा में भी चमत्कार रहता है किन्तु व्यंजना का अधिक महत्त्व है। उसमें थोड़े में बहुत की बात, जो सौन्दर्य का गुण है, आ जाती है। कविवर श्री मैथिलीशरण गुप्त ने जो 'साकेत' में 'गंगा में गृह' की सहजवाचकता का ही चमत्कार दिखाया है–

''बैठी नाव निहार लक्षणा-व्यंजना''
''गंगा में गृह' वाक्य सहज वाचक बना।''

–'साकेत' (पंचम सर्ग)

कभी-कभी मुहावरे के लाक्षणिक प्रयोग के साथ अभिधार्थ मिल जाने से भी चमत्कार बढ़ जाता है, जैसे–

'आँख दिखावति मूड़ चढ़ी मटकावति चन्द्रिका चाव से पागी।
रोकति साँसुरी पाँसुरी में यह बाँसुरी मोहन के मुख लागी।।'

–स्फुट

'आँख दिखावति मूड़ चढ़ी', **'मुख लागी'**–ये प्रयोग अभिधार्य और लक्षणार्थ दोनों में ही सार्थक हैं। यहाँ पर 'मुख लागी' में अर्थ का बोध तो नहीं होता लेकिन रूढ़ि के आधार पर लाक्षणिक अर्थ भी लग जाता है। कविवर बिहारीलाल ने भी राधारानी की वन्दना में रंगों के मिश्रण के ज्ञान का परिचय देते हुए अभिधा और लक्षणा का सुखद सम्मिश्रण किया है–

'मेरी भव-बाधा हरौ राधा नागरि सोइ।
जा तन की झाँई परै स्याम हरित दुति होइ।।'

–'बिहारी-रत्नाकर' (दोहा 1)

श्याम और पीला रंग मिलाकर हरा रंग हो जाता है। हरा रंग प्रसन्नता का भी द्योतक है।

कभी-कभी शुद्ध अभिधा के प्रयोग बड़े भावव्यंजक होते हैं। प्रेमचन्दजी ने घी के अभाव के लिए 'गोदान' में लिखा था–'घर में आँख में आँजने तक को भी घी न था'। सूर की स्वाभावोक्तियों में अभिधा का ही चमत्कार है, उसमें चाहे रस की अभिव्यक्ति में व्यंजना का प्रयोग हो जाय–**'संदेसो देवकी सों कहियों**–आदि पद इसके उदाहरण हैं। इसलिए न यह कहना ठीक है कि अभिधा में चमत्कार नहीं है या अभिधा निष्कृष्ट काव्य है और न देव तथा शुक्लजी के साथ यह कहना उचित है कि अभिधा ही उत्तम काव्य है और लक्षणा-व्यंजना मध्यम और निकृष्ट काव्य है। आचार्य शुक्लजी के अनुकूल **'जीकर, हाय! पतंग मरे क्यों?'** (**'चिन्तामणि': भाग 2, पृष्ठ 166**) के व्यंग्यार्थ में चाहे चमत्कार न हो किन्तु बिना व्यंग्यार्थ अभिधार्थ प्रायः निरर्थक रहता है। वास्तव में इन शक्तियों को श्रेणीबद्ध करना उचित नहीं है। अपने-अपने स्थान में सभी महत्त्व रखती हैं। तीनों प्रकार के अर्थों में पूर्ण चमत्कार

हो सकता है। ये चमत्कार के प्रकार हैं, दर्जे नहीं हैं। इतना ही तथ्य है कि व्यंजना द्वारा चमत्कार की अधिक साधना होती है। लक्षणा में भी व्यंजना की कुछ मात्रा है ही। रस में भी व्यंजना का काम पड़ता है (कुछ लोग रस को व्यंग्य नहीं मानते हैं), रस के व्यंग्य होने का यही अभिप्राय है कि कोरी अभिधा से रस-निष्पत्ति नहीं होती है। अभिधा, लक्षणा और स्वयं व्यंजना से भी रस की सामग्री मिलती है। अभिधा आदि के अर्थ फूल की भाँति हैं, रस फूल के सौरभ की भाँति है जो व्यंजना की वायु से व्यक्त होता है।

आचार्य शुक्लजी ने भी अभिधा को मुख्यता दी है। शाब्दिक चमत्कार तथा अभिव्यंजनावाद के वे कुछ विरुद्ध थे। उसी का प्रभाव मालूम होता है। उन्होंने वस्तु-व्यंजना और रस-व्यंजना का अलग-अलग व्यापार माना है। इनमें भेद अवश्य हैं किन्तु इतना ही जितना कि एक व्यापक वस्तु के दो प्रकारों में होता है। इसीलिए संलक्ष्यक्रम और असंलक्ष्यक्रम के दो भेद किए गए हैं। रसव्यंजना व्यंजना से बाहर की वस्तु नहीं बन जाती है। यद्यपि वस्तुव्यंजना अनुमान के थोड़ा निकट आ जाती है तथापि जैसा माना गया है वह अनुमान या उसका प्रसार नहीं है अनुमान के साधन इसमें काम नहीं आते। इसमें व्याप्ति की गुंजाइश नहीं। इसमें साधारणीकृत होने पर भी एक विशेष का परिस्फुटन होता है।

वस्तुव्यंजना और रसव्यंजना में कल्पना के प्रयोग की मात्रा का ही भेद है। रसव्यंजना में संस्कार अधिक काम करते हैं, वस्तुव्यंजना में परिस्थिति और कल्पना। यह मात्रा का ही प्रश्न है। दोनों में ही सहायकों (अर्थात् कल्पना और संस्कार) की आवश्यकता पड़ती है।

विशेष–जो पाठकगण व्यंजना और ध्वनि से परिचित न हों वे कृपया व्यंजना और ध्वनि को पढ़ लेने के बाद इसे दुबारा पढ़ लें। शुक्लजी का मत समझने के लिए 'चिन्तामणि' (भाग 2, पृष्ठ 183) पढ़िए।

लक्षणा

शब्द का अर्थ अभिधा में ही सीमित नहीं रहता। वह उसके आगे भी जाता है। जहाँ मुख्यार्थ के बाध होने पर उससे ही सम्बन्धित दूसरा अर्थ रूढ़ि या प्रयोजन के आधार पर लगाया जाता है, वहाँ वह अर्थ लक्ष्यार्थ कहलाता है और जहाँ मुख्यार्थ में बाधा न होने पर या लक्षणा का कार्य पूरा हो जाने पर उसके अतिरिक्त दूसरा अर्थ भी ध्वनित होता है, वह व्यंग्यार्थ होता है। जिस शक्ति द्वारा लक्ष्यार्थ ग्रहण किया जाता है, उसे लक्षण कहते हैं। 'काव्यप्रकाश' में लक्षणा की व्याख्या इस प्रकार है–

'मुख्यार्थबाधे तद्योगे रूढ़िंतोऽथ प्रयोजनात्।
अन्योऽर्थो लक्ष्यते यत्सा लक्षणारोपिता क्रिया।।'

–'काव्यप्रकाश' (2।9)

अर्थात् जहाँ अभिधा द्वारा अर्थ की सिद्धि में बाधा होने पर किसी रूढ़ि या प्रयोजन के आश्रित मुख्यार्थ से सम्बन्धित दूसरा अर्थ (आरोपित अर्थ) ग्रहण कर अवरोध दूर किया जाता है, वहाँ लक्षणा का व्यापार समझना चाहिए। इस प्रकार लक्षणा के व्यापार में तीन बातें होती हैं–(1) मुख्यार्थ को बाधा, (2) मुख्यार्थ से सम्बन्धित दूसरा अर्थ, (3) इस अर्थ का रूढ़ि या प्रयोजन के आधार पर लगाया जाना जैसे–

'फूले-फूले फिरत हैं, आज हमारो व्याउ।
तुलसी गाय बजाय कै, देत काठ में पाँउ।।'

–स्फुट

ब्याह करने वाला वास्तव में काठ में पैर तो नहीं देता है, वह तो चलता-फिरता रहता है (यह मुख्यार्थ में बाधा हुई)। काठ में पाँव देना बन्धन का द्योतक है, इसलिए काठ में पाँव देना बन्धन में पड़ने के अर्थ में आता है। यह मुख्य अर्थ से सम्बन्ध हुआ, यह अर्थ रूढ़ि या चलन के आधार पर लगाया गया है। मुहावरों में प्रायः ऐसे ही चलन की बात रहती है। लाक्षणिक प्रयोगों में प्रायः मूर्तिमत्ता आ जाती है जिसके कारण प्रभाव अधिक पड़ता है। बन्धन में पड़ने की अपेक्षा काठ में पैर पड़ जाना विशेष सजीव और चित्रोपम है। कविवर भिखारीदास का उदाहरण लीजिए–

'फली सकल मनकामना, लूट्यो अगनित चैन।
आज अँचइ हरिरूप सखि, भये प्रफुल्लित नैन।।'

–भिखारीदास कृत काव्यनिर्णय' (पदार्थनिर्णय, 24)

इसमें सभी प्रयोग लाक्षणिक हैं। वृक्ष फलते हैं, मनोकामना नहीं फलती, किन्तु पूर्ण होने में वह चमत्कार नहीं जो फलने में है। इसमें कुछ समय पर्यन्त प्रतीक्षा की बात तथा बाहुल्य एवं पूर्णता के साथ सरसता, माधुर्य आदि के भाव भी व्यंजित हो जाते हैं, इसी प्रकार लूटने में जो भाव है वह प्राप्त करने में नहीं। लूटने में बाहुल्य, प्रसन्नता, उत्साह, शीघ्रता और लुटेरे का अधिकार व्यंजित हो जाता है। 'अँचई' में जो बात है वह देखने में नहीं, उससे एकदम तृष्णा के साथ अन्तस्थल तक पहुँच जाने और तृप्ति की बात व्यंजित होती है। प्रफुल्लित में खिले हुए फूल द्वारा हर्ष का मूर्तिमान चित्र बन जाता है। लक्षणा अभिधा को दिवालिए से साहूकार बना देती है किन्तु उसे व्यञ्जना के बैंक का ही सहारा लेना पड़ता है। लक्षणा का चमत्कार अभिधा के विरोध के दूर करने, उसकी सीमा बढ़ाने और उसको मूर्त्तता देने में है। भाषा के बहुत-से शब्द और मुहावरे लक्षणा के ऊपर ही आश्रित होते हैं, सुराही की गर्दन, आलू की आँख, एहसान के भार से दबा हुआ, मुँह लाल, अपने पैर पर खड़ा होना आदि ऐसे ही प्रयोग हैं।

रोज के व्यवहार में भी लक्षणा का प्रयोग होता है। जब ताँगे वाला पूछता है–'बाबूजी, सवारियाँ कहाँ हैं'–और उसके उत्तर में कहा जाता है कि सवारियाँ अमुक मुहल्ले में घर पर हैं, उस समय सवारी का अर्थ वाहन नहीं होता है। सवारी

यदि घर पर ही हो तो बाहर से ताँगों को ले जाने की आवश्यकता ही क्या? यह मुख्यार्थ में बाधा हुई। इसका तात्पर्य सवारी में बैठने वाली या वाले औरतें या पुरुष हैं। यह मुख्यार्थ से सम्बन्धित अर्थ है। इसमें आधार-आधेय का सम्बन्ध है। आधार को ही आधेय मान लिया गया है। इस सम्बन्ध का आधार है रूढ़ि या चलन।

'कुशल' शब्द का शाब्दिक अर्थ होता है, कुश लाने में समर्थ–(**'कुशंलातीति कुशलः'**–कशु लाना योग्यता का द्योतक है)–किन्तु जब हम कहते हैं कि ये चित्रकला में कुशल हैं तो मुख्यार्थ में बाधा पड़ती है। यहाँ लक्षणा द्वारा योग्यता या निपुणता का भाव लक्षित है, लक्षणा द्वारा मुख्यार्थ को बाधा दूर किया गया है। आचार्य विश्वनाथ **'कुशल'** शब्द में लक्षणा न मानने के पक्ष में प्रतीत होते हैं। उन्होंने **'कुशल'** शब्द में लक्षणा मानने वालों का मत देकर उस पक्ष के विरोधी लोगों का भी मत दे दिया है। उनका कहना है कि यों तो गौ में भी लक्षणा आ जाएगी, गौ का अर्थ है चलने वाली फिर **'गौःशेते'** में भी लक्षणा हो जाएगी। कालान्तर में लाक्षणिक अर्थ रूढ़ि हो जाते हैं।

रूढ़ और प्रयोजनवती–रूढ़ि और प्रयोजनवती रूप से लक्षणा के दो प्रकार तो उसकी परिभाषा में ही आ जाते हैं। जो लक्षणा रूढ़ि के आधार पर लगाई जाए वह रूढ़िलक्षणा कहलाती है और जो प्रयोजन के आधार पर लगाई जाए वह प्रयोजनवत्ती कहलाती है। जब हम कहते हैं–''**गंगायां घोषः**'–तो 'गंगा में गाँव' की बात वास्तविक अर्थ में असम्भव हो जाती है क्योंकि गंगा के प्रवाह में गाँव ठहर नहीं सकता किन्तु लक्षणा द्वारा सामीप्य-सम्बन्ध से इसका अर्थ होता है–गंगा के निकट गाँव। गंगा के समीप, न कहकर 'गंगा में कहने का प्रयोजन यह है कि गाँव की पवित्रता और शीतलता पर बल दिया जा सके। गंगा के भीतर कहने में गंगा के गुणों का अधिक सम्पर्क हो जाता है। **'गांधीजी डेढ़ पसली के आदमी थे'**–आदमी डेढ़ पसली का तो नहीं होता है, गांधीजी के भी और मनुष्यों की भाँति 24 पसलियाँ होंगी किन्तु 'डेढ़ पसली' कहने से शरीर की क्षीणता और हलकेपन का द्योतक करना प्रयोजनीय है। 'कलिंग साहसी हैं'–यहाँ कलिंग का रूढ़ अर्थ है कलिंगवासी, यहाँ रूढ़लक्षणा है।

गौणी और शुद्धा–यह विभाजन मुख्यार्थ और लक्ष्यार्थ के सम्बन्ध पर निर्भर है। जहाँ यह सम्बन्ध सादृश्य का होता है वहाँ लक्षणा गौणी (अर्थात् सादृश्यगुण से सम्बन्ध रखने वाली) कहलाती है और जहाँ सादृश्य के अतिरिक्त और कोई सम्बन्ध होता है–जैसे आधार-आधेय वा अंगी और अंग का–वहाँ वह शुद्धा कहलाती है। चन्द्र-मुख में जो लक्षणा है वह सादृश्य के आधार पर होने के कारण गौणी है। किन्तु जब हम कहते हैं–**'मंचाः क्रोशन्ति'** (मंच चिल्ला रहे हैं) अथवा 'लाठियाँ जा रही हैं'–तब इनमें सादृश्य का सम्बन्ध नहीं है, इसीलिए ये उदाहरण शुद्धा लक्षणा के कहे जाएँगे।

उपादानलक्षणा और लक्षणलक्षणा–यह विभाजन मुख्यार्थ के बनाए रखने या छोड़ने के आधार पर है। जहाँ पर मुख्यार्थ बना रहकर अपनी सिद्धि के लिए और दूसरी वस्तुओं को भी लेता है, वहाँ उपादानलक्षणा होती है–**'यष्टयः प्रविशन्ति'** (लाठियाँ आती हैं)–वहाँ लाठी के साथ ही लाठी को ग्रहण करने वाले लोग भी सम्मिलित कर अर्थ की पूर्ति कर ली जाती है। 'द्वारा रखाए रहना'–यहाँ पर द्वार से अभिप्राय केवल द्वार से ही नहीं, द्वार से सम्बन्धित मकान से भी है। 'द्वार रखाए रहना' का यह अर्थ नहीं है कि केवल द्वार की रक्षा की जाए और सारे घर की परवाह न की जाए। यहाँ पर 'द्वार रखाए रहना' का अर्थ विद्यमान है ही किन्तु अर्थ की पूर्ति के लिए और घर-बार भी ले लिया गया है, इसलिए यहाँ पर उपादानलक्षणा है। इसको अजहत्स्वार्था (अर्थात् जिसने नहीं त्यागा है अपना अर्थ) लक्षणा भी कहते हैं।

जहाँ मुख्यार्थ लक्ष्यार्थ की सिद्धि के लिए अपने को समर्पण कर देता है वहाँ लक्षित अर्थ का ही प्राधान्य होता है। मुख्यार्थ का उपयोग नहीं होता है, इसलिए उसे जहत्स्वार्था भी कहते हैं। **'अँचइहरिरूप'** में अँचइ' अपने शब्दार्थ (पीना) का बलिदान कर अर्थ की स्पष्टता के लिए सक्रिय रूप से देखने और आस्वाद लेने के अर्थ को स्वीकार करता है। कभी-कभी अर्थ बिल्कुल पलट भी जाता है, जैसे किसी मूर्ख से कहें कि आप तो सक्षात् बृहस्पति हैं तो बृहस्पति का अर्थ मूर्ख ही होगा। घनानन्द में 'विश्वासी' का प्रयोग 'विश्वास करने अयोग्य' के अर्थ में हुआ है।

सारोपा और साध्यवसाना–यह भेद इस बात निर्भर है कि उपमेय पर जो उपमान का आरोप होता है, उसमें उपमेय और उपमान दोनों रहते हैं अथवा केवल उपमान से ही काम चलाया जाता है अर्थात् वही उपमेय का स्थान ले लेता है। जब हम श्याम की चपलता द्योतित करने के लिए यह कहें कि 'श्याम नाम का लड़का बिजली है' तब इस वाक्य में 'श्याम' भी है जिस पर आरोप किया गया है और 'बिजली' भी है, जो शब्द 'श्याम' पर आरोपित हुआ है। यहाँ पर सारोपालक्षणा होगी। किन्तु यदि हम कहें कि बिजली जा रही है तब वह साध्यवसाना लक्षणा हो जाएगी। रूपकातिशयोक्तियों में (जैसे 'कमल पर दो खंजन बैठे हैं', यहाँ 'कमल' मुख के लिए आया है और 'खंजन' नेत्रों के लिए अथवा सूर के **'अद्भुत एक अनुपम बाग'** वाले पद में) साध्यवसानालक्षणा ही लगती है।

गूढ़व्यंग्या, अगूढव्यंग्या आदि और भी भेद हैं किन्तु वे गौण हैं। ये भेद तो व्यंग्य की गूढ़ता पर आश्रित हैं। यहाँ पर मात्रा का प्रश्न आ जाता है और यह बात सुनने वाले की शिक्षा-दीक्षा पर भी निर्भर रहती है। मूर्ख के लिए अगूढ़व्यंग्या भी गूढ़ हो जाएगी। रूढ़ शब्द भी सापेक्ष है। कालान्तर में प्रयोजनवती भी रूढ़ बन जाती है। 'आग लगाना' अब मुहावरा हो गया है। इन प्रकारों के योग से लक्षणा

के कई प्रकार हो जाते हैं। इन योगों के सम्बन्ध में मतैक्य नहीं है। कुछ लोग तो रूढ़ा, निरूढ़ा और प्रयोजनवती में बराबर के प्रकार मानते हैं, कुछ प्रयोजनवती में अधिक मानते हैं। रूढ़ा में गूढ़ और अगूढ़ व्यंग्य का भेद नहीं होगा क्योंकि रूढ़ में व्यंग्य रहता भी नहीं है। किन्हीं-किन्हीं ने गौणी में उपादान और लक्षणलक्षणा का भेद नहीं माना है। मोटे तौर से लक्षणा के भेद नीचे के चक्र में दिए जाते हैं—

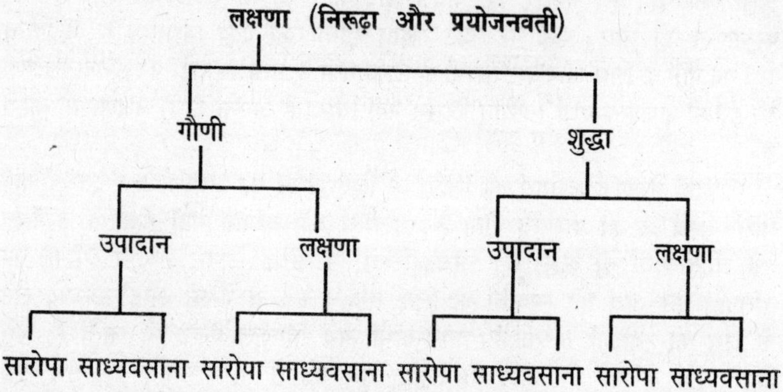

ये दोनों लक्षणाएँ जहाँ तक साथ जाती हैं वहाँ तक दी गई हैं, यह विभाजन साहित्यदर्पण के अनुकूल है। कुछ उदाहरण नीचे दिए जाते हैं।

'घी आयु है'—प्रयोजनवती (पौष्टिकता और आयुवर्धकता दिखाना प्रयोजन है), शुद्धा (यहाँ पर सादृश्यसम्बन्ध नहीं है), लक्षणलक्षणा (यहाँ आयु ने अपना स्वार्थ छोड़ दिया है), सारोपा।

'पतझड़ था, झाड़ खड़े थे
सूखी सी फुलवारी में,
किसलय नव कुसुम बिछाकर
आये तुम इस क्यारी में।'

—'आँसू'

यहाँ प्रयोजनवतीलक्षणा जीवन की शुष्कता और नीरवता दिखाने के लिए लक्षणलक्षणा, गौणी (सादृश्य है) साध्यवसाना (यहाँ पर केवल उपमान ही है)।

'अनबूड़े' बूड़े, तरे जे बूड़े सब अङ्ग'—'बिहारी-रत्नाकर' (दोहा 94) इसमें 'बूड़े' के दो भिन्न लाक्षणिक अर्थ हैं—रूढ़ा, गौणी, लक्षणलक्षणा, साध्यवसाना।

भाले आते हैं'—प्रयोजनवती (उनके धारण करने वालों का तीक्ष्ण स्वभाव दिखाने का प्रयोजन), शुद्धा (यहाँ सम्बन्ध धार्य-धारक का है, सादृश्य का नहीं है)। इसमें

'ये' वा 'वे' शब्द नहीं हैं, इसीलिए साध्यवसाना है। जिस वस्तु पर 'भाले' का आरोप है वह नहीं है, यह उपादानलक्षणा है। इसमें 'भाले' का अर्थ भी रहा है, पूर्ति के लिए दूसरा, शामिल किया गया है—भाले को धारण करने वाले। इसको रूढ़ि भी कह सकते हैं, बहुत दिनों से प्रचलित प्रयोजनवती रूढ़ि भी हो जाती है।

'निर्दयता की मारों से,
उन हिंसक हुंकारों से
नत-मस्तक आज कलिंग हुआ।'

—'लहर'

पहली पंक्ति में **'निर्दयता का अर्थ है**—निर्दयतापूर्ण मनुष्यों की मारों से यहाँ पर **'निर्दयता'** शब्द अपना अर्थ बनाए रखकर अपनी मूर्ति के लिए एक और अर्थ स्वीकार करता है, इसीलिए यहाँ उपादानलक्षणा है। यहाँ लक्षणा में गुण और गुणी सम्बन्ध है, इसलिए शुद्धा है, **'निर्दयता की'** अतिशयता दिखाने के लिए निर्दयता को ही साकार बना दिया है, इसलिए प्रयोजनवती है। इसी प्रकार **'हिंसक हुंकारों'** में भी लक्षणा लगाई जाएगी।

'नतमस्तक आज कलिंग हुआ'—**'कलिंग'** देश का नाम है। रूढ़ालक्षणा से इसका अर्थ हुआ—कलिंग-देशवासी। इनमें **'कलिंग'** अपना अर्थ बनाए रखकर पूर्ति के लिए दूसरे अर्थ को स्वीकार करता है, इसलिए इसमें उपादान-लक्षणा हुई। इसमें देश और देशवासियों का आधार-आधेय-सम्बन्ध है, इसलिए शुद्धा हुई। यहाँ पर आरोप का विषय पृथक् नहीं है, इसलिए साध्यवसाना **'नतमस्तक'** भी लाक्षणिक शब्द है।

'दल में विलीन बल'—यहाँ पर **'छल'** से अर्थ है, छली लोगों का, **'विलीन'** का अर्थ है परास्त हुए। यहाँ पर प्रयोजनवतीलक्षणा है (छल और बल का आधिक्य दिखाने के लिए मूर्तिमान् किया), उपादान (छल और बल ने अपनी पूर्ति की है, अर्थ नहीं त्यागा है), शुद्धा और साध्यवसाना है।)

विशेष—भाषा पर लक्षणा का साम्राज्य बहुत दिनों से चला आ रहा है। हमारे मुहावरे, रूपक आदि लक्षणा पर ही आश्रित हैं। कल्पना के लिए मूर्तिमत्ता आवश्यक रहती है—चारपाई, सुराही की गरदन, पंखा (पंख), पत्र (पत्ते), पहाड़ की चोटी, चोटी के विद्वान्, कविता के चरण, गगनचुम्बी धरातल, चरण-कमल, ध्यानमग्न होना, पार पाना, प्रकाशित करना, खो जाना (भूल जाने के अर्थ में) बात काटना, पोता फेरना, आग लगाना, बात उगलना (कबूल लेने के अर्थ में), अंकुरित होना, सूत्रपात करना इत्यादि। इसीलिए भाषा मुहावरों का महत्त्व है। उनसे शैली में सजीवता, मूर्तिमत्ता और परम्परा के साथ चलने की प्रसन्नता रहती है। लाक्षणिक प्रयोगों को अभिधार्थ में लेने से कभी-कभी सुन्दर हास्य की सामग्री भी उपस्थित हो जाती है, जैसे, किसी ने कहा 'भूख लगी है' तो उत्तर में कहा 'धो डालो'। यदि कोई किसी काने अफसर

को कहे कि 'वह तो सबको एक आँख से देखते हैं, तो यहाँ अभिधार्थ और लक्ष्यार्थ को मिलाकर एक सुन्दर व्यंग्य उपस्थित हो जाएगा। यदि किसी के पास कुछ पैसे हों और उससे कहा जाए कि 'अब तो आप पैसे वाले हो गए हैं' तो यहाँ 'पैसे वाले' का लाक्षणिक अर्थ लिया जाएगा।

व्यंजना की व्याख्या

अभिधा और लक्षणा के विराम लेने पर जो एक विशेष अर्थ निकलता है उसे व्यंग्यार्थ कहते हैं और जिस वृत्ति या शक्ति के द्वारा यह अर्थ प्राप्त होता है उसे व्यंजना कहते हैं। 'संध्या हो गई'–यह घटना-विशेष है; अभिधा इसकी सूचना देकर काम कर चुकी, इससे जो विशेष अर्थ निकला या संकेत हुआ वह यह है 'दीपक जला दिया जाए' अथवा' पाठ समाप्त करो'। भिन्न-भिन्न परिस्थितियाँ और भिन्न-भिन्न पुरुषों के लिए इसका विशेष अर्थ होगा। इसी प्रकार **'गंगायां घोषः'** (गंगा में गाँव) का अर्थ, गंगा तट पर गाँव है, होगा। लक्षणा समाप्त हो गई, इसके अतिरिक्त भी कुछ बाकी रह जाता है, वह यह कि गाँव बड़ा शीतल और पवित्र है। एक व्यंजना और हो सकती है कि वहाँ जाकर बसना चाहिए, वहाँ गंगास्नान की सुविधा होगी। अभिधा और लक्षणा में तो व्यंजना लगती ही है किन्तु व्यंजना पर भी व्यंजना लगती है, जैसे यदि कोई कहे 'अभी मुँह तक नहीं धोया है'–इसका व्यंग्यार्थ यह होगा कि मैं यहाँ अब ठहर नहीं सकूँगा। दूसरे को दे दिजिए। इसी प्रकार पहले समय निशिचित कराकर रात को किसी के घर जाएँ और कहें कि–बत्तियाँ सब गुल हो चुकी हैं–तो इसकी व्यंजना होगी कि सब लोग सो चुके हैं। इसके ऊपर भी व्यंजना यह होगी कि भले आदमियों ने हमारा इन्तजार नहीं किया और हमारे आने की उनको परवाह नहीं है।

व्यंजना के भेद

व्यंजना के अनेक भेद हैं। इनकी भूल-भुलैयों में न पड़कर उसके मुख्य भेद बतला देना पर्याप्त होगा। व्यंजना के पहले तो शाब्दी और आर्थी दो भेद किए जाते हैं। शाब्दी व्यंजना में शब्दों की मुख्यता रहती है अर्थात् व्यंजना के लिए वे ही शब्द विशेष रहें तभी व्यंजना हो सकेगी। आर्थी में यह प्रतिबन्ध नहीं है। शाब्दी व्यंजना का दूसरी भाषा में अनुवाद कठिन होता है। आर्थी के अनुवाद में विशेष कठिनाई नहीं पड़ती।

अभिधामूलक शाब्दी व्यंजना द्वारा भिन्नार्थ शब्दों का अर्थ निशिचित किया जाता है, केवल अभिधा तो विभिन्न अर्थ देकर विराम लेगी लेकिन उनमें से कौन अर्थ लागू होगा यह व्यंजना द्वारा निशिचित होगा। लक्षणामूला में व्यंजना के वे रूप आते हैं जो लक्षणा में व्यंजित होते हैं। जितने प्रकार की लक्षणा होती है उतने

ही उसके रूप हो जाते हैं।

भिन्नार्थक शब्दों में कौन-सा अर्थ लगेगा, आचार्यों ने इसके नियम दिए हैं और वे अर्थ-ग्रहण और व्याख्या में बहुत सहायक होते हैं। उनमें से कुछ के यहाँ भिखारीदासजी के 'काव्यनिर्णय' से उदाहरण दिए जाते हैं।

संयोग—'हरि' शब्द बन्दर, शेर, विष्णु आदि कई अर्थों का वाचक है किन्तु जब उसका शङ्ख-चक्र से योग होता है तब उसका अर्थ विष्णु ही होगा—

'संख चक्रजुत हरि कहै, विस्नै होत न आन।'

—भिखारीदासकृत 'काव्यनिर्णय' (पदार्थनिर्णय 7)

वियोग—'नग' के दो अर्थ होते हैं—पहाड़ और नगीना। अंगूठी से उसका वियोग बतलाकर उसका अर्थ नगीने में निशिचित हो जाता है—**'नग सूनो बिन मूदरी'**। इसी प्रकार जब हम कहेंगे—'हिम के बिना नग की शोभा नहीं'—तब उसका अर्थ पहाड़ होगा। इसी प्रकार **'कहे धनंजय धूम बिनु, पावक जान्यो जाय'** (**भिखारीदासकृत 'काव्य निर्णय' पदार्थनिणर्य'**)—**'धनंजय'**, अर्जुन को भी कहते हैं और पावक को भी।

विरोध—प्रसिद्ध वैर के कारण भी अर्थ लगाने में सहायता होती है—

'कहुं विरोध तें होत है, एक अर्थ को साज।
'चन्दै जानि परै कहें, राहु ग्रस्यो दुजराज।।'

—भिखारीदासकृत 'काव्यनिर्णय' (पदार्थनिर्णय 10)

द्विजराज का अर्थ यहाँ पर ब्राह्मण न होगा, चन्द्र ही होगा।

प्रकरण—भोजनशाला में 'सैन्धव' का अर्थ नमक होगा, घोड़ा नहीं।

सामर्थ्य—व्याल' हाथी और सर्प दोनों को कहते हैं किन्तु सर्प पेड़ नहीं तोड़ सकता है—

'दास कहूँ सामर्थ तें, एक अर्थ ठहरात।
व्याल वृक्ष तोरयौ कहे, कुन्जर जान्यो जात।।'

—भिखारीदासकृत 'काव्यनिर्णय' (पदार्थनिर्णय 14)

देश—'जीवन' के अर्थ जल और जिन्दगी दोनों ही होते हैं किन्तु **'मरु में जीवन दूर** है' कहने से जीवन का अर्थ पानी होगा।

काल—'चित्रभानु' के अर्थ सूर्य और अग्नि दोनों ही होते हैं किन्तु जब यह कहा जाए कि 'रात में चित्रभानु शोभा देता है' तब इसका अर्थ अग्नि ही होगा। इसी प्रकार लिङ्ग स्वरादि से भी अर्थ निश्चित किया जाता है।

लक्षणमूला शाब्दी व्यंजना के उतने ही रूप होंगे जितने कि लक्षणा के।

आर्थीव्यञ्जना—शब्द का अर्थ लगाना (विशेषकर व्यंङ्ग्यार्थ) कई बातों पर निर्भर रहता है। उन्हीं बातों को जैसे वक्ता, श्रोता, प्रसङ्ग, देश, काल आदि को व्यंजना के विभाजन का आधार बनाया गया है। यदि कोई कायदे-कानून की पाबन्दी वाला

प्रोफेसर लड़के से पूछे कि 'तुम्हारा कोट कहाँ है' तो उसकी यही व्यंजना होगी कि वह उसके कोट न पहनने पर आपत्ति करता है। यदि धोबी पूछता है तो उसकी यह व्यंजना होगी कि क्या मैं उसे धोने के लिए ले जा सकता हूँ। इस तरह की व्यंजना को परिभाषिक भाषा में वक्तृवैशिष्ट्योत्पन्न वाच्य-सम्भवा कहेंगे। ऐसे ही लक्षणा और व्यंजना के ऊपर वक्ता की विशिष्टता के कारण व्यंजना चलती है उन्हें क्रमशः वक्तृवैशिष्ट्योत्पन्न लक्ष्यसम्भवा और वक्तृवैशिष्ट्योत्पन्न व्यंग्यसम्भवा कहेंगे। जहाँ पर व्यंग्यार्थ सुनने वाले की विशेषता पर निर्भर हो वहाँ पर बोद्धव्य-वैशिष्ट्यवाच्य, लक्ष्य और व्यंग्यसम्भवा होती है इस एक-एक के तीन-तीन के चक्कर में न पड़कर मूल दस प्रकार गिना देना उचित होगा–

'वक्तृबोद्धव्यकाकूनां वाक्यवाच्यान्यसंन्निधेः।।
प्रस्तावदेशकालादेर्वैशिष्ट्यात्प्रतिभाजुषाम्।
योऽर्थस्यान्यार्थधीहेतुर्व्यापारो व्यक्तिरेव सा।।'

–'काव्यप्रकाश' (3।21।22)

अर्थात्–(1)वक्तृवैशिष्ट्य से अर्थात् वक्ता (कहने वाले) की विशेषता के कारण, (2) बोद्धत्व अर्थात् जिससे बात कही जाए उसकी विशेषता के कारण, (3) काकु अर्थात् कण्ठध्वनि की विशेषता के कारण, (4) वाक्यवैशिष्ट्य अर्थात् जिस वाक्य में जो बात कही गई हो उसकी विशेषता के कारण, (5) वाक्यार्थ की विशेषता के कारण, (6) दूसरे व्यक्ति के सान्निध्य की विशेषता के कारण अर्थात् बात कही तो किसी से जाए लेकिन उसका व्यंग्यार्थ किसी तीसरे के लिए हो, (7) प्रसंग की विशेषता के कारण, (8) देश की विशेषता के कारण, (9) काल की विशेषता के कारण, (भिखारीदासजी ने 'चेष्टा की विशेषता' एक दसवाँ प्रकार भी गिनाया है)। जो दूसरा अर्थ प्रतिभावान् लोगों के मन में स्फुरित होता है उसे व्यंग्यार्थ कहते हैं और जिस व्यापार द्वारा यह अर्थ स्फरित होता है उसे व्यंजना शक्ति कहते हैं इसमें यह स्पष्ट है कि यह अर्थ प्रतिभावान् लोगों को ही व्यक्त होता है। व्यंजना में कल्पना और बुद्धि-तत्व दोनों का ही काम पड़ता है।

इनमें सब भेदों को न बतलाकर कुछ के उदाहरण यहाँ दिए जाते हैं। वक्तृवैशिष्ट्य से–**'सागर कूल मीन तरफत है, हुलसि होत जल पीन'**–यह वाक्य सूर की गोपियों द्वारा कहा गया है, इसलिए यहाँ यह व्यंजना है कि कृष्ण के बहुत दूर न होते हुए भी वे उनके प्रेम से वंचित हैं। यही बात या कुछ ऐसी ही बात कबीर ने कही है–**'नदिया में मीन प्यासी'**। कबीर के रहस्यवादी तथा आध्यात्मिक साधना के कवि होने के कारण इसकी व्यंजना यह होती है कि परमात्म-तत्त्व व्यापक है। जीव उसी का अंग है किन्तु माया के कारण वह आध्यात्मिक आनन्द से वंचित है।

बोद्धव्यवैशिष्ट्यः

'नन्द! ब्रज लीजै ठोंकि बजाय।
देहु बिदा मिलि जाहिं मधुपुरी जहँ गोकुल के राय।'

—'भ्रमरगीतसार' की भूमिका (पृष्ठ 23)

नन्दजी को गोकुल में रहने का अधिक मोह था। **'ठोंक बजाय'** की व्यंजना की सार्थकता इसी में है कि वह बात नन्दजी से कही गई थी। **'ठोंक बजाय'** में ब्रज के प्रति अनुचित मोह और यशोदा की झुँझलाहट व्यंग्य है।

काकुवैशिष्ट्यः—इसका उदाहरण भिखारीदास ने अपने 'काव्यनिर्णय' में इस प्रकार दिया है—

'दृग लखि हैं मधुचन्द्रिका, सुनिहैं कलधुनि कान।
रहिहैं मेरे प्रान तन, प्रीतम करौ पयान।।'

—भिखारीदासकृत 'काव्यनिर्णय' (पदार्थनिर्णय' 55)

इसमें नायिका जाने की तो कहती है किन्तु जिस कण्ठ-ध्वनि से कहती है इससे निषेध व्यंजित होता है।

देशवैशिष्ट्यः

'घाम घरीक निवारियै, कलित ललित अलि-पुंज।
जमुना-तीर तमाल-तरु-मिलित मालती कुंज।।'

—'बिहारी-रत्नाकर' (दोहा 127)

यहाँ स्थान की शीतलता (जमुना-तीर) एकान्त और अंधकार (अलिपुंज) आदि की जो व्यंजनाएँ हैं स्थान-विशेष के ही कारण हैं।

तात्पर्यवृत्ति

कुछ आचार्यों ने अभिधा, लक्षणा, व्यंजना के अतिरिक्त तात्पर्य नाम की एक चौथी वृत्ति भी मानी है। इन लोगों का कथन है कि पृथक-पृथक् शब्दों के स्वतन्त्र अर्थ के अतिरिक्त आकांक्षा, योग्यता और सन्निधि (एक-दूसरे के निकट होने के भाव) के सहयोग-सूत्र में बँधे हुए अर्थात् अन्वित शब्दों से बने हुए वाक्य का अर्थ जिस वृत्ति द्वारा जाना जाता है उसे तात्पर्य-वृत्ति कहते हैं। आकांक्षा, योग्यता और सन्निधि से युक्त शब्दों से वाक्य बनता है। अकेले शब्द से जिज्ञासा की पूर्ति नहीं होती। पहाड़ या पुस्तक-मात्र कहने से कोई अर्थबोध नहीं होता, इन शब्दों को दूसरे शब्द की चाह रहती है। इसी चाह को आकांक्षा कहते हैं। पहाड़ बर्फ से ढका हुआ है या पुस्तक मेज पर रखी हुई है, ऐसा कहने से ही जिज्ञासा की पूर्ति होती है। शब्दों में एक-दूसरे के अनुकूल होने की योग्यता भी रहती है। हम यह नहीं कह सकते **'वह्निना सिञ्चति'** अर्थात् आग से सींचता है क्योंकि आग में सींचने की योग्यता का अभाव रहता है। इसी योग्यता के अभाव से मुख्यार्थ में बाधा पड़ती है जिसके

लिए लक्षणा का काम पड़ता है। इसके अतिरिक्त शब्दों को एक-दूसरे के यथास्थान निकट होना चाहिए। यह नहीं कह सकते हैं कि 'शिवदत्त जल है और तरल खाता है', इसका कोई अर्थ न होगा। 'शिवदत्त' के साथ 'खाता है' जाएगा और 'जल' के साथ 'तरल है' अन्वय होगा। इसीलिए दूरान्वयदोष माना गया है। आज 'देवदत्त' कहकर अगर दूसरे दिन कोई कहे 'खाता है' तब भी कोई अर्थ न होगा। इसी पास-पास होने के भाव को सन्निधि कहते हैं, इसका सम्बन्ध देश (शब्दों को साथ-साथ रखने से) और काल (शब्दों के बीच में समय का अनावश्यक व्यवधान न होने से) दोनों से है। वाक्य के शब्द इन तीनों से बँधे रहकर अन्वित होते हैं और तभी पदों के पृथक् अर्थ से भिन्न तात्पर्यार्थ का बोध कराते हैं।

अभिहितान्वयवादी–कुमारिल भट्ट के अनुयायी अभिहितान्वयवादी तथा नैयायिक तात्पर्यवृत्ति को विशेष रूप से मानते हैं और यह वृत्ति उनके दार्शनिक मत के अनुकूल पड़ती है। वे यह मानते है कि पद स्वतन्त्र रूप से तो अर्थ देते हैं किन्तु अभिहित (कोषादि से जिनका अर्थ जाना गया है। पद-आकांक्षा, योग्यता आदि द्वारा अन्वित होने पर उन पृथक्-पृथक् पदों से स्वतन्त्र वाक्य का पूर्ण अर्थ देते हैं। ये लोग आकांक्षा, योग्यता, सन्निधि से बँधे हुए शब्दों के अन्वयांश में तात्पर्यवृत्ति मानते हैं। वह अर्थ अपदार्थ होता हुआ भी अर्थात् किसी एक पद का अर्थ न होता हुआ भी स्वतन्त्र अर्थ वाले पदों के अकांक्षा, योग्यता, सन्निधि से युक्त होकर अन्वित होने पर तात्पर्यवृत्ति द्वारा पूरे वाक्य का बोध कराता है। ये लोग पदों में स्वतन्त्र अर्थ मानते हुए उनके अन्वित होने पर तात्पर्यवृत्ति द्वारा पूरे वाक्य का अलग अर्थ मानते हैं इसीलिए ये अभिहितान्वयवादी कहलाते हैं **'अभिहितानां पदार्थानामर्थभिधायिनां वा पदार्थानामन्वय इति ये वदन्ति ते अभिहितान्वयवादिनः'**।

अन्विताभिधानवादी–प्रभाकर मत के अनुयायी अन्विताभिधानवादी शब्दों के स्वतन्त्र अर्थ में विश्वास नहीं करते। उनका कथन है कि श्रोता 'गाय लाओ', 'गाय ले जाओ' और 'गाय बाँधो' शब्दों के आदेशों को सुनकर दूसरे के व्यवहार से गाय पद का अर्थ जान लेता है, इसी प्रकार 'गाय लाओ', 'पुस्तक लाओ', आदि में प्रयुक्त 'लाओ' पद का सामान्य अर्थ उसके मस्तिष्क में उपस्थित हो जाता है। इस सामान्य ज्ञान से विशिष्ट 'लाना' क्रिया का व्यक्तिगत अर्थ वह सम्पादित करता है। 'गाय लाओ' यदि शब्दों का स्वतन्त्र रूप से कोई अर्थ-बोध नहीं, वाक्य में अन्वित रहने पर ही उनका अभिधान (प्रतिपाद्य अर्थ) हो सकता है। इस प्रकार दोनों ही किसी-न-किसी रूप में एक सम्मिलित या पूर्ण वाक्यार्थ को मानते हैं किन्तु एक (अन्विताभिधानवादी) शब्दों में स्वतन्त्र रूप से शक्ति मानते हुए तात्पर्यवृत्ति द्वारा और दूसरे (अन्विताभिधानवादी) वाक्य में अन्वित पदों में ही अर्थ-बोध की शक्ति मानते हुए स्वतन्त्र रूप से अर्थात् वाच्यार्थ द्वारा ही–(**'वाच्य एवं वाक्यार्थ'**:)–पूरे वाक्य का अर्थ-बोध मानते हैं उनका कथन है कि वाक्य में अन्वित पद ही (स्वतन्त्र

रूप से नहीं) अर्थ-बोध कराते हें अर्थात् अर्थ-बोध वाक्यार्थ द्वारा पूरे-पूरे वाक्य का स्वयं ही होता है, इसीलिए वे अन्तिाभिधानवादी कहलाते हैं– **'अन्वितानामेवपदार्थानामभिधानं शब्दैःप्रतिपादनमिति ये वदन्ति ते अन्तिताभिधानवादिनः'**। इनके अनुकूल वाक्य से अलग होकर पद कोई अर्थ नहीं रखते हैं। ये लोग वाक्य को ही विचार की इकाई (Unit of Thought) मानते हैं। वाक्यों में प्रयोग द्वारा विश्लिष्ट होकर पदों का अर्थ जाना जाता है। पदों से वाक्य का अर्थ न्हीं बनता वरन् वाक्य द्वारा ही पदों का अर्थ व्यवहार से ज्ञात होता है। यह बात पाश्चात्य विचारकों की ही देन नहीं है।

संदर्भ

1. नित्यता के सम्बन्ध में वैयाकरण और मीमांसकों का पारस्परिक मतभेद है। वैयाकरण लोग चार प्रकार की वाणी मानते हैं–परा, पश्यन्ती, मध्यमा और वैखरी। वैखरी वह है जिसे हम बोलते है। मध्यमा, पश्यन्ती और परा उत्तरोत्तर अव्यक्त, सूक्ष्म और भीतरी होती जाती है। वैखरी में वैयाक्तिक विभेद भी होते रहते हैं। वैयाकरण मध्यमा , पश्यन्ती और परा को ही नित्य मानते हैं; मीमांसक वैखरी को भी नित्य मानते हैं। वैयाकरण स्फोट को मानते हैं; मीमांसक स्फोट को नहीं मानते।

16. ध्वनि और उसके मुख्य भेद

ध्वनि का अर्थ

रस यदि काव्य की आत्मा है तो ध्वनि काव्य-शरीर को बल देने वाली प्राणशक्ति अवश्य है। ध्वनि शब्द का अर्थ है अनुरणन् या घंटे की-सी 'टन' के बाद देर तक होनेवाली झंकार—**'एवं घटानादस्थानीयः अनुरणनात्मोपलक्षितः व्यंग्योऽप्यर्थः ध्वनिरिति व्यवहृतः'** (ध्वन्यालोक, 4।67 की लोचन नाम की टीका, पृष्ठ 47)। यह एक प्रकार से अर्थ का भी अर्थ है, तभी तो इसको शरीर-मात्र से कुछ अधिक प्रधानता मिली है। रीति आदि द्वारा वाक्यों के सुसंगठित हो जाने पर भी काव्य में कुछ एक विशेष वस्तु होती है। वह मोती की एक आब की (छाया पारिभाषिक अर्थ में) भाँति सौन्दर्य की झलक उत्पन्न करती है। कविवर बिहारी ने कहा है—**'वह चितवन औरे कछू जिहि बस होत सुजान'**। यह **'औरे कछू'** ही प्रतीयमान् अर्थ है। जिस प्रकार अंगनाओं का सौन्दर्य अवयव-सौष्ठव से ऊपर की वस्तु है उसी प्रकार प्रतीयमान् अर्थ भी वाक्यों के संगठन और व्याकरण-औचित्य की अदोषता से ऊपर की वस्तु है—

'प्रतीयमानं पुनरन्यदेव, वस्त्वस्ति वाणीषु महाकवीनाम्।
यत्तत्प्रसिद्धावयवातिरिक्तं, विभाति लावण्यमिवाङ्गनासु

—'ध्वन्यालोक' (1।4)

यह लावण्य व्यंजना द्वारा प्राप्त होता है। जहाँ पर व्यंग्यार्थ वाच्यार्थ की अपेक्षा प्रधान होता है वहीं वह ध्वनि का रूप धारण कर लेता है। साधारण व्यंग्यार्थ और ध्वनि में यही विशेषता है। सब व्यंग्यार्थ वाच्यार्थ की अपेक्षा प्रधान नहीं होते। इसमें वाक्यार्थ गौण होकर पीछे रह जाते हैं। अर्थ या शब्द अपने निजी अर्थ (अभिधार्थ) को छोड़कर जिस विशेष अर्थ को (व्यंग्यार्थ को) प्रकट करता है उसे विद्वान् लोग ध्वनि कहते हैं—

'यत्रार्थः शब्दो वा तमर्थमुपसर्जनीकृतरवार्थौ।
व्यङ्क्तः काव्यविशेषः स ध्वनिरिति सूरिभिः कथितः।।'

—'ध्वन्यालोक' (1।13।)

व्यंजना की इसलिए आवश्यकता पड़ती है कि रसादि की प्रतीति न तो अभिधा ही से होती है क्योंकि शृंङ्गार अथवा वीर कहने से कोई आनन्द नहीं मिलता और न लक्षणा से क्योंकि उसमें मुख्यार्थ में बाधा नहीं पड़ती। रस व्यंजित होता है।

स्फोट से सादृश्य

ध्वनि का सिद्धान्त वैयाकरणों के स्फोट के सादृश्य में उपस्थित हुआ है। शब्द के अर्थ के सम्बन्ध में यह प्रश्न होता है कि शब्द के सुनने पर किस प्रकार से अर्थ की अभिव्यक्ति होती है? इस अभिव्यक्ति के सम्बन्ध में यह कठिनाई उपस्थित की जाती है कि 'क, म, ल' कहने में 'क' की ध्वनि नष्ट होने पर 'म' आता है। और 'म' के नष्ट होने पर 'ल' आता है तब 'कमल' से 'अमल' का ही अर्थ क्यों नहीं निकलता है क्योंकि दोनों के ही अन्त में 'म' और 'ल' है। 'क, म, ल' को एक साथ भी नहीं कहा जा सकता। एक क्षण में तीनों ध्वनि नहीं रह सकती हैं।

इस आपत्ति के सम्बन्ध में नैयायिकों का कहना है कि 'क' नष्ट हो जाता है किन्तु मन पर अपना संस्कार छोड़ जाता हैं, इसी प्रकार 'म' भी अपना संस्कार छोड़ देता है। अन्त में 'ल' इन पूर्व के दोनों संस्कारों से मिलकर 'कमल' का अर्थ देता है। वैयाकरण इसमें यह आपत्ति करते हैं कि स्मृति में उलटा क्रम चलता है पीछे की वस्तु का जल्दी स्मरण होता है इसलिए 'पलक' का 'कलप' और 'फलक' का 'कलफ' हो जाना अधिक सम्भव है। इस आपत्ति के निराकरण के लिए वैयाकरणों का यह कथन है कि 'कमल' या 'पलक' ये दो शब्द वैखरी वाणी के हैं। वैखरी वाणी वह है जो हमको सुनाई पड़ती है किन्तु इससे पूर्व मध्यमा, पश्यन्ती और परा वाणी हैं। वे नित्य और अखण्ड हैं। 'क, म,ल' कहने पर 'क, म, ल' प्रत्येक वर्ण से 'कमल' के अखण्ड रूप की जाग्रति होती है किन्तु 'क' और 'म' से वह पूर्ण रूप से नहीं होती है वरन् 'ल' के उच्चारित होने पर वह जाग्रतिपूर्ण और स्पष्ट हो जाती है और एक साथ वह अखंड **'कमल'** प्रस्फुटित हो जाता है जिसका कि अर्थ से नित्य सम्बन्ध है।

वैयाकरण व्यक्त शब्द, जो हमको सुनाई पड़ता है, और अर्थ के बीच में एक स्फोट की कल्पना करते हैं जिसका अर्थ के साथ सम्बन्ध रहता है, यह एक साथ प्रस्फुटित होता है, इसीलिए स्फोट कहलाता है। वैयाकरणों के मत से 'क, म' के संस्कार 'ल' के मिलने-मात्र से अर्थ-व्यक्ति नहीं करते वरन् वे संस्कार उत्तरोत्तर उस अखंड स्फोट को प्रकाशित करने में सहायक होते हैं। अर्थ-व्यक्ति स्फोट से होती है—**'पूर्व पूर्ववर्णानुभवाहित संस्कारसचिवेन अन्य वर्णानुभवेन अभिव्यज्यते स्फोटः'** (शंकरन के 'Some Aspects of Sanskrit Critiicms', पृष्ठ 64 के उद्धरण से उद्धृत) —यह शब्द का भी होता है और वाक्य का भी। वाक्य-स्फोट को विशेषता दी गई

है। आजकल के लोग (जिनमें मैं भी शामिल हूँ) न्याय के मत को अधिक तर्क-सम्मत समझेंगे। 'क, म,ल, वर्णों का ही संस्कार नहीं बनता वरन् क्रम का भी संस्कार बन जाता है। शब्द को नित्य मानने वाले मीमांसकों ने स्फोट को नहीं माना है।

जिस प्रकार वर्णों से शब्द का अर्थ प्रस्फुटित होता है उसी प्रकार एक अर्थ से दूसरा अर्थ प्रस्फुटित हो जाता है। जिस प्रकार ढोल के साथ डंडे के संयोग और वियोग से बार-बार चोट लगाने पर शब्द उत्पन्न होता है और क्रमागत तरंगों द्वारा वह हमारे कान तक पहुँचता है, उसी प्रकार शब्द की अन्तिम ध्वनि (Sound) से शब्द के अर्थ को व्यक्त करनेवाला स्फोट होता है और काव्य में अर्थ के अर्थ को व्यक्त करनेवाली ध्वनि होती है। वह घण्टा बज जाने पर कान में गूँजनेवाली अन्तिम झंकार की भाँति होती है। जिस प्रकार व्यक्त शब्द अव्यक्त स्फोट को व्यक्त करता है उसी प्रकार शब्दार्थ व्यंजना द्वारा भीतरी व्यंग्यार्थ को बाहर ले आता है। देखिए—

'स संयोगवियोगाभ्यां करणैरुपजन्यते।
सस्फोटःशब्दजःशब्दो ध्वनिरित्युिच्यते बुधैः।।'[1]

—भर्तृहरिः

ध्वनि के भेद

ध्वनि के 51 भेद माने गए हैं, लक्षणा के 64 थे। हमारे यहाँ के भेदों को देखकर दूसरे साहित्य वाले ब्राह्मणों की पंक्ति में बैठे हुए छद्मवेशधारी मुसलमान की भाँति चिल्ला उठते हैं **'या अल्लाह गौड़ों में भी और'** और मैं उन भेदों को गौड़ों तक यानी मोटे-मोटे भेदों तक ही सीमित रखूँगा। जिस प्रकार व्यंजना अभिधामूलक और लक्षणामूलक होती है उसी प्रकार ध्वनि भी अभिधामूलक और लक्षणामूलक होती है। अभिधामूलक को विवक्षितान्य पर वाच्य (अर्थात् उसके वाच्यार्थ का अस्तित्व रहकर दूसरा अर्थ रहता है) कहते हैं और लक्षणामूलक को अविवक्षितवाच्य (अर्थात् उसमें वाच्यार्थ की विविक्षा, कहने की इच्छा, नहीं रहती) क्योंकि उसमें तो वाच्यार्थ का बोध हो जाता है। लक्षणामूलक ध्वनि के उपादान और लक्षणलक्षणा के आधार पर दो भेद हो जाते हैं। उपादन लक्षणा पर आश्रित भेद को अर्थान्तरसंक्रमितवाच्यध्वनि अर्थात् दूसरे (उसमें मिलते हुए अर्थ में) वाच्यार्थ संक्रमति हो जाता है और लक्षणलक्षणा पर आश्रित भेद को अत्यन्त तिरस्कृतवाच्यध्वनि कहते हैं उसमें वाच्यार्थ का अत्यन्त तिरस्कार हो जाता है।

अभिधामूलक ध्वनि के दो भेद होते हैं—संलक्ष्यक्रमव्यङ्ग्यध्वनि और असंलक्ष्यक्रमव्यङ्ग्यध्वनि। संलक्ष्यक्रमव्यङ्ग्यध्वनि में वाच्यार्थ से व्यङ्ग्यार्थ तक आने का क्रम संलक्षित रहता है और असंलक्ष्यक्रमव्यङ्ग्यध्वनि में क्रम रहता तो है किन्तु वह व्यंगयार्थ इतना शीघ्र प्रस्फुटित होता है कि उसमें क्रम दिखाई नहीं देता है। ऐसा शतपत्र-पत्रभेदन्याय

से होता है अर्थात् सौ पत्तों को जैसे एक कील द्वारा छेदने में वे एक साथ छिद जाते हैं, उनमें क्रम होता अवश्य है किन्तु दिखाई नहीं पड़ता, वैसे ही रस की प्रतीति एक साथ व्यंजित हो जाती है। यद्यपि उसके व्यंजित होने में थोड़ा समय अवश्य लगता है किन्तु वह समय इतना कम होता है कि दिखाई नहीं देता है।" इसमें रस और भाव ही ध्वनित होते हैं और संलक्ष्यक्रमव्यंग्यध्वनि में वस्तु और अलंकार ध्वनित होते हैं। यह ध्यान रखना चाहिए कि ये भेद प्रयोजनवती लक्षणा के है; निरूढ़ालक्षणा में व्यंग्य नहीं होता है। नीचे के चक्र द्वारा ध्वनि के भेद स्पष्ट हो जाएँगे—

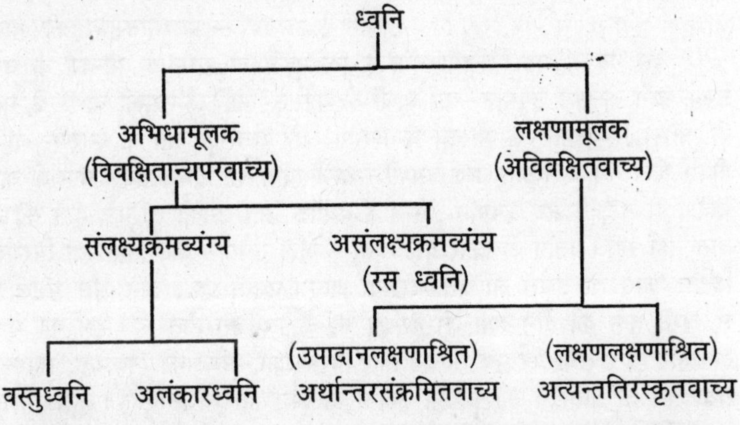

विशेष—संलक्ष्यक्रमव्यंग्य में व्यंजना की भाँति ध्वनि भी (1) शब्द-शक्ति पर निर्भर होती है (अर्थात् जहाँ विशेष शब्दों के कारण व्यंजना होती है) और (2) अर्थ-शक्ति पर भी (अर्थात् जहाँ शब्दों के बदल लेने पर भी व्यंजना रहती है) निर्भर होती है।

वस्तुध्वनि—अर्थशक्ति के आधार पर वस्तु से वस्तु की ध्वनि निकलती है, वस्तु में विचार भी शामिल है—

'सुनि सुनि प्रीतम आलसी, धूर्त सूम धनवन्त।
नवल बाल हिय में हरष, बाढ़त जात अनन्त।।'

—भिखारीदास कृत 'काव्यनिर्णय' (ध्वनिभेदवर्णन)

नववधू अपने पति की तारीफ में सुनती है कि वह आलसी है। **'आलसी'** शब्द से यह व्यंजना होती है कि वह किसी के बहकाने में न आवेगा और न अन्यत्र जाएगा। सूम और धनवंत से यह व्यंजना होती है कि रुपया तो उसके खर्च को रहेगा किन्तु वह और किसी के कहने में न आवेगा, इसीलिए वह प्रसन्न होती है।

हनुमानजी से रावण ने पूछा कि वह क्यों बाँधे गए? उसके उत्तर में वह कहते

हैं कि परायी स्त्री के देखने के कारण। इसमें यह व्यंजना हुई कि मैनें तो परायी स्त्री को देखा ही है तू तो अपने घर ले आया है, तेरी इससे भी बुरी गति होगी। वह वस्तुध्वनि का ही उदाहरण है—**'कैसे बँधायौ? जु सुन्दरि तेरी छुई दृग सोवत पातक लेखों**—'रामचन्द्रिका', (सुन्दरकाण्ड)।

अलंकार-ध्वनि—इसका एक उदाहरण सूर के भ्रमरगीत से दिया जाता है—

'तब तें इन सबहिन सचु पायो।
जब तें हरि संदेस तिहारो, सुनत ताँवरो आयो।।
फूले ब्याले दुरे तें प्रगटे, पवन पेट भरि खायो।
ऊँचे बैठि बिहंग-सभा बिच कोकिल मंगल गायो।।'

—'भ्रमरगीतसार' की भूमिका

इस पद में यह दिखाया गया है कि पहले तो राधा के सौन्दर्य के कारण उनके अंग के सब उपमान—सर्प बालों के कारण, कोकिल उसकी वाणी के माधुर्य के कारण सिंह कटि के सौन्दर्य के कारण और गजराज गति के कारण—लज्जित होकर छिप गए थे, किन्तु अब जब से राधाजी योग का विषम संदेश पाने के कारण बेहोश हो गईं, वे सब उपमान प्रसन्न हैं क्योंकि अब उनको लज्जित होने की कोई बात नहीं रही। प्रतीप अलंकार वहाँ होता है जहाँ उपमान की हीनता या निरर्थकता दिखाई जाए या उससे लज्जित दिखाया जाए। उनके प्रकट होने और मंगल गाने से अभी तक की दीन-दशा जो दूर हो गई है, व्यंजित होती है। इस पद में इस अलंकार द्वारा राधा का पूर्व सौन्दर्य फिर विरह-दशा, कृष्ण की निष्ठुरता, सहानुभूति तथा प्रेम के प्रतिदिन की प्रार्थना आदि की और भी व्यंजनाएँ हैं। कुल मिलाकर इसमें वियोग-शृंगार की ध्वनि है।

एक उदाहरण और आधुनिक कवियों से लीजिए। इस सुन्दर उदाहरण की ओर मेरा ध्यान पण्डित रामदहिन मिश्र के 'काव्यलोक' के द्वितीय उद्योग द्वारा आकर्षित हुआ है। यह ग्रन्थ शब्द-शक्ति के लिए बड़ा उपयोगी है—

'प्रिय तुम भूले मैं क्या गाऊँ।
जुही-सुरभि की एक लहर से निशा बह गई डूबे तारे।
अश्रु-बिन्दु में डूब डूब कर दृग तारे ये कभी न हारे।।'

—रामकुमार वर्मा

इसमें व्यतिरेक अलंकार की ध्वनि है। आकाश के तारे डूबकर हार जाते हैं फिर दिखाई नहीं पड़ते हैं और सुबह को ही डूबते हैं, नेत्र के तारे हर समय डूबे रहते हैं और फिर भी नहीं हारते। इसमें एक सन्देह यह भी है कि तारों के सम्बन्ध में डूबना लक्ष्यार्थ में आया है और आँखों के तारों के सम्बन्ध में अभिधार्थ में आया है। अलंकारध्वनि के साथ इसमें करुणा की ध्वनि निकलती है, रसध्वनि भी है। व्यतिरेक अलंकार वहाँ होता है जहाँ उपमेय में कुछ ऐसी विशेषता दिखाई

जाए जो उपमान में न हो। तारे में जो यमक का शब्दालंकार है वह स्पष्ट है, व्यतिरेक ध्वनित है।

असंलक्ष्यक्रमव्यंग्यध्वनि–रस और भाव के सभी उदाहरण इसके भीतर आते हैं। अलंकारध्वनि का भ्रमरगीत वाला उदाहरण रस-ध्वनि का भी उदाहरण है। ध्वनि-सम्प्रदाय वालों ने रस का वर्णन असंलक्ष्यक्रमव्यंग्य ध्वनि के ही अन्तर्गत किया है। 'काव्यप्रकाश' और पोद्दारजी की 'रसमंजरी' में ऐसा ही है।

लक्षणामूलक ध्वनि–इस ध्वनि के अन्तर्गत अर्थान्तरसंक्रमितवाच्यध्वनि को, जो उपादानलक्षणा पर आश्रित है, गिना जाता है। नीचे के उदाहरण में पुनरुक्ति के कारण वाच्यार्थ में बाधा पड़ी और उसका लक्षणा द्वारा शमन किया गया है।

'पर कोयल कोयल वसन्त में, कौआ कौआ रहा अन्त में' यहाँ पहले आया हुआ **'कोयल'** शब्द तो जाति का वाचक है और दूसरी बार आए हुए **'कोयल'** शब्द द्वारा उसके गुण व्यंजित हैं। **'कौआ कौआ'** में भी यही बात है। यहाँ पर एक की श्रेष्ठता और दूसरे की हीनता व्यंजित होती है। इस प्रकार की ध्वनि का बोल-चाल में बहुत प्रयोग होता है।

अत्यन्ततिरस्कृत अविवक्षितवाच्यध्वनि–

'मातहि पितहि उरिन भये नीके। गुरिनु ऋण रहा सोच बड़ जी के।।'

–'रामचरितमानस' (बालकाण्ड)

सब लोग जानते हैं कि परशुराम जी ने अपनी माता को मार डाला था। यहाँ मुख्यार्थ का बोध होता है। यहाँ लक्षणा से उल्टा अर्थ और व्यंजना यह है कि माता के प्रति तुम्हारी यह कृतज्ञता रही तो गुरु के प्रति कर्तव्य-पालन की डींग मारना वृथा है।

गुणीभूतव्यंग्य

जहाँ व्यंग्यार्थ की अपेक्षा प्रधानता होती है वहाँ तो ध्वनिकाव्य होता है, जहाँ व्यंग्यार्थ की प्रधानता नहीं होती है वहाँ काव्य गुणीभूतव्यंग्य का उदाहरण बन जाता है। यह कई प्रकार का होता है। व्यंग्यार्थ जहाँ बहुत ही स्पष्ट हो जाता है वहाँ उसमें चमत्कार नहीं रहता है। इसको अगूढ़व्यंग्य कहते हैं, इसका उदाहरण भिखारीदासजी ने इस प्रकार दिया है–

'गुनवन्तन में जासु सुत, पहिले गनो न जाइ।
पुत्रवती वह मातु तब, बन्ध्या को ठहराइ।।'

–भिखारीदासकृत 'काव्यनिर्णय' (गुणीभूतव्यंग्य-वर्णन)

माता पुत्रवती तो होती ही है क्योंकि जिसके सुत होता है वह पुत्रवती कही ही जाएगी किन्तु पुत्र के अगुणी होने के कारण यह पद (पुत्रवती होने का) सार्थक नहीं होता है। इसमें जो व्यंग्य है वह बहुत ही स्पष्ट है और बन्ध्या किसको कहते

हैं इससे और भी स्पष्ट हो जाता है।

दूसरा मुख्य भेद अपरांग गुणीभूतव्यंग्य का है। जब रस या भाव अपने अधिकार से अंगी होकर नहीं आता है और दूसरे रस का अंग बनकर आता है तब उसमें इतना चमत्कार नहीं रहता है और वह गुणीभूतव्यंग्य का उदाहरण बनता है और ऐसी अवस्था में वह अलंकार्य न रहकर अलंकार हो जाता है।

गुणीभूत रस से रसवत् अलंकार होता है। गुणीभूत भावप्रेयस अलंकार होता है। गुणीभूत रसाभास तथा भावाभास उजस्वी अलंकार होते हैं।

संदर्भ

1. एक दूसरी पुस्तक में 'ध्वनिरित्युच्यते बुधैः' के स्थान पर 'ध्वनयोन्यैरुदाहृताः' पाठ है।

17. अभिव्यंजनावाद एवं कलावाद

अभिव्यंजनावाद

शैली को महत्त्व देने वाले यूरोप में दो वाद हैं। एक अभिव्यंजनावाद (Expressionism) और दूसरा कलावाद (Art for Art's sake)। अभिव्यंजनावाद वस्तु की अपेक्षा अभिव्यक्ति को अधिक महत्त्व देता है (किन्तु वस्तु की उपेक्षा नहीं करता), कलावाद कला को नीति और उपयोगिता से स्वतन्त्र मानता है। यह दोनों वाद एक-दूसरे से मिले हुए भी एक-दूसरे से स्वतन्त्र हैं। यद्यपि क्रोचे की पुस्तक (Aesthetics) मेरे पास सन् 1915 से थी तथापि अभिव्यंजनावाद का पहला परिचय सन् 1935 से शुक्लजी के 'काव्य में रहस्यवाद' ग्रन्थ से ही हुआ। इसके लिए मैं उनका कृतज्ञ हूँ।

स्वरूप–आचार्य रामचन्द्र शुक्ल ने 'अभिव्यंजनावाद' का इस प्रकार परिचय दिया है–

1.'.....कला या काव्य में अभिव्यंजना (Expression) **ही सब कुछ है; जिसकी अभिव्यंजना की जाती है वह कुछ नहीं। इस मत के प्रधान प्रवर्त्तक इटली के क्रोचे** (Benedetto Croce) **महोदय हैं। अभिव्यंजनावादियों** (Expressionists) **के अनुसार जिस रूप में अभिव्यंजना होती है उससे भिन्न अर्थ आदि का विचार कला में अनावश्यक है।'**

–'चिन्तामणि : भाग 2' (काव्य में रहस्यवाद,)

2. 'अभिव्यंजनावाद अनुभूति या प्रभाव का विचार छोड़ केवल वाग्वैचित्र्य को पकड़कर चला है; पर वाग्वैचित्र्य का हृदय की गम्भीर वृत्तियों से कोई सम्बन्ध नहीं। वह केवल कुतूहल उत्पन्न करता है।'

इस वाद का विस्तृत और बहुत कुछ शुद्ध रूप हमको आचार्य शुक्लजी के इन्दौर वाले काव्य में अभिव्यंजनावाद के नाम से 'चिन्तामणि' : भाग 2 में संग्रहीत) में जो सम्मेलन की साहित्य-परिषद् के सभापति के आसन से दिया गया था, मिलता है। क्रोचे ने कला-सम्बन्धी ज्ञान को स्वयंप्रकाशज्ञान (Intuition) कहा है, स्वयंप्रकाशज्ञान की उत्पत्ति होती है। कल्पना के कार्य और स्वयंप्रकाशज्ञान तथा अभिव्यंजनावाद

के सम्बन्ध में शुक्लजी क्रोचे का मत इस प्रकार देते हैं—

'आत्मा की अपनी स्वतन्त्र क्रिया है कल्पना, जो रूप का सूक्ष्म साँचा खड़ा करती है और उस साँचे में स्थूल द्रव्य को ढालकर अपनी कृति को गोचर या व्यक्त करती है। वह 'साँचा', आत्मा की कृति या आध्यात्मिक वस्तु होने के कारण, परमार्थतः एकरस और स्थिर होता है। उसकी अभिव्यंजना में जो नानात्व दिखाई पड़ता है वह स्थूल 'द्रव्य' के कारण है जो परिवर्तनशील होता है। कला के क्षेत्र में यही साँचा (Form) सब कुछ है, द्रव्य या सामग्री (Matter) ध्यान देने की वस्तु नहीं (An aesthetic fact is form and nothing). ।[1]

—'चिन्तामणि : भाग 2' (काव्य में अभिव्यंजनावाद)

'स्वयंप्रकाशज्ञान (Intuition) का 'साँचे' में ढलकर व्यक्त होना ही कल्पना है, और कल्पना ही मूल अभिव्यंजना (Expression) है जो भीतर होती है और शब्द, रंग आदि द्वारा बाहर प्रकाशित की जाती है। यदि सचमुच स्वयंप्रकाशज्ञान हुआ है, भीतर अभिव्यंजना हुई है, तो वह बाहर भी प्रकाशित हो सकती है। लोगों का यह कहना है कि कवि के हृदय में बहुत-सी भावनाएँ उठती हैं, जिन्हें वह अच्छी तरह व्यक्त नहीं कर सकता, क्रोचे नहीं मानता। वह कहता है कि जो भावना या कल्पना बाहर व्यक्त नहीं हो सकती उसे अच्छी तरह उठी हुई ही न समझना चाहिए।'

—'चिन्तामणि : भाग 2' (काव्य में अभिव्यंजनावाद)

क्रोचे और सौन्दर्य-बोध

सौन्दर्य के सम्बन्ध में आचार्य शुक्लजी क्रोचे का मत निम्नोल्लिखित शब्दों में देते हैं—

'सौन्दर्य से उसका तात्पर्य केवल अभिव्यंजना के सौन्दर्य से, उक्ति के सौन्दर्य से है। किसी प्रस्तुत वस्तु के सौन्दर्य से नहीं। किसी वास्तविक या प्रस्तुत वस्तु में सौन्दर्य कहाँ? क्रोचे तो कल्पना की सहायता के बिना प्रकृति में कहीं कोई सौन्दर्य नहीं मानते। जो कुछ सौन्दर्य होता है वह केवल अभिव्यंजना में उक्ति-स्वरूप में। यदि सुन्दर कही जा सकती है तो उक्ति ही, असुन्दर कही जा सकती है तो उक्ति ही। इस मौके पर पुराने कवि केशवदासजी याद आ गए, जो कह गए है कि—देखे मुख भावै, अनदेखेई कमल चन्द, तातें मुख मुखै सखी, कमलौ न चन्द री।' केशवदासजी को भी कमल, चन्द्र इत्यादि देखने में कुछ भी अच्छे या सुन्दर नहीं लगते थे। हाँ जब वे उपमा-उत्प्रेक्षापूर्ण किसी काव्योक्ति में समन्वित होकर आते थे तब वे सुन्दर दिखाई पड़ने लगते थे।'

—'चिन्तामणि : भाग 2' (काव्य में अभिव्यंजनावाद)

आचार्य शुक्लजी के प्रति मेरा पूर्णातिपूर्ण श्रद्धाभाव है क्योंकि मैं मुक्त-कण्ठ

से कह सकता हूँ कि हिन्दी लेखकों में जितना शुक्लजी से मैंने सीखा है और किसी से नहीं, किन्तु मैं नम्रतापूर्वक निवेदन करूँगा कि अलङ्कारवादी आचार्य केशवदासजी से क्रोचे की तुलना में उसके साथ अन्याय किया गया है। क्रोचे मुख और कमल-चन्द सबकी ही सौन्दर्यानुभूति कल्पना द्वारा मानेंगे। अनुभूति का आत्मप्रकाश सौन्दर्य ही है। क्रोचे अनुभूति का तिरस्कार नहीं करते। सौन्दर्य को हम चाहे विषयगत (Objective) मानें, चाहे विषयीगत (Subjective), पर सौन्दर्य-बोध में हम कल्पना के कार्य से इन्कार नहीं कर सकते। रविबाबू ने ठीक ही कहा है—'O Woman thou art half dreem and helf reality'—इस सम्बन्ध में बिहारी का नीचे का दोहा क्रोचे के भाव की पुष्टि करता है—

'समै-समै सुन्दर सबै, रूप कुरूप न कोइ।
मन की रुचि जेती जितै, तित तेती रुचि होइ।।'

—'बिहारी-रत्नाकर' (दोहा 432)

विषयगत या वस्तुगत सौन्दर्य की क्रोचे ने नितान्त उपेक्षा नहीं की। प्राकृतिक सौन्दर्य को उसने कला या सौन्दर्यात्मक पुनर्निर्माण का उत्तेजक माना है। वस्तु में कुछ गुण अवश्य होगा। जो सौन्दर्यानुभूति या सौन्दर्य के स्वयंप्रकाशज्ञान की उत्तेजना देगा। क्रोचे भी ऐसी ही बात स्वीकार करते हैं—

'......Natural beauty is simply a stimulus to aesthetic reproduction, which presupposes previous production. without preceding aesthetic intuitions of the imagination, nature cannot arouse any at all.

—Croce (Aesthetic-nature and Arr, Page 162)

इस अवतरण में यद्यपि कल्पना को प्रधानता दी गई है तथापि वस्तुगत सौन्दर्य की उपेक्षा नहीं की गई है। इसकी उत्तेजना बिना भी काम न चलेगा।

मैं आचार्य शुक्लजी के साथ यह मानने को सोलह आने तैयार हूँ कि क्रोचे ने वस्तु को गौण रखकर कल्पना को अधिक महत्त्व दिया है किन्तु कल्पना नितान्त निराधार नहीं होती। वस्तु होती अवश्य है किन्तु बिना कल्पना और स्मृति तथा स्वयं प्रकाशज्ञान के उसकी रूप-रेखा निश्चित नहीं होती है किन्तु यदि वस्तु न हो तो स्मृति और कल्पना खोखली रह जाएँ। हम यहाँ वस्तु और आकार के प्रश्न पर आ जाते हैं।

आकार और वस्तु

अभिव्यंजनावाद में आकार (Form) की प्रधानता तो है ही किन्तु उसमें वस्तु या सामग्री (Matter) का नितान्त तिरस्कार नहीं है। यह तो ऊपर बतलाया ही गया है कि हमारे स्वयंप्रकाशज्ञान में विविधता वस्तु के कारण ही आती है। स्वयं शुक्लजी ने इसका उल्लेख किया है—'उसकी अभिव्यंजना में जो नानात्व दिखाई पड़ता है

वह स्थूल 'द्रव्य' (वस्तु) के कारण है जो परिवर्तनशील होता है'।' और देखिए–

'Without Matter, however, our spiritual activity would not leave its abstraction to become concrete and real, this or that Spiritual content this or that definite intuition.'

—Croce (Aesthetic-Intuition and Repression, Page 9&10)

द्रव्य या वस्तु के बिना हमारी आध्यात्मिक क्रिया खोखली रह जाएगी। उसके बिना वह वास्तविक और मूर्त्त रूप न धारण कर सकेगी। वस्तु से ही हमारे मन पर छापें (Impressions) पड़ती हैं और उन्हीं के आधार पर स्वयं-प्रकाशज्ञान (Intuitions) बनते हैं मेरी समझ में वास्तव बात यह है कि वस्तु और आकार का पार्थक्य नहीं हो सकता। वस्तु का महत्त्व भी आकार पाकर ही निखरता है, बिना वस्तु के कोरे आकार का कोई मूल्य नहीं। स्वयं क्रोचे ने खोखले चमत्कारपूर्ण वाक्यों को निरर्थक कहा है–

'He who has nothing definite to express may try to hide his internal emptiness with a flood of words,...at bottom, they convey nothing.'

-Croce (Aesthetic-nature and Art, Page 160)

इससे बढ़कर कोरी अभिव्यंजना का और क्या जोरदार खण्डन हो सकता है? क्रोचे कोरी अभिव्यंजना के प्रचारक नहीं कहे जा सकते। वस्तु अवश्य चाहिए, उसके गुण गौण हैं किन्तु अभिव्यक्ति की जागृति में उनका महत्त्व है।

मतभेद का स्पष्टीकरण

क्रोचे वस्तुहीन अभिव्यंजना नहीं मानते वरन् उनके मत से वस्तु का अस्तित्व होते हुए भी उसकी रूप-रेखा अभिव्यंजना द्वारा बनती है। वस्तु या (Content) के सम्बन्ध में वह कहते हैं–'It is ture that the content is that which is convertable into form but it is has no determinable qualities until this transformation takes place.'–अर्थात् यह ठीक है कि वस्तु वह है जो आकार में परिवर्तनीय हो सके किन्तु उसमें कोई निर्धारित करने योग्य गुण नहीं आते जब तक कि उसके आकार में परिवर्तन न हो जाए। वह वस्तु को अस्तित्वशून्य नहीं वरन् हमारी स्वयंप्रकाशजन्य क्रिया के बिना ज्ञेय नहीं मानते।

आचार्य शुक्लजी के साथ मैं भी क्रोचे की इस बात का विरोध करूँगा कि वस्तु का अस्तित्व मानते हुए भी वह उसे नितान्त गौण बना देता है। यह उसकी हठधर्मी है कि यह स्वीकार करते हुए भी कि जिसने समुद्र देखा नहीं उसकी अभिव्यक्ति भी नहीं कर सकता, वह (क्रोचे) बाद में यह कह देता है कि इससे सिद्ध नहीं होता कि हमारी अभिव्यक्ति की शक्ति उत्तेजक (Stimulus) अथवा इन्द्रियों (Organs) पर आश्रित है–

"Thus, we who has never had the impression of-the sea will never be able to express it,....This however. does not establish a dependence of the expressive function on the stimulus or on the organ.'

—Croce (Aesthetic-Intuition and art. Page 32&33)

स्मृति हमको चाहे जितना सहारा दे हमको अन्त में अपने मन पर पड़ी हुई छापों (Impressions) पर ही निर्भर रहना पड़ेगा।

शुक्लजी के साथ यहाँ तक सहमत रहते हुए भी हमको दो बातों के सम्बन्ध में साधान रहना पड़ेगा। पहली बात यह है कि जहाँ क्रोचे कहता है कि–'The aesthetic is form and nothing but form' (सौन्दर्यानुभूति केवल आकार है और उसके अतिरिक्त कुछ नहीं)–वहाँ आकार (Form) से उसका अभिप्राय वस्तुप्राय वस्तुशून्य आकार नहीं वरन् आध्यात्मिक क्रिया (Spiritual Activity) या स्वयंप्रकाशज्ञान (Intuition) द्वारा परिमार्जित और रूप-रेखा दी हुई वस्तु से है। उसके Form' (आकार) में वस्तु और आकार दोनों ही सम्मिलित हैं, इसीलिए उसको हम कोरा आकारवादी, जैसा कि शुक्लजी ने उसे बतलाया है, प्रश्नवाचक चिह्न के साथ ही कह सकते हैं। दूसरी बात यह है क्रोचे के अभिव्यंजनावाद में न तो कुतूहल को स्थान है और न वैचित्र्य को। उसमें हृदय की गम्भीर वृत्तियों का भी अभाव नहीं। शुक्लजी के निम्नोल्लिखित शब्द कम-से-कम क्रोचे के अभिव्यंजनावाद के साथ न्याय नहीं करते–

'अभिव्यंजनावाद अनुभूति या प्रभाव का विचार छोड़ केवल वाग्वैचित्र्य को पकड़कर चला है; पर वाग्वैचित्र्य का हृदय की गम्भीर वृत्तियों से कोई सम्बन्ध नहीं। वह केवल कुतूहल उत्पन्न करता है। अभिव्यंजनावाद के अनुसार ही यदि कबिता बनने लगे तो उसमें विलक्षण-विलक्षण वाक्यों के ढेर के सिवा और कुछ न होना चाहिए–न विचाराधारा, न काव्यों की रसधारा।'

–'चिन्तामणि, भाग 2' (काव्य में रहस्यवाद)

यह कथन क्रोचे के अभिव्यंजनावाद का विकृतीकरण है। हम अपने कथन के पक्ष में क्रोचे का पूर्वोद्धृत मत एक बार फिर उद्धृत कर देना चाहते हैं–

'He Who has nothing definite to express may try to hide his internal emptiness with a flood of words,...although at bottom, they convey nothing.'

—Croce (Aesthetic-Nature and Art, Page 160)

क्रोचे कुतूहल और कलाबाजी के एकदम विरुद्ध था। वह अभिव्यक्ति का एक ही मार्ग मानता है जो कि सही मार्ग होता है। वह केशव तथा अन्य अलङ्कारवादियों की भाँति विकल्पों में विचरण करना नहीं जानता–

'Spiritual activity, precisely, because it is activity, is not a caprice but a spiritul necessity; and it cannot solve a definite Aesthetic problem, save in one way, which is right way.'

—Croce (Aesthetic-Taste and art, page 196)

क्रोचे और अलंकारवाद

क्रोचे न तो अलंकारवादी है और न वक्रोक्तिवादी। अलंकार के सम्बन्ध में शुक्लजी ने जो क्रोचे के मत का उल्लेख किया है वह इस बात की पुष्टि करेगा। देखिए कितना स्पष्ट है–

'अलंकार के सम्बन्ध में क्रोचे कहता है कि अलंकार तो शोभा के लिए ऊपर से जोड़ी या पहनाई हुई वस्तु को कहते हैं अभिव्यंजना या उक्ति में अलंकार जुड़ कैसे सकता है? यदि कहिए बाहर से, तो उसे उक्ति से सदा अलग रहना चाहिए। यदि कहिए भीतर से, तो वह या तो उक्ति के लिए 'दाल भात में मूसरचन्द' होगा। अथवा उसका एक अंग ही होगा।'

–'चिन्तामणि, भाग 2' (काव्य में अभिव्यंजनावाद,)

क्रोचे के इस भाव की स्पष्टि के लिए इसका अंग्रेजी का उद्धरण नीचे देते हैं–

'One can ask oneself how an ornament can be joined to expression. Externally? In that case it must always remain seperate : Internally? In that case, either it does not assist expression and mars it, or it does form part of it and is not ornament, but a constituent element of expression, indistinguishable form the whole.'

—Croce (Aesthetic-Expression and Rhetorec, Page 113)

क्रोचे के ऊपर के अवतरण से यह कदापि सिद्ध नहीं होता कि वह अलंकारों को ऊपर से जोड़ी हुई वस्तु मानता है (जैसा शुक्लजी ने उसके विषय में कहा है)। इसके विपरीत वह उनके जोड़े हुए होने के विरोध में ही युक्ति देता है अर्थात् वह अलंकार को उक्ति का सम्पूर्ण से पृथक् न किया जानेवाला अंग ही मानता है।

इस अवस्था में अलंकार की स्वतन्त्र सत्ता कुछ नहीं और यदि स्वतन्त्र सत्ता है तो वह निरर्थक है। क्रोचे का कथन है कि यदि रूपक से कोई बात साधारण शब्दावली की अपेक्षा अधिक उत्तम रीति से व्यंजित होती है तो वही उसकी अभिव्यंजना है। क्रोचे तो यथार्थ अभिव्यक्ति चाहता है, चमत्कार नहीं। क्रोचे अलंकार और अलंकार्य में भेद नहीं मानता है।

आचार्य शुक्लजी तथा 'काव्य में अभिव्यंजनावाद' के रचयिता श्रीसुधांशुजी क्रोचे के इस मत से कि अलंकार और अलंकार्य में भेद नहीं है, सहमत नहीं हैं।

उनके मत से—**अलंकार-अलंकार्य का भेद मिट नहीं सकता'**—यह बात चाहे ठीक हो किन्तु क्रोचे का उपर्युक्त उद्धरण उसे अलंकारवादी होने के अभियोग से पूर्णतया मुक्त कर देता है। **'प्रस्तुत के मार्मिक रूप-विधान का त्याग और केवल प्रचुर अप्रस्तुत रूप-विधान में ही प्रतिभा या कल्पना का प्रयोग'** (ये शब्द शुक्लजी के हैं)—यह प्रवृत्ति हिन्दी में चाहे कहीं से आई हो (सम्भव है अपने यहाँ के हीं अलंकारवादियों की देन हो) किन्तु क्रोचे से नहीं आई।

अभिव्यंजनावाद और वक्रोक्तिवाद

अब हम देख सकते हैं कि क्रोचे का 'उक्ति-वैचित्र्य' से कहाँ तक सम्बन्ध है? क्रोचे ने उक्ति को प्रधानता दी है, उक्ति-वैचित्र्य को नहीं। उसके मत से सफल अभिव्यक्ति या केवल अभिव्यक्ति कला या सौन्दर्य है क्योंकि अभिव्यक्ति यदि सफल नहीं है तो अभिव्यक्ति ही नहीं है।[2] इसीलिए अभिव्यंजनावाद और वक्रोक्तिवाद की समानता नहीं है, जैसा कि शुक्लजी ने माना है—**क्रोचे का 'अभिव्यंजनावाद' सच पूछिए तो एक प्रकार का 'वक्रोक्तिवाद है। संस्कृत-साहित्य के क्षेत्र में भी कुन्तल नाम के एक आचार्य 'वक्रोक्तिः काव्यजीवितम्' कहकर उठे थे।'** (चिन्तामणि : भाग 2, काव्य में अभिव्यंजनावाद, पृष्ठ 232)—इस सम्बन्ध में अभिव्यंजनावाद और वक्रोक्तिवाद का अन्तर सुधांशुजी ने बड़े स्पष्ट शब्दों में बतलाते हुए दो बातों की ओर ध्यान आकर्षित किया है—

(क) 'वक्रोक्ति की प्रकृति अलंकार की ओर विशेष तत्पर दिखाई देती है, लेकिन अभिव्यंजनावाद का बाह्य रूप से अलंकार के साथ कोई सम्बन्ध नहीं है। अलंकार अनुगामी होकर अभिव्यंजना के पीछे चल सकता है, वक्रोक्ति के साथ की भाँति सहगामी होकर नहीं।'

(ख) 'अभिव्यंजनावाद में वक्रतापूर्ण उक्तियों का तो मान है ही, साथ ही स्वभावोक्तियों के लिए भी उसमें यथेष्ट स्थाान है। जिस उक्ति से किसी दृश्य का मनोरम विम्बग्रहण हो वह वक्रताहीन रहने पर भी अभिव्यंजनावाद की चीज है।'

—'काव्य में अभिव्यंजनावाद' (अभिव्यंजनावाद और कला)

वक्रोक्तिकार नित्य की बोल-चाल की रीति से सन्तुष्ट नहीं होते—**'वक्रोक्ति-प्रसिद्धाभिधानब्यातिरेकिणी विचित्रैवाभिधा'** (वक्रोक्तिजीवित, 1।11 की टीका)। मैं तो यह कहूँगा कि 'अभिव्यंजनावाद' में स्वभावोक्ति और वक्रोक्ति का भेद ही नहीं है। उक्ति केवल एक ही प्रकार की हो सकती है। यदि पूर्ण अभिव्यक्ति वक्रोक्ति द्वारा होती है तो वही स्वभावोक्ति या उक्ति है, वही कला है। वाग्वैचित्र्य का मान वैचित्र्य के कारण नहीं वरन् यदि है तो पूर्ण अभिव्यक्ति के कारण। अभिव्यंजनावाद में एक ही उक्ति के लिए स्थान है, न उसमें प्रस्तुत-अप्रस्तुत का, न स्वभावोक्ति-वक्रोक्ति

का भेद है। प्रेम-गली की भाँति अभिव्यंजनावाद की गली भी अति साँकरी है—**'बा में दो न समाएँ'**—इसीलिए क्रोचे अनुवादों के पक्ष में नहीं है। अनुवाद या तो ठीक नहीं होगा और होगा तो वह एक नई रचना ही होगी। अनुवाद यदि वफादार (Faithful) होंगे तो सुन्दर न होंगे और अगर सुन्दर होंगे तो वफादार न होंगे। अनुवादक को सौन्दर्य और वफादारी दो में से एक को चुनना पड़ता है। क्रोचे इस प्रकार लिखते हैं—

'Ugly faithful ones faithless beauties is a proverb that wcll expresses the dilemma with which even translator is faced.'

—Croce (Aesthetic—Expression and Rhetotric, page, 113)

सौन्दर्य और वफादारी का योग कठिनाई से होता है—**'क्वचित् रूपवती सती'** मैं इस बात को अक्षरशः सत्य नहीं मानता।

सुधांशुजी ने ठीक कहा है कि **'अभिव्यंजनावाद में वाग्वैचित्र्य को जितना स्थान मिला है उससे अधिक कलाकारों ने**—(और मैं जोड़ूँगा साहित्य-समीक्षकों ने) **उसके नाम पर वाग्विस्तार किया है'**—'काव्य में अभिव्यंजनावाद (अभिव्यंजना और कला) इसके अतिरिक्त वक्रोक्तिवाद के आचार्य कुन्तल भी केवल वक्रोक्ति को ही मुख्यता नहीं देते हैं। वह भी शब्द और अर्थ का सामंजस्य चाहते थे। उन्होंने भी रस को माना है किन्तु वक्रता के ही रूप में। कुन्तल की वक्रता बड़ी व्यापक है। उसमें कई प्रकार की वक्रता शामिल है—जैसे उपचार-वक्रता, भाव-वक्रता आदि।

क्रोचे के सिद्धान्तों का सार

आचार्य शुक्लजी द्वारा क्रोचे के कला-सम्बन्धी विचारों को दे देने के पश्चात् मैं एक बार अपने शब्द में भी क्रोचे के मत का सार दे देना आवश्यक समझता हूँ। विज्ञ पाठकगण इस पिष्टपेषण को (यदि कहीं हो) क्षमा करें। क्रोचे ने आत्मा की दो प्रकार की क्रियाएँ मानी हैं—एक विचारात्मक (Theoretic), दूसरी व्यवहारात्मक (Practical)। विचारात्मक में दो क्रियाएँ हैं—एक स्वयं प्रकाशज्ञान (Intuition) की जिसका सम्बन्ध व्यक्तियों या विशेष पदार्थों से है और जो कल्पना द्वारा कला की उत्पादिका है, दूसरी तर्क (Lqgic) की क्रिया जो जातिवाचक बोधों (Concepts) से सम्बन्ध रखती है और जिसमें सिद्धान्तविधायक दर्शन, जो विज्ञान आदि का उदय होता है। व्यवहारात्मक दो प्रकार की क्रियाएँ होती हैं—एक आर्थिक (Economic) और दूसरी नैतिक (Ethical)।

आत्मा का स्वयंप्रकाशज्ञान बौद्धिक ज्ञान से स्वतन्त्र है। वह एक प्रकार की अलौकिक शक्ति है जो एक क्षण प्राकृतिक दृश्यों को अपनाकर उनको साकार और सुन्दर रूप दे देती है। यही आकार देने की क्रिया अभिव्यक्ति है किन्तु है यह आन्तरिक। स्वयंप्रकाशज्ञान का अभिव्यक्ति से सहज सम्बन्ध है—

'The spirit does not obtain intuitions, otherwise than by making, forming, exppressing.'

—Croce (Aesthetic-Intuition and Expression, Page 13)

कलाकार तभी कलाकार है जब वह स्वतन्त्र स्वयंप्रकाशज्ञानमयी स्फूर्ति से प्रेरित होता है। जब वह एक अनिर्वचनीय रूप में अपने विषय से अपने को पूर्ण पाता है तब इस अभिव्यक्ति का सफल उद्घाटन होता है और तभी सौन्दर्यात्मक कला की सृष्टि होती है।

क्रोचे ने कला (Art) और कलाकृतियों (Works of Art) में अन्तर किया है। क्रोचे के मत से असली कला आन्तरिक ही है। वह स्वयंप्रकाशज्ञान की आध्यात्मिक क्रिया है। अभिव्यक्ति उसके हाथ स्वाभाविक रूप से लगी होती है किन्तु वह अभिव्यक्ति होती आन्तरिक ही है। कलाकृतियाँ (काव्य,चित्र, मूर्ति आदि) उस आन्तरिक स्वयंप्रकाशज्ञानजन्य अभिव्यक्ति को बाह्य रूप और स्थायित्व देकर पुनः जाग्रत करने की साधनस्वरूपा हैं। देखिए क्रोचे स्वयं क्या कहते हैं–

'And what are those combinations of words which are called poetry, prose, poems, Novels romances, tragedies or commedies, but physical stimulants of reproduction.'

—Croce (Aesthetic-Nature and Art page 158)

सफल अभिव्यक्ति ही कला है। क्रोचे के लिए 'सफल' विशेषण भी अनावश्यक है क्योंकि अभिव्यक्ति जब सफल नहीं होती तब अभिव्यक्ति नहीं कहलाती। अभिव्यक्ति ही सौन्दर्य है–'We May define beauty as successful expression, or better, as expression and nothing more because expression, when it is not successfull, is not expression,' (Aesthetic-Aesthetic Felling, page 129)। सौन्दर्य की श्रेणियाँ नहीं होतीं, वह पूर्ण है; कुरूपता में दर्जे होते हैं (क्रोचे का यह मत कुछ विचारणीय है क्योंकि यह सौन्दर्य को निरपेक्ष बना देता है और संसार में निरपेक्ष वस्तुएँ थोड़ी ही होती हैं)। कुण्ठित और असफल अभिव्यक्ति (Embarressed activity the product of which is failure) ही कुरूपता है। क्रोचे के मत से कलाओं का वर्गीकरण व्यर्थ है। देवताओं में कोई बड़ा-छोटा नहीं होता–

'All the books dealing with classifications and systems of the arts could be burned without any loss whatever.'

—Croce (Aesthetic-Technique and the Arts, page 188)

अर्थात् कला के विभाजन से सम्बन्ध रखने वाली सारी पुस्तकें यदि जला दी जाएँ तो कोई नुकसान न होगा

आक्षेपों का आधार

क्रोचे यह मानता है कि कलाकार स्वयंप्रकाशज्ञान प्राप्त करने में विवश है। इस प्रकार कला का काव्य के विषय के प्रति स्तुति या निन्दा का भाव रखना असंगत है। अगर कलाकार के मन में बुरी छाप पड़ती है और यदि उसकी अभिव्यंजना ठीक होती है तो कलाकार का दोष नहीं है वरन् समाज का दोष है। इस अवस्था में आलोचक को चाहिए कि वह कलाकार को दोष न देकर समाज का सुधार करे जिससे कि कलाकार के मन पर वैसी छाप न पड़े–

The Critics should think rather of how they can effect changes in nature and in society, in order that those impressions may not exits.'

—Croce (Aesthetic-Theoretic Activity, Page 85)

क्लाइव बैल (Clive Bell) महोदय का निम्नोल्लिखित कथन भी कलावाद की पुष्टि करता है–

'To appreciate a work of need bring with us nothing from life, no knowledge of its ideas and affairs, no familiarity with its emotions.'

—Clive Bell (Art)

अर्थात् कला का रसास्वादन करने के लिए जीवन से कुछ भी अपने साथ लाने की आवश्यकता नहीं है, उसके लिए न तो उसके विचारों या व्यापारों का ज्ञान और न उसके भारों से उसका परिचय ही अपेक्षित है।

ऐसे ही विचार ब्रेडले (Bradley) के भी हैं और ऐसे ही वाक्य शुक्लजी के आक्षेपों के वास्तविक आधार हैं। तो क्या कला और नीति या उपयोगिता का कोई सम्बन्ध नहीं? क्रोचे ने आन्तरिक अनुभूति की अभिव्यक्ति से अभिन्न माना है और उसका बाह्य अभिव्यक्ति से भेद किया है। आन्तरिक अभिव्यक्ति में कवि मजबूर हो जाता है, बाह्य अभिव्यक्ति में वह स्वतन्त्र रहता है–

'We cannot will or not will our aesthetic vision: we can; however, will or not will to externalise it, or better, to preserve and communicate, or not, to outher, the externalisation produced.'

—Croce (Aesthetic-Technique and Art, page 182)

कभी-कभी तो कवि बाह्य रूप देने में भी स्वतन्त्र नहीं रहता। इसी को तो कहते हैं सृजन की अदम्य आवश्यकता। आन्तरिक और बाह्य कला में संकल्प का व्यधान मानकर बाह्य कला मूल्य किसी अंश में कम हो जाता है।

क्रोचे और साधारणीकरण

कलाकृतियों के सम्बन्ध में यह प्रश्न उठता है कि कलाकृतियाँ कलाकार के मन में तो स्वयंप्रकाशज्ञानजन्य अभिव्यक्तियों को जाग्रत कर देंगी, किन्तु दर्शक, पाठक

या समीक्षक के मन में वे उसी प्रकार की अभिव्यक्ति किस तरह से उत्पन्न करेंगी? इसके लिए पाठक को भी कलाकार के मानसिक धरातल तक उठना पड़ेगा, तभी प्रतिभा (Genius) और रुचि (Taste) का मिलन होकर कला के साथ न्याय हो सकेगा। यदि पाठक या समीक्षक कलाकार के धरातल तक नहीं पहुँचता तो वह उस कृति में सौन्दर्यानुभूति न कर सकेगा। कलाकार की मानसिक परिस्थिति में पहुँचकर रुचि-भेद न रहेगा, ऐसा होना कठिन अवश्य है किन्तु असम्भव नहीं।

इस कठिनाई को हल करने के लिए क्रोचे ने कवि के दो प्रकार के आत्म-भाव (Personalities) माने हैं—लौकिक और संकल्पात्मक (Empirical and volitional) और दूसरा अलौकिक अर्थात् स्वच्छन्द और आदर्श (Spontaneous or ideal persornality constituting the work of art)। कवि और पाठक का तादात्म्य आदर्श आत्म-भाव में हो सकता है। साधारणतया पाठक और कवि दान्ते (Dante) के लौकिक आत्म-भाव पृथक् हैं किन्तु उसके काव्यरसास्वाद में दोनों के अलौकिक आत्म-भाव मिल जाते हैं—'In order to judge Dante. we must raise ourselves to his level: let be well understood that empirically we are not Dante nor Dante we; but in that moment of judgment and contemplation. our spirit is one with that of a the poet, and in that moment we and he are one single thing.'

—Croce (Aesthetic-Taste and Art, page 199)

इस उद्धरण को देखते हुए क्रोचे तथा उसके अनुयायी पाश्चात्य समीक्षकों को व्यक्तिवादी कहना (जैसा आचार्य शुक्लजी ने साधारणीकरण वाले लेख में कहा है) उनके साथ अन्याय होगा।

कलावाद

कला और रीति

यद्यपि अभिव्यंजनावाद और कलावाद दोनों का लक्ष्य एक ही है तथापि उस लक्ष्य तक की पहुँच में इन दोनों दृष्टिकोणों में भेद है। अभिव्यंजनावाद अभिव्यक्ति के सौन्दर्य पर बल देता है, जिसका फल यह होता है कि अभिव्यक्ति का ढंग मुख्य हो जाता है और अभिव्यक्ति का विषय गौण। कला का अर्थ है 'कला कला के लिए', जिसका अभिप्राय यह होता है कि कला नीति और उपयोगिता के बन्धनों से परे है। उसमें केवल सौन्दर्य का ही साम्राज्य है और कला उसकी जाँच का मापदण्ड सौन्दर्य ही होना चाहिए।

वास्तव में क्रोचे का सौन्दर्य-विधान नीति और उपयोगिता के शासन से मुक्त है। यदि कला अन्तरिक ही है, मानसिक अभिव्यक्ति-मात्र है तो वह नीति के

शासन से बाहर है क्योंकि नीतिकार की वहाँ तक पहुँच ही नहीं। कलाकृतियाँ अवश्य नीति का विषय बन सकती हैं। कलाकृतियों का सम्बन्ध स्वयंप्रकाशज्ञान से नहीं है वरन् वे व्यावहारिक क्रिया का फल हैं। व्यावहारिक क्रिया (Practical Activity) का नीति से सम्बन्ध है। कलाकार स्वयंप्रकाशज्ञान की मानसिक अभिव्यक्ति करने में विवश है, इसलिए वह दोषी नहीं ठहराया जा सकता किन्तु वह अपनी मानसिक अभिव्यक्ति को शब्दों या रेखाओं की अभिव्यक्ति देने में स्वतन्त्र है। यह व्यावहारिक क्रिया है और उसकी अभिव्यक्ति समाज के आदर्शों के विरुद्ध पड़ती है तो वह अपनी मानसिक अभिव्यक्ति को बाह्य प्रकाश न दे। कलाकार की स्वतन्त्रता मानसिक अभिव्यक्ति तक ही सीमित है, इसलिए क्रोचे कलाकार की स्वयंप्रकाशजन्य अभिव्यक्ति की आन्तरिक स्वतन्त्रता को बाह्य कृतियों (Works of Art) पर लागू नहीं करता। बाह्य प्रत्यक्षीकरण (Externalization) नीति और उपयोगिता के शासन में आ जाता है–

'But it would be erroneous to maintain that this independence of the vision or Intution or internal expression of the artist should be at once extended to the practical activity of externalization and of communication, which may or may not follow the aesthetic fact. If art be understood as the externalization of art, then utility and morality have a perfect right to deal with it; that is to say, the right one posseses to deal with one's own household.'

—Croce (Aesthetic-Technique and the Art, page 191 and 192)

इस उद्धरण को देखते हुए हम यह नहीं कह सकते कि क्रोचे नीति और उपयोगिता की नितान्त उपेक्षा करता है।

क्रोचे तो कला के साथ उपयोगिता का भी समन्वय मानता है। उपयोगिता ही सौन्दर्य का रूप धारण कर लेती है। जो पोशाक मनुष्य की परिस्थिति और आवश्यकताओं के अनुकूल होगी वही सुन्दर कही जाएगी–

'A garment is only beautiful because it is quite suitable to a given person in given condition.'

—Croce (Asthetic-Nature and Art, page 167.)

कलावाद की व्याख्या और अन्य मत

'कला कला के लिए है'–इस सिद्धान्त का जन्म फ्रास में हुआ है। इसके कई रूप हैं, कुछ अच्छे और कुछ बुरे। किन्तु कला की निरपेक्षता मूल सूत्र व्यापक रूप से दिखाई देता है। कलावादी प्रायः नीति की उपेक्षा करते हैं। वे काव्य का जीवन से कोई सम्बन्ध नहीं स्वीकार करते और कला को विधि-निषेध के प्रपंच

से परे मानते हैं। उनके विचार का सार यह है—प्रत्येक वस्तु का क्षेत्र अलग है और अपने क्षेत्र में उसे पूर्ण स्वराज्य (Autonomy) प्राप्त है। विज्ञान में हम सत्य की खोज करते हैं और उस सत्य की खोज में कभी-कभी जैसे मुर्दे चीरते समय बड़ी वीभत्सता का भी सामना करना पड़ता है। उस समय सुन्दरता के लिए हम सत्य का बलिदान नहीं करते। दर्शन-शास्त्र या गणित-शास्त्र के लोहे के चने चबाते समय हम उनमें कविता का रस न पाकर उन शास्त्रों को हेय नहीं समझते। धर्म में घोर तप और संयम का विधान देखकर हम उसे सौन्दर्य के मापदण्ड से नहीं नापते, फिर बेचारी कला को सत्य और नीति के शासन में क्यों जकड़ा जाए?

आस्कर वाइल्ड और स्पिन्गर्न—ऐसी ही विचाराधारा में पकड़कर 'आस्कर वाइल्ड' (Oscar Wilde) ने जिन्होंने स्वयं अपनी कृतियों में सदाचार की अवहेलना की है, कहा है—**'समालोचना में सबसे पहली बात यह है कि समालोचक की यह परख हो कि कला और आचार के क्षेत्र पृथक्-पृथक् हैं।'** (चिन्तामणिः भाग 2 काव्य में अभिव्यंजनावाद, पृष्ठ 185)। जे. ई. स्पिन्गर्न (J. E. Spingarn) ने इसी बात को जरा हास्यगर्भित भाषा में कहा है—**'शुद्ध काव्य के भीतर सदाचार-दुराचार ढूँढ़ना ऐसा ही है जैसा कि समत्रिकोणत्रिभुज को सदाचारपूर्ण कहना और समद्विबाहुत्रिभुजपूर्ण को दुराचार।'**

—चिन्तामणि : भाग 2 काव्य में अभिव्यंजनावाद 185)

'To say that poetry as poetry is moral or immoral is meaning less to say that an equilateral triangle is maral and an icosceles triangle is moral and an icosceles triangle immoral.'

जोशीजी—हमारे हिन्दी लेखकों में श्री इलाचन्द्र जोशी भी इसी मत के अनुयायी हैं, देखिए—

'विश्व की इस अनन्त सृष्टि की तरह कला भी आनन्द का ही प्रकाश है। उसके भीतर नीति, तत्त्व अथवा शिक्षा का स्थान नहीं। उसके अलौकिक मायाचक्र से हमारे हृदय की तन्त्री आनन्द की झंकार से बज उठती है, यही हमारे लिए परम लाभ है। उच्च अंग की कला के भीतर किसी तत्त्व की खोज करना सौन्दर्य-देवी के मन्दिर को कलुषित करना है।'

—साहित्य-सर्जना (कला और नीति, पृष्ठ 15)

डॉक्टर रवीन्द्रनाथ ठाकुर—रवि बाबू सौन्दर्य को प्रयोजन रहित मानते हुए भी उसके पूर्ण विकास को मंगलमय मानते हैं। मंगल में उपयोगिता के साथ सौन्दर्य की भावना रहती है वह सौन्दर्य उपयोगिता के परे की वस्तु है। वह सौन्दर्य को स्वार्थ की तुच्छ भावना से ऊँचा रखना चाहते हैं किन्तु वह सौन्दर्य-बोध के लिए संयम आवश्यक मानते हैं, देखिए—

'सौन्दर्य ने हमारी प्रवृत्तियों को संयत कर दिया है। उसने संसार के साथ

एकमात्र प्रयोजन के सम्बन्ध को न रखकर आनन्द के सम्बन्ध को स्थापित कर दिया है। प्रयोजन के सम्बन्ध में हमारी द्रीनता है; आनन्द के सम्बन्ध में हमारी मुक्ति है।'

—साहित्य (सौन्दर्य-बोध, 33)

'इसी तरह सौन्दर्य-बोध की यथार्थ परिपक्वता, प्रवृत्ति की चंचलता और असंयम के एक साथ कभी एक ही स्थान पर नहीं रह सकती। दोनों परस्पर-विरोधी हैं।'

—साहित्य (सौन्दर्य-बोध, पृष्ठ 38)

'हम मंगल को सुन्दर कहते—वह आवश्यकता की पूर्ण करने की दृष्टि से नहीं।.....लक्ष्मण राम के साथ-साथ बन को गए, यह बात वीणा के तारों के समान एक संगीत को बजा देती है....हम बात इसलिए नहीं कहते हैं क्योंकि यदि छोटा भाई बड़े भाई की सेवा करे तो इससे समाज का कल्याण होता है। हम यह बात इसलिए कहते हैं क्योंकि यह बात सुन्दर है। यह बात सुन्दर क्यों है? बात यह है कि जितनी भी मंगल वस्तुएँ हैं उनका समस्त संसार के साथ एक गम्भीर सामंजस्य है। उनका समस्त मनुष्यों के मन के साथ एक निगूढ़ मेल है। यदि हम सत्य के मंगल-का पूर्ण सामंजस्य देख सकें तो फिर सौन्दर्य हमारे लिए अगोचर नहीं रहता....हमारे पुराणों में लक्ष्मी केवल सौन्दर्य और ऐश्वर्य की ही देवी नहीं है वह मंगल की भी देवी है। सौन्दर्य-मूर्ति ही मंगल की पूर्ण मूर्ति है और मंगल-मूर्ति ही सौन्दर्य का पूर्ण स्वरूप है।'

—'साहित्य' (सौन्दर्य-बोध)

ब्रेडले—ब्रेडले (A. C. Bradley) ने भी काव्य के लिए काव्य (Poetry for poetry's sake) वाले लेख में इस पक्ष का समर्थन किया है किन्तु उन्होंने काव्य या कला को स्वतन्त्र और निरपेक्ष रखते हुए यह माना है कि शुद्धकला के दृष्टिकोण से कला के मूल्य को कला के ही मापदण्ड से जो सौन्दर्य का है, नापना चाहिए लेकिन नागरिक के दृष्टिकोण से यह आवश्यक नहीं कि कलाकार की सभी कृतियाँ प्रकाश में आएँ। यही क्रोचे का भी मत है। ब्रेडले ने बतलाया है कि रूसेटी (Rossetti) ने अपनी एक कविता को जिसे परम मर्यादावादी टेनीसन ने भी पसन्द किया था लोक-मर्यादा के भंग होने के भय से प्रकाश में नहीं आने दिया। इसके सम्बन्ध में ब्रेडले साहब का कथन है कि उसका यह निर्णय नागरिक की हैसियत से था कलाकार की हैसियत से नहीं, लेकिन प्रश्न यह हो सकता है कि क्या कलाकार नागरिक नहीं है। हाँ, वह अवश्य है और इसीलिए उसको नीति तथा सदाचार के बन्धन में आना पड़ता है।

यूरोप में रस्किन, टालस्टाय, आई. ए. रिचर्ड्स काव्य का नीति से सम्बन्ध मानते हैं। ब्रेडले साहब यद्यपि कलावादी हैं तथापि उन्होंने काव्य में कोरे आकार (Form) को महत्त्व नहीं दिया है। वह तो पूरे काव्य को महत्त्व देते हैं जिसमें सामग्री और आकार दोनों सम्मिलित हैं। दोनों का पार्थक्य नहीं हो सकता। वह शैली और अर्थ

दोनों को महत्त्व देते हैं किन्तु दोनों को एक-दूसरे से अलग-अलग नहीं मानते। वह एक प्रकार से **'वागर्थाविव सम्पृक्तौ'** तथा **'गिरा अरथ जल बीच सम, कहियत भिन्न न भिन्न'** के मानने वाले हैं। काव्य का अर्थ काव्य के बाहर नहीं रहता। काव्य को चाहे अभिव्यंजक अर्थ कहिए और चाहे अर्थ पूर्ण शैली–'So that what you apprehend may be called indifferently an expressed meaning or a significant form.' ब्रेडले ने काव्य और जीवन को दो समानान्तर दिशाओं में चलता हुआ बतलाया है। जीवन में वास्तविकता है, कल्पना नहीं; काव्य में कल्पना है किन्तु वास्तविकता की कमी रहती है। मम्मट ने भी तो काव्यप्रकाश की पहली कारिका में काव्य को ब्रह्मा की सृष्टि के नियमों से परे माना है–**'नियतिकृत नियमरहिताम्'**–और उसे **'अनन्यपरतन्त्राम्'** भी कहा है। आचार्य शुक्लजी ने ब्रेडले के विरुद्ध रिचड्र्स को महानता दी है।

विश्वनाथ और मम्मट–हमारे यहाँ भी यह प्रश्न दूसरे रूप से उठ है। अश्लीलत्व दोष माना ही जाता है कहा जाता है कालिदास को 'कुमार-सम्भव' में पार्वती-परमेश्वर के (जिनकी वन्दना उन्होंने 'रघुवंश' के आदि की है) शृंगार वर्णन के कारण कुष्ठ हो गया था और शायद इसी कारण उनका ग्रन्थ भी अपूर्ण रहा। किन्हीं आचार्यों ने यह भी लिखा है कि अच्छे कवियों का संसर्ग पाकर अनौचित्य भी औचित्य हो जाता है, ऐसे आचार्य कलावादी ही कहे जाएँगे। पंडित उदयशंकर भट्ट ने 'कुमारसम्भव' नाम के नाटक में कला और आचार का संघर्ष दिखाकर आचार के ऊपर कला की विजय कराई है। स्वयं सरस्वती देवी ने कला का पक्ष लिया है, यह कलावाद का प्रभाव है। साहित्यपर्दणकार विश्वनाथ और काव्यप्रकाशकार मम्मट दोनों ने ही कालिदास को प्रकृति-विपर्यय का अर्थात् दिव्य प्रकृतियों के शृंगार-वर्णन का दोषी ठहराया है। साहित्यदर्पणकार ने रस और भाव के अनौचित्य को ही भावाभास और रसाभास कहा है–**'अनौचित्यप्रवृत्तत्व आभासो रसभावयोः**–'साहित्यदर्पण,' । क्षेमेन्द्र ने औचित्य को सर्वोपरि रखा है–**'औचित्यं रससिद्धस्य स्थिरं काव्यस्य जीवितम्'** (औचित्य-विचार-चर्चा)।

प्राचीन आचार्यों ने काव्य को नीति से अछूता नहीं माना है। नीतिकार केवल उपदेश देता है, काव्यकार उसे कान्ता के वचनों-का-सा मृदुल और मनोहर बना देता है। **'कान्तासम्मितयोपदेशयुजे'** को मम्मट ने काव्य के प्रयोजनों में माना है किन्तु उन्होंने काव्य को **'नियतिकृतनियमरहिताम्'** कहकर ब्रह्मा की सृष्टि के नियमों से स्वतन्त्र रखा है।

गोस्वामी तुलसीदास–गोस्वामीजी ने अपने काव्य को **'स्वान्तःसुखाय'** लिखा हुआ है–**'स्वान्तःसुखाय तुलसी रघुनाथगाथा, भाषानिबन्धमतिमंजुलमातनोति'**– 'रामचरितमानस' (बालकाण्ड)। स्वान्तः सुखाय कलावाद का शुद्धतम रूप है। तुलसी की कला, यश, धन और मान-प्रतिष्ठा के प्रलोभलों से परे थी किन्तु रीति और

मर्यादा-पालन से विशिष्ट थी। उनके लिए श्रेय और प्रेय में अन्तर न था । ऐसे लोगों के लिए जिनका अन्तःकरण विकृत है, स्वान्तःसुखाय का उतना ही अर्थ है कि वह उसे अर्थ के प्रलोभन से परे रखना चाहते थे। तभी तो उनको बुधजनों के आदर की फिक्र थी और इसीलिए उन्होंने लिखा है–

'जो प्रबन्ध बुध नहिं आदरहीं। सो श्रम बादि बाल कवि करहीं।।'

—'रामचरितमानस' (बालकाण्ड)

यही कला की प्रेषणीयता है। तुलसीदास की कविता का आदर्श कोरा कलावाद न था, वह पूर्ण हितवादी थे–

'कीरति भणित भूति भलि सोई। सुरसरि सम सब कहँ हित कोई।।'

—'रामचरितमानस' (बालकाण्ड)

उपसंहार

काव्य और नीति का प्रश्न बड़ा जटिल है। जो लोग काव्य को नीति से परे रखना चाहते हैं वे उसके क्षेत्र में सौन्दर्य का अबोधित राज्य देखना चाहते हैं किन्तु वाक्य के राज्य को हम यदि व्यापक मानें और उसका अधिकार पूरे जीवन पर समझा जाए तो उसमें सत्यं, शिवं और सुन्दरम् तीनों का समन्वय होना चाहिए। काव्य का क्षेत्र रेखागणित की भाँति संकुचित नहीं है। स्पिन्गर्न की तरह रेखागणित के उपमान पर काव्य को नीति-निरपेक्ष कहना उचित न होगा। जितना ही राज्य व्यापक होगा, उतना ही बन्धन अधिक होगा और उतने ही अंश दूसरों से अनुकूलता प्राप्त करनी पड़ेगी। कलाकार समाज से बाहर नहीं रह सकता, उसका नागरिक-रूप उसके कलाकाररूप से पृथक् नहीं। यदि वह तीन लोक से न्यारी अपनी मथुरा बसाकर रहे तो केवल सौन्दर्य भी नीति-विच्छिन्न हो अपूर्ण रहेगा। बाह्य सौन्दर्य नीति के आन्तरिक सौन्दर्य के बिना **'विष-रस भरे कनक घट'** की भाँति अग्राह्य रहेगा। अतः नीति का प्रश्न उपेक्षणीय नहीं है। काव्य में जिस प्रकार सौन्दर्य और नीति का विच्छेद नहीं हो सकता उसी प्रकार अन्य विषयों का भी नहीं। केवल आकार खोखला रहता है, कोरी सामग्री भी मिट्टी के ढेर की भाँति अनाकर्षक रहती है। वह सुन्दर शैली को ही पाकर निखरती है–

'मानते हैं जो कला के अर्थ ही,
स्वार्थिनी करते कला को व्यर्थ ही।
वह तुम्हारे और तुम उसके लिए,
चाहिए पारस्परिकता ही प्रिये।'

—'साकेत' (प्रथम सर्ग)

संदर्भ

1. Croce (Aesthetic-Intuition and Art, Page 26)
   मूल पुस्तक में यह उद्धरण इस प्रकार है–
   "The aesthetic fact, therefore, is form and nothing but form.'
2. '.....We may define beauty as successful expression, or better, axpression and nothing more, because expression, when it is not successful, is not expression.'
   —Croce (Aesthetic feelings, page 129)

18. समालोचना के मान

'स्वामी मित्रं च मंत्री च शिष्य आचार्य एव च, ।
कवेर्भवति हि चित्रं किं हि तद्यन्न भावकः ।'[1]

व्युत्पत्ति और उद्देश्य

आलोचना शब्द 'लुच' धातु से, जिसका अर्थ देखना है, बनी है। यह वही धातु है जो 'लोचन' शब्द में है। समीक्षा का भी यही अर्थ है। सम्यक् प्रकार से देखने में वस्तु या कृति का प्रभाव, आस्वाद, उसकी व्याख्या और उसका शास्त्रीय तथा नैतिक मूल्यांकन सभी बातें आ जाती हैं। आलोचक समाज का प्रतिनिधि बन कृति को देखता है, समाज को उसके मूल्यतम तथ्यों से परिचित कराता है और लोकहित की दृष्टि से उसका मूल्यांकन कर लेखक को भी दिशा-निर्देश कराता है। आलोचक, लेखक और पाठक के बीच में दुभषिये-का-सा काम करता है और समाज तथा कलाकारों को पारस्परिक सम्पर्क में लाकर लेखक के साथ ही नए विचारों और भावों को चलने देने में सहयोग प्रदान करता है। आचार्य राजशेखर ने भावयित्री प्रतिभा (अर्थात् आलोचक की प्रतिभा) का उद्देश्य बतलाते हुए लिखा है–

'सा च कवेः श्रममभिमप्रायं च भावयति। तया खलु फलितः कवेर्व्यापारतरुः अन्यथा सोऽवकेशी स्यात्'–'काव्यमीमांसा'

अर्थात् वह कवि के श्रम उसके उद्देश्य तथा तात्पर्य को प्रकाशन में लाता है। उसके (भावक की प्रतिभा के) ही कारण कवि के व्यापार का वृक्ष फलता है अर्थात् उसके उद्देश्य की सिद्धि होती है अन्यथा वह निष्फल रहती है। भावक के ही सहयोग से कवि की प्रतिभा प्रकाश में आती है और उसके विचारों और भावों का प्रसार होता है। मेथ्यू आर्नल्ड (Matthew Arnold) ने भी आलोचना का कार्य ऐसा ही माना है–

Simply to Know best that is Know and thought is the world, and in its turn making this known, to create a current of true and fresh ideas.'

—Essays on Criticism (page 18)

अर्थात् आलोचना का कार्य केवल उत्तमोत्तम जो बातें जानी गई हैं उनका जानना और बदले में उनको दूसरों के लिए जानना और इस प्रकार सच्चे और ताजा विचारों का प्रवाह उत्पन्न कर देना है। आलोचना का यह मुख्य उद्देश्य है किन्तु इसके साथ कवियों वा लेखकों के गुण-दोषों का विवेचन वा उन आदर्शों और सिद्धान्तों का बतलाना भी जिसके अनुकूल कवि लोग अपनी रचनाएँ करें, आलोचक के कार्यों में से है। ये ही आलोचना के उद्देश्य और प्रकार हैं। आलोचनाएँ भिन्न-भिन्न प्रकार की होती हुई भी उनका मूल उद्देश्य कवि की कृति का सभी दृष्टिकोणों से आस्वाद कर पाठकों को उस प्रकार के आस्वाद में सहायता देना, उनकी रुचि को परमार्जित करना एवं साहित्य की गतिविधि निर्धारित करने में योग देना है।

समालोचक के आवश्यक गुण

यह ऊपर बतलाया जा चुका है कि आलोचक का उत्तरदायित्त्व कवि और पाठक दोनों के प्रति है। इस प्रकार उसका भार कवि के बोझ से भी अधिक बोझिल है। इस भार के निर्वाह के लिए उसमें कुछ गुण अपेक्षित हैं। उसमें सबसे पहला गुण है, आलोच्य विषय का पूरा-पूरा ज्ञान। आलोचक ने चाहे लिखा न हो किन्तु उसमें स्वयं उस विषय को भली प्रकार समझने और समझाने की योग्यता होनी चाहिए। ऐसा कहा गया है कि जो लोग लेखक होते हैं वे मत्सरी हो जाते हैं–

'यः सम्यग्विविनक्ति दोषगुण्योः सारं स्वयं सत्कविः
सोऽस्मिन् भावक एव नास्त्यय भवेद्दवान्न निर्मत्सरः।'

—'काव्यमीमांसा'

अर्थात् जो सत्कवि स्वयं दोष-गुण का सार जानता है वह भावक नहीं होता और यदि होता है तो मात्सर्य रहित नहीं होता तथापि हमको यह भी ध्यान रखना चाहिएं कि–**'विद्वानेव विजानाति विद्वज्जनपरिश्रमम्'**–विद्वान ही विद्वान् का परिश्रम जानता है। दूसरा गुण जो समालोचक में आवश्यक है वह सहृदयता और सहानुभूति का है। समालोचक को कवि या लेखक के ही दृष्टिकोण से उसकी कृति में प्रवेश करने की आवश्यकता होती है। तुलसीदास के ग्रन्थों के मूल्यांकन के लिए भक्त-हृदय अपेक्षित है। आलोचक को भी अपना दृष्टिकोण लेखक के दृष्टिकोण से मिला लेने की आवश्यकता रहती है। तीसरा गुण आलोचक में निष्पक्षता होना आवश्यक है। उसको रचयिता के प्रति कोई पूर्वाग्रह न होना चाहिए। उसका सम्बन्ध कलाकार से नहीं वरन् कृति से होना चाहिए। निष्पक्ष आलोचक ही मत्सरताशून्य हो सकता है। हमारे यहाँ मत्सरता के अभाव पर बड़ा बल दिया गया है। अन्तिम बात जो आलोचक में वांछनीय है वह अपने विचारों और प्रभावों को कुशल के साथ अभिव्यक्त करने की शक्ति। आलोचक स्वयं भी अपनी कला के सम्बन्ध में कलाकार होता

है। शुक्लजी की सफलता का बहुत-कुछ रहस्य उनकी कौशल अभिव्यक्ति में ही था। संक्षेप में हम कह सकते हैं कि आचोचक में सहानुभूतिपूर्ण के साथ कुशल अभिव्यक्ति का होना आवश्यक है।

कविवर रत्नाकर ने 'Pope's Essays on Criticism' के आधार पर लिखे हुए समालोचनादर्श में आलोचक के गुण इस प्रकार गिनाए हैं—

'सकै दिखाय मित्र कौं जो तिहि दोष असंसै,
औ सहर्ष सत्रुहुँ के गुन कों भाषि प्रसंसै?
धारैं रस अनुभय जथार्थ, पै नहिं इक अंगी,
ग्रंथनि कौ औ मनुष-प्रकृति कौ ज्ञान सुढंगी,
अति उदार आलाप, हृदय अभिमान-बिहीनौ,
औ मन सहित प्रमान प्रसंसा रुचि सौं भीनौ।
पहिलैं ऐसे रहे बिवेचक ऐसे सुचितमन,
आर्यवर्त में भए सुभग जुग में कतिपय जन।'

—'रत्नाकर' : पहला भाग'

समालोचना के प्रकार

भिन्न--भिन्न लेखकों और समालोचकों ने समालोचना के भिन्न-भिन्न पक्षों पर बल दिया है—किसी ने गुण-दोष-विवेचन पर, तो किसी ने व्याख्या पर। इन्हीं उद्देश्यों और आदर्शों पर आलोचना के प्रकार अवलम्बित रहते हैं। आलोचनाओं के वर्गीकरण में कुछ लोग मनोवैज्ञानिक क्रम को महत्त्व देते हुए प्रभावात्मक आलोचना को पहले रखते हैं (जैसा इस पुस्तक में है) और कुछ लोग तार्किक क्रम को महत्त्व देते हुए सैद्धान्तिक आलोचना को प्राथमिकता देते हैं। सभी प्रकार की आलोचनाएँ अपना-अपना महत्त्व रखती हैं। आलोचना, के मुख्य चार प्रकार हैं—(1) सैद्धान्तिक आलोचना, जिसमें काव्य के आदर्श और विभिन्न रूपों के शिल्पविधान पर विवेचन किया जाता है, (2) निर्णयात्मक आलोचना, जिसमें इन नियमों के आधार पर गुण-दोष-विवेचन की तथा श्रेणीबद्ध करने की प्रवृत्ति रहती है, (3) व्याख्यात्मक आलोचना, जिसमें कृति को महत्त्व देकर उसका सार और आनरिक रहस्य पाठक का अवगत कराया जाता है, (4) प्रभावात्मक आलोचना, जिसमें आलोचक अपने मन के प्रभावों को बतलाता है। उनमें वह अपने को महत्त्व देता है। मनावैज्ञानिक क्रम आत्मप्रधान या प्रभावात्मक आलोचना पहले आएगी और सैद्धान्तिक पीछे किन्तु महत्त्व की दृष्टि से सैद्धान्तिक आलोचना पहले आएगी क्योंकि निर्णयात्मक आलोचना उसी पर निर्भर रहती है। हमारे यहाँ यद्यपि इस प्रकार का नामकरण नहीं मिलता तथापि सब प्रकार की आलोचनाएँ होती थीं। भावक शब्द ही व्याख्यात्मक आलोचना का द्योतक है। टीकाएँ भी व्याख्यात्मक आलोचना के रूप में ही होती थीं। गुण-दोष-विवेचन गुण-दोषों

के प्रकरण में रहता था। भामह, राजशेखर और मम्मट आदि के ग्रन्थ सैद्धान्तिक आलोचना के ही ग्रन्थ हैं।

राजशेखर द्वारा प्रतिपादित प्रकार–राजशेखर ने चार प्रकार के भावक माने–(1) अरोचकी (2) सतृणाभ्यवहारी (3) मत्सरी, (4) तत्वाभिनिवेशी। अरोचकी वे होते हैं जिनको कोई काव्य रुचता नहीं। यह आरोचकता दो प्रकार की होती है–(क) नैसर्गिक और (ख) ज्ञानयोनि वाली। नैसर्गिक स्वभाव से ही होती है। ऐसे ही लोगों के लिए कहा गया है–**'अरसिकेषु कवित्तनिवेदनं शिरसि मा लिखि मा लिखि'**। ज्ञानजा या ज्ञानयोनि वाली वह होती है जो एक ज्ञान में विशेषता प्राप्त कर लेने पर दूसरे ज्ञान के प्रति उदासीनता की जननी होती है। जैसे वैयाकरण को शृंगार का काव्य नहीं रुचता अथवा बहुत-से भक्त लोग कह देते हैं कि 'बिहारी सतसई' की सब प्रतियाँ समुद्र में डुबो देनी चाहिए। ऐसे लोग आलोचक बनने की योग्यता नहीं रखते। सतृणाभ्यवहारी दूसरा छोर है, वे सर्वभक्षी होते हैं। उनको घास-फूस, कूड़ा-कर्कट सभी अच्छा लगता है। ऐसे लोग ही जो कुछ सामने आता है उसके लिए वाह-वाह कह उठते हैं। वे विवेकी नहीं होते। मत्सरी वे होते हैं जो गुण को भी दोष बतलाते हैं। अरोचकी भावक तो अपने स्वाभाविक दोष से एक विषय में अत्यधिक प्रवृत्ति होने के कारण दूसरे की कविता का आस्वादन नहीं कर सकते हैं। मत्सरी लोग मिथ्याभिमान और ईर्ष्या के कारण दूसरे के गुणों को भी दोष बतलाते हैं। तत्वाभिनिवेशी ही सच्चे आलोचक होते हैं। वे शब्दयोजना के गुण-अवगुण देखते हैं, दोषों का सुधार करते हैं और रस का आस्वादन करते हैं। ऐसे भावक भाग्य से ही मिलते हैं। वास्तव में यह भावकों की मनोवृत्ति का विश्लेषण है और बहुत मूल्यवान् है अब हम आलोचना के प्रकारों का एक-एक करके विवेचन करेंगे।

आत्मप्रधान आलोचना

आलोचना का कालक्रम चाहे जो कुछ रहा हो किन्तु मनोवैज्ञानिक क्रम से आत्मप्रधान या प्रभाववादी (Subjective or Impressionist) आलोचना का स्थान पहले आता है। श्रोता, पाठकों वा दर्शकों का स्वाभाविक हर्षोल्लास इसका पूर्व रूप है। जब तक वह साधुवाद एक व्यक्ति में सीमित रहता है तब तक उसका विशेष मान नहीं होता है, यदि वह व्यक्ति विशेषज्ञ हो तो दूसरी बात है। जब यह साधुवाद सामूहिक रूप धारण कर लेता है तब इसका मूल्य बढ़ जाता है। प्रभावात्मक आलोचना का सामूहिक रूप हमको भरतमुनि के नाट्यशास्त्र में बतलाई हुई नाटक की सिद्धियों (सफलताओं) में मिलता है, इन सिद्धियों का निर्णय दर्शकों के मुस्कराने, हँसने, साधुवाद या उसके विपरीत मानसिक कष्ट को व्यक्त करने वाले वाक्यों तथा हर्षसूचक जन-कोलाहल आदि पर निर्भर रहता था। इसी आधार पर निर्णायक-गण पुरस्कारस्वरूप पताका-प्रदान की राजा से सिफारिश करते थे। भरतमुनि ने सिद्धियों का इस प्रकार

उल्लेख किया है–

'स्मितार्धहासातिहसा साध्वहो कष्टमेव चं।
प्रवृद्धनादा च तथा ज्ञेया सिद्धिस्तु वाङ्मयी।।'

–'नाट्यशास्त्र' (27।4)

इस प्रकार की आलोचनाओं का जब सहृदयों द्वारा लिखा जाना आरम्भ हुआ तभी वे समालोचना कहलाने लगीं। इस प्रकार की आलोचनाएँ प्रारम्भिक काल में ही नहीं होती थीं वरन् इस युग में भी इसके पक्षपाती हैं। उनका कहना है कि आलोचक के लिए इससे बढ़कर क्या प्रमाण है कि कृति हमको अच्छी लगी या बुरी लगी। आलोचक का साहित्योद्यान में भ्रमण कर अपने प्रभाव को अंकित कर देना यही आलोचना का मुख्य ध्येय है–

'To have sensations in the presence of a work of art and to express them, that is life function of criticism for an impressionist critic.'

—Spingarn (The New Criticism)

ऐसा आलोचना में भावना-तत्त्व का प्राधान्य रहता है और बुद्धि-तत्व का अपेक्षाकृत ह्रास रहता है। डॉ॰ अमरनाथ झा ने स्मरणीयता काव्य का मुख्य गुण माना है, यह भी प्रभाववाद का ही प्रभाव है। सुप्रसिद्ध उपन्यासकार जैनेन्द्रजी भी इस प्रकार की आलोचना के पक्ष में हैं। ऐसे आलोचक एक प्रकार की साहित्यिक सद्विवेक-बुद्धि (Literary Conscience) में विश्वास रख अपनी रुचि को ही अन्तिम प्रमाण मानते हैं। प्रवाहवादी आलोचक भी दुष्यन्त की भाँति कहता है–

'सतां हि संदेहपदेषु वस्तुषु प्रमाणमन्तःकरणप्रवृत्तयः'

–'अभिज्ञानशाकुन्तल' (1।21)

अर्थात् सन्देहास्पद स्थलों में सज्जनों के लिए अन्तःकरण की वृत्ति ही प्रमाण है। यह रुचि जितनी लोकरुचि के साथ सामंजस्य रखती है और जितनी सुसंस्कृत तथा परमार्जित होती है उतनी ही उसमें **'भिन्नःरुचिर्हिलोकः'** की अनिश्चयता नहीं रहती है। विषयीप्रधान भिन्नरुचिता इस प्रकार के मानदण्ड का मुख्य दोष है। इसमें महफिली दाद और 'वाह! वाह!' की प्रवृत्ति रहती है। 'लेखक ने तो कलम तोड़ दी', 'गलल का लेखक है'–पण्डित पद्मसिंह शर्मा में भी कहीं-कहीं यही प्रवृत्ति आ गई है। **'बिहारी-सतसई' के दोहे तो शक्कर की रोटी हैं, जिधर से तोड़ो उधर से ही मीठे हैं'**–ऐसे वाक्य इसी प्रकृत्ति के उदाहरण हैं। सूरदास जी की प्रशंसा में निम्नल्लिखित दोहा भी इसका अच्छा उदाहरण है–

'किधौं सूर को सर लग्यो, किधौं सूर की पीर।
किधौं सूर को पद लग्यो, बेध्यो सकल सरीर।।'[2]

–स्फुट

इसी प्रकार का एक श्लोक भी है जो यह बतलाता है कि वह कविता क्या

और वह वनिता क्या जिसके पद-विन्यास से (कविता के सम्बन्ध में शब्दों का संयोजन और वनिता के सम्बन्ध में गति-विलास) मन प्रभावित न हो—

'तया कवितया किंवा, तया वनितया च किम्।
पदविन्यासमात्रेण, यया न संग्रहीयते मनः।।'

सैद्धान्तिक आलोचना

जब लोकरुचि सूत्रबद्ध जो जाती है और युगप्रवर्तक कवियों की अमर रचनाओं का विश्लेषण कर उनके नमूने के आधार पर सिद्धान्त और नियम निर्धारित किए जाते हैं तब सैद्धान्तिक आलोचना का जन्म होता है। लक्ष्य ग्रन्थों के पश्चात् ही लक्षण-ग्रन्थों का निर्माण होता है। भाषा के बाद ही व्याकरण का उदय होता है। हमारे राजकीय नियम और कानून, लोकरुचि और लोकसुविधा के व्यवस्थाप्राप्त सूत्र हैं। पाश्चात्य देशों में अरस्तु के काव्य-सिद्धान्त से लगाकर कॉलरिज, एडीसन, वर्ड्स्वर्थ, वाल्टर पेटर, रिचर्ड्स, क्रोचे, स्पिन्गार्न, टी. एस. इलियट, मिडिल्टन मरे, जेम्स स्काट आदि के सैद्धान्तिक ग्रन्थ और इस देश में भरतमुनि का 'नाट्य शास्त्र', दण्डी का 'काव्यादर्श', क्षेमेन्द्र का 'कविकण्ठाभरण', राजशेखर की 'काव्यमीमांसा' मम्मट का 'काव्यप्रकाश', विश्वनाथ का 'साहित्यदर्पण', पण्डितराज जगन्नाथ का 'रसगंगाधर' आदि इसी प्रकार की आलोचना के ग्रन्थ हैं। हिन्दी में रीतिकाल के लक्षण-ग्रन्थ, (जैसे देव के 'भावविलास' और 'शब्दरसायन' नाम के ग्रन्थ, पद्माकर का 'जगद्विनोद,' 'भिखारीदास का 'काव्यनिर्णय' आदि) भारतेन्दु हरिश्चन्द्र की 'नाटक' नाम की पुस्तिका, पण्डित महावीरप्रसाद द्विवेदी के 'रसज्ञ-रंजन' में प्रकाशित 'कवि और कविता' का शीर्षक लेख, डॉ. श्यामसुन्दरदास का 'साहित्यालोचन', सूर्यकान्तशास्त्री की 'साहित्य-मीमांसा', आचार्यशुक्ल जी की 'चिन्तामणि', सुधांशुजी का 'काव्य में अभिव्यंजनावाद', पुरुषोत्तमजी का 'आदर्श और यथार्थ', सेठ कन्हैयालाल पोद्दार का 'काव्यकल्पद्रुम', रामदहिन मिश्र का 'काव्यालोक' आदि इसी प्रकार की आलोचना में परिगणित होते हैं। उर्दू में शम्स उलउलम मौलाना हाली की 'मुकद्दमा' नाम की पुस्तक का बहुत मान है। इस प्रकार की आलोचना को अंग्रेजी में 'Speculative Criticism' कहते हैं।

निर्णयात्मक आलोचना

सैद्धान्तिक आलोचना का व्यावहारिक प्रयोग ही निर्णयात्मक आलोचना का रूप धारण कर लेता है। निर्णयात्मक आलोचना को अंग्रेजी में 'Judicial Criticism' कहते हैं। पाश्चात्य देशों में अरस्तु के काव्य-शास्त्र (पोइटिक्स) के नियम कुछ समय तक वेद के विधि-वाक्यों की भाँति आदरणीय और अनुकरणीय समझे जाते थे। हमारे यहाँ भी बहुत दिनों तक मम्मट और विश्वनाथ के बतलाए हुए गुण-दोषों के आधार पर काव्य को उपादेय ठहराने की प्रथा बनी रही। निर्णयात्मक आलोचक परीक्षक की भाँति

काव्य के गुण-दोषों के आधार पर उसे श्रेणीबद्ध करता है। कवि-कुल-गुरु कालिदास के निम्नोल्लिखित श्लोक में निर्णयात्मक आलोचना आदर्श का पूर्णरूप दिखाई पड़ता है—

'तं सन्तः श्रोतुमर्हन्ति सदसद्व्यक्तिहेतवः।
हेम्नः संलक्ष्यते ह्यग्नौ विशुद्धिः श्यामिकामपि।।'

—'रघुवंश' (1।10)

अर्थात् उसको ('रघुवंश' काव्य को) संत लोग सुनने के अधिकारी हैं। अग्नि में ही स्वर्ण के खरे और खोटे होने का पता लगता है। कालिदास ने परीक्षा को ही महत्ता दी है। वह प्रचलित लोकमत के पक्ष में न थे। उनका कहना है कि पुराने-मात्र होने के कारण कोई काव्य अच्छा नहीं हो सकता और न नया होने के कारण उपेक्षणीय होता है। सन्त लोग परीक्षा के बाद अपना मत निश्चित करते हैं। मूढ़ लोग अपना मत दूसरों के विश्वास पर बना लेते हैं—

'पुराणमित्येव न साधु सर्व न चापि काव्यं नवमित्यवद्यम्।
सन्तः परीक्ष्यान्यतरद्भजंते मूढ़ः परप्रत्ययनेयबुद्धिः।।'

—'मालविकाग्निमित्र' (1।2)

हमारे यहाँ के सैद्धान्तिक आलोचना के ग्रन्थों में गुण-दोषों तथा रीतियाँ आदि के विवेचन में उदाहरणस्वरूप दूसरे ग्रन्थों की भी आलोचना हो जाती थी। यूरोप में 'पेरेडाइज़ लौस्ट' (Paradise Lost) आदि महाकाव्यों की अरस्तु के बतलाए हुए नियमों तथा यूनानी महाकाव्यों के आदर्श पर आलोचना हुई थी। हिन्दी में आचार्य महावीरप्रसाद द्विवेदी तथा मिश्रबन्धुओं ने बहुत-कुछ शास्त्रीय पद्धति पर निर्णयात्मक ढंग से ही आलोचना की हैं। आचार्य महावीरप्रसाद जी अपनी 'कालिदास की निरंकुशता' नाम की पुस्तक के सम्बन्ध में लिखते हैं—

'कालिदास की निरंकुशता नाम के लेख में शब्द और रस-कालुष्य के कई उदाहरण दिए गए हैं। काव्य के गुण-दोषों के सम्बन्ध में और भी कितनी ही बातों का विचार उस लेख में किया गया है।'

—'रसज्ञ-रंजन'

व्याख्यात्मक आलोचना

निर्णयात्मक आलोचना को शास्त्रीय आलोचना भी कहते हैं। इसी प्रकार की आलोचना में शास्त्रीय पारिभाषिक शब्दावली का प्रयोग होता है।

यद्यपि निर्णयात्मक आलोचना की वैयक्तिक रुचि के कारण आई हुई अनिश्चयता को किसी मात्रा में दूर कर देती है तथापि प्राचीन नियमों की स्थिरता के कारण वह साहित्य की प्रगति में बाधक होती है और उसके आधार पर की हुई आलोचना नई कृतियों के साथ पूरा न्याय नहीं करती। लक्ष्यग्रन्थों के पश्चात् ही लक्षण-ग्रन्थों का निर्माण होता है। अरस्तु ने अपने समय के आधार पर ही नियम

बनाए थे। यदि उसके नियमों पर शेक्सपीयर के नाटकों की परीक्षा की जाए तो वे ठीक न उतरेंगे। यूनानी नाटकों का संकलनत्रय (Three Unities) के नियम का निर्वाह शेक्सपीयर के 'टेम्पैस्ट' और शायद एक और नाटक में ही हो सका था किन्तु इस कारण उसके अन्य नाटक हेय नहीं कहे जा सकते। आजकल संकलनत्रय (कालसंकलन, स्थलसंकलन और कार्यसंकलन) की ओर नाटककारों का फिर झुकाव हो चला है। डॉक्टर राजकुमार वर्मा के एकांकी नाटकों में इनका अच्छा निर्वाह है। भरतमुनि ने जो नियम बनाए थे उनका पालन भवभूति के 'उत्तररामतचरित' में भी हुआ। उसमें एक स्थान पर दो अंको के बीच का समय (पहले और दूसरे के बीच का) बारह वर्ष का कर दिया है। पहले अंक में सीताजी के निर्वासन का हाल है और दूसरे में लव और कुश के 11 वर्षों के पश्चात् उनके वेदाध्ययन की बात आत्रेयी द्वारा कहलाई जाती है– **'समनन्तरं च गर्भैकादशैवर्षे क्षात्रेण कल्पेनोपनीय गुरुणत्रयीं विद्यामध्यापितौ'** ('उत्तररामचरित)। नियम एक वर्ष से अधिक के समय की आज्ञा नहीं देते– **'वर्षादूर्ध्वं न तु कदाचित'** ('नाट्यशास्त्र')। भवभूति के समय से अब गंगाजी में बहुत पानी बह चुका है। अब न तो कुलीनता का वह मान ही रहा है (प्राचीन आदर्शों के अनुकूल नायक का कुलीन होना आवश्यक था) और न सुखान्त होने का आग्रह। अब सन्धियों, अवस्थाओं तथा प्रस्तावना आदि का भी बन्धन नहीं रहा।

साहित्य सजीव वस्तु होने के कारण जड़ स्थिरता से ऊँचे स्तर की वस्तु है। प्रकृति के नियम चाहे अटल हों किन्तु उनमें जड़ता है। उनमें सचेतन मनुष्य-का-सा संकल्प और कल्पना का स्वातन्त्र्य कहाँ? काव्य में मनुष्य की सजीवता, स्वच्छन्दता और प्रगतिशीलता पूर्णरूपेण उत्तर आती है। सन्तान में जनक की पूर्ण प्रतिच्छाया रहती है। प्रतिभा की परिभाषा में ही 'नवनवोन्मेषशालिनी' की क्षण-क्षण की नवीनता आ जाती है। आलोचक उसको नियमों के बन्धन में बाँधकर इतने ही हास्यास्पद बन जाते हैं जितने कि **'क्षणे क्षणे यन्नवतामुपैति'** वाली रमणीयता से विभूषित बिहारी की नायिका के चितेरे–

'लिखिन बैठि जाकी सबी गहि गहि गरब गरूर।
भए न केते जगत के चतुर चितेरे कूर।।'

–'बिहारी-रत्नाकर' (दोहा, 347)

प्रतिभा को नैसर्गिक कहा गया है– **'नैसर्गिकी च प्रतिभा'** (दण्डी)। अंग्रेजी में भी कहावत है–'Poets are born and not made.' बनी हुई चीज तो नियमों में बँध सकती है किन्तु स्वतन्त्र स्फूर्ति की वस्तु नियमों के वन्धनों में नहीं आती है। कविता जब **'नियतिकृतनियमरहितां'** है तब वह मनुष्य के बनाए हुए नियमों को कब मानने लगी? एलिजाबेथ ब्राउनिंग ने लिखा है कि नाटक में पाँच ही अंगों का नियम क्यों रखा जाए, पाँच के दस या पन्द्रह क्यों नहीं? वृक्ष बढ़ता रहे तो पत्तियों की गिनती से क्या मतलब? आग जलती रहनी चाहिए, उसकी ज्वालाएँ

अपना रूप आप सँभाल लेंगी। संकलनत्रय से क्या लाभ? जबकि मनुष्य स्वभाव ही है कि उनको तोड़े।

'Five acts to a play
And why not fifteen ? Why not ten? Or seven ?
What matter for the number of the leaves,
Supposing the tree lives and grows ? exact
The literal unities of time and place,
When it is the essence of passion to ignore
Both time and place ?
Absurd keep up the fire,
And leave the generous flames to scape themselves.'

—Elizabeth Barret Browning Quoted by worsfold in the principals of Criticism (page 234)

यद्यपि नियम भी निराधार नहीं होते, वे लोकरुचि के परिचायक होते हैं तथापि उनको पत्थर की लीक बनाना उचित नहीं है। इस प्रकार आलोचना के मन बदले। प्रगतिशील साहित्यों को नियम की लौह शृंखला में बाँधने की कठनाई के कारण आलोचना के मान लचीले बनाए गए। आलोचना का आदर्श शास्त्रीय नियमों के आधार पर निर्णय देने का न रहकर कवि के आदर्शों को ही प्रधानता देना हो गया। आलोचक के सामने अब यह प्रश्न है कि कवि का क्या उद्देश्य था, वह क्या कहना चाहता था, और उसने अपने उद्देश्य का किस प्रकार निर्वाह किया। इसके साथ यह भी प्रश्न उठता है कि जो कुछ वह कहना चाहता था, वह कहाँ तक कहने योग्य था, इसका भी उल्लेख हुआ[3] किन्तु इस पर महत्त्व पीछे ही मूल्य-सम्बन्धी आलोचना में दिया गया। इस प्रकार की कवि या लेखक को मुख्यता देने वाली आलोचंना को व्याख्यात्मक या वैज्ञानिक (Inductive) आलोचना कहते हैं।

व्याख्यात्मक आलोचना का विशेष विवेचन मोल्टन (Moulton) ने किया है। उन्होंने निर्णयात्मक आलोचना और व्याख्यात्मक आलोचना में तीन भेद बतलाए हैं। पहला भेद तो यह है कि निर्णयात्मक आलोचना उत्तम-मध्यम का श्रेणीभेद (जैसा ध्वनिकाव्य और गुणीभूतव्यंग्य में है) स्वीकार नहीं करती है। व्याख्यात्मक आलोचना केवल प्रकार-भेद मानती है। वह वैज्ञानिक की भाँति वर्ग-भेद तो करती है किन्तु उनमें ऊँच-नीच का भेद नहीं बतलाती। वैज्ञानिक लोग मंजरी वाले नाज (जैसे गेहूँ, जौ आदि), फलीवाले नाज (जैसे चने, मटर, उरद) की विशेषताएँ बतला देंगे किन्तु उनके आधार पर किसी को नीचा और किसी को ऊँचा नहीं ठहराएँगे।

निर्णयात्मक और व्याख्यात्मक आलोचना का दूसरा भेद यह है कि निर्णयात्मक आलोचना नियमों को राजकीय नियमों की भाँति किसी अधिकार से दिया हुआ

मानती है और उसका पालन अनिवार्य समझती है किन्तु व्याख्यात्मक आलोचना उन नियमों को अधिकार द्वारा आरोपित नहीं मानती वरन् वह उनकी ही प्रकृति के नियम बतलाती है। पृथ्वी अपनी ही गति और नियम से चलती है, किसी बाहरी अधिकारी के बनाए नियम पर वह चक्कर नहीं काटती। नियम बाहर से लगाए हुए नहीं हैं वरन् गति की एककारिता के सूत्र हैं, इसलिए सब कवियों को एक लाठी में नहीं हाँका जा सकता। हर एक कवि के उनकी प्रकृति और आत्मभाव के अनुकूल पृथक्-पृथक् नियम होंगे। इस बात को हम यों कह सकते हैं कि व्याख्यात्मक आलोचना लेखक और कवि के आत्मभाव की विशेषताओं को स्वीकार करती है और निर्णयात्मक आलोचना उसे नियमों की निर्जीव पत्थर की कसौटी पर कसना चाहती है।

तीसरा भेद दूसरे भेद का फलस्वरूप है, वह यह कि निर्णयात्मक आलोचना नियमों को अगतिशील मानती है, व्याख्यात्मक आलोचना नियमों को प्रगतिशील बतलाती है।

व्याख्यात्मक आलोचना के सबसे बड़े प्रचारक शुक्लजी हैं किन्तु उनकी आलोचना में व्याख्या के साथ मूल्य का प्रश्न लगा हुआ है। लोक-संग्रह के आधार पर ही उन्होंने तुलसी, सूर और जायसी को श्रेणीबद्ध किया है।

वास्तव में निर्णयात्मक और व्याख्यात्मक आलोचना बहुत अंश में एक-दूसरे पर निर्भर रहती है। बिना व्याख्या के निर्णय में यथार्थता नहीं आती है। व्याख्या में भी थोड़ा-बहुत शास्त्रीय नियमों का सहारा लेना पड़ता है, और किसी अंश में श्रेणी-विभाजन भी हो जाता है। शुद्ध वैज्ञानिक भी जहाँ चने, गेहूँ, टमाटर या पालक में जाति-विभाग करता है वहाँ यह भी बतला देता है कि किसमें जीवन के पोषक तत्त्व अधिक हैं। यही मूल्य-सम्बन्धी आलोचना है जो बहुत अंश में हमको निणर्यात्मक आलोचना के निकट ले जाती है। इसमें श्रेणी-विभाजन आ जाता है किन्तु परीक्षक-के-से नम्बर देना आलोचक का ध्येय न होना चाहिए। इसी के साथ नियमों को भी लचीला होना चाहिए। वास्तव में हमकों नियमों और सिद्धान्तों में भेद करना चाहिए। नियम सिद्धान्तों के आधार पर बनते हैं। सिद्धान्त अधिक व्यापक होते हैं। नियम समय और स्थिति के अनुकूल बदलते रहते हैं किन्तु व्यापक सिद्धान्त वे ही रहते हैं। सब नियम मानव की सुविधा के लिए बने हैं। मनुष्य के लिए नियम हैं न कि मनुष्य नियमों के लिए। मनुष्य की सुविधा के आदर्श परिस्थियों के साथ बदलते हैं, उनके अनुकूल नियमों में परिवर्तन लाने की आवश्यकता होती है। नियमों को अटल बनाना मनुष्य-सुविधा के सिद्धान्त को भुला देना है। यदि नियम लचीले हों और साहित्य के विकास के साथ विकसित होते रहें तो निर्णयात्मक आलोचना में भी आचार्य और कलाकारों के आदर्शों में सामांजस्य बना रह सकता है।

प्रभाववादी आत्मप्रधान आलोचना और निर्णयात्मक आलोचनाएँ भी एक-दूसरे

की पूरक हैं। स्पिन्गर्न ने इन्हें आलोचना के दो लिंग बतलाया है। प्रभाववादी आलोचना को उसने स्त्रीलिंगी आलोचना कहा है और निर्णयात्मक आलोचना को पुल्लिंगी आलोचना कहा है।

अन्य प्रकार–मूल्य-सम्बन्धी आलोचना के विवेचन से पूर्व हम व्याख्यात्मक आलोचना की साहियका रूप से उपस्थित होनेवाली आलोचना-पद्धितियों का उल्लेख कर देना चाहते हैं। वे हैं ऐतिहासिक (Historical) आलोचना, मनोवैज्ञानिक (Psychological) आलोचना और तुलनात्मक (Comparative) आलोचना। ऐतिहासिक आलोचना का सूत्रपाती फ्रांसीसी आलोचक टेंन (Hippolyte Taine) से हुआ। उसने बतलाया है कि कवि या लेखक अपनी जाति (Race), परिस्थिति–मील्यू (Milieu) और काल (Moment) की उपज होता है। जाति से उसका अभिप्राय जाति की परम्परागत मनोवृत्ति और स्वभाव से है (जिस प्रकार व्यक्ति का स्वभाव होता है उसी प्रकार जाति का भी स्वभाव होता है–जैसे भारतीय धर्मवीर होते हैं, आइरिश आलसी होते हैं, स्कॉटलैण्ड निवासी कंजूस होते हैं, अमरीका वाले व्यवसायी होते हैं इत्यादि), राजनीतिक संस्थाएँ सामाजिक परिस्थितियाँ आदि शामिल हैं और काल से उसका मतलब उस समय के हाद Spirit और जातीय विकास की दशा से है।

हडसन ने अपने 'Introduction to the study of Literature' (page 39) में इन प्रभावों की व्याख्या इस प्रकार की है–

'.......I am to a certain extent following the lead of Taine, who attempted to interpret literature in a rigorously scientific way by the applicalion of his famous formula of the raee, the milieu, and the moment; meaning by race, the heriditary temperament and disposition of a people, by milieu, the totality of their surrounding, their climate, physical environment political instititions, social conditions and the like;and by Moment the spirit of the period, or that particular stage of national development which has reached at any given time.'

इन प्रभावों को बाबू श्यामसुन्दरदासजी ने भी अपने 'साहित्यालोचन' पृष्ठ 53 पर उल्लेख किया है किन्तु वहाँ Taine का नाम नहीं आया है।

लेखक या कवि अपने समय की राजनीतिक और सामाजिक परिस्थितियों से तो प्रभावित होता है और जातीय मनोवृत्तियों को भी पैतृक सम्पत्ति के रूप में ग्रहण करता है किन्तु वह स्वयं भी कुछ विशेषता रखता है। यह मनोवैज्ञानिक आलोचना का विषय बन जाता है। इस प्रकार ऐतिहासिक आलोचना जहाँ बाहरी परिस्थितियों का विवेचन करती है वहाँ मनोवैज्ञानिक आलोचना आन्तरिक प्रेरक शक्तियों का उद्घाटन करती है। आचार्य श्यामसुन्दरदासजी तथा आचार्य शुक्लजी के इतिहास इस सम्बन्ध में विशेष रूप से उल्लेखनीय हैं।

कवि और लेखक पर बहुत-कुछ समय और परिस्थिति की छाप रहती है। (इस बात पर टेन से पूर्व (Sainte-Bauve) ने भी बल दिया था किन्तु इतने स्पष्ट रूप से नहीं जितना कि टेन ने), वह अपने समय की उपज होता है किन्तु वह समय की गतिविधि में भी योग देता है। कवि यदि केवल अपने समय की ही उपज हो तो विचारधारा आगे ही न बढ़े। हमें कवि के अध्ययन में उस पर के बाहरी प्रभावों के साथ यह भी देखना चाहिए कि उसने समाज से क्या लिया और स्वयं उसने समाज को क्या दिया। कोई-कोई कवि अपने समय से आगे भी होते हैं और वे लोग ही इतिहास बनाते हैं। साहित्य के इतिहास में देश के राजनीतिक इतिहास और जाति के मानसिक विकास की झलक रहती है। वीरगाथा-काल का साहित्य उस समय की परिस्थितियों का ही फल था। कबीर, जायसी आदि में हिन्दू-मुसलिम-संघर्ष और उनके शमन के उद्गारों की झलक है। सूर, तुलसी में मुसलिम तथा नाथपंथ द्वारा आई हुई बौद्ध विचारधाराओं से पृथक् हिन्दू विचारधारा का निजत्व का निजत्व बनाए रखने की प्रवृत्ति है। रीतिकाल कवियों में तत्कालीन विलास-भावना और भक्ति-काल के धार्मिक प्रभाव की झलक है। भूषण में महाराष्ट्र-जाग्रति की प्रतिध्वनि है।

इन आलोचनाओं के साथ कवि के जीवन के सम्बन्ध में ऐतिहासिक खोज भी आलोचना का अंग है। वह वास्तव में ध्येय नहीं है, साधनरूप है। यह खोज मनोवैज्ञानिक आलोचना में सामग्री रूप में सहायक होती है। जब हम किसी कवि के पारिवारिक जीवन के बारे में कुछ बातें जान लेते हैं, तो उसका मनोवृत्ति पर भी प्रकाश पड़ जाता है। कबीर में जुलाहेपन की सगर्व चेतना थी। जायसी में अपनी कुरूपता की हीनताग्रन्थि थी। तुलसीदासजी में रत्नावली की **'लाज न आवत आपको'** वाली बात की प्रतिक्रिया देखी जा सकती है। कविवर सत्यनारायण के **'भयो क्यों अनचाहत को संग'** अथवा **'अब नहिं जात सही'** आदि पद उनके व्यक्तिगत पारिवारिक जीवन की कठिनाइयों के आलोक में अच्छी तरह समझे जा सकते हैं। आजकल आलोचना में भी मनोविश्लेषण-शास्त्र (Psychoanalysis) का पुट आने लगा है और कवि की कुण्ठाओं आदि का (जैसे नगेन्द्रजी की आलोचनाओं में है) उल्लेख होता है।

तुलनात्मक आलोचना भी कई प्रकार से चल रही है। तुलनात्मक आलोचना के सम्बन्ध में यह ध्यान रखना चाहिए कि तुलना में विषमता के साथ समानता भी आवश्यक है। वास्तव में तुलना समान वस्तुओं की ही हो सकती है। तुलना एक विषय के वा एक काल के कवियों की अथवा एक ही कवि की कृतियों की की जा सकती है। इसके अतिरिक्त एक ही विषय के विभिन्न देशों के कवियों को भी तुलना का विषय बनाया जा सकता है। तुलनात्मक आलोचना के सम्बन्ध में ध्यान रखने की सबसे बड़ी बात यह है कि आलोचक को किसी एक छवि की वकालत न करनी चाहिए। उसे अपनी धर्मतुलना में किसी ओर अपने व्यक्तित्व का बोझ न डालना चाहिए। इस सम्बन्ध में श्रीशिवनाथ एम. ए. की निम्नोल्लिखित

पंक्तियाँ पठनीय हैं–

'यह तो निश्चित ही है, समालोचक अपने देश-काल से किसी-न-किसी रूप में प्रभावित रहता है। उसकी अपनी भी रुचि होती है, पर इसके होते हुए भी, उसमें एक प्रकार की तटस्थता का होना वांछनीय है। इसी को मेथ्यू आर्नल्ड ने समालोचक की तटस्थ रुचि (Disinterested Interests) कहा है....तो इस प्रकार की आलोचना में तटस्थता की बहुत आवश्यकता पड़ती है और इसके द्वारा समालोचक निर्णयकारी समलोचक (Judicial Critic) होने के दोष से बच जाता है। वह सु और कु का निर्णय पाठक पर छोड़ देता है।'

–'अनुशीलन'

हिन्दी-साहित्य-क्षेत्र में देव और बिहारी की तुलना की कुछ दिनों बड़ी धूम-धाम रही। इस सम्बन्ध में पण्डित पद्मसिंह शर्मा, पण्डित कृष्णबिहारी मिश्र के नाम विशेष रूप से उल्लेखनीय हैं। वैसे तो इन दोनों आलोचकों में उपर्युक्त तटस्थता का अभाव है किन्तु पण्डित कृष्णबिहारी में यह गुण अपेक्षाकृत अधिक मात्रा में पाया जाता है।

एक प्रकार की गणनात्मक वैज्ञानिक आलोचना और चल रही है। उसमें कवि के शब्दों की सारिणी बनाकर कवि की मनोवृत्ति की परीक्षा तथा उसकी हस्तलिपि आदि की लिपि-विशेषज्ञों के नियमों के आधार पर जाँच-पड़ताल होती है। शब्दों की सारणी बनाना भी कवि की मनोवैज्ञानिक आलोचना में सहायक होता है। डॉक्टर सूर्यकान्त शास्त्री ने गोस्वामी तुलसीदासजी तथा जायसी की सारणी बनाकर बहुत उपयोगी कार्य किया है। अभी उन सारिणियों के आधार पर विवेचन की आवश्यकता है। सारिणी बनाने की प्रथा नई नहीं है। हमने बहुत से कथावाचकों के मुख से सुना है कि चकोर शब्द तथा और भी बहुत से शब्द 'रामचरितमानस' में किन-किन चौपाइयों में आए हैं।

आजकल शब्दों की जाँच नहीं वरन् इस बात की जाँच होने लगी है कि अमुक कवि में गति-चित्र अधिक आए हैं अथवा चक्षुष चित्र या गन्ध चित्र अधिक आए हैं।[1] अंग्रेजी लेखकों के सम्बन्ध में कहा जाता है कि पोप में ध्वन्यात्मक व्यंजनाएँ अधिक हैं, शैली में घ्राण-सम्बन्धी चित्र अधिक हैं तो कीट्स-सम्बन्धी चित्रों का प्राधान्य है। निराला जी का काली वस्तुओं की ओर झुकाव है और पन्तजी का श्वेत वस्तुओं की ओर (शायद वैयक्तिक वर्ण का प्रवाह हो) यह बात निरालाजी ने मुझे स्वयं बताने की कृपा की थी।

लेकिन इन सब प्रकारों की आलोचना की बहुत-कुछ हँसी उड़ाई जा चुकी है। टी.एस इलियट ने तो इस प्रकार की आलोचनाओं से पुरानी निर्णयात्मक आलोचनाओं को श्रेष्ठता दी है। 'Traditions and 'Experiment in present Day literture' (Page 198-215) में संग्रहीत इलियट का 'Experiment in Literature' शीर्षक लेख। इलियट का कथन है कि आलोचना साहित्य से सम्बन्धित न रहकर इतिहास,

मनोविज्ञान, समाजशास्त्र, नीतिशास्त्र, आदि की अंगस्वरूपा बन जाती है। उसका कहना है। कि पुराने आलोचक साहित्य का शुद्ध रूप बनाए रखने को चिन्ता रखते थे। आजकल की आलोचना में तो साहित्य कहीं इतिहास का रूप धारण कर लेता है तो कहीं मनोविज्ञान का और कहीं-कहीं नृ-विज्ञान (Ethnology) और भूगोलशास्त्र का। स्पिगर्नन (J. E. Spingarn) ने भी इस प्रकार की आलोचनाओं को खूब खींचा है किन्तु साहित्य वास्तव में सहित का ही भाव है। आजकल ज्ञान का विशेषीकारण होते हुए भी उसका अन्य शास्त्रों में विच्छेद नहीं किया जाता है। हमारे यहाँ कवि-शिक्षा में तो कवि के लिए सभी शास्त्रों का ज्ञान आवश्यक बतलाया गया है। विभिन्न शास्त्रों को काव्य की योनियाँ (स्रोत) माना गया है, ऐसी सोलह योनियाँ बतलाई गई हैं (देखिए डॉ. गंगानाथ झा की 'काव्य-मीमांसा' पृष्ठ 40-47) फिर आलोचना में सब शास्त्रों का प्रयोग कोई आश्चर्य की बात नहीं। अंतर केवल इतना ही है कि आलोचना और काव्य-रचना में इन सब शास्त्रों का ज्ञान उन शास्त्रों के लिए नहीं होता वरन् उनके मानवी सम्बन्ध को विशेषता देकर होता है।

मूल्य-सम्बन्धी आलोचना

अब अन्त में मूल्य-सम्बन्धी आलोचना पर थोड़ा विवेचन कर लेना आवश्यक है। कवि क्यों कहना चाहता था, उसने उसका कैसा निर्वाह किया? इसके साथ यह प्रश्न भी आवश्यक हो जाता है कि जो कुछ उसने कहा वह समाज के लिए कहाँ तक मूल्यवान् है। इस सम्बन्ध में कलावादी लोग जैसे, वाल्टर पेटर (Walter pater), आस्कर वाइल्ड (Oscar Wild), डाक्टर ब्रेडले (Dr.Bradelay) मूल्यों की उपेक्षा करते हैं। इनके कहने का सार-भाग यह है कि जीवन का उद्देश्य क्रिया नहीं विचार है—आचार का मूल आधार एक साम्यमयी मनोवृत्ति में है। काव्य द्वारा वही मनोवृत्ति उत्पन्न होती है जो आचार-शास्त्र के मूल्य में है—

'That the end of life is not action but contemplation—being as distinct from doing certain disposition of the mind is in some shape or other the principal of higher morality. In poetry, in art you touch this principle.'

—Quoted by Shipley in 'the Quest for Literature.' (page 173)

एक और लेखक (William Griffith) ने कहा है कि साहित्य का उद्देश्य आत्माओं को बचाना नहीं वरन् बचाने योग्य बनाना है।[5] हमारे यहाँ तुलसी का ध्यान बनाने की ओर अधिक रहा है। सूर का ध्यान जीवन की सजीवता दिखाकर उसे बचाने योग्य बताने की ओर अधिक रहा है।

यहाँ तक तो ठीक है। ब्रेडले आदि केवल मनोवृत्ति पर ही ध्यान रखते हैं, सो भी सक्रिय रूप से नहीं और न जीवन क्रिया पर—'That the end of life is Contemplation being as distinct form doing'- विचारों की पूर्ण परिणाति क्रिया

में ही है किन्तु विचार भी यदि ठीक हो सकें तो क्रिया पर प्रभाव न पड़ेगा। दिक्कत इस बात की है कि लोग **'मनः पूतं समाचरेत्'** अर्थात् मन को भी पवित्र करने की अधिक फिक्र नहीं करते हैं। यदि इसकी फिक्र करें तो कलावाद और मूल्यवाद का विशेष अन्तर न रह जाए। कलावादी में ब्रेडले आदि पर रिचर्ड्स की यही आपत्ति है कि इन लोगों ने काव्य के सौन्दर्य-पक्ष को बिल्कुल अलग माना है किन्तु वास्तविक जीवन में सौन्दर्य और नीति के कक्ष कबूतरों के खाने की भाँति अलग नहीं रखे जा सकते हैं। काव्य भी जीवनी की तरह संश्लिष्ट होकर ही रह सकता है।

आजकल के मूल्यवादियों में आई. ए. रिचर्ड्स का स्थान प्रमुख है। हमारे यहाँ आचार्य शुक्लजी ने भी लोक-संग्रह का पक्ष लेकर मूल्य का समर्थन किया है। इन दोनों आचार्यों में अन्तर यह है कि जहाँ आई. ए. रिचर्ड्स ने आन्तरिक वृत्तियों के सामंजस्य पर जोर दिया है वहाँ शुक्लजी ने आन्तरिक वृत्तियों के साथ समाज के बाह्य सामंजस्य को भी अपना ध्येय बनाया है। रिचर्ड्स ने बाह्य पक्ष की उपेक्षा नहीं की है, किन्तु शुक्ल जी ने बराबर उस पर बल नहीं दिया है। शुक्ल जी ने व्यक्ति की अपेक्षा समाज पर अधिक ध्यान रक्खा है। रिचर्ड्स ने इन प्रवृत्तियों (Impulses) में श्रेणी-विभाग भी माना है और महत्त्व की कसौटी यह रखी है कि किस प्रवृत्ति की रुकावट या कुण्ठा से और दूसरी प्रवृत्तियों की कुण्ठा किस मात्रा में होती है? यदि कम मात्रा में होती है तो वह महत्त्वपूर्ण है और अधिक मात्रा में होती है तो न्यून महत्त्व की है। जो साहित्य उस महत्त्वपूर्ण प्रवृत्ति को पोषण करेगा वह व्यक्ति में अधिक सामंजस्य उपस्थित करेगा। रिचर्ड्स के शब्द इस प्रकर हैं–

'The importance of an impulse, it will be seen, can be defined for our purposes as the extent of the disturbance of other impulses in the individual's activities which the thwarting of the impulse involves.'

—Principles of Criticism (page 58)

इसके सम्बन्ध में केवल यह आपत्ति उठाई जा सकती है कि इसमें व्यक्ति को अधिक महत्त्व मिलता है। प्रवृत्ति की महत्ता भी व्यक्ति पर ही निर्भर रहती है। एक विषयी की वासना-सम्बन्धी प्रवृत्तियों के कुण्ठित होने में उसके सारे मानसिक संस्थान में गड़बड़ी पड़ जाती है और एक प्रकार से उसके सारे अंजर-पंजर ढीले हो जाते हैं। हमको व्यक्ति की प्रवृत्तियों के पारस्पारिक सामंजस्य के साथ समाज में व्यक्तियों के सामंजस्य की बात पर भी ध्यान रखना आवश्यक।

मार्क्स ने व्यक्ति की अपेक्षा को अधिक महत्ता दी है और उनका मानदण्ड प्रत्यक्ष और विषयगत है। वह आर्थिक मूल्यों को ही प्रधानता देते हैं और उन्हीं को सामाजिक विकास की प्रेरक शक्ति मानते हैं। जो साहित्य आर्थिक मूल्यों को सुलभ बनाने में सहायक होता है वह मार्क्सवादी आलोचना-पद्धति में श्रेष्ठ गिना जाता है। हमारे यहाँ के प्रगतिवाद ने उस मानदण्ड के अनुकूल साहित्य भी लिखा

है और आलोचना-पद्धति का भी अनुसरण किया है। हिन्दी में इस पद्धति के आलोचकों में शिवदानसिंह चौहान, प्रकाशचन्द्र गुप्त, रामविलास शर्मा आदि प्रमुख हैं। इस पद्धति में सबसे बड़ी खराबी यह है कि इसमें आर्थिक मूल्यों को इतनी महत्ता दी गई है कि अन्य मूल्य दब से जाते हैं। इसके अतिरिक्त वर्ग-संघर्ष, जो एक आवश्यक बुराई के रूप में स्वीकार किया जा सकता है, उस पद्धति में ध्येय सा बन गया है। प्रगतिवादी आलोचना की सबसे बड़ी देन यह है कि उसने आलोचना में जीवन के साथ सम्पर्क के मूल्य की ओर ध्यान आकर्षित किया। सिद्धान्तरूप से आचार्य शुक्लजी ने भी यही किया था और उन्होंने छायावाद-रहस्यवाद की पलायन-वृत्ति का प्रगतिवादियों-का-सा ही जोरदार विरोध किया था। इस प्रकार वे इस देश अंश में प्रगतिवाद के अग्रदूत थे और उन्होंने उसके लिए बहुत-कुछ मार्ग प्रशस्त कर दिया था किन्तु उन्होंने वर्ग-भेद को कार्य-विभाग-व्यवस्था के रूप में आवश्यक माना है।

हमारे यहाँ के हिन्दू आदर्शों के कवि की सृष्टि को **'नियतिकृतिनिमरहितां'** मानकर भी काव्य के उद्देश्य बतलाते हुए**'व्यवहारिदे'** और **'कान्ता सम्मिततयोपदेशयुजे'** को भी स्वीकार किया है। 'साहित्य-दर्पण' में काव्य को धर्म,अर्थ काम, मोक्ष चारों पुरुषार्थों का साधक माना है। मोक्ष तो हमारे क्षेत्र से बाहर है। साहित्यिक लोग तो जीवन के सौन्दर्य के आगे मुक्ति को विशेष महत्त्व भी नहीं देते हैं।

हमारे प्राचीन साहित्य में धर्म के आध्यात्मिक मूल्यों, अर्थ के भौतिक मूल्यों और काम के सौन्दर्य-सम्बन्धी मूल्यों (Aesthetic values) का समन्वय जीवन का परम लक्ष्य माना गया है। भगवान् रामचन्द्र जी ने चित्रकूट में आए हुए भरत जी को यही उपदेश दिया था कि तीनों का अविरोध-रूप से सेवन किया जाए, भारतवर्ष का सामाजिक आदर्श भी हमें भेद में अभेद की ओर ले जाता है। विकास के सिद्धान्त के अनुकूल भी वही संस्थान सबसे अधिक विकसित समझा जाता है जिसमें सबसे अधिक कार्य-विभाजन के साथ सबसे अधिक पारस्परिक सहयोग भी हो। इसीलिए गांधी जी ने वर्ग-संघर्ष के विरुद्ध सर्वोदय समाज का आदर्श सामने रखा है। हमारे साहित्य की सार्थकता ऐसी ही समाज-व्यवस्था में योग देने में है। साहित्यिक का कार्य समन्वय और एकत्रीकरण है, विभाजन नहीं है। आर्यों का आदर्श भी यही है।

हमारे प्राचीन ऋषिगण इस सद्भावना की आवृत्ति किया करते थे कि सब सुखी हों, सब कष्ट रोग से मुक्त हों, सब कल्याण के दर्शन करें और कोई दुःख का भागी न हो—

'सर्वे भवन्तु सुखिनः सर्वे सन्तु निरामयाः।
सर्वे भद्राणि पश्यन्तु मा कश्चिद्दुःखभाग्यवेद्।।'

यद्यपि इस आदर्श का चरितार्थ होना असम्भवप्राय है तथा संघर्ष को न्यूनातिन्यून बनाना सत्साहित्य का लक्ष्य होना चाहिए किन्तु संघर्ष-शून्यता का अर्थ निष्क्रियता नहीं है। संघर्ष-शून्यता के साथ जीवन की सम्पन्नता भी वांछनीय है। यही रामराज्य

का आदर्श था–

'बयरु न कर काहू सन कोई। रामप्रताप विषमता खोई।।
सब नर करहिं परसपर प्रीती। चलहिं स्वधर्म निरत स्रुतिरीती।।
सब निर्दम्भ धर्मरत गुनी। नर अरु नारि चतुर सब गुनी।।
सब गुनग्य पंडित सब ग्यानी। सब कृतग्य नहिं कपट सयानी।।'

–'रामचरितमानस' (उत्तरकाण्ड)

पहली दो चौपाइयों में संघर्ष का अभाव द्योतक है और अन्तिम दो चौपाइयों में जीवन की सम्पन्नता दिखाई गई है।

साहित्य सामाजिक और राजनीतिक सुधार में विमुख नहीं हो सकता किन्तु उसकी पद्धति प्रेम-पूर्ण है। वह अपनी सामंजस्य-बुद्धि, शालीनता और दूसरे के दृष्टिकोण को समझने की उदारता को नहीं त्यागता। वह शिव के साथ सौन्दर्य का भी उपासक है। वह शिव का प्रलयंकार रूप नहीं वरन् सौम्य रूप देखना चाहता है। वह सौन्दर्य साधना उसके मंगलमय रूप में करता है और मांगल्य-विधान-श्री के सम्पन्नतामय सौन्दर्य के साथ करता है। कवि भगवान् के इस मंगलमय विधान के आन्तरिक रहस्य को समझकर उसको मुखरित करता है। वह संसार में व्याप्त अन्तरात्मा की विचारधारा का वाहक बन जाता है। तभी तो आपने ब्राह्मण अर्थात् विद्वान को भगवान का मुख कहा है **'ब्राह्मणो मुखमासीत'** इसीलिए साहित्यदर्पणकार ने प्रथम परिच्छेद में विष्णुपुराण का उद्धरण देते हुए कहा कहा है–

'का व्यात्मायाश्च ये के केचिद्गीतिकान्यखिलानि च।
शब्दमूर्त्तिधरस्यै ते विष्णोरंशा महात्मनः।।'

अर्थात् जितने काव्य और जितने गीत हैं वे सब विष्णु की मूर्तियाँ हैं। अंग्रेजी आलोचक मिडिल्टन मरे (Middleton Murry) नीचे के अवतरण में भारतीय भावनाओं के बहुत निकट आ जाते हैं–

'He (The Artist) Penetrates and seeks to identity himself with this timeless progress, in order that he may become, as it were the toproof of the spirit which is at work in the world he contemplates.'

अर्थात् कलाकार संसार में प्रवेश कर उस संसार के अनन्त उन्नति के तत्त्व से अपना तादात्म्य कर लेता है जिससे कि उस आत्मा का जो कि उसके विचार के विषय-संसार में व्याप्त रहता है, मूल वाहक बन जाए।

साहित्यिक समाज में मंगलमय व्यवस्था की स्थापना चाहता है। वह कला-सम्बन्धी सौन्दर्य को भी इसीलिए मान देता है कि सौन्दर्य के प्रवेश-द्वार से सत्य और सुन्दर की स्थापना हो सकती है। सच्चा समालोचक काव्य के विषय और उसकी अभिव्यक्ति को समान महत्त्व देता है। सुन्दर अभिव्यक्ति के बिना विषय पंगु रह जाता है और विषय के सौन्दर्य के बिना कला का सौन्दर्य खोखला है।

संदर्भ

1. अर्थात् स्वामी, मित्र, मन्त्री, शिष्य और आचार्य--ऐसा कौना-सा सम्वन्ध है जो भावक या आलोचक का कवि के साथ नहीं होता।
2. कहीं-कहीं दूसरी पंक्ति का पाठ है–

    'किधौ सुर को पद सुन्यौ, तन, मन धुनत सरीर।।'
3. एक अंग्रेजी लेखक Walter Savage Landor ने लिखा है–

    'We are out to consider a foolish man has succeeded in a foolish undertaking.

    we are to consider whether his production is worth anything, and why it is or why it is not!'

    —Shipley's Quest of Literature (page 160 से उद्धृत)
4. यहाँ पर पाठकों की जानकारी के लिए ऐसे चित्रों के दो-एक नमूने दे देना अनुपयुक्त न होगा। चाक्षुष चित्र तो कविता में बहुतायत से मिलते हैं फिर भी एक उदाहरण पर्याप्त होगा–

    'माथे हाथ मूंदि दोउ लोचन। तनु धरि सोच लाग जनु सोचन।।

    –'रामचरितमानस' (अयोध्याकाण्ड)

    गति और स्थिरता का मिला हुआ चित्र साकेत से दिया जा सकता है–

    'पैरों पड़ती हुई उर्मिला हाथों पर थी।'

    गति और ध्वनि के मिले हुए चित्र रासपंचाध्यायी में अच्छे मिलते हैं–

    'नूपुर, कंकन किंकिन करतल मंजुर मुरली।
    ताल, मृदंग, उपंग, चंग; एकहि सुर मुरली।।
    'तैसिय मृदु-पद-पटकनि, चटकनि कट तारन की।
    लटकनि, मटकनि, झलकनि, कल कुण्डल, हारन की।।'

    –'रास-पञ्चाध्यायी'

    पन्तजी जी की कविता में गन्ध के चित्र भी मिलते हैं। सरसों की गन्ध का चित्र देखिए–

    'उड़ती भीनी तैलाभ गन्ध,
    फूली सरसों पीली पीली।
    लो, हरित धरा से झाँक रही,
    नीलम की कलि,तीसी नीली।।'

    –'आधुनिक कवि' : 2 (ग्राम-श्री)

    एक स्पर्श का चित्र लीजिए–

    'मखमली टमाटर हुए लाल,
    मिरचों की बड़ी हरी थैली।'

    –'आधुनिक कवि : 2 (ग्राम-श्री)
5. The business of the poet is not essentially to save souls, but to make them worth saving.

    —Quoted by shipley in 'The Quest for Literature', (page 173)

अध्ययन-सामग्री

संस्कृत

ग्रन्थकार	ग्रन्थ
अभिनवगुप्त	अभिनवभारती, लोचन (ध्वन्यालोक पर टीका)
आनन्दवर्धन	ध्वन्यालोक
कुन्तल	वक्रोक्तिजीवित
जगन्नाथ	रसगङ्गाधर
जयदेव	चन्द्रालोक
दण्डी	काव्यादर्श
धनञ्जय	दशरूपक
भरतमुनि	नाट्यशास्त्र
भर्तृहरि	वाक्प्रदीप
भामह	काव्यालंकार
मम्मट	काव्यप्रकाश
राजशेखर	काव्यमीमांसा
वामन	काव्यालङ्कार सूत्र
वाग्भट्ट	वाग्भटालङ्कार
विश्वनाथ	साहित्यदर्पण
व्यास (महर्षि)	अग्निपुराण
क्षेमेन्द्र	कविकण्ठाभरण, औचित्य-विचार-चर्चा

हिन्दी

अयोध्यासिंह उपाध्याय	रसकलश की भूमिका
कन्हैयालाल पोद्दार	अलंकार-मंजरी, रस-मंजरी संस्कृत साहित्य का इतिहास (द्वितीय भाग)

कन्हैयालाल सहल	समीक्षांजलि (पहला भाग)
करुणापति त्रिपाठी	शैली
काका कालेलकर	कलाः एक जीवन-दर्शन
किरणकुमारी गुप्ता	हिन्दी काव्य में प्रकृति-चित्रण
कुलपति मिश्र	रस-रहस्य
कृष्णबिहारी मिश्र	मतिराम-ग्रन्थावली की भूमिका
केशव	रसिक-प्रिया, कवि-प्रिया
गंगानाथ झा	कवि-रहस्य
गुलाबराय	नवरस
जगन्नाथदास 'रत्नाकर	समालोचनादर्श (कविताएँ)
जयशंकर प्रसाद	काव्य, कला तथा अन्य निबन्ध
जसवंतसिंह	भाषा-भूषण
जानकीवल्लभ शास्त्री	साहित्य-दर्शन
देव	काव्य-रसायन, भावविलास
नगेन्द्र (डॉक्टर)	रीतिकाल की भूमिका तथा देव और उनकी कविता
पद्माकर	जगद्विनोद
बलदेव उपाध्याय	साहित्य-शास्त्र
बेनी प्रवीन	नवरस-तरंग
भगीरथप्रसाद दीक्षित	हिन्दी काव्य-शास्त्र का इतिहास
भिखारीदास	काव्य-निर्णय
महादेवी वर्मा	महादेवीजी का विवेचनात्मक गद्य (गंगाप्रसाद पाण्डेय द्वारा सम्पादित)
महावीरप्रसाद द्विवेदी (आचार्य)	रसज्ञ-रंजन
रामचन्द्र शुक्ल (आचार्य)	चिन्तामणि (भाग 1 और 2)
रामदहिन मिश्र	काव्यदर्पण
रघुवंश (डॉक्टर)	प्रकृति और काव्य
रामानारायण यादवेन्दु	साहित्यालोचन के सिद्धान्त
रामशंकर शुक्ल 'रसाल'	आलोचनादर्श
रूपगोस्वामी	उज्ज्वल नीलमणि
रूपगोस्वामी	उज्ज्वल नीलमणि
लक्ष्मीनारायणसिंह 'सुधांशु'	काव्य में अभिव्यंजनावाद
श्यामसुन्दरदास (डॉक्टर)	साहित्यालोचन
शिवनाथ	अनुशीलन

सत्येन्द्र (डॉक्टर)	कला, कल्पना और साहित्य
सुरेन्द्रनाथदास गुप्त (डॉक्टर)	काव्य-विचार (बंगाली में)
सूर्यकान्त त्रिपाठी 'निराला'	प्रबन्ध-प्रतिमा
सूर्यकान्त शास्त्री	साहित्य-समीक्षा
सोमनाथ (डॉक्टर)	आलोचना और उसके सिद्धान्त
हजारीप्रसाद द्विवेदी (डॉक्टर)	साहत्यि का मर्म

अंग्रेजी

Bhagwan Das (Doctor)	The Science of Emotions.
Bradley (A.C.)	Oxford Lectures on Poetry.
Croce (Benedetts)	Aesthetic.
Darwin (Charles)	Expression of the Emotions in Man and Animals
Drummand and Mellone	Elements of Psychology,
Eliot (T.S.)	The use of poerty (Selected Essayg)
Entwistle (A.R.)	The Study of Poetry.
Freud (Sigmond)	Interpretation of Dreams.
Hegel (G.W.F.)	Philosophy of Fine Arts.
Hudson (W.H.)	An Introduction to the Study of Literature.
James (William)	Psychology.
Kramrisch (Stella)	The Vishnu Dharmottara (Part III)
Kane (P.U.)	Introduction to Sahitya Darpan
Mande (A.E.)	Psychology ofr every Man and Women
Me Dugall (William)	And Outline of Psychology.
Murrey (J.M.)	The pProblem of style.
Rakesh Gupta (Doctor)	Psychology and Studies in 'Rasa'
Richards (I.A.)	
Ram Swami Shastri (K.S.)	Indian Aesthetics.
Shankran (A.)	Some Aspects of Literary Criticirm in Sanskrit.
Shipley (J.T.)	The Quest for Literature.
Spingarn (J.E.)	The New Criticism.

●●●